주식과 펀드
Stocks & Funds
깨알지식

정리
동학개미

주식과 펀드 깨알지식

초판 인쇄 2025년 02월 15일
초판 발행 2025년 02월 25일

정리 동학개미
펴낸곳 NEXEN MEDIA

우편번호 04559
주소 서울시 중구 마른내로 102
전화 070_7868_8799
팩스 02 _ 886_5442

등록 제2020-000159호 / 2009년 한터미디어로 등록
ISBN 979-11-93796-08-5(03300)
ⓒ2025, 넥센미디어

※ 값은 뒤표지에 표시되어 있습니다.
※ 잘못된 책은 구입처에서 교환해 드립니다.

머리말

당연히 알아야 하고, 알면 좋은 용어해설, 솔직히 지루하고 잠이 옵니다. 그러나 모든 공부가 쉽지 않듯이 주식에 관한 공부도 기초가 되어야 한다고 생각합니다. 한 번쯤 들어본 용어지만 남들에게 설명하려면 솔직히 자신이 없는 경우가 많습니다. 주식에 관한 정보를 정확히 알려면 지루하고 재미없지만 용어 이해가 제대로 되어야 수많은 정보를 빨리 이해할 수 있습니다.

서점에 가면 주식에 관한 책이 홍수처럼 출간되고 있습니다. 그러나 책들 중 주식용어정리를 완벽하게 정리한 도서는 찾아보기가 힘들 정도입니다. 모든 분야에서 전문 용어 이해는 너무나 중요한 부분입니다.

기본인 용어 정리가 제대로 되어야 모든 것이 제대로 이해됩니다. 주식에 관해 좀 더 심도 있게 파고들려면 우선 "주식에 관한 용어"를 정확하게 이해해야 본인이 원하는 주식에 관한 책을 학습하는데 도움이 됩니다.

신문과 방송에서 사용하는 용어를 잘 몰라 갸우뚱하는 분들이 많습니다. 남이 하니까 나도 한다. 그러면 철저하게 준비하실 필요가 있습니다.

본서는 『주식용어의 힘』을 수정 보완하였습니다.
또한 주요 경제신문을 구독하는 것도 보탬이 될 것입니다.
주식을 하려는 여러분 공부를 하셔야 대박이 터지겠지요.
조금이라도 도움이 되었으면 좋겠습니다.
여러분 파이팅입니다.

2025년 동학개미

contents

상세 목차

- 워랭 버핏의 주식에 관한 명언 ▶55
- 조지 소로스의 투자에 관한 명언 ▶61
- 주식 기초 용어 ▶65
- 주식 매매 기초 용어 ▶67
- 주식 거래시간 기초 용어 ▶69
- 주식 차트 기초 용어 ▶70
- 주식시장 투자자 관련 은어 ▶72
- 주식 종목 시장 관련 은어 ▶74
- 주식 투자 매매 투자금 관련 은어 ▶77

ㄱ

- 가격역지정주문(stop order) ▶ 80
- 가격우선의 원칙(priority of best quotation principle) ▶ 80
- 가격제한폭(price fluctuation ceiling) ▶ 80
- 가격 지정 주문(stop order) ▶ 81
- 가중산술평균주가 ▶ 82
- 가상화폐 상장 방식 ▶ 82
- 가수급 ▶ 83
- 가장매매(wash sale) ▶ 83
- 가치주(value stock) ▶ 83
- 가치주 펀드(value stock fund) ▶ 84
- 가치주 투자 ▶ 84
- 간사회사(manager) ▶ 85
- 간접투자상품 ▶ 85
- 감리종목(surveillance issue) ▶ 86
- 감사위원 분리 선출 ▶ 87
- 감사위원회 ▶ 88
- 갑기금(甲基金) ▶ 89

- 개방형 수익증권 ▶89
- 개별주식옵션(equity option) ▶89
- 개별주식선물 ▶90
- 개별주식옵션시장 ▶90
- 개인자산통합관리서비스 ▶91
- 갱생주가 ▶91
- 갭(gap)상승 ▶92
- 거래량(trading volume) ▶92
- 거래량 이동평균선 ▶93
- 거래량회전율 ▶93
- 거래성립률 ▶94
- 거래소 감리 ▶94
- 거래소 간 교차거래 ▶95
- 거래소거래(exchange trading) ▶95
- 경쟁 대량매매 제도 ▶96
- 게걸음 ▶97
- 결제(settling) ▶97
- 경쟁매매 ▶97
- 계열회사(affiliated company) ▶97

- 계절주(seasonal stock) ▶ 98
- 고가 갱신 ▶ 98
- 고객예탁금(customer's deposit) ▶ 98
- 고배당기업 ▶ 99
- 고정자산 ▶ 99
- 고정주(pagged stock) ▶ 100
- 골든크로스(golden cross) ▶ 100
- 공개매수(Take Over Bid, Tender Offer) ▶ 101
- 공개법인 ▶ 101
- 공개시장조작(open market operation) ▶ 102
- 공동매각권(tag-along right) ▶ 103
- 공동투자(co-investment) ▶ 103
- 공매도(short stock selling) ▶ 104
- 공매도 금지 조치 ▶ 105
- 공매도 청산시기 ▶ 106
- 공매도 공시제도 ▶ 106
- 공매도 과열 종목 지정제도 ▶ 107
- 공매도 잔고 ▶ 107
- 공매도 잔고 보고제도 ▶ 107

- 공매수(margin buying) ▸ 108
- 공모(public offering) ▸ 109
- 공모가 · 시초가 ▸ 109
- 공모주 수요예측(book-building) ▸ 110
- 공모주 · 공모주 펀드 ▸ 111
- 공모증자 ▸ 111
- 공모 펀드 ▸ 112
- 공시 ▸ 113
- 공포지수(fearindex) ▸ 113
- 공포지수 상장지수증권(VIX ETN) ▸ 114
- 공포탐욕지수(Fear & Greed Index) ▸ 115
- 관리대상종목(issues for administration) ▸ 117
- 관심주(hot issue) ▸ 117
- 교환사채(Exchangeable bond, EB) ▸ 118
- 구주(old share) ▸ 119
- 구주매출 ▸ 119
- 국민주(people's stock, national stock) ▸ 119
- 국민총매력지수(Gross National Cool, GNC) ▸ 120
- 국부펀드(Sovereign Wealth Fund) ▸ 120

- 국제금융공사(IFC) ▶ 121
- 권리락(exrights, right off, 權利落) ▶ 122
- 그레이트 로테이션(Great Rotation) ▶ 122
- 그린 메일(green mail) ▶ 123
- 글래머 주식(glamor stock) ▶ 123
- 글로벌 다우지수(Global Dow Index) ▶ 124
- 글로벌 본드(Global Bond) ▶ 124
- 글로벌 하이일드펀드 ▶ 125
- 글로벌 해법(global solutions) ▶ 125
- 글로벡스(GLOBEX) ▶ 126
- 금고주(= 자기주식 ; treasury stock) ▶ 126
- 금융수지 ▶ 127
- 금융스트레스지수(Financial Stress Index, FSI) ▶ 127
- 금융장세 ▶ 128
- 금융지주회사(holding company) ▶ 128
- 금융의 증권화(securitization) ▶ 129
- 기관투자가(institutional investor) ▶ 130
- 기관화 현상 ▶ 130
- 기명식 주식 ▶ 130

- 기세 ▶ 131
- 기업공개(going public) ▶ 131
- 기업합병(M&A)과 매수 ▶ 132
- 기준가격 ▶ 133
- 기준일 ▶ 133
- 긴축발작(Paper Tan trum) ▶ 134
- 깡통계좌 ▶ 134

ㄴ

- 나스닥(NASDAQ) ▶ 136
- 납회(the final session of the year) ▶ 137
- 내부유보액 ▶ 137
- 내부자거래(insider's trading) ▶ 137
- 내부정보(inside information) ▶ 138
- 내부지분율 ▶ 139
- 내수 관련주 ▶ 139
- 노 로드 펀드(no-load fund) ▶ 140
- 뇌동매매 ▶ 140

- 넝마주 ▶ 140
- 뉴욕증권거래소(New York Stock Exchange, NYSE) ▶ 141
- 니케이 225 주가지수 선물(Nikkei 225 Stock Index Futures) ▶ 141
- 니케이 지수(Nikkei Stock Averages) ▶ 142
- 니프티 나인(nifty nine) ▶ 142
- 니프티-피프티(nifity-fifty) ▶ 143

ㄷ

- 다우존스 평균주가지수(Dow Jones Average) ▶ 146
- 다중대표소송(contingent class action) ▶ 146
- 다중의결권 제도(multiple voting) ▶ 148
- 다중채무 ▶ 148
- 다크 풀(Dark pool) ▶ 148
- 단순주가평균(simple arithmetic stock price average) ▶ 149
- 단주(odd-lot) ▶ 149
- 달러평균법(dollar cost averaging) ▶ 150
- 담보부증권(mortgage-backed certificate) ▶ 150
- 담보유지비율 ▶ 150

- 당일치기(day trading) ▸ 151
- 대량매매(block trading) ▸ 152
- 대량주식소유의 신고 ▸ 153
- 대용가격(substitute price of securities) ▸ 154
- 대용증권(substitute securities) ▸ 154
- 대주(stock loan, lending stock) ▸ 155
- 대주거래 ▸ 156
- 대주주 양도세 ▸ 156
- 대체거래시스템(alternative trading system, ATS) ▸ 157
- 대체결제제도(book entry clearing system) ▸ 158
- 대체투자(alternative investment) ▸ 158
- 대체투자펀드 ▸ 159
- 대항매수 ▸ 159
- 대형비상장주식회사 ▸ 160
- 대형주(large capital stock) ▸ 160
- 더블 위칭 데이(double witching day) ▸ 161
- 데드크로스(dead cross) ▸ 161
- 데이 트레이딩(day trading) ▸ 162
- 동시호가(simultaneous bids and offers) ▸ 163

- 동전주 ▶163
- 동학개미 ▶163
- 동학개미 운동 ▶164
- 등락비율(ADR) ▶164
- 등락주선(Advance Decline Line, ADL) ▶165
- 디노미네이션(denomination) ▶166
- 디스카운트 브로커(Discount Broker) ▶167
- 디스카운트 증권사(discount broker) ▶167
- 디커플링(Decoupling) - 탈동조화 ▶168
- 디폴트 옵션(사전지정운용제도) ▶169
- 딤섬 본드(dimsum bond) ▶170

ㄹ

- 랩 어카운트(Wrap Account) ▶172
- 러셀 2000지수(Russell 2,000 Index) ▶172
- 레드 칩(red chip) ▶173
- 레버리지(leverage) ▶174
- 로드쇼(road show) ▶175

- 로보 어드바이저(Robo Advisor) ▶ 175
- 롱 스퀴즈(long squeeze) ▶ 176
- 롱 쇼트 전략(long-short strategy) ▶ 177
- 롱 쇼트전략지수 ELB ▶ 178
- 롱 쇼트 펀드(long-short fund) ▶ 178
- 롱 포지션(long position) ▶ 179
- 리버스(Reverse) 펀드 ▶ 180
- 리버스 상장지수펀드(reverse ETF) ▶ 180
- 리스트럭처링(restructuring) 180
- 리츠(Real Estate Investment Trusts, REITs) 181
- 리츠의 종류 ▶ 182
- 리자드형 ELS ▶ 182
- 리플레이션 트레이드(reflation trade) ▶ 183
- 리커플링(Recoupling, 비동조화) ▶ 183

ㅁ

- 마더스 ▶ 186
- 마마(MAMAA) ▶ 186

- 매매약정대금 이동평균선 ▶ 186
- 매물벽 ▶ 187
- 매수 옵션(lockup option) ▶ 187
- 매수차익거래 ▶ 188
- 매수차익거래 잔액 ▶ 188
- 매입보유전략(buy and hold strategy) ▶ 189
- 매입원가 평균법(Dollar cost averaging) ▶ 189
- 모태펀드(fund of funds, FoF) ▶ 190
- 매칭 펀드(matching fund) - 대응 투자금 ▶ 191
- 메자닌 펀드(mezzanine fund) ▶ 192
- 메자닌 파이낸싱 - 주식연계신용공여제도 ▶ 192
- 명의개서(transfer) ▶ 194
- 무의결권주(nonvoting stock) ▶ 195
- 물탄주식 ▶ 195
- 모건스탠리캐피털 인터내셔널(MSCI) 지수 ▶ 196
- 모자펀드(mother-baby fund) ▶ 197
- 목표주가 괴리율 ▶ 197
- 무배주 ▶ 198
- 무상주(stock dividend without consideration) ▶ 198

- 무의결권주(non-voting stock) ▶ 199
- 무자원 CD ▶ 199
- 무차입공매도 ▶ 200
- 물량 압박 ▶ 200
- 물타기(scale trading) ▶ 201
- 뮤추얼 펀드(mutual fund) ▶ 201
- 미러 펀드(mirror fund) ▶ 202
- 미매각수익증권(unsold beneficiary certificate) ▶ 202
- 미발행주식(unissued stock) ▶ 202
- 미수령 주식 ▶ 203
- 민관 투자 펀드(Public-Private Investment Fund, PPIF) ▶ 203
- 밈 주식(meme stock) ▶ 204

ㅂ

- 바겐 헌팅(bargain hunting) ▶ 206
- 바꿔타기(switching) ▶ 206
- 바닥(bottom) ▶ 206
- 바이아웃펀드(buy-out fund) ▶ 207

- 박동룡(BORAMPRT) ▶ 207
- 박스권(rectangle pattern) ▶ 208
- 반기보고서(semi-annual report) ▶ 209
- 반대매매(反對賣買 ; covering) ▶ 209
- 발틱 운임지수(BDI; Baltic Dry Index) ▶ 209
- 발행 가격(issue price) ▶ 210
- 발행 시장(issue market) ▶ 211
- 발회(the first session of the year) ▶ 211
- 배당기산일(record date of dividend pay-out) ▶ 211
- 배당락(ex-dividend) ▶ 211
- 배당주 펀드 ▶ 212
- 배당 성향(payout ratio) ▶ 212
- 배당주가지수(Korea Dividend Stock Price Index, KODI) ▶ 213
- 배당투자 ▶ 213
- 배당할인모형(dividend discount model, DDM) ▶ 214
- 백기사(white knight) ▶ 215
- 버냉키 쇼크(Bernanke shock) ▶ 216
- 버냉키 풋(Bernanke put) ▶ 217
- 버핏 지수(Buffett Indicator) ▶ 217

- 번한지표 ▸ 217
- 벌처 캐피털(vulture capital) ▸ 218
- 벌처 펀드(vulture fund) ▸ 218
- 베어마켓(bear market), 불마켓(bull market) ▸ 219
- 베어 허그 ▸ 220
- 베타(β)계수 ▸ 220
- 벤처 캐피털(venture capital) ▸ 220
- 변동성(volatility) ▸ 221
- 변동성지수(volatility index, VIX) ▸ 222
- 병합상장(consolidated listing) ▸ 223
- 보전매도 ▸ 223
- 보통거래(regular way transaction) ▸ 223
- 보통주(ordinary shares) ▸ 224
- 보합 ▸ 225
- 본드런(bond run) ▸ 225
- 부동주(floating stock) ▸ 226
- 부분전환사채(partial convertible) ▸ 226
- 부자 시세 ▸ 227
- 분산투자(diversified investment) ▸ 227

- 분할 매수 전략 펀드 ▸ 228
- 불건전 매매주문 ▸ 228
- 불건전 주문 예방조치 ▸ 229
- 불공정거래 ▸ 229
- 불과 베어(bull & bear) ▸ 229
- 불독 본드(bulldog bond) ▸ 230
- 불완전판매 ▸ 231
- 불완전판매 위험지수 ▸ 231
- 불효 시세 ▸ 232
- 보장형 수익증권 ▸ 232
- 보합세 ▸ 233
- 본선인도가격(FOB; free on board) ▸ 233
- 볼륨레이쇼(volume ratio) ▸ 233
- 브릭스 펀드(BRICs Fund) ▸ 234
- 블라인드 펀드(blind fund) ▸ 234
- 블랙 먼데이(black monday) ▸ 235
- 블랙 칩(black chip) ▸ 236
- 블루 칩(blue chip) ▸ 236
- 블록 딜(Block Deal) ▸ 237

- 블록 세일(block sale) ▶ 237
- 비차익 거래 ▶ 238
- 비체계적 위험(unsystematic risk) ▶ 238
- 빅맥 지수(Big Mac index) ▶ 238
- 빅뱅(Big Bang) ▶ 239

ㅅ

- 사모전환사채(privately placed CB) ▶ 242
- 사모 크레디트 ▶ 243
- 사모대출펀드(private debt fund, PDF) ▶ 243
- 사모사채(privately placed bonds) ▶ 243
- 사모주식투자펀드(Private Equity Fund, PE) ▶ 244
- 사모 펀드(private equity fund, PEF) ▶ 245
- 사모투자전문회사(PEF · Private Equity Fund) ▶ 246
- 사외이사제(outside director system) ▶ 246
- 사외주(outstanding stock) ▶ 247
- 사이드카(sidecar) ▶ 247
- 사이버 증권거래(cyber stock trading) ▶ 248

- 사채(debenture) ▶ 248
- 사회적책임투자지수(SRI) ▶ 249
- 산타 랠리(santa rally) ▶ 249
- 삼각주식교환 ▶ 250
- 삼각합병(triangular merger) ▶ 250
- 상장(listing) ▶ 250
- 상장 간소화 절차 ▶ 251
- 상장법인 대주주 범위 ▶ 251
- 상장예비심사 ▶ 252
- 상장요건 ▶ 252
- 상장적격성 실질심사 ▶ 253
- 상장지수상품(Exchange-traded commodities, ETCs) ▶ 254
- 상장지수증권(Exchange-traded note, ETN) ▶ 254
- 상장지수펀드(Exchange-traded fund, ETF) ▶ 255
- 상장 폐지(delisting) ▶ 256
- 상장 폐지 실질심사제 ▶ 258
- 상장 폐지 기준(delisting standard) ▶ 259
- 상투 ▶ 260
- 상한가 - 하한가 ▶ 260

- 상호주 ▶ 261
- 상호출자제한 기업집단 ▶ 261
- 상환우선주(redeemable preferred stock) ▶ 262
- 상환전환우선주(RCPS) ▶ 262
- 상환주식(redeemable stock) ▶ 263
- 3%룰(3% Rule) ▶ 263
- 섀도 보팅(shadow voting) ▶ 264
- 서머 랠리(summer rally) ▶ 264
- 서킷 브레이커(circuit breakers) ▶ 265
- 샤프지수(Sharp Ratio) ▶ 266
- 서학개미 ▶ 266
- 선강퉁 투자방법 ▶ 268
- 선도거래(forward contract) ▶ 268
- 선도주(market leader) ▶ 269
- 선매권(preemptive rights) ▶ 269
- 선물환(forward exchange) ▶ 270
- 선수금환급보증(RG ; Refund Guarantee) ▶ 270
- 선취매 ▶ 271
- 선하증권(bill of lading) ▶ 271

- 선학개미 ▶ 272
- 선행매매(front running) ▶ 274
- 섬머 랠리(Summer Rally) ▶ 273
- 성장성 분석 ▶ 274
- 성장주(growth stock) ▶ 275
- 성장형 펀드 ▶ 275
- 세계주식시장(Global Equity Market, GEM) ▶ 276
- 세컨더리 시장 ▶ 276
- 세컨드리펀드 ▶ 277
- 소규모 기업효과(small size effect ▶)277
- 소수점 주식거래 ▶ 278
- 소수주주권(right of the minority shareholder) ▶ 279
- 소액주주 ▶ 280
- 소형주, 중형주, 대형주 ▶ 280
- 손절매(stop loss, loss cut) ▶ 280
- 숏 커버링(short covering) ▶ 282
- 수권자본(authorized share capital) ▶ 283
- 수권주식수(shares authorized) ▶ 283
- 수급장세 ▶ 284

- 수도결제(settlement) ▶ 284
- 수익증권(beneficiary certificates) ▶ 284
- 수익증권 관련 용어 ▶ 286
- 수익증권 환매 ▶ 287
- 숏 커버링(short covering) ▶ 288
- 순국제투자 ▶ 289
- 순환매매 ▶ 289
- 순환출자 ▶ 290
- 스마트 머니(Smart Money) ▶ 291
- 스캘핑(scalping) ▶ 291
- 스톡 그랜트(stock grant) ▶ 292
- 스톡옵션(stock option) ▶ 293
- 스톡옵션형 우리사주제 ▶ 294
- 스팩(Special Purpose Acquisition Company, SPAC) ▶ 295
- 스팸관여 과다 종목 ▶ 296
- 스폿 펀드(spot fund) ▶ 297
- 슬라미(slami) ▶ 298
- 시가발행(issue at the market price) ▶ 298
- 시가배당률 ▶ 299

- 시가총액(aggregate value of listed stocks) ▸ 299
- 시가총액 비중 상한제(CAP, CAP) - 30%룰 ▸ 300
- 시가평가제(mark to market, MTM) ▸ 301
- 시리즈 펀드 ▸ 301
- 시장성유가증권(marketable securities) ▸ 302
- 시세조작 ▸ 302
- 시스템 펀드(system fund) ▸ 303
- 시장대리인(market agent) ▸ 303
- 시초가 ▸ 304
- 시장중립형 펀드 ▸ 304
- 신디케이트 ▸ 303
- 신주인수권 ▸ 303
- 신주인수권부 사채(bond with warrant) ▸ 305
- 신용거래(margin transation) ▸ 306
- 실권주(forfeited shares, released share) ▸ 306
- 실권주 청약 ▸ 307
- 실권주 청약정기예금 ▸ 308
- 실기주 ▸ 308
- 실적배당 ▸ 308

- 실적장세 ▶ 309
- 실질주주 ▶ 310
- 실질주주증명서 ▶ 310
- 실질주주증명서 발행 ▶ 310

ㅇ

- 안정조작 ▶ 314
- 액면분할 ▶ 314
- 액티브펀드(active fund) ▶ 315
- 약정 대금(sale value) ▶ 315
- 양도제한조건부 주식(restricted stock units, RSU) ▶ 316
- 양안兩岸지수 ▶ 316
- 양키 본드(Yankee bond) ▶ 317
- 어닝 서프라이즈(earnings surprise) ▶ 317
- 어닝 쇼크(earnings shock) ▶ 318
- 엄브렐러 펀드(umbrella fund) ▶ 319
- 엔젤투자자(Angel Investor) ▶ 320
- 엔터테인먼트 펀드(entertainment fund) ▶ 321

- 업적시세 ▶ 321
- 엑시트시장(Exit market) ▶ 322
- 여섯 마녀의 날 ▶ 322
- 역시계방향곡선(주가거래량상관곡선) ▶ 322
- 역외 선물환시장(non-deliverable forward, NDF) ▶ 323
- 역외펀드(offshore fund) ▶ 324
- 역전환사채(reverse convertible debenture) ▶ 324
- 역핀볼 효과 ▶ 325
- 우량주(blue chip) ▶ 325
- 옐로칩(yellow chips) ▶ 326
- 우리사주신탁제도(Employee Stock Ownership Plan, ESOP) ▶ 327
- 우리사주제도(Employee Stock Ownership Plan, ESOP) ▶ 327
- 우리사주조합(employee stock ownership association) ▶ 328
- 우선매수청구권 ▶ 329
- 우선배당률(stimulated dividendratio) ▶ 329
- 우선주(preferred stock) ▶ 330
- 오버슈팅(overshooting) ▶ 332
- 오페라 본드(Out Performance Equity Redeemable in Any Asset) ▶ 332
- 5%룰(5% rule) - 대량보유 보고제도 ▶ 333

- 옵션(option) ▶ 33
- 옵션가격(option price) ▶ 334
- 옵션거래(option trading) ▶ 335
- 외부 요인(external factors) ▶ 335
- 외부 재료 ▶ 336
- 외수펀드 ▶ 336
- 왝더독 현상(wag the dog) ▶ 337
- 요즈마 펀드(Yozma Fund) ▶ 337
- 우량주(blue chip) ▶ 338
- 우회상장(backdoor listing) ▶ 339
- 원유 파생결합증권 ▶ 339
- 유니버설 뱅킹(universal banking) ▶ 340
- 유로본드(Euro Bond) ▶ 340
- 유상감자 ▶ 341
- 유상증자(capital increase with consideration) ▶ 342
- 유통시장 ▶ 343
- 원유선물거래 ▶ 343
- 월가(Wall Street) ▶ 344
- 의결권주와 무의결권주 ▶ 344

- 위스퍼링(Whispering)주 ▶ 345
- 위탁매매(trading on consignment) ▶ 345
- 위탁증거금(entrustment guaranty money) ▶ 346
- 위탁수수료(brokerage commission) ▶ 347
- 윈도 드레싱(Window Dressing) ▶ 347
- 유통주식수(number of shares ready to trade) ▶ 348
- 이격도(disparity) ▶ 348
- 이동평균선(moving average) ▶ 349
- 이머징 마켓(emerging market) - 신흥시장 ▶ 350
- 이연(carry over) ▶ 350
- 이중상장(dual listing) ▶ 350
- 이표채(Coupon Bond) ▶ 351
- 인기주(glamour stock) ▶ 351
- 인덱스 보험(index insurance) ▶ 352
- 인덱스 펀드(index fund) ▶ 352
- 인덱스 펀드 스위칭 매매 ▶ 353
- 인디언 랠리(indian rally) ▶ 353
- 인버스(inverse) 펀드 ▶ 354
- 인컴 펀드(income fund) ▶ 354

- 인컴 게인(income gain) ▸ 355
- 인프라 펀드(infra fund) ▸ 355
- 인프라 펀드(infra fund) 회사 ▸ 356
- 인플레 헤지(hedge against inflation) ▸ 357
- 인베스트먼트 뱅킹(investment banking) ▸ 357
- 일드코(Yeild co) ▸ 358
- 일반공모 ▸ 359
- 일임 매매 ▸ 359
- 일학개미 ▸ 360
- 입회(session) ▸ 360

ㅈ

- 자금대순환(Great Rotation) ▸ 362
- 자기매매(self-account transaction) ▸ 362
- 자기자본투자(Principal Investment, PI) ▸ 362
- 자기책임원칙 ▸ 363
- 자본감소(감자 ; reduction of capital) ▸ 363
- 자사주(treasury stock) - 자기주식 ▸ 361

- 자사주 매입(self-tender, buy-back) ▶ 365
- 자사주 펀드 ▶ 366
- 자사주 취득 ▶ 366
- 자산배분형펀드 ▶ 367
- 자산유동화증권(Asset-Backed Securities, ABS) ▶ 367
- 자율반등과 자율반락 ▶ 368
- 자본시장 ▶ 368
- 자본잉여금 ▶ 368
- 자본자유화 ▶ 369
- 자산가치(asset value) ▶ 370
- 자산재평가(assets revaluation) ▶ 370
- 자전매매(cross trading) ▶ 371
- 자산주(asset stock) ▶ 372
- 자산평가지수 ▶ 372
- 자취엔 지수(TAIEX) ▶ 372
- 작전주 ▶ 373
- 잔고좌수 ▶ 373
- 잔액인수(stand-by underwriting) ▶ 373
- 잠재주(sleeper) ▶ 374

- 잠재 지분 ▶374
- 장외시장(over the counter market) ▶375
- 장외파생상품 ▶375
- 장외파생상품 거래정보저장소(Trade Repository, TR) ▶376
- 재간접 펀드 ▶377
- 재간접 공모 펀드 ▶378
- 저가주(low-priced stock) ▶378
- 저항선(resistance line) ▶379
- 적격외국기관투자가(QFII) ▶379
- 적격투자자 제도(Qualified Institutional Buyers, QIB) ▶380
- 적극매수(strong buy) ▶381
- 적립식펀드투자 ▶381
- 전자식 선하증권(Electronic Bill of Lading) ▶382
- 전자증권제도 ▶383
- 전자증권제도 도입의 효과 ▶384
- 전장과 후장(morning session, afternoon session) ▶384
- 전환사채(convertible bond, CB) ▶384
- 전환주식(convertible share) ▶385
- 전환형펀드 ▶386

- 절대수익추구형펀드 ▶ 387
- 정책 크라우드 펀딩 제도 ▶ 387
- 정크 본드(junk bond) ▶ 388
- 제꼬리 배당(bogus dividend) ▶ 389
- 제3자 배정 유상증자 ▶ 390
- 조회공시 ▶ 390
- 종목(name, issue) ▶ 391
- 종합주가지수(Korea Composite Stock Price Index) ▶ 392
- 주가수익비율(price earnings ratio, PER) ▶ 392
- 주가순자산비율(price on book value ratio, PBR) ▶ 393
- 주가연계증권(equity-llinked securitie, ELS) ▶ 394
- 주가연계파생결합사채(equity linked bond, ELB) ▶ 395
- 주가연계펀드(Equity-Linked Fund, ELF) ▶ 396
- 주가이동평균선(moving average line) ▶ 396
- 주가 재료 ▶ 397
- 주가지수(stock price index) ▶ 398
- 주가지수 선물거래(stock index futures) ▶ 398
- 주가지수 옵션(stock index option) ▶ 399
- 주가지수 연동예금(Equity-Linked Deposit, ELD) ▶ 400

- 주가지수선물 필수 용어 ▶ 400
- 주가지수선물거래(stock index futures trading) ▶ 402
- 주가지수선물거래유형 ▶ 403
- 주가지수연동 정기예금 ▶ 404
- 주가지수옵션(stock index warrants) ▶ 405
- 주가 지표 ▶ 405
- 주가현금흐름비율(price cashflow ratio, PCR) ▶ 406
- 주권상장법인 ▶ 407
- 주당순이익(Earnings Per Share, EPS) ▶ 407
- 주당순자산(BPS, Book Value Of Equity Per Share) ▶ 408
- 주당순자산가치 ▶ 410
- 주도주(Market Leadership) ▶ 410
- 주말효과(Weekend Effect) ▶ 412
- 주식(stock) ▶ 412
- 주식공개 ▶ 413
- 주식공개매수(take over bid, TOB) ▶ 414
- 주식 교차증여 ▶ 414
- 주식매수청구권 ▶ 415
- 주식 배당(stock dividend) ▶ 415

- 주식보유조합(증시안정기금) ▶ 416
- 주식분할(stock split) ▶ 416
- 주식소각(retirement(cancellation) of shares) ▶ 417
- 주식 소수점거래(fractional share trading) ▶ 418
- 주식 스와프(stock swap) ▶ 419
- 주식 파킹(stock parking) ▶ 420
- 주식거래 자동중단시스템(circuit breaker system) ▶ 421
- 주식거래량과 거래대금 ▶ 421
- 주식 등의 대량보유상황보고서 ▶ 422
- 주식매수청구권(claims for stock purchase) ▶ 422
- 주식발행 방식 ▶ 423
- 주식발행초과금(premium on common stock) ▶ 424
- 주식백지신탁제(blind trust) ▶ 426
- 주식병합(reverse stock split) ▶ 428
- 주식분할(stock split-up) ▶ 428
- 주식시세표 ▶ 429
- 주식시장(stock market) ▶ 429
- 주식양도(transfer of stock) ▶ 430
- 주식양도소득세 ▶ 430

- 주식예탁증서(depository receipt, DR) ▶431
- 주식옵션(stock option) ▶432
- 주식옵션부 상환채(equity option redemption bond) ▶432
- 주식워런트증권(equity-linked warrant, ELW) ▶433
- 주식 일임 매매(discretionary transaction) ▶434
- 주식편입비율 ▶434
- 주식할인발행차액(discounts on stock issued) ▶435
- 주식형 연금저축펀드 ▶435
- 주식형수익증권 ▶436
- 주식형 펀드 ▶436
- 주식형 펀드 수수료 ▶437
- 주식회사(stock company, company limited by shares) ▶437
- 주주(shareholder, stockholder) ▶439
- 주주 자본주의(shareholder capitalism) ▶439
- 주주가치 ▶440
- 주주가치극대화(maximizing shareholder value) ▶440
- 주주권(stockholder's rights) ▶441
- 주주대표소송 ▶441
- 주주 마진콜 ▶442

- 주주배정 ▸ 442
- 주주우대제도 ▸ 443
- 주주우선공모 ▸ 444
- 주주의 공익권 ▸ 445
- 주주의 지위 ▸ 445
- 주주제안 ▸ 446
- 주주제안권(shareholder proposal right) ▸ 446
- 주주총회(general meeting of stock-holders) ▸ 447
- 주주 친화 경영 ▸ 448
- 주주행동주의(shareholder activism) ▸ 449
- 주주행동주의자 ▸ 450
- 주주환원정책 ▸ 450
- 주추세(major or primary trends) ▸ 451
- 중간배당(interim dividend) ▸ 451
- 중간지주회사 ▸ 452
- 중학개미 ▸ 453
- 중형주 ▸ 453
- 증거금(margin) ▸ 454
- 증거금률(margin requirement) ▸ 455

- 증권(securities) ▶ 456
- 증권거래법(Securities and Exchange Law) ▶ 456
- 증권거래세(securities transaction tax) ▶ 456
- 증권금융회사(Securities Financing Company) ▶ 458
- 증권담보기간대출(Term Securities Loan Facility, TSLF) ▶ 458
- 증권대부(securities loan) ▶ 459
- 증권대체결제회사 ▶ 459
- 증권등급평정(security rating) ▶ 459
- 증권분석(securities analysis) ▶ 460
- 증권시장안정펀드 ▶ 460
- 증권업(securities business) ▶ 461
- 증권인수 자금대출 ▶ 461
- 증권저축 ▶ 462
- 증권화(securitization) ▶ 463
- 증권회사(securities companies) ▶ 463
- 증금 공모주청약예금 ▶ 464
- 증시민감도 ▶ 464
- 증자(capital increase) ▶ 465
- 증자압박 ▶ 465

- 지분증권 ▶ 465
- 지수옵션(index number option) ▶ 466
- 지주회사(Holding company) ▶ 467
- 지지선과 저항선 ▶ 467
- 직상장 ▶ 468
- 직접공시(direct disclosure) ▶ 469
- 질적 요인(qualitative factor) ▶ 469
- 집중투자(concentrated investment) ▶ 470

차

- 차등배당 ▶ 472
- 차등의결권 주식(dual class right) ▶ 472
- 차등의결권제도(dual class stock system) ▶ 473
- 차스닥(創業板, Chasdaq) ▶ 474
- 차입형 우리사주제 ▶ 474
- 차입형 자본 개편(Leveraged Recapitalization: LR) ▶ 475
- 채권시장 안정펀드 ▶ 475
- 채권형 연금저축펀드 ▶ 476

- 채권형 펀드 ▶476
- 체계적위험(systematic risk) ▶477
- 체리피킹(cherry picking) ▶478
- 채권혼합형 펀드 ▶479
- 초과 유보 소득 과세 ▶479
- 총주주수익률(total shareholder return, TSR) ▶480
- 최우선주(prior-preferred stock) ▶480
- 추세선 ▶481
- 추세전환 ▶481
- 천정(top) ▶482
- 침체국면 ▶482

ㅋ

- 카멜레온 펀드(cameleon fund) ▶484
- 캐리 트레이드(Carry Trade) ▶484
- 캐쉬 플로우(cash flow) ▶485
- 캐피탈 게인(capital gain) - 자본 차익 ▶486
- 캘린더 효과(calendar effect) - 달력 효과 ▶487

- 커버드 콜 상장지수 펀드(covered call ETF fund) ▶ 488
- 커버드 콜 전략 ▶ 488
- 커촹반(科學創業板(科创板), Star Market) ▶ 490
- 컨트리 펀드(Country Fund) ▶ 490
- 코넥스(Korea New Exchange) ▶ 491
- 코리아 디스카운트 ▶ 492
- 코리아 밸류업 지수(Korea Value-up Index) ▶ 492
- 코리아 펀드(Korea Fund) ▶ 493
- 코스닥(Korea Securities Dealers Automated Quotation) ▶ 494
- 코스닥 벤처펀드 ▶ 495
- 코스닥 시장(KOSDAQ) ▶ 497
- 코스닥 지수(KOSDAQ Index) ▶ 497
- 코스피 지수(Korea Composite Stock Price Index, KOSPI) ▶ 498
- 코스피200 변동성지수(VKOSPI)4 ▶ 98
- 코스피200 지수(Korea Stock Price Index 200, KOSPI 200) ▶ 498
- 코코본드(조건부자본증권, CoCo Bond) ▶ 499
- 콜금리(call rate) ▶ 500
- 콜 프리미엄(call premium) ▶ 501
- 콜 ELW(call ELW) ▶ 501

- 쿼드러플위칭데이 ▶502
- 퀀트 투자 ▶502
- 퀀텀펀드(Quantum Fund) ▶503
- 퀄리티주(quality stock) ▶503
- 크라우드 펀딩(crowd funding) ▶503
- 큰 손(operators) ▶504
- 클라이맥스지표(climax indicatior) ▶504

- 타이거 펀드(Tiger Fund) ▶508
- 탄소공개 프로젝트(Carbon Disclosure Project, CDP) ▶508
- 탄소배출권 상장지수펀드(ETF) ▶509
- 테마주(themed stock) ▶509
- 텐 배거(ten bagger) ▶511
- 토큰 증권(STO; Security Token Offering) ▶511
- 토큰증권발행(security token offering, STO) ▶513
- 통안사채(通安社債) ▶514
- 통정매매(Matching Transaction) ▶514

- 통화안정증권(monetary stabilization bond, 통안채) ▶ 515
- 투매(panic selling, dumping) ▶ 516
- 투자(investment) ▶ 517
- 투자 분석(investment analysis) ▶ 518
- 투자신탁(securities investment trust) ▶ 519
- 투자심리선(psychological line) ▶ 520
- 투자전략(investment strategy) ▶ 521
- 트래킹주(tracking stock) ▶ 522
- 트로이카주(troica stock) ▶ 522
- 트리플 강세 ▶ 523
- 트리플 위칭 데이(triple witching day) ▶ 524

ㅍ

- 파생결합증권(derivatives-linked securities, DLS) ▶ 528
- 파생금융상품(financial derivatives) ▶ 529
- 파행장세 ▶ 530
- 패시브 펀드(Passive Fund) ▶ 530
- 패시브 투자(passive investment) ▶ 530

- 패시브 투자의 장점 ▶ 531
- 펀드(fund) ▶ 531
- 펀드 50%룰 ▶ 532
- 펀드 결산 ▶ 533
- 펀드 런(Fund run) ▶ 533
- 펀드 슈퍼마켓(Fund-Supermarket) ▶ 534
- 펀드 자동 재배분 ▶ 535
- 펀드 판매 수수료 ▶ 535
- 펀드담보부증권(collateralised fund obligation) ▶ 536
- 펀드매니저(fund manager) ▶ 537
- 펀드자본주의(Fund Capitalism) ▶ 537
- 펀드출자자(limited partner, LP) ▶ 538
- 펀드 판매 50%룰 ▶ 539
- 편차지수(deviation index) ▶ 539
- 포괄적 주식교환 ▶ 540
- 포뮬러 플랜(formula plan) ▶ 540
- 포이즌 필(poison pill) ▶ 542
- 포지션(position) ▶ 543
- 포트폴리오(portfolio) ▶ 544

- 폰지 사기(Ponzi Scheme) ▶ 545
- 풋백옵션(put-back option) ▶ 546
- 프라이빗 뱅커(private banker) ▶ 547
- 프로그램 매매(Program Trading) ▶ 548
- 프리미엄(premium) ▶ 549
- 프리미엄부 발행(premium issue, issuing at premium) 550
- 프리보드(Free Board) 550
- 프리본드(FreeBond) 551
- 프리어닝 시즌(pre-earning season) 551
- 피라미딩(pyramiding) 552
- 핀볼 효과(Pinball Effect) 552
- 핀테크(FinTech) 553
- 핀테크 로보어드바이저(FinTech Robo Advisor) ▶ 554
- 필터 이론 ▶ 555

ㅎ

- 하계주(summer stock) ▶ 558
- 하락 국면(downturn) ▶ 558

- 하락장악형(bearish engulfing) ▶ 558
- 하이브리드 채권(hybrid bond) - 신종자본채권 ▶ 559
- 하이일드 펀드(high yield fund) ▶ 560
- 한국거래소(Korea Exchange) ▶ 561
- 한국형 헤지펀드 ▶ 562
- 해산가치 ▶ 563
- 해상선하증권(marine bills of lading, ocean bills of lading) ▶ 563
- 해외전환사채(convertible bond) ▶ 564
- 해외주식 세테크 ▶ 565
- 해외증권 ▶ 567
- 해외증권대리인 ▶ 566
- 해외투자펀드(international investment fund, onshore fund) ▶ 568
- 해외 펀드 손실 상계 ▶ 568
- 핵심설명서 제도 ▶ 569
- 행동주의 펀드 ▶ 570
- 행동주의 헤지펀드(activist hedge fund) ▶ 570
- 헤지 전용계좌 ▶ 571
- 헤지펀드(hedge fund) ▶ 572
- 헤지펀드와 공매도와 롱쇼트전략 ▶ 573

- 헤징(hedging) ▶ 574
- 호가(quotation) ▶ 574
- 호재와 악재 ▶ 575
- 혼수주(watered stock) ▶ 575
- 혼합형 연금저축펀드 ▶ 576
- 혼합형 펀드 ▶ 576
- 황금 낙하산(golden parachute) ▶ 577
- 황금주(golden share) ▶ 577
- 회사형 뮤추얼펀드 ▶ 578
- 회전율(turnover ratio) ▶ 578
- 후순위담보채 펀드 ▶ 579
- 후순위 채권(subordinated bonds) ▶ 579
- 혼합투자신탁 ▶ 579
- 환매 수수료 ▶ 580
- 후강퉁(Shanghai-Hong Kong Stock Connect) ▶ 581
- 희석화(dilution) ▶ 582

a-t

- ADR(advance decline ratio) ▶ 584
- ADX(Average Directional Movement Indicator) ▶ 585
- CAC 40 주가지수(CAC 40 stock index) ▶ 586
- ELS(equity-linked securities) ▶ 586
- ELS지수펀드 ▶ 587
- ELS펀드 ▶ 587
- EMP펀드(ETF managed portfolio fund, EMP fund) ▶ 587
- EV/EBITDA ▶ 588
- GDR(Global Depositary Receipts) ▶ 589
- KODEX200선물 인버스2X ▶ 589
- KODEX레버리지 ▶ 590
- KOSDAQ50(Korea Securites Dealers Automated Quotation 50) ▶ 591
- KOSPI ▶ 593
- KOSPI 200 지수 ▶ 593
- KRX BBIG 뉴딜지수 ▶ 594
- KRX300 ▶ 595
- MSCI 선진국지수(MSCI ACWI) ▶ 596

- NASDAQ ▶ 597
- PB(Private Banker) ▶ 598
- PCR(price to cah ratio) ▶ 598
- P2P 대출 ▶ 598
- PDR(price to dream ratio) ▶ 599

주식과 펀드
StocksFunds
깨알지식

워렌 버핏의
주식에 관한 명언

- 투자에 성공하기 위해서는 반드시 로켓 과학자처럼 머리가 좋을 필요는 없다. 투자란 IQ 160인 사람이 IQ 130인 사람을 물리치는 게임이 아니다. 그러나 이성은 필수적이다.
- 사람들은 서서히 부자가 되는 것보다 당장 다음주에 복권에 당첨될 가망성에 더 큰 희망을 건다.
- 기회가 왔을 때 일을 하라. 내 일생에는 한꺼번에 수많은 아이디어가 떠오르고 호기가 오랫동안 계속되던 시기가 몇 번 있었다.
- 당장 다음주에라도 좋은 아이디어가 떠오르면 일을 하겠다. 그러나 그렇지 않으면 꼼짝도 하지 않겠다.
- 비즈니스의 운영 방식과 비즈니스(회계) 언어에 대한 지식이 있어야 하며, 주체에 대해 어느 정도의 열성과 절제심을 갖고 있어

야 한다. 이것이 IQ보다 더 중요할 수도 있다. 이것은 자주적으로 생각하게 해주며 가끔 투자 시장에 영향을 주는 여러 가지 형태의 대중 히스테리를 피할 수 있게 해준다.

▶ 가치 투자 개념은 아주 단순하고 평범하다. 경영대학원에서 경영학 박사학위를 따는 건 시간 낭비라고 생각한다. 8년이나 신학교를 다녔는데, 나중에 누군가가 정말 중요한 건 십계명이라 말해주는 것과 비슷하다.

▶ 우리는 수익을 재투자해 늘어난 자본으로도 더 높은 수익을 올릴 수 있는 기업을 선호한다.

▶ 우리는 정치와 경제에 대한 예측을 계속 무시할 것입니다. 이들은 투자자와 사업가들의 마음을 흐트러 뜨리는 값비싼 요물이기 때문입니다. 베트남전 확대, 2번의 오일쇼크, 대통령 사임, 소련 해체, 다우지수의 508포인트 폭락 등을 30년 전에 예측한 사람은 아무도 없습니다.

▶ 우리는 비관론이 있을 때 투자하고자 한다. 우리가 비관론을 좋아해서가 아니라, 비관론 덕분에 주가가 싸지기 때문이다.

▶ 우리는 기업을 통째로 인수하는 것이나, 시장에서 일부 지분을 사는 것이나 근본적으로 큰 차이가 없다고 생각한다. 우리의 목표는 탁월한 기업을 합리적인 가격에 사는 것이지, 그저 그런 기업을 싼 가격에 사는 것이 아니다. 우리는 유통 주식을 살 때도 기업을 통째로 인수할 때와 똑같은 방식으로 평가한다.

▶ 사업을 정확하게 판단하는 것과 동시에 무섭게 확산하는 시장 심

리에 휩쓸리지 않을 때 성공할 것이다.
- 적절한 절제심이 적절한 지성의 틀과 결합했을 때 합리적인 행동이 나온다.
- 원칙에 시효가 있다면, 그것은 원칙이 아니다.
- 시장이 항상 효율적이기만 하다면, 나는 깡통을 든 거리의 부랑자가 되었을 것이다.
- 사람들이 욕심과 두려움과 어리석음으로 가득 차게 되리라는 걸 얼마든지 예측할 수 있다. 그러나 어떤 순서를 거쳐 그렇게 되는지는 예측할 수 없다.
- 이 세상에서 주식을 사는 이유 중에서 가장 어리석은 이유는 주가가 올라가고 있기 때문에 사는 것이다.
- 미래는 결코 투명하게 내다보이지 않는다. 정확한 예측을 하기 위해서는 주식시장에서 많은 대가를 치러야 한다. 실제로 불확실성을 장기 투자자의 친구이다.
- 가격은 지불하는 것이고, 가치는 얻는 것이다.
- 기업의 가치를 측정하는 건 예술인 동시에 과학이다.
- 투자란 세밀하게 검토한 후에 원금 상환이 보장되고 만족할만한 수익이 예상되는 대상에 자금을 투입하는 것이다.
- 위험은 자신이 무엇을 하는지 모르는 데서 온다.
- 내가 생각하는 집단적인 결정에 대한 개념은 거울을 들여다 보면서 거울 속의 나와 함께 결정하는 것이다.
- 투자는 이성적이어야 한다. 이해할 수 없으면 투자하지 말아라.

워렌 버핏

▶ 투자에 있어서, 무지(無知)와 빌린 돈을 합하면 재미있는 결과가 나올 것이다.
▶ 자신이 이해하는 기업에는 동그라미를 치고, 가치, 경영, 고난이 역사면에서 자격 미달인 기업은 제거하라.
▶ 투자도 보도와 마찬가지다. 나는 그에게 그의 신문사에 관한 심층기사를 쓰라는 지시를 받았다고 말했다. 그는 많은 질문을 하고 다닐 것이며, 그래서 많은 사실을 알아낼 것이다. 지에 대해 자세히 알 것이다. 투자도 그런 식으로 한다.
▶ 사람들은 교육보다 더 많은 돈을 쓴다.
▶ 인간은 점진적으로 바뀌었다. 유인원에서 인간으로, 혹은 인간에서 유인원으로 갑자기 변한 게 아니다.
▶ 훌륭한 CEO는 기업 경영을 좋아하지만, 비즈니스 회합이라든지 골프장에 가는 것을 좋아하지 않는다.
▶ 5%의 이익을 남기는 1억 달러짜리 비즈니스보다 15%의 이익을 남기는 1,000만 달러짜리 비즈니스가 더 낫다.
▶ 돈은 쓰기보다 벌기가 더 쉽다.
▶ 이 사회는 내가 기여한데 대해 엄청난 보상을 안겨 준다.
▶ 돈을 원하기 때문이 아니다. 돈버는 재미와 돈이 불어나는 걸 보는 재미 때문이다.
▶ 투자 수익도 즐겨야 한다는 걸 배우긴 했지만, 그 보다는 투자과정을 훨씬 더 즐긴다.
▶ 성공의 열쇠는 누구를 위해 일할 것이냐를 파악하는 데 있다.

- 할 만한 가치가 없는 일은 잘할 필요가 없다.
- 지속적 경쟁우위를 가진 기업을 파악해놓고 주가가 맞아야만 방아쇠를 당겨야 한다는 사실을 기억하라. 좋은 가격은 내일 당장 찾아올 수도 있고, 5년이 지나서 찾아올 수도 있다. 우리가 역사를 통해서 배울 수 있는 교훈은 사람들이 역사에서 배우지 못한다는 사실이다.
- 지속적 경쟁우위를 가진 기업을 파악해 놓고 주가가 맞아야만 방아쇠를 당겨야 한다는 사실을 기억하라. 좋은 가격은 내일 당장 찾아올 수도 있고, 5년이 지나서 찾아올 수도 있다.
- 주식 시장은 인내심 없는 사람의 돈을 인내심 있는 사람에게 이동시키는 도구이다.
- 10년 이상 보유하지 않으려면 단 10분도 보유하지 마라(10분 안에 팔아라).
- 잭팟을 터뜨렸다고 말하는 사람들을 부러워해서는 안 된다. 이것이 성공적인 투자의 핵심이다.
- 주식 시장은 '적극적인 자에게서 참을성이 많은 자에게로' 돈이 넘어가도록 설계되어 있다.
- 능력범위 안에 있는 기업만 평가할 수 있으면 된다. 능력범위의 크기는 중요하지 않다. 하지만 자신의 능력 범위는 반드시 알아야 한다.
- 자본주의 시대에 인간은 여러 가지 지적 수단을 발전시켜왔지만, 감정과 심리의 벽은 여전히 높기만 하다.

▶ 주식투자의 성공은 비밀 공식이나 컴퓨터 프로그램, 각 종목과 주식시장의 가격이 보내는 신호에 좌우되지 않는다. 그보다는 주식시장의 전염성 강한 감정에 지배되지 않는 사고방식과 행동방식을 갖추고, 이와 더불어 훌륭한 판단력을 갖춘 투자자가 성공을 거둘 것이다.

▶ 좋은 회사는 선택하기 쉬운 의사결정들을 연속적으로 제시하는 반면에, 나쁜 회사는 계속해서 끔찍한 선택만을 제시하며 의사결정을 극도로 어렵게 만든다.

▶ 저와 찰리는 사업분석가입니다. 우리는 시장분석가도, 거시경제분석가도, 심지어 증권분석가도 아닙니다.

▶ 우리는 금융시장 전반을 분석하며, 이해할 수 있는 회사를 찾을 뿐이다. 그리고 그 회사들이 지속적인 경쟁력을 가지고 있는 지, 신뢰할만한 경영진이 있는지, 가격이 합리적인지를 알아본다.

▶ 독점력을 구축했는 지의 여부가 고수익을 보장해주는 열쇠가 된다.

▶ 평범한 지능을 갖추고 있다면 조바심을 절제할 수 있어야 한다. 조바심 때문에 많은 투자자들이 문제에 부딪힌다.

*워렌 버핏과 조지 소로스는 1930년생 동갑내기 투자자이다.
나이는 같지만 투자 스타일은 정반대인 두 사람이다.*

조지 소로스의 투자에 관한 명언

▶ 나는 특정한 투자 스타일이 없다. 정확하게 이야기하자면, 나는 상황에 맞춰서 나의 투자 스타일을 바꿔나간다.
▶ 주식시장의 거품은 그냥 생겨난 것이 아니다. 실제상의 확고한 근거를 가지고 있지만 그 실제상황은 오해로 인해 왜곡된 것이다.
▶ 존재하지 않았던 자원을 개발하는 것보다는 기존의 자원들을 잘 이용하는 것이 훨씬 쉬울 것이다.
▶ 금융시장은 일반적으로 절대 예측할 수 없다. 그렇기 때문에 다양한 다른 시나리오들을 가지고 있어야 한다. 당신이 시장을 예측 할 수 있다고 생각한다면 내가 보는 시장은 완전히 그와 반대이다.
▶ 당신이 투자가 재미있다고 느낀다면 당신은 돈을 전혀 벌지 못할

것이다. 좋은 투자는 굉장히 지루하기 때문이다.
▸ 나의 관심은 특정 사건의 흐름에 있다. 투자가로서 일정한 가치의 통계 확률을 찾는 것이다. 내가 중요한 건 특정한 경우에 무슨 일이 일어나느냐의 여부다. 역사적인 사건도 마찬가지다. 믿을 만한 예측은 할 수 없다. 짜는 일만이 가능하다. 그런 후 실제 사건의 흐름과 그 가설을 비교한다.
▸ 대사는 흔히 친구와 비슷하다. 대세 추종자들은 변화하는 곳, 즉 굴절지점에서 상처를 입는다. 늘 대세를 추종하지만 무리 중 한 사람이란 사실을 각인하고 그 굴곡 지점에 대해 곤두세운다.
▸ 활짝 핀 상태의 호황, 불황의 연속은 극히 드물다는 점을 기억하라. 시장은 발작 하듯 움직이기 때문에 가설을 채택했다 다시 폐기해야 한다. 할 수 있는 한 시장의 흐름을 잡으려고 하지만, 불가능한 땐 아예 노력하지 않은 편이 낫다.
▸ 방아쇠를 당기는 일은 분석이나 예측에 관한 일이 아니다. 적당한 순간이 오면 기꺼이 모든 것을 내걸 수 있는 "배짱" 같은 것이다. 그건 누가 가르친다고 배울 수 있는 것이 아니다. 완전히 직관이다. 과학적 능력이라기 보다 예술적 재능 같은 거다. 분석을 잘하는 사람, 예측을 잘하는 사람은 수백 수천 명이 있지만, 그 정보를 이용해 방아쇠를 당기고 예측에 따라 "위험"에 돈을 거는 사람은 아주 극소수다.
▸ 게임의 룰이 바뀔 때 큰 기회가 온다.
▸ 모두가 땅을 보려 할 때 누군가는 구름 너머 무지개를 보려 한다.

- 화학 성분만 갖고 연금술은 이뤄지지 않는다. 하지만 금융시장은 가능하다.
- 주식투자는 손쉽게 돈을 벌 수 있는 길이라거나 어떤 특별한 훈련 없어도 가능하다는 어리석은 생각은 주식투자를 할 때 범할 수 있는 치명적인 잘못이다.
- 예측하기보다는 시나리오에 따라 대응하라.
- 위기 상황이 와도 흔들리지 말고 인내하라.
- 대세를 거스르되 굴절 지점에 촉각을 곤두세워라.
- 지루하더라도 길게 보고 천천히 기다리는 투자 방법이 최선이다.
- 불완전하게 이해하는 것이 인간이었다는 걸 알게 됐을 때, 틀린다는 거에 대한 부끄러움이 없어진다. 우리는 그저 실수를 알고 바로잡기만 하면 된다.
- 주식에 투자하려면 직감과 상상력, 냉철한 비판력이 필요하다.
- 나도 파생상품이 뭔지는 모른다. 그저 주식만 열심히 할 뿐이다.
- 자신만의 투자 이론과 원칙을 정해 실천하라.
- 실수를 하면 즉각 수정하라.
- 늘 소득보다 적게 소비하라.
- 투자자들은 한정된 지식과 자본을 활용한다. 다른 사람들보다 좋은 정보를 가지고 있다면 경쟁력을 갖출 수 있다.
- 모든 수단을 동원해서 리스크를 회피하라.
- 가진 것보다 지금하고 있는 일을 더 사랑하라.
- 시장에서 무엇보다 중요한 것은 일단 살아남는 것이다. 살아남

아야지만 기회가 온다. 대부분 그러한 기회가 오기 전에 시장에서 쫓겨난다.
- 펀드의 높은 수수료를 생각해라.
- 무엇보다 자신이 아는 분야에 투자해라.
- 내가 남들보다 나은 이유는 내 실수를 인정한다는 것, 각국 정부들은 자신들의 잘못을 인정하려 하지 않는다.
- 상황이 더 악화될수록 이 상황이 완전히 반전되어 성공할 가능성은 작다. 그러나 유리한 점들은 더 커진다.
- 버블초기 단계에 투자하는 것만큼 높은 수익률을 기대할 수 있는 것은 없다.
- 과학적인 방법으로는 사물을 있는 그대로 이해하려고 노력해야 하고, 연금술로는 원하는 상황을 가져오려고 노력해야 한다. 결국은 과학의 목표는 진실인 것이고 연금술의 목표는 운영성공이라는 것이다.
- 내가 부자가 된 이유는 나 자신이 틀렸을 때를 알고 있었기 때문이다. 나는 기본적으로 나의 실수를 인정함으로써 살아남았다.
- 일을 즉시 처리하는 것보다, 일을 바르게 하는 것이 낫다.
- 성공해서 좋은 것은 내가 원하는 것을 할 수 있는 여유가 생겼다는 것이다. 그러나 사치스런 취미는 가지지 않았다. 나는 항상 내 금전적인 수준보다 검소한 수준으로 살았다고 말했다.
-

주식 기초 용어

- **주식** : 주식회사의 자본을 구성하는 단위.
- **주식회사** : 주식의 발행을 통하여 자본을 조달하는 회사.
- **유가증권** : 재산적 가치를 가지는 사권을 표시하는 증권.
- **증권** : 재산상의 권리 또는 주식이나 채권 등 재산적인 가치가 있는 문서나 권리.
- **주주** : 주식을 가지고 직접 또는 간접으로 회사 경영에 참여하고 있는 개인이나 법인으로 주식을 소유한 사람으로서 주식의 취득만으로 주주의 자격이 얻어지며 1주만 보유해도 주주가 됨.
- **대주주** : 한 회사의 주식 가운데 많은 몫을 가지고 있는 주주.
- **소주주** : 주식을 적게 가진 주주. 일반 개미 소액 투자자.
- **최대주주** : 의결권이 있는 발행 주식 총수를 기준으로, 소유하고 있는 주식 수가 가장 많은 주주.
- **증권시장** : 증권을 사고파는 시장. 좁은 의미에서 증권시장은 증권

거래소와 같이 일정한 규칙하에서 증권이 매매되는 구체적인 유통시장을 말함.

- **코스피(KOSPI; 한국종합지수)** : 증권시장에 상장된 상장기업의 주식 변동을, 기준 시점과 비교시점을 비교하여 작성한 지표.
- **코스닥(KOSDAQ)** : 우리나라의 장외 증권시장. 증권거래소 시장과는 달리 별도의 성장 가능성이 높은 벤처 기업이나 중소기업이 중심이 되는 또 다른 형태의 주식시장이며 컴퓨터와 통신망을 이용하여 장외 거래 주식을 매매함.
- **상장**: 증권거래소에서 매매할 수 있는 품목(종목)으로 지정하는 일
- **시가총액** : 전 상장 주식을 시가로 평가한 총액.
- **배당**: 기업이 일정 기간 동안 영업활동으로 발생한 이익 중 일부를 주주들에게 나눠주는 것. 배당금이 없는 회사, 연1회 지급 회사, 연4회 지급회사, 이렇게 기업마다 다름. 우리나라에서 연4회 배당금을 지급하는 회사는 삼성전자가 유일. 배당금은 마치 용돈받는 느낌이 든다고 하여 많은 투자자들이 선호함.

주식 매매 기초 용어

- **매수**: 주식을 사는 것.
- **매도**: 주식을 파는 것.
- **공매도**: 주식을 빌려 매도하는 투자 전략.
- **홈트레이딩시스템(HTS)**: 개인 투자자가 집이나 사무실에서 컴퓨터로 주식거래를 할 수 있는 프로그램.
- **모바일트레이딩시스템(MTS)**: 스마트폰에서 모바일로 주식거래를 할 수 있는 프로그램.
- **D+2 시스템**: 2영업일 후 시스템으로, 주식은 거래 후 실제 대금 결제는 2영업일 후에 진행됨. (영업일은 주말 및 공휴일은 포함되지 않으며, 예를 들어 만약 금요일에 매매를 하였으면 실제 대금 결제는 다음 주 화요일에 처리됨)
- **예수금**: 주식거래를 위해 계좌에 넣어둔 현금으로, 즉 매매할 수 있는 금액.

- **증거금** : 매수 금액의 일정 비율을 예수금에서 차감하는 금액으로 결제를 이행하기 위한 보증금.
- **미수금** : 투자자가 증권사에 납부해야 할 유가증권의 부족액.
- **대용금** : 고객이 보유한 주식을 일정 비율만큼의 금액으로 환산한 것으로 주식 주문 시 현금 대신 증거금으로 사용할 수 있는 금액.
- **손절매** : 주가가 떨어질 때 손해를 보더라도 팔아서 더 큰 손해를 피하는 방식.
- **순환매** : 어떤 종목에 호재가 발생하여 투자자가 몰려 주가가 상승할 경우, 그 종목과 연관성이 있는 종목도 주가가 상승하게 되어 순환적으로 매수를 하려는 분위기가 형성되는 것.

주식 거래시간 기초 용어

- **주식거래 정규시간**: 오전 9:00~오후 3:30
- **장시작 동시호가**: 오전 8:30~9:00
- **장마감 동시호가**: 오후 3:20~3:30
- **시간외거래**: 정규장 이외의 시간에 주식거래를 하는 것.
- **시간외종가거래**: 장 개시 전이나 마감 후에 종가로 거래할 수 있는 시간.
- **장전시간외거래**: 오전 8:30~8:40(전일 해당 주식의 종가로 매매)
- **장후시간외거래**: 오후 3:40~4:00(당일 해당 주식의 종가로 매매)
- **시간외단일가거래**: 오후 4:00~6:00(장 종료 후 10분 단위로 단일가 매매체결이 이루어짐)

주식 차트 기초 용어

- **주가**: 주식의 가격. 주식 시장에서 형성되는 시세에 따라 결정됨.
- **호가**: 주식을 매수하거나 매도할 때 주문하는 가격.
- **시가**: 하루 중 주식거래 정규장에서 최초로 체결된 가격.
- **종가**: 하루 중 주식 시장이 마감될 때 마지막으로 체결된 가격.
- **고가**: 하루 중 가장 높은 가격.
- **저가**: 하루 중 가장 낮은 가격.
- **상한가**: 정규장에서 주가가 일별로 상승할 수 있는 최고가격(주식 시장에서 정한 기준으로 전일 종가의 +30%까지가 상한가)
- **하한가**: 정규장에서 주가가 일별로 하락할 수 있는 최저가격.(주식 시장에서 정한 기준으로 전일 종가의 -30%까지가 하한가)
- **지정가**: 주식을 매매할 때 투자자가 직접 가격을 지정해서 주문을 넣는 것.
- **시장가**: 주식을 매매할 때 시장에서 형성된 가격으로 주문을 넣는 것.

- **일봉**: 하루 동안의 시가, 고가, 저가, 종가를 봉으로 나타낸 것.
- **주봉**: 한 주 동안의 시가, 고가, 저가, 종가를 봉으로 나타낸 것.
- **월봉**: 한 달 동안의 시가, 고가, 저가, 종가를 봉으로 나타낸 것.
- **양봉**: 빨간색 봉으로 시가가 종가보다 높은 상태.
- **음봉**: 파란색 봉으로 시가보다 종가가 낮은 상태.
- **이동평균선**: 일정기간 동안의 주가를 산술평균해서 이 값들을 연결한 선.
- **저항선**: 주가가 오르다가 멈춰서는 가격대를 저항선.
- **지지선**: 주가가 하락하다가 떨어지지 않고 버티는 가격대를 지지선.
- **갭상승**: 주식이 특정한 전일의 고가보다 높이 시작하여 크게 상승하는 것.
- **갭하락**: 장이 마감된 후 악재가 발생해 그다음 날 시초가가 크게 하락하는 경우.

> 항상 뉴스와 신문(경제신문)을 자주 보는 습관을 들이는 것이 좋다.
> 뉴스와 신문을 자주 보면서 경제의 흐름을 읽고 예측할 수 있는 감각을 키우는 것이 중요하다.

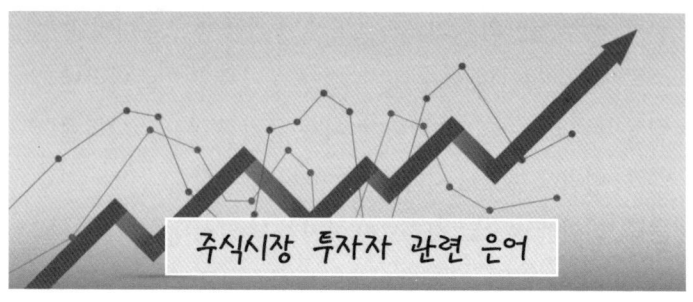

주식시장 투자자 관련 은어

- **개미** : 일반적인 개인 투자자.
- **동학개미** : 국내 주식에 투자하는 개인 투자자들.
- **서학개미** : 해외 주식에 투자하는 개인 투자자들.
- **개미털기** : 개인 투자자들이 팔고 나가게 하는 작업.(설거지)
- **외계인** : 외국인 투자자.
- **검은 머리 외국인** : 한국인이지만 외국 계좌를 사용하는 사람들. 줄여서 검머외라고도 함.
- **주포** : 자본을 많이 보유한 대규모 투자자.
- **세력** : 주식의 가격을 움직이는 힘을 가진 자본세력.(작전세력)
- **주린이** : 주식 어린이. 주식 초보자.
- **자선사업가** : 투자마다 실패하는 사람. 돈을 남들에게 퍼주게 되는 상황을 비꼬는 말.
- **관망충** : 쉽게 매수하지 못하는 나약한 투자자.
- **인간지표** : 항상 틀리는 사람들. 흔히 내가 사면 떨어지고 내가 팔면 오른다고 함.

- **주식 파트라슈** : 해외선물 유튜버 박호두가 사용한 말.
- **쫀칭** : 작전 세력에 동참하는 소액 투자자.
- **매미** : 펀드매니저 출신의 개미투자자.
- **애미** : 애널리스트 출신의 개미투자자.
- **하이에나** : 특정 종목을 매집해 단기 급상승으로 매수세가 몰려들면 매집한 주식을 처분해 털고 나오는 세력.
- **흑우, 흙두루미** : 호구.
- **멸치** : 한국에 진출한 외국계 증권사인 메릴린치. 메릴린치를 비꼬는 말이며, 급등주에서 메릴린치가 단타로 분위기를 하락으로 반전시키면 멸치 욕을 하게 됨.

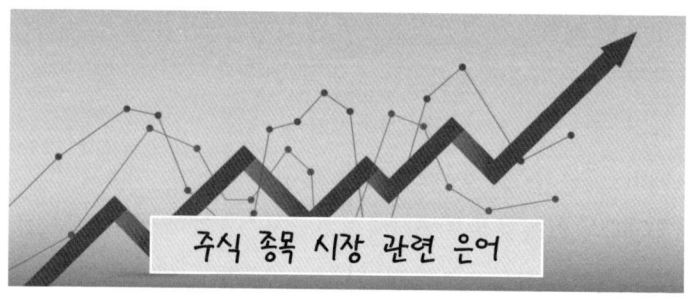

주식 종목 시장 관련 은어

- **잡주** : 기업의 재무 상태가 안 좋은 주식.
- **동전주** : 저렴한 주식.
- **테마주** : 뉴스, 인물, 시장의 이슈에 따라 등락이 생기는 주식.
- **작전주** : 세력들이 작전을 치는 주식.
- **품절주** : 유통되는 주식의 수가 적은 주식.
- **스캠** : 실적 없이 부풀어진 사기성이 짙은 주식.
- **돈 복사기** : 거침없는 상승으로 수익을 내주는 주식.
- **돈 세절기** : 거침없는 하락으로 손실을 주는 주식.
- **저평가가치주** : 현재 저평가되어 있지만 상승할 만한 요소가 많은 것.
- **재료** : 주가 변동을 일으키는 요인들. (뉴스, 공시 등)
- **쌀장** : 미국 주식 시장.
- **떡상** : 주가가 급상승하는 것.
- **떡락** : 주가가 급하락하는 것.
- **쩜상** : 시가가 30% 상승한 상태로 시작하는 것.
- **쩜하** : 시가가 30% 하락한 상태로 시작하는 것.

- **따**: 따블의 줄임말로, 신규 상장 종목이 첫 거래일에 공모가 대비 2배로 시가가 형성된 경우.
- **따상**: 따(공모가 대비 2배로 시가가 형성된) 종목이 장이 열리고 상한가(30%)까지 올라서 마감하는 것.
- **따상상**: 전일 따상한 종목이 다음 날에도 상한가(30%)까지 올라서 마감하는 것.
- **연상**: 연속 상한가. 3일 연속 상한가면 3연상이라고 함.
- **상따**: 상한가 따라잡기. 상한가 주식에 기대를 가지고 매수에 동참하는 것.
- **하따**: 하한가 종목의 반등을 기대하고 매수하는 것.
- **갭(gap)**: 큰 가격변동으로 차트에서 봉과 봉 사이에 선 없이 발생한 빈 공간.
- **데드캣 바운스**: 죽은 고양이가 튄다는 뜻. 주가가 급락하는 동안 잠깐 상승하는 현상.
- **조정**: 높아졌던 주가가 일정 정도 수준으로 하락하는 것.
- **슈팅**: 총을 쏘는 것처럼 빠른 폭으로 주가가 움직이는 경우. (급하락은 언더슈팅, 급상승은 오버슈팅)
- **심상정**: 종목의 분위기가 심상치 않다는 뜻.
- **펌핑**: 투자를 부추기는 행동.
- **쏘다**: 갑자기 매수 물량이 쏟아질 때.
- **밤의 샛별**(음선) : 주가가 시가보다 종가가 낮은 경우. 보통 상승세의 끝을 예고함.

- **낮의 샛별**(양선) : 주가가 시가보다 종가가 높은 경우. 보통 하락세의 끝을 예고함.
- **우주방어** : 주가가 하락하지 않도록 기를 쓰고 막는 것.
- **바겐세일** : 주식 가격의 폭락으로 너무 저렴할 때를 말함.
- **폭탄 돌리기** : 투기로 인해 주가가 급등하다가 다시 폭락하여 투자자에게 큰 손해를 입히는 상황을 뜻합니다.
- **모멘텀** : 주가 상승세나 하락세의 주가 추세의 가속도. (상승 모멘텀이 강하다, 하락 모멘텀이 강함.)

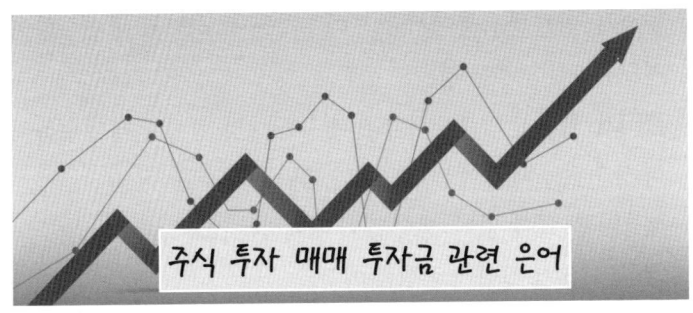

주식 투자 매매 투자금 관련 은어

- **총알**: 주식에 투자하기 위해 보유한 현금.
- **시드**: 시드머니를 뜻합니다. 내가 투자할 수 있는 금액.
- **빚투**: 빚내서 투자하는 것.
- **성투**: 성공적인 투자.
- **반토막**: 투자금의 반을 잃는 것.
- **손절**: 더 큰 손실을 피하기 위해 손실을 보고 주식을 매도하는 것.
- **익절**: 이익을 보고 주식을 매도하는 것.
- **뇌절**: 멘탈이 나간 상태에서 매도하는 것.
- **홀딩**: 주식을 계속 보유하고 있는 것.
- **존버**: 존나 버팀. 손해를 보고 있는 상황에서도 다시 주가가 오를 것을 기대하며 버티는 것.
- **평단**: 매수한 주식의 평균단가.
- **추매**: 주식을 추가로 매수하는 추가 매수를 뜻하거나, 주가가 급상승할 때 추격해서 매수하는 추격 매수.

- **물타기** : 파란색 음봉에서 추가 매수하는 것. 하락할 때 매수하여 평균단가를 낮추는 것.
- **불타기** : 빨간색 양봉에서 추가 매수하는 것. 상승할 때 매수하여 더 상승했을 때의 예상 평단보다 평단을 낮추는 것.
- **뇌동매매** : 줏대 없이, 생각 없이 매매하는 것.
- **멘징** : 본전을 찾아서 손실을 메꿈.
- **물렸다** : 매수한 가격보다 주가가 하락하여 팔지 못하고 있는 상태.
- **패닉셀** : 패닉(당황)으로 인해 급하게 매도.
- **층** : 매수한 금액.(~층에 물렸는데 구조대 언제 오나요.)
- **승차감** : 종목의 안정성.(승차감 좋네)
- **대놓다** : 저가 매수를 위해 현재 호가보다 한참 아래 저가에 매수 주문을 내어놓는 것.
- **깡통** : 빈계좌.
- **모찌** : 증권사 직원 개인계좌.
- **포지션** : 주가를 예상하고 있는 자세.(하락을 숏포지션, 상승을 기대하는 롱포지션)
- **무포** : 아무 포지션도 잡지 않고 현금을 100% 보유하고 있는 것.
- **픽** : 정보를 뜻. 좋은 픽을 달라는 말은 좋은 주식 종목 정보를 달라는 의미.
- **오버나잇** : 주식을 다음날까지 하루 더 가져간다는 뜻.

- 대중을 따라하는 것은 평균으로 후퇴하겠다는 말이다.
- 장기적으로 뛰어난 투자 성공을 얻으려면, 단기적으로 투자 실패를 견뎌내야 한다.
- 투자란, 몇 군데 훌륭한 회사를 찾아내고 그저 엉덩이 붙이고 눌러앉아 있는 것이다.

가격역지정주문(stop order)

투기성 투자를 즐기는 투자자가 시세가 매매위탁 당시의 시세보다 상승하여 자기의 지정가격을 넘어설 때는 지체 없이 해당 주식을 매도를 위탁하는 것을 말합니다. **역지정가주문**이라고도 하지요. 역지정가주문은 투자자의 시세관에 따라 어느 종목의 주가가 어느 일정한 가격 주문을 넘어서면 폭등할 것으로 믿거나 일정 가격 수준 이하로 내려서면 폭락할 것으로 예상되었을 때 그 큰 장세에 의한 이익을 얻기 위하여 이용되는 것으로 시장 질서를 교란하고 공정가격 형성에 부정적 영향을 주기 때문에 우리나라 증시에서는 법으로 이를 금지하고 있습니다.

가격우선의 원칙(priority of best quotation principle)

증권시장의 경쟁매매에 있어 호가의 우선 순위를 정하는 것으로서 파는 경우는 낮은 가격을, 사는 경우는 높은 가격을 우선한다는 뜻입니다. 시간우선의 원칙·수량우선의 원칙과 동시에 쓰입니다.

가격제한폭(price fluctuation ceiling)

주식 가격 제한폭은 전일 대비 주가가 오르내릴 수 있는 한계 범위를 정해 놓은 것입니다. 가격 변동의 상한과 하한을 정해 증시 기복을 완화하고 투자심리를 안정시키기 위한 것입니다.

미국과 유럽은 주식시장 가격 제한 폭이 없으나 한국·일본·대만 등의 국가에서는 가격제한폭을 설정하고 있습니다.

우리나라는 종전 4.6%의 정액제에서 1995년 4월 1일부터 주식매매 시의 가격제한폭을 6% 정률제로 조정하였습니다. 그 후 몇 번의 조정을 거쳐 2015년 6월부터 30%로 확대되었습니다.

가격 지정 주문(stop order)

매매체결 여부보다 가격을 우선으로 생각할 때 사용하는 주문 유형으로, 원하는 가격을 지정하여 주문을 하는 방식입니다. 가격을 정해서 주문하면 지정한 매수가격 보다 높은 가격에 체결되지 않고 지정한 매도가격 보다 낮은 가격에 체결되지 않습니다.

투자자가 시세가 매매위탁 당시의 시세보다 상승하여 자기의 지정가격을 넘어설 때는 지체 없이 해당 주식을 매도할 것을 위탁하는 것입니다. **역지정가 주문**이라고도 합니다. 역 지정가 주문은 투자자의 시세관에 따라 어느 종목의 주가가 어느 일정한 가격 주문을 넘어서면 폭등할 것으로 믿거나 일정 가격 수준 이하로 내려서면 폭락할 것으로 예상되었을 때 그 큰 장세에 의한 이익을 얻기 위하여 이용되는 것이 보통입니다. 그러나 이것은 시장 질서를 교란하고 공정가격 형성에 부정적 영향을 주기 때문에 우리 증시에서는 이를 법으로 금지하고 있습니다.

가중산술평균주가

특정 기간 동안 증권시장에서 거래된 해당 종목의 총 거래금액을 총 거래량으로 나눈 가격을 말합니다. 모든 틱 가격에 대한 평균값이어서 종가를 기준으로 하지 않습니다.

유상증자 시 신주 발행가격·신주인수권부사채(BW)와 전환사채(CB) 등 주식 연계 증권의 행사가격과 조정가격 등 기준이 됩니다.

가상화폐 상장 방식

거래소공개(IEO) · 보상형공개(IBO) · 증권형토큰공개(STO)를 말합니다. 가상화폐 투자 기사를 읽다 보면 종종 접하는 용어입니다. 가상화폐 개발사가 공개적으로 투자자를 모으는 가상화폐공개(ICO)와 비슷하지만, 의미가 다릅니다. IEO(암호화폐 공개 ; Initial Coin Offering)는 가상화폐를 개발한 팀이 자체적으로 진행하던 ICO를 거래소에서 대행하는 개념입니다. 거래소가 해당 가상화폐의 신뢰성을 담보한다는 점이 ICO와 다릅니다. 대표적인 국내 IEO 거래소는 비트소닉입니다. 릭·재미코인·애니멀고·VX코인 등 수십 개의 신규 가상화폐가 비트소닉을 통해 IEO를 진행했습니다. 세계 최대 가상화폐거래소 중 하나인 바이낸스는 '바이낸스 런치패드'를 통해 IEO를 하고 있습니다.

가수급

주식을 사려는 자금이나 팔 주식을 가지고 있지 않을 때 자금이나 주식을 빌려 사고파는 공매를 말합니다. 이는 신용거래를 통하여 적절히 도입되면 매매량과 환금성을 높일 뿐만 아니라 주가의 안정에도 크게 도움을 주지만 가수급이 과다하면 과당 투기를 유발할 부정적인 측면을 가지고 있습니다.

가장매매(wash sale)

실제로 주식거래가 이루어지지 않았으면서도 주가를 조작하거나 투자자 자신의 손실을 회피할 목적으로 하는 매매거래를 말합니다. 이는 일반 투자자들을 속이기 위하여 매매거래가 활황인 듯이 보이게 조작하는 시세조종으로서 사고파는 행위를 혼자 했을 경우 가장매매, 사는 사람과 파는 사람이 다른 경우를 통정매매라 하며 법으로 금지되어 있습니다.

가치주(value stock)

성장주가 현재 가치에 비해 미래의 수익이 클 것으로 기대되는 주식인데 비해 가치주는 성장은 더디지만, 현재 가치에 비해 저평가

된 주식을 말합니다. 가치주는 성장주에 비해 영업실적과 자산가치가 우수합니다. 주가지수가 투자심리 위축 등으로 크게 떨어지는 시기에 가치주가 많이 생겨나는데 가치주는 성장주에 비해 주가 변동 폭이 크지 않아 주로 방어적인 투자자들이 선호합니다.

가치주 펀드(value stock fund)

가치주 펀드란 가치주를 선별하여 투자함으로써 수익을 올리는 펀드를 말합니다. 이 펀드는 낮은 가격으로 주식을 매수하여 기업가치 상승이 주가 상승으로  이어질 때 주식을 적정가격으로 매도함으로써 차익을 남깁니다. 가치주 펀드는 주식형 펀드이지만, 장기적으로 안정적 수익률을 올리는 것을 목표로 합니다. 시장 환경보다 해당 종목의 투자 가치에 초점을 맞추어 보수적으로 자산을 운용하기 때문에 시장 변동성에 큰 흔들림이 없다는 특징을 가지고 있습니다. 대체로 중위험·중수익을 추구하는 장기 투자 고객들이 선호합니다.

가치주 투자

기업의 순이익이나 자산가치에 비해 가격이 낮은 주식에 투자하는 것. 방어적이며 보수적인 투자의 성격을 갖습니다. 가치주에는 시가배당률이 다른 종목에 비해 높거나 소위 굴뚝주라는 전통적 제조업체 주식이 주로 포함됩니다.

간사회사(manager)

유가증권의 발행인으로부터 의뢰를 받고 유가증권의 인수와 모집, 그리고 매출 주선에 중심적인 역할을 하는 회사로서 증권회사·은행·종합금융 등이 있습니다.

발행되는 유가증권은 전량 혹은 일부만을 인수할 수도 있습니다. 이에 따라 주간 회사와 공동 간사회사로 구분하며 이들을 합하여 간사단이라고 합니다. 주식 발행의 경우 최소 3개사 이상의 인수단을 구성해야 합니다.

2008년 자본시장법 도입 이후, 기존의 간사회사라는 용어는 공식적으로 "주관사"로 변경되었으나, 업계에서는 여전히 간사회사라는 용어가 관행적으로 사용되고 있습니다.

간접투자상품

간접투자상품이란 수익증권이나 뮤추얼펀드 등 고객 돈을 모아 펀드를 구성한 후 금융기관(투신사)의 펀드 매니저가 이를 유가증권에 투자해 그 성과에 따라 투자자에게 수익을 나눠 주는 실적배당형 상품을 말합니다. 이때 투자하는 유가증권의 비율에 따라 채권형·주식형·혼합형으로 구분되며 채권형은 펀드에 주식이 편입되지 않고 펀드 총액의 60% 이상을 채권 및 금리선물 등으로 운용하는 상품입니다. 주식형은 펀드 총액의 60% 이상을 주식이나 주가지수 선물·옵션 등으로 운용합니다. 혼합형이란 채권형 및 주식형 이외의 펀드나 주식으로 투자할 수 있는 최고 비율이 50% 이상이면 주식혼합형, 50% 미만이면 채권혼합형으로 나뉩니다. 전문가가 투자하기 때문에 위험성이 적고 분산투자가 가능하며 투자 목적에 맞춰 다양한 투자 상품을 선택할 수 있지만, 원리금이 보장되지 않으므로 투자 시 주의해야 합니다.

감리종목(surveillance issue)

한국거래소는 투자자를 보호하기 위해 주가가 단기간에 급등한 종목을 주의가 요망되는 주식으로 분류해 감리종목으로 지정합니다. 감리종목으로 지정되는 종목은 최근 5일간 주가 상승 폭이 60% 이상인 경우가 연속해서 2일 지속되고 최근 5일간 주가 상승률이 최근 20일간 KOSPI·KOSDAQ 주가지수 중 최저 종가 지수 대비 최고 주가지수 상승률의 4배 이상인 종목입니다.

감리종목은 지정일로부터 기산하여 3일 이후의 날로서 당일 종가가 최근 5일의 최고 종가보다 10% 이상 하락할 경우 지정이 해제됩니다. 감리종목이 되면 관리종목과 마찬가지로 신규 신용거래가 중단되고 위탁증거금율이 상향 조정됩니다.

감사위원 분리 선출

주주총회에서 감사위원이 되는 이사를 다른 사내외 이사들과 분리해 선임토록 하는 제도입니다.

대주주가 뽑은 이사 중에서 감사위원을 선출하지 않고 대주주로부터 독립적인 지위를 갖도록 감사위원을 별도로 선임해 감사위원회 위원의 독립성을 확보하기 위한 것입니다. 감사위원 선임 단계부터 대주주 의결권을 3%로 제한합니다. 즉 3% 이상 지분을 가져도 의결권은 3%로 제한됩니다.

일본에선 감사위원회를 세 명 이상의 이사로 구성하며 과반수를 사외이사로 채우고 있지만, 감사위원 선임에 대해 대주주 의결권을 제한하는 규정을 두고 있지 않습니다.

이사회는 통상 7~9명의 이사(감사위원인 이사 포함)로 이뤄집니다. 상법상 자산 2조 원 이상 기업은 이사 중 3명 이상을 감사위원으로 둬야 합니다. 감사위원인 이사는 회사의 업무 및 회계 감독권을 가집니다.

재계에서는 감사위원 분리선출제가 도입되면 투기자본의 경영간섭 가능성이 높아지고 기존 의결권 제한에 가중되는 이중 규제라며 반대하고 있습니다. 지분 쪼개기(3% 이하)를 통해 의결권 제한 규정을 피할 수 있는 외국 투기자본이 대기업 감사위원 자리를 모두 장악할 수 있습니다. 예컨대 현대자동차는 현대모비스(지분 20.8%)와 정몽구 회장(5.2%), 정의선 부회장(2.3%)이 주요 주주인데,

이들은 이사 선임 과정에서 28.3%의 의결권을 행사할 수 있습니다. 하지만 감사위원 분리선출제가 적용되면 이들의 의결권은 총 8.3%로 떨어집니다. 현대모비스와 정 회장의 의결권이 각각 3%로 제한돼서이며 '1주 1표' 원칙이 깨지는 것입니다. 재계 관계자는 "외국 헤지펀드 서너 곳이 손을 잡으면 현대차 이사회 아홉 명 중 감사위원 네 명의 자리를 모두 꿰찰 수 있다."고 합니다.

감사위원은 이사도 겸임하므로 외국계 투기자본이 감사위원을 장악하면 무리한 배당이나 자산 매각 등을 요구할 수 있습니다.

적대적 인수합병(M&A)에 노출될 가능성도 있다는 지적입니다. 2018년 11월 27일 현재 전세계적으로 감사위원 분리선출제를 도입한 나라는 세계에 한 곳도 없습니다.

감사위원회

이사회에 설치되는 소위원회 중 하나입니다. 기업 경영을 감시한다는 점에서 감사의 역할과 비슷하다. 하지만 감사 역시 지배주주나 경영진의 영향력 아래에 있어서 제대로 감독역할을 수행하지 못해온 것이 사실입니다. 이에 따라 대기업의 경우 사외이사를 중심으로 한 감사위원회 도입이 의무화될 예정입니다.

지배구조개선위원회는 대규모 기업·정부투자기관·금융기관의 경우, 감사 대신 감사위원회를 설치하도록 권고하고 있습니다. 미국에서는 뉴욕증권거래소·미국증권위원회 등의 기관이 상장회사에 감사위원회 설치를 요구하고 있습니다. 이사회 내의 하부 위원회로 감사위원회를 두는 것은 영미식입니다.

갑기금(甲基金)

자본금을 가질 수 없는 외국은행 국내 지점들이 영업활동을 위해 지점 형태로 국내에 진출하여 자국 본점에서 들여온 일종의 자본금 성격의 자금을 말합니다. 외국은행은 국내 진출 시 들여온 외화를 한국은행에 매각해 조달한 자금으로 갑기금을 만들고 증액 여부는 한국은행의 인가를 받습니다. 외국은행 국내 지점의 업무 한도를 설정하는 기준이 됩니다. 외국은행의 국내 지점의 갑기금은 30억 원 이상이 되어야 합니다.

개방형 수익증권

1주당 순자산 가액을 기초로 투자자의 해약에 언제나 응할 수 있는 수익증권을 말합니다. 이 경우 1주당 순자산 가액이란 편입 증권을 시가로 계산한 순자산총액을 총발행계좌수로 나눈 것으로서 펀드의 실질적인 해산가치라고 할 수 있습니다.

개별주식옵션(equity option)

특정 기업의 주가가 오를 확률이나 내릴 확률을 상품으로 만들어 투자자들이 이를 사게 하는 것으로 특정 시기에 특정가격으로 주식을 사는 콜옵션과 파는 풋옵션으로 나뉩니다. 1997년 시행된 주가지수 옵션거래에 이어 2002년 1월부터 일단 7개 대형주에 의해 주식옵션 시장이 열렸습니다. 주가지수 옵션거래가 KOSPI 200 지수를 기준으로 콜옵션·풋옵션 시장이 형성되는데 비해 주식옵션은 특정 7개 주식의 주가를 기준으로 시장이 형성됩니다. 이 시장에서는 매입자와 매도자 간에 주식을 사고팔 수 있는 권리를 사고팔게 됩니다. 주가지수 옵션에 비해 주가 추이를 파악하기가 용이하며 적은 돈으로 대형주를 거래할 수 있는 권리를 가질 수 있습니다.

개별주식선물

삼성전자·현대자동차·포스코 등 국내의 대표적 우량주 15종목을 기초로 선물거래를 하는 것을 말합니다. 지수선물과 마찬가지로 현금 결제(선물가격변동에 따른 손익 금액이 매일 정산되고 계약기간이 끝나면 최종 손익 금액이 확정됨)방식을 채택하고 있으며 결제월의 두 번째 목요일이 최종 거래일이며 최종 거래일 이전에도 계약 종료가 가능합니다.

개별주식옵션시장

주식을 직접 거래하는 것이 아니라 미래 어느 시점에 주식을 사고팔 수 있는 권리를 거래하는 시장을 말합니다. 이 시장에선 주식을 보유하거나 사려는 사람들이 주식을 팔 수 있는 풋옵션과 주식을 살 수 있는 콜옵션을 거래합니다. 헤지와 차익거래를 통해 주가 하락 때 손실을 최소화할 수 있습니다. 또 주식을 살 때 많은 돈을 들이지 않고 살 수 있는 장점도 있습니다.

개인자산통합관리서비스(Personal Finance Management Software Service, PFMS)

증권사·은행·신용 카드사·보험사 등 각 금융기관에 분산되어 있는 개인의 모든 금융자산을 모아 한군데에서 관리하고 온라인 서비스를 해주는 시스템을 말합니다. 이 서비스는 개인이 여러 가지 계정을 일일이 확인해야 하는 불편을 덜어주기 위해 고안되어 미국 등에서 커다란 시장을 형성하고 있습니다.

일부 증권사에서는 신용카드 사용이 많은 고객은 월말에 카드 청구서를 개별적으로 확인할 필요 없이 머니플래너 안에서 여러 개의 신용카드 결재액을 한 번에 확인하고 은행 계좌에서 간판하게 이체시킬 수 있는 등 통합자산관리서비스를 제공하고 있습니다. 웹사이트의 정보를 끌어와 한곳에 표시해 주거나, 여러 곳에 흩어져 있는 마일리지 포인트를 한곳에 모아 이용할 수 있게 해주는 것도 생겨나고 있습니다.

갱생주가

모든 악재가 없어졌기 때문에 바닥권의 주가가 다시 상승세로 반전되는 것을 말하며 소생주가라고도 합니다.

갭(gap)상승

시가가 전날 고가보다 높음에도 불구하고 엄청난 호재에 확신을 가진 투자자들에 의해 시장가 매수가 강하게 유입

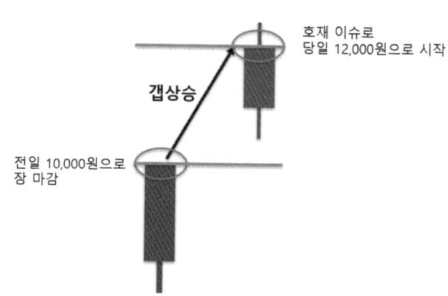

됩니다. 이에 따라 상승 추세는 더욱 강해져 이날의 종가가 시가보다 더 높은 가격으로 마감됩니다. 이를 **갭**(gap) **상승**(상승추세 갭)이라고 합니다. 이와 반대로 전일 종가보다도 훨씬 낮은 가격으로 시작하여 계속 하락세를 이어가는 것을 **갭**(gap) **하락**이라 합니다.

거래량(trading volume)

거래소 안에서 매매된 주식 수를 말합니다. 매도 1백 주와 매입 1백 주인 경우 거래량은 1백 주가 됩니다. 이 거래량에 매매가 성립된 가격을 곱한 것을 **거래대**

금이라 합니다. 거래량의 변화는 주가지수 변화와 함께 시황 판단의 기본 지표가 됩니다.

당일 행사가격으로 거래된 수량을 말합니다. 단위는 "계약"입

니다. 거래는 1계약당 1백주가 기본입니다. 단 주가가 10만 원 이상인 삼성전자·SK텔레콤·포항제철 등은 1계약당 10주입니다. 예컨대 삼성전자를 주당 30만 원에 살 수 있는 콜옵션 10계약을 프리미엄 1만 원에 매수한 투자자의 투자 원금은 1만 원(프리미엄)×10주(1계약당 주식수)×10계약으로 총 1백만 원이 됩니다.

거래량 이동평균선

주가 상승 시 매입 수요가 상대적으로 증가하므로 거래량이 늘어나는 경향이 있고 하락 시는 그 반대의 경향을 보입니다. 주가가 정점에 가까워질수록 주가가 상승해도 거래량은 감소하는 경향이 있으며 또 주가가 바닥에 가까워지면 주가의 하락에도 불구하고 거래량은 늘어납니다. 거래량 이동평균선은 거래량의 이런 특성을 간파하고 개발한 지표로 6일·30일·75일선이 많이 활용되고 있습니다.

  6일 이동평균선을 산출하려면 6일간의 거래량 합계를 6으로 나누면 그날의 이동평균치가 됩니다. 그다음 날은 전일의 합계 숫자에 당일의 거래량을 더하고 최초 일의 거래량을 빼서 6일간의 합계로 만들어 6으로 나누면 됩니다. 이것을 연결하면 **거래량 이동평균선**이 됩니다.

거래량회전율

거래량의 증감 상황으로 장기적 주가를 예측하는 유력한 투자기법을 말합니다. 거래량과 상장 주식 총수를 비교합니다.

작성 방법은 거래량에 입회 일수를 곱하고 이것을 상장 주식 총수로 나누어 백분율화한 것입니다. 거래량회전율은 당일의 거래량 규모를 기준으로 하여 상장 주식 수가 연간 몇 회전하고 있는가를 나타낸 것으로 회전율 100%의 의미는 상장 주식 총수가 연간 1회전하는 것을 의미합니다. 과거의 검증으로 볼 때 50%를 기준으로 130% 이상이 단기 경계, 20% 수준이면 바닥으로 봅니다.

거래성립률

주가의 상승이나 하락과는 관계없이 거래가 성립된 종목이 증권 시장에 상장된 종목 수와 비교해서 어느 정도의 비율인가를 나타낸 것입니다. 이것은 매일매일의 시장에서 거래가 성립된 종목 수를 전 상장종목 수로 나누어서 산출합니다. 거래성립률이 높을수록 시장의 활성화를 의미하는데 지나치게 높을 때는 매도 시점으로 주목해야 합니다.

거래소 감리

증권사 등 회원의 매매 거래 활동 또는 투자자와의 수탁 관계에서 공정거래 질서를 유지하도록 강제하고 준수 여부를 감독하는 자율 규제하는 것을 말합니다.

한국거래소는 시장감시 규정에 따라 제명, 6개월 이내 회원자격 또는 매매 거래 정지와 10억 원 이하 회원제재금 부과·경고·주의 등의 조치를 내릴 수 있습니다.

거래소 간 교차거래

다른 국가의 증권거래소에 상장된 종목에 대해 양국 투자자들이 동시에 투자할 수 있는 것을 말합니다. 예를 들어 한국과 일본의 거래소 간 교차거래가 허용된다면 국내에 거주하는 투자자가 일본 증시에 거래되는 종목을 HTS를 통해 사고팔 수 있는 것입니다. 양국 거래소 간 교차거래가 이뤄지면 국내증권사들이 일본증권거래소의 회원사로 등록되고 투자자들은 국내증권사를 통해 일본국증권거래소의 종목을 거래할 수 있게 됩니다.

2011년 12월 8일 한국거래소와 도쿄증권거래소그룹(TSEG)가 이 같은 내용의 '거래소 간 시장 연계 협약서(MOU)'를 체결하였습니다. 두 거래소는 전용 네트워크를 구축해 이르면 2012년 하반기부터 양국 증시에 상장한 종목의 교차거래가 가능토록 했습니다. 주식 교차거래를 실시하기로 한 것은 세계에서 처음입니다.

거래소거래(exchange trading)

증권거래소 시장에서 일정한 시간 중에 일정한 질서를 지키며 이루어진 매매거래를 말하며 **보통거래**와 **당일결제거래**로 나뉩니다.

경쟁 대량매매 제도

주문 정보를 노출하지 않고 주식 대량매매를 손쉽게 체결할 수 있는 경쟁 거래 방식을 말합니다. 일정 규모(5억 원 또는 5만 주, 코스닥은 2억 원) 이상의 주식·상장지수펀드(ETF)·주식예탁증서(DR) 등에 대한 대량매매를 비공개로 연결해 주는 주문 방식입니다.

기존에 있던 시장가 또는 지정가(보통) 등의 주문 방식에 추가된 새로운 대량매매 주문 방식으로 기존 시스템을 유지한 채 주문 방식만 경쟁 대량매매로 설정해 주문할 수 있습니다. 증권사 브로커를 통할 필요가 없어져 기관은 물론 개인 "큰손"들이 장중에 소문이 퍼질 우려 없이 주식 대량 거래를 할 수 있고 거래 비용도 줄일 수 있게 됩니다. 미국과 유럽 등에서 활발하게 이용되고 있는 "다크 풀(Dark Pool)" 제도와 비슷합니다.

다크 풀은 정규 매매와 구분되는 별도의 호가장으로 주문 시간과 수량 등의 경쟁 매매 방식으로 체결됩니다. 정규 매매 호가장과 달리 상대 주문 정보를 볼 수 없고 가격을 써낼 수도 없다는 점이 특징입니다. 대량 거래를 원하는 매도자와 매수자가 어떤 체결 정보 없이 주문을 내면 수량과 시간 조건이 맞을 경우 일단 체결됩니다. 가격은 정규장 마감 직후 알 수 있는 VWAP(거래량 가중평균가격)로 결정됩니다. VWAP는 당일 거래대금을 거래량으로 나눠 구합니다.

게걸음

주가의 변동이 상하로 크게 이루어지는 것이 아니라 게와 같이 옆으로 기는 상태를 말하며 **횡보장세**라고도 합니다.

결제(settling)

유가증권의 매매거래가 성립된 후 증권과 대금을 주고받아 매매당사자 간의 거래관계를 종결하는 것을 말합니다.

경쟁매매

매수·매도 쌍방이 복수로서 상대방에게 매입·매도 희망 가격을 제시케 하여 그 가운데 가장 유리한 가격으로 매매하는 것을 말합니다. 경쟁매매에는 다수의 매도측과 매수측 가운데서 조건이 맞는 것끼리 매매를 성립시키는 개별경쟁매매와 다수의 매도측과 매수측이 경합한 결과 일정가격에서 전수량이 합치하는 때에 그 가격을 약정가격으로 해 매매를 성립시키는 집단경쟁매매가 있는데 현재 우리 거래소시장에서는 **개별경쟁매매** 방법을 적용합니다.

계열회사(affiliated company)

한 회사가 다른 회사의 의결권 주식을 지배주주보다 적은 양을 가질 때, 또는 두 회사가 다른 회사의 자회사일 때 두 회사는 계열회사로 분류됩니다.

보통 대기업이 중소기업을 거래상의 관계로 전체를 지배 내지 종속시켜 중소기업을 자기 회사의 영향권 안에 둠으로써 생산력이나 판매력 및 금융력 등의 경제력을 독점적·배타적으로 이용하게 됨을 말합니다.

계절주(seasonal stock)

계절에 따라 매출·이익 등 영업실적에 커다란 변화가 있는 회사의 주식을 말합니다. 예를 들면 판매량이 여름철에 집중되어 있는 맥주·청량음료 등의 회사 주식은 **여름주**에 속하고 연말연시에 인기가 높은 백화점 주식 등은 **겨울주**로서 계절주에 해당합니다. 이런 주식들은 성수기를 전후하여 주가가 상승하는 것이 일반적입니다.

고가 갱신

주가가 상승세를 유지하고 있을 때 지금까지 한 번도 오르지 못했던 가격권으로 뚫고 올라가는 것을 말합니다.

고객예탁금(customer's deposit)

증권회사가 유가증권의 매매거래를 위하여 고객으로 부터 받아 일시적으로 보관하고 있는 자금을 말합니다. 청약자예수금·환매조건부 예수금·위탁자예수금·저축자예수금·신용거래구좌설정보증금·신용거래보증금 등이 이에 속합니다.

고배당기업

주식투자자의 배당소득에 과세특례가 적용되는 기업을 말합니다. 고배당 기업으로 인정되면 소액투자자는 배당소득증대세제에 따라 일반 배당소득 세율(14%)보다 낮은 9%의 원천징수 세율을 적용받습니다.

정부는 2016년부터 3년간 한시적으로 배당소득증대세제를 도입해 일정 요건을 충족하는 고배당 기업 주주에게는 배당세를 깎아주고 있습니다. 2017부터는 대주주 배당세 공제 한도를 **2,000만 원**으로 제한하고 있습니다.

고정자산

기업이 장기적으로 보유하는 자산으로서 유형고정자산·무형고정자산·투자와 기타자산으로 분류됩니다. 유형고정자산은 기업 경영을 위하여 사용되는 자산으로서 상각자산(건물·기계장치 등)과 비상각자산(토지 등)이 있고 무형고정자산은 특허권·상표권·지상권·영업권 등으로 실질적인 형태를 갖지 않는 경제상의 지위나 법률상의 권리를 말합니다. 투자자산은 장기적으로 보유하는 관계회사의 주식이나 투자유가증권 등을 말합니다.

고정주(pagged stock)

회사의 안정주주들인 대주주나 과점주주들이 경영권 확보를 위하여 보유하고 있는 주식으로서 회사의 실적이나 주가 변동에 관계없이 장기 보유하므로 원칙적으로 매매거래가 이루어지지 않는 주식을 말합니다.

골든크로스(golden cross)

주가나 거래량의 단기 이동평균선이 중장기 이동평균선을 아래에서 위로 돌파해 올라가는 현상을 말합니다. 이는 강력한 강세장으로 전환함을 나타내는 신호로 받아들여집니다. 보통 단기 골든크로스는 5일 이동평균선이 20일 이동평균선을 상향 돌파하는 것을 말하며 중기 골든크로스는 20일선과 60일선을, 장기 골든크로스는 60일선과 100일선을 비교합니다. 우리나라에서는 5일 이동평균선이 20일 이동평균선을 상향 돌파하는 단기 GC와 20일 이동평균선이 60일 이동평균선을 상향 돌파하는 중기 GC, 그리고 60일 이동평균선이 1백일 이동평균선을 뚫고 올라가는 장기 GC가 일반적으로 이용됩니다. 한편 골든크로스와 반대되는 현상으로 '데드크로스(dead-cross)'가 있으며 단기 이동평균선이 장기 이동평균선 아래로 떨어지는 현상이 데드크로스인데, 보통 약세장으로 전환하는 신호로 해석됩니다.

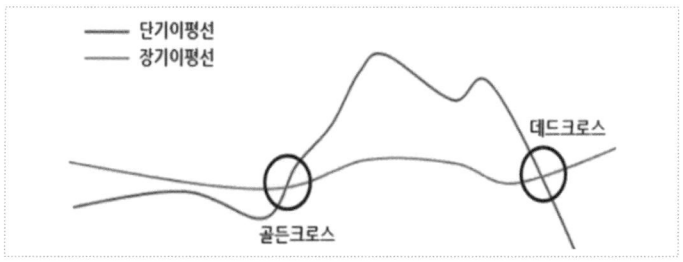

공개매수(Take Over Bid, Tender Offer)

회사의 지배권획득 또는 강화를 목적으로 주식의 매수 희망자가 매수기간·가격·수량 등을 공개적으로 제시하고 유가증권시장 외에서 불특정다수의 주주로부터 주식을 매수하는 방법을 말합니다. 공개 매수 희망자는 공개매수신고서 및 첨부서류를 증권관리위원회에 제출하고 그 신고의 효력이 발생하면(10일) 매수에 임할 수 있습니다.

공개법인

증권거래소에 주식을 상장하고 있거나 모집설립 또는 공모증자한 법인으로서 일정한 요건을 갖춘 법인을 말합니다. 공개법인은 대내적으로 자본과 경영의 분리에 의한 경영합리화를 도모할 수 있고 대외적으로는 일반 투자자의 기업에 대한 공신력을 높혀 증권시장을 통해 일반투자 대중으로부터 비교적 용이하고 저렴하게 대규모 자금을 직접 조달할 수 있게 됩니다. 이 밖에도 공개법인은 비공개법인에 비해 다양한 세제상의 혜택을 받습니다.

공개시장조작(open market operation)

중앙은행이 유가증권을 금융기관을 상대로 사고팔거나 일반공개시장에 참여해 매매하는 것을 말합니다. 국채나 기타 유가증권을 매출 또는 매입함으로써 시중의 통화량을 늘리거나 줄일 수 있어 금리정책 및 지급준비금제도와 함께 금융정책의 한 수단으로 사용되고 있습니다.

즉, 시중에 유동성이 과잉 상태를 빚고 있을 때(통화량 많은 때)는 중앙은행이 보유 증권을 매각해서 돈을 흡수하고 반대로 시장에서 돈의 유통이 잘 안될 때(통화량이 적을 때)는 시중에서 증권을 사들이는 방법으로 자금을 방출합니다. 매출의 경우를 매출조작 혹은 **매출오퍼레이션**, 매입의 경우를 매입조작 혹은 **매입오퍼레이션**이라고도 합니다.

조작 대상에는 일반적으로 국채 및 기타 정부증권이나 은행인수어음과 환어음 및 금, 외국환 등도 포함된다. 금융시장이 고도로 발달하여 금융자산이 다양화되어 있고 금리가 자율화되어 있는 선진국의 경우에는 통화조절 수단으로 공개 조작 대상 증권이 많지 않고 금융시장이 미발달되어 있는 등 여건이 성숙되지 않아

본격화되지 못했습니다.

1980년대 후반 국제수지의 흑자로 해외 부문을 통한 통화의 공급이 확대되면서 이를 흡수하기 위해 재정증권, 외국환평형기금채권 및 통화안정증권 등의 발행 규모가 확대됨에 따라 양적인 여건이 개선되었으며 그후 발행금리의 실세화를 통한 경쟁입찰방식의 도입, 발행 기간의 다양화 등으로 질적인 여건도 개선되었습니다.

공동매각권(tag-along right)

1대 주주가 보유 지분을 제3자에게 매각할 때 2, 3대 주주가 1대 주주에게 같은 조건으로 자신들의 지분의 매각을 요구할 수 있는 권리를 말합니다. 1대 주주가 경영권 프리미엄을 받고 지분을 매각하면 다른 주주들에게 돌아갈 몫이 크지 않기 때문에 2, 3대 주주를 보호하기 위해 만든 장치로 기업인수합병(M&A) 시장에서는 벤처캐피탈 등이 계약 시 흔히 적용하는 조항입니다.

공동투자(co-investment)

사모 펀드(PEF) 운용사(GP)가 기업 인수에 나설 때 투자자(LP)가 함께 참여해 소수 지분을 직접 사들이는 거래를 말합니다. 투자자가 직접 투자하기 때문에 펀드 조성 시 운용사에 수수료를 줄 필요가 없으며 한 번에 대규모 자금을 신속하게 집행해 고수익을 노려볼 수 있다는 것도 장점입니다.

운용사 관점에서 공동투자의 매력은 하나의 거래에 과도하게 투자하는 것을 방지하고 경쟁 운용사 참여를 제한할 수 있다는 점입니다. 직접 지분인수에 참여하는 투자자는 일반적으로 해당 PEF운용사의 기존 고객인 경우가 많습니다.

공매도(short stock selling)

가격 하락을 예상해 주식이나 채권을 빌려 매도하는 것을 말합니다. 이것은 증권회사 및 증권금융회사로부터 빌린 주식을 파는 것으로서 형태는 어디까지나 실물거래이지만 가지고 있지 않은 주식을 팔기 때문에 공매도라고 합니다. 판 주식의 가격이 하락하면 그 주식을 다시 사서 차액만을 얻을 수 있습니다.

공매도는 한국예탁결제원이나 한국증권금융 등 제3자로부터 주식을 빌려서 매도하는 차입 공매도(커버드 쇼트셀링 · covered short selling)과 주식을 보유하지 않은 채 매도 주문을 내는 무차입공매도(네이키드 쇼트셀링 · naked short selling)으로 구분됩니다. 우리나라에서는 **커버드 쇼트셀링**만 허용됩니다.

공매도는 합리적인 주가 형성에 기여하지만, 증시 변동성을 키우고 불공정거래 수단으로 악용된다는 비판도 듣고 있습니다.

하락장에서 공매도가 늘면 낙폭이 확대되는 원인이 되지만 반등 시엔 단기 급등 요인으로 작용하기도 합니다. 특히 우리나라에서는 공매도는 외국인과 기관투자가가 거래대금의 99%를 차지해 '기울어진 운동장'이란 비판이 제기돼 왔습니다. 특히 공매도 거래의 70~80%를 외국인이 차지하고 있습니다.

공매도 금지 조치

금융당국은 2023년 11월 5일부터 2024년 상반기까지 공매도를 전면 금지하고 있습니다. 이 조치에 따라 유가증권·코스닥·코넥스 시장 전 종목에 신규 공매도 진입이 막힙니다. 공매도 투자자는 기존에 보유한 공매도 포지션의 청산만 할 수 있습니다. 다만 과거 공매도 전면 금지 때와 마찬가지로 시장 조성자와 유동성공급자 등의 차입 공매도는 허용하기로 했습니다.

금융당국은 2020년 3월 16일 금융당국은 이날부터 유가증권(코스피)·코스닥·코넥스시장 상장종목에 대해 6개월 간 공매도를 금지를 시작으로 몇 번의 재 연장 조치 후 2021년 5월 3일부터 공매도를 다시 허용한 바 있습니다.

2020년의 조치는 신종 코로나바이러스 감염증(코로나19)의 세계적 대유행에 대한 우려로 증시 급락세가 이어진데 따른 것으로 금융당국이 공매도를 금지한 것은 글로벌 금융위기가 터진 2008년 10월과 유럽 재정위기가 불거진 2011년 8월에 이어 이번이 세 번째입니다. 글로벌 금융위기가 터진 2008년에는 그해 10월 1일부터 다음 해 5월 31일까지 8개월간 전 종목 공매도를 금지했습니다. 유럽 재정위기 우려로 세계 경제가 출렁였던 2011년 8월에는 3개월간 전 종목 공매도를 금지했습니다.

공매도 청산시기

전문가들은 통상적으로 11~12월에 쇼트커버링(공매도한 주식을 갚기 위해 다시 사는 환매수)이 나타난다고 봅니다. 공매도 청산 시기가 다음 해로 넘어가면 공매도 투자자는 빌린 주식의 배당수익까지 함께 갚아야 하기 때문입니다.

공매도 공시제도

공매도 잔고를 대량 보유한 개인·법인 투자자 또는 대리인이 공매도 잔고가 상장주식 총수 대비 0.5% 이상일 때 의무적으로 공시해야 하는 제도로 2016년 6월 30일부터 시행되고 있습니다.

해당 투자자는 성명과 주소, 국적 등 인적 사항을 공매도 잔고 비율이 0.5%에 도달한 날부터 3영업일 오전 9시 이내까지 공시해야 합니다. 또한 일별 잔고 비율이 0.5%를 넘은 상태를 유지한다면 매일 공시 의무가 발생합니다.

투자자는 금융감독원에 공시 자료를 제출하면 됩니다. 한국거래소는 금감원으로부터 관련 자료를 받은 뒤 'T+3일' 오후 6시 이후 거래소 홈페이지에 대량보유자의 인적 사항과 잔량을 최종 공시하게 됩니다. 종목별·시장별 공매도 잔고 현황도 함께 제공됩니다.

공매도 과열 종목 지정제도

공매도가 과도하게 증가한 종목을 지정·공개하며 지정 익일 자동으로 공매도 거래를 금지시키는 제도로 2017년 3월 27일부터 시행하고 있습니다.

그동안은 유가증권(코스피)·코스닥·코넥스시장 가릴 것 없이 당일 전체 거래대금 대비 공매도 거래대금 비중 30% 이상, 주가 하락률 3% 이상, 공매도 거래대금 증가 배율 2배 이상일 때 공매도 과열 종목으로 지정합니다.

2022년 10월 24일부터는 공매도 금지일 또는 금지 연장일에 주가가 5% 이상 떨어지면 금지 기간도 '다음 거래일까지 연장'된다는 과열 종목 적출 기준이 하나가 추가 됐습니다.

공매도 잔고

증권을 소유하지 않은 상태에서 차입하여 매도하고 상환하지 않은 수량을 말합니다. 개인 투자자가 신용대주를 이용하여 매도하고 상환하지 않은 수량도 포함됩니다.

공매도 잔고 보고제도

주식 발행량의 일정 비율 이상으로 공매도 포지션을 쌓은 것에 대해 투자자가 해당 주식의 종목명과 투자자의 성명 등 인적 사항,

발행 주식 수 대비 공매도 포지션 비율 등을 금융당국에 보고토록 하는 제도를 말합니다. 공매도에 의한 시장 교란과 주가 왜곡을 막아 투자자 피해를 최소화하기 위한 것입니다. 호주·독일·프랑스 등 상당수 선진국이 공매도 보고제도와 공시제도를 동시에 시행하고 있습니다. 한국도 2012년 8월 30일부터 시행되고 있습니다.

이에 따라 상장사 발행 주식의 0.01% 이상 공매도 포지션을 가진 투자자는 금융감독원에 의무적으로 이 사실을 보고해야 합니다. 영국(0.25%)·일본(0.25%)·홍콩(0.02%) 등 주요 선진국과 비교하면 상대적으로 기준이 엄격한 편입니다. 증권사 등이 주식시장에 유동성을 공급하기 위해 불가피하게 공매도를 한 것은 포지션 계산에서 제외됩니다.

2016년 6월 30일부터는 잔고가 0.01% 이상이어도 평가액이 1억 원 미만이면 보고의무를 면제받게 됩니다. 다만 평가액이 10억 원이 넘을 경우 잔고에 관계없이 보고해야 합니다.

공매수(margin buying)

신용거래제도에 의하면 투자자는 대금을 모두 지불하지 않아도 일정한 위탁보증금만 적립하면 주식을 매입할 수가 있습니다. 이는 자금을 빌려서 현물을 사는 것으로 그 주식을 취득하는 것이 목적이 아니고 반대매매로써 시세의 차액을 얻는 것이 목적이기 때문에 공매라고 하고 이를 **신용매수**라고도 합니다.

공모(public offering)

회사를 설립하거나 증자를 할 경우 일반 투자자로부터 자금을 모집하는 것을 말합니다. 이와 같이 균일한 조건으로 불특정 다수인에게 신주를 배정하는 공모公募와 달리 보험회사·은행·투자신탁회사 등의 기관투자가나 특정 개인에게 판매하는 것을 **사모**私募라고 합니다.

공모가 · 시초가

공모는 공개모집의 약자로 기업공개의 핵심 절차를 말합니다. 발행한 유가 증권을 불특정 다수인에게 균일한 조건으로 매도와 매수청약을 권유하는 것으로 일반모집이라고도 합니다. 이때 공모가를 결정하며, 주식시장 시가로 적절한 신주 발행가격을 정합니다. 시초가는 유가증권의 매매거래에서 당일 중 최초로 형성된 가격을 말하며 상한은 공모가의 2배입니다. 말하자면 공모가가 1만 원인 주식 시초가는 2만 원까지 오를 수 있습니다. 시초가는 일정 시간 동안 동시호가로 접수해 결정합니다. 오전 입회에 최초로 형성되는 가격을 전장 시초가, 오후 입회에서 최초로 형성되는 가격을 후장 시초가라고 합니다. 주식시장에서는 '따상'이라는 은어가 있습니다. 기업공개 이후 상장 첫날 공모가의 두 배에 시초가가 형성되고, 시초가에서 가격제한폭까지 올라가는 것을 말합니다.

코스피 시장에선 SK D&D가 따상을 기록한 바 있습니다. 상장 첫날 따상에 이르고 다음 날에도 상한가를 기록한 것은 SK바이오팜이 처음입니다.

공모주 수요예측(book-building)

IPO를 통해 공모하는 주식을 기관과 외인 투자자들이 얼마에 얼마나 살 건지를 조사하는 제도를 말합니다.

수요예측을 통해 발행회사가 기업 가치와 사업성 같은 요소들을 고려하여 공모 희망가액을 내놓으면 기관투자가가 그 회사의 투자설명서·증권신고서 등을 참고하여 매입 수량 및 가격을 제시하게 됩니다.

개인 투자자들이 공모할 경우에는 청약증거금을 납입해야 하지만 기관이나 외인 투자자들은 청약증거금이 필요없이 청약할 수 있습니다. 이런 제도적 허점 때문에 기관이나 외인은 인기 있을 것으로 예상되는 종목에 대해 "묻지마 베팅"에 나서기도 합니다.

이로 인한 '오버베팅' 현상은 공모가를 높여 결국 개인 투자자의 피해를 유발하는 주범으로 지목됐습니다.

2022년 초 LG에너지솔루션 공모가 가장 극단적인 사례였습니다. 이 회사는 전체 공모 금액 12조 7,500억 원의 75%에 해당하는 9조 5,625억 원을 대상으로 수요예측을 진행했는데, 공모주 청약에 참여한 680개 기관 중 86%에 해당하는 585곳이 최대 신청 수량인 9조 5,625억 원어치의 공모주를 주문했습니다. 심지어 순자산 1억 원의 펀드를 운용하는 운용사도 최대 신청 수량을 주문한 사례도 있었습니다. 수요예측 경쟁률이 2,023 대 1까지 치솟고 총주문 금액이 1경 5,203조 원에 달했던 이유입니다.

공모주·공모주 펀드

저금리 때는 공모주가 큰 인기를 끌고 있습니다. 공모주는 기업이 상장하면서 일반 투자자를 상대로 발행하는 주식을 말합니다. 공모가로 구입한 후에 주식 가격이 올라가면 시장에 내다 팔아 차익을 누릴 수 있습니다. 공모 가격이 상장 후 거래 가격보다 낮을 것이란 기대감에 많은 사람이 관심을 갖고 있습니다.

공모증자

신규로 주식을 발행함에 있어서 일반대중으로부터 발행 유가증권의 응모를 받아서 하는 증자를 말합니다. 우리나라에서는 종전에는 기업공개 시에만 유가증권의 공모 방법이 이용되었으나 시가발행제도가 처음 도입된 1983년 이후부터는 상장법인이 시가발행에 의한 유상증자를 하는 경우, 신주의 공모 방법도 이용할 수 있게 되었습니다.

공모 펀드

50인 이상의 불특정 다수 투자자로 부터 투자금을 모아 그 자금을 운영하는 펀드를 말합니다. 주로 개인을 대상으로 하는 것으로 중위험·중수익 추구에 적합하고 전문가가 운용하고 분산투자가 가능하며 소액 투자가 가능하다는 장점이 있습니다.

대표적 간접투자 상품인 공모 펀드 규모는 2010~2020년의 10년 동안 199조 원에서 275조 원으로 38% 늘어나는 데 그쳤습니다. 반면 미국(117.3%)과 영국(121.1%) 등 주요 선진국에서는 공모 펀드 규모가 두 배 이상 커졌습니다.

공모 펀드의 근간을 이루는 주식형 펀드 수탁액은 2010년 96조 7,000억 원에서 작년 45조 2,000억 원으로 오히려 53.2% 쪼그라들었고 공모 펀드 내 개인 투자자 잔액 비중은 2015년만 해도 51%에 달했으나 2020년엔 41.5%까지 감소했습니다.

우리나라에서 공모 펀드가 외면받는 건 투자자를 만족시킬 수 있는 충분한 수익률을 내지 못했기 때문입니다.

운용업계에서는 공모 펀드에 대한 '깨알 규제'가 수익률 제고의 걸림돌이라고 봅니다. 대표적인 것이 펀드 내 특정 종목 편입 비중을 10% 이하로 제한한 '10%룰'입니다. 삼성전자의 유가증권시장 내 시가총액 비중이 28%가 넘는 상황에서 10%룰을 고집하는 것은 공모 펀드의 운용 자율성을 제약하는 '시대착오적 규제'라는 지적이 제기됩니다.

공시

공신력을 갖는 증권거래소가 주가에 영향을 줄만한 기업 내용이 발생하면 정기, 또는 부정기적으로 신속하게 투자자가 알 수 있게 하는 제도로 투자자 보호와 투자 판단 재료의 제공이라는 목적을 가집니다.

- **정기공시**: 상장회사의 영업실적에 관한 사업보고서와 반기보고서를 정기적으로 증권거래소에 제출케 하여 거래소가 이를 기업내용공시실에 비치하여 누구나 열람할 수 있게 한 제도를 말합니다.
- **수시공시**: 상장회사에 중요한 변동 사항이 발생했을 때는 전화, 또는 문서로 즉시 신고케 하거나 상장회사의 대표이사나 지정된 공시책임자가 시황 방송을 통하여 직접 알리도록 한 제도를 말합니다.
- **풍문조회**: 증권가격에 영향을 미칠만한 상장회사 정보가 보도 되거나 풍문으로 시장 주변에 떠도는 경우에는 이의 사실여부를 즉시 조회하여 그 내용을 공시하는 제도를 말합니다.

공포지수(fearindex)

변동성 지수(VIX ; Volatility Index)를 부르는 다른 말입니다. 시카고옵션거래소(CBOE)에서 거래되는 S&P500 지수옵션의 변동성을 나타내는 지표입니다. 증시 지수와는 반대로 움직여 공포지수라고도 합니다. 변동성 확대에 대한 기대가 크다는 것은 그만큼 투자자들의 심리가 불안하다는 것을 의미하기 때문입니다. S&P500 지수란 미국의 스탠더드 앤드 푸어사가 기업규모·유동성·산업대표성을 감안하여 선정한 보통주 500종목을 대상으로 작성해 발표하는 주가지수로 미국에서 가장 많이 활용되는 대표적인 지수입니다.

공포지수 상장지수증권(VIX ETN)

미국 시카고옵션거래소(CBOE)의 변동성지수(VIX)를 추종하는 상장지수증권(ETN)을 말합니다.

VIX는 미국 대표 주가지수 중 하나인 S&P500지수가 30일간 얼마나 움직일지에 대한 주식시장 참가자들의 예상이 반영된 지수입니다. 주가지수가 급락하거나 불안하게 움직일수록 오르기 때문에 '공포지수'로도 불립니다. 이 지수를 추종하는 ETN은 지금처럼 변동성이 심한 장세에서 투자하기 적합한 상품으로 꼽힙니다.

우리나라에는 2018년 5월 처음 도입됐습니다. 당초 시장전문가들은 VIX ETN이 인기를 끌 것으로 내다봤고 지수의 등락이 심하기 때문에 짧은 기간에 높은 수익을 내려는 투자자들이 몰릴 것으로 예상했습니다. NH투자증권에 따르면 주가가 하락하는 날 VIX ETN은 통상 지수 하락폭의 4배 정도 상승하고, 주가가 오르는 날은 시장의 3배가량 떨어졌습니다.

하지만 국내에 상장된 4개 종목 모두 미국 S&P500의 변동성을 측정하는 지수만큼 수익을 내기 때문에 국내에선 빠른 대응이 어렵다는 게 한계로 꼽힙니다.

공포탐욕지수(Fear & Greed Index)

미국의 CNN 비즈니스에서 개발한 지수로, 투자자들의 시장 심리를 측정하기 위해 사용됩니다. 지수는 0에서 100 사이의 값을 가지며, 0에 가까울수록 공포심이, 100에 가까울수록 탐욕심이 높은 것으로 해석합니다.

공포탐욕지수는 총 5단계로 구분됩니다.

1단계 : 0~25pt : 극도의 공포(extremen fear)

2단계 : 26~50pt : 공포(fear)

3단계 : about 50pt : 중립(neutral)

4단계 : 51-75pt : 탐욕(greed)

5단계 : 76~100 : 극도의 탐욕(extreme greed)

공포탐욕지수는 공포 탐욕 지수는 다음과 같은 7가지 지표를 종합하여 계산됩니다.

(1) **시장 모멘텀**(market momentum) : S&P500지수와 해당 지수의 125일 장기 이동평균선을 비교해 산출한다. S&P500지수가 125일 이평선을 상회하면 모멘텀, 즉 투자자들이 시장을 좋게 보고 있다는 뜻이고, 이의 반대는 투자자들이 시장에 대해 의구심을 갖고 경계하고 있다는 뜻입니다.

(2) **주가의 강세**(stock price strength) : 52주 신저가 종목 수 대비 52주 신고가 종목 수의 비율로 산출한다. 해당 비율이 높다면 탐욕 단계에 접어들었음을 의미합니다.

(3) **주가 변동성**(stock price breadth) : 하루동안 주가가 상승한 종목의 수와 하락한 종목의 수의 차이로 산정합니다.

(4) **풋옵션/콜옵션 비율**(put and call option) : 풋 옵션은 팔 권리, 콜 옵션은 살 권리를 말합니다. 풋 대비 콜 비율이 높아지면 일반적으로 투자자들이 불안해하고 있다는 신호이며 숫자가 1보다 크면 하락장에 배팅한 계약수가 많다는 것임으로 강한 하락세 신호로 간주됩니다. 숫자가 1보다 낮으면 상승장에 배팅한 계약 수가 많다는 것이기에 탐욕 단계를 말합니다.

(5) **시장 변동성**(market volatility) : 시장 심리를 측정하는 가장 유명한 지표는 시카고 상품거래소(CBOE) 변동성 지수, 즉 VIX라고 한다. VIX는 향후 30일 동안 S&P 500 지수 옵션의 예상 가격 변동성 또는 변동성을 측정합니다. VIX는 시장 전체가 상승할 때는 종종 하락하고 주식이 급락할 때는 급상승합니다. VIX는 일반적으로 강세장에서는 낮고 약세장에서는 높은 경향이 있습니다. 공포 탐욕 지수는 변동성 증가를 '공포' 신호로 간주합니다.

(6) **안전자산 수요**(safe haven demand) : 안전자산 수요는 말 그대로 안전한 곳, 즉 피난처를 말합니다. 주식시장의 변동성이 확대될 때 투자자들은 안전자산으로 도피하는데, 대표적인 것이 채권입니다. 이 지표는 지난 20 거래일 간의 미국 국채와 주식 간의 수익률 차이로 산출됩니다. 주식수익률이 채권수익률을 앞서면 시장이 탐욕 단계임을 의미하고, 그 반대는 공포단계

임을 말합니다.

(7) **정크본드 수요**(junk bond demand) : 정크본드와 국채 수익률의 차이(spread)로 산출하는 지표를 말합니다. 국채수익률 대비 정크본드 수익률이 높아진다는 것은 신용등급 BBB이하인 회사채에 대한 수요가 떨어진다는 것을 말합니다. 이는 시장이 공포 단계로 진입하고 있음을 말합니다.

반면, 국채 수익률 대비 정크본드 수익률이 낮아진다는 것은 정크본드에 대한 수요가 높아졌으며 시장이 탐욕 단계로 들어섰음을 말하며 위험을 과소평가하거나 과대평가하는 것을 방지하는 데 도움이 될 수 있습니다. 공포지수가 높은 경우 시장이 저평가되었을 가능성이 높고, 탐욕 지수가 높은 경우 시장이 고평가되었을 가능성이 높습니다.

관리대상종목(issues for administration)

상장회사 중에서 영업정지나 부도발생 등이 생겨 상장 폐지 기준에 해당하는 사유가 발생되었을 때, 투자자들에게 특별한 주의를 환기시킬 목적으로 증권거래소가 별도로 지정하는 종목을 말합니다. 관리 대상 종목으로 지정되면 무엇보다 매매거래 방법이 달라집니다.

관심주(hot issue)

저가권·보합권에서 오랫동안 머물며 게걸음만 하였거나 거래량 또한 미미하여 투자자들의 관심 밖에 있던 주식이 돌연 상승세를 유지하면서 거래량 또한 크게 늘어날 때 그런 주식은 관심을 끌게 되는 주식을 말합니다. 관심주에는 보통 투기적인 재료가 작용하여 주가 상승을 부채질하는 경우가 많기 때문에 관심주가 곧 우량주라고 말할 수는 없습니다. 그러나 관심주는 인기주이기 때문에 장세를 좌우하는 경우가 많습니다.

교환사채(Exchangeable bond, EB)

발행회사가 보유하고 있는 다른 기업의 주식과 교환할 수 있는 권리가 부여된 사채를 말합니다. 주식 교환권을 부여해 장래에 주식 가격상승에 따른 투자수익을 기대할 수 있는 반면, 통상적으로 이자율은 낮습니다. 교환사채를 발행할 수 있는 법인은 상장회사로 발행이율·이자지급조건·상환기한·전환기간 등은 자율화돼 있습니다. 교환가격은 교환 대상 주식 기준 주가의 90% 이상이며 교환 비율은 100% 이내로 제한됩니다. 교환 대상 상장주식을 신탁회사 등에 예탁한 후 교환사채를 발행해야 합니다.

EB는 주식으로 바꿀 수 있다는 점에서는 전환사채(CB)와 비슷하지만, 발행회사의 주식이 아닌 다른 회사의 주식으로 교환한다는 점에서 차이가 납니다. 이 때문에 교환 시 자본금이 증가하지 않습니다. 또 교환권 청구 시 추가 자금 부담이 없다는 점에서 신주인수권부사채(BW)와도 다릅니다. EB는 상장회사가 이사회결의를 통해 발행할 수 있으며 발행이율·이자지급조건·상환기간 및 전환기간 등은 자율적으로 정할 수 있게 돼 있습니다. 교환사채는 주주의 이익에 직접적인 영향을 주지 않기 때문입니다.

구주(old share)

주식회사가 증자나 합병 등의 요인으로 신주를 발행했을 때 이미 발행되어 있던 주식을 **구주**라고 말합니다.

구주매출

대주주 보유 지분 중 일부를 일반인들에게 공개적으로 파는 것을 말합니다. 증시 상장을 위한 지분 분산 요건을 맞추거나 자본을 조달하기 위해 이루어집니다.

국민주(people's stock, national stock)

다수의 국민에게 주식을 분산시켜 기업에 참여케 함으로써 기업의식을 고취시키고 기업활동에서 얻어진 소득을 다시 나누어 줌으로써 국민들의 소득향상을 도모하여 국민 경제발전에 기여하기 위하여 정책적으로 우량한 국민적 기업을 선택하여 그 기업의 주식을 널리 보급하는 주식을 말합니다. 일반적으로 국민주는 공익성이 높고 수익성이 많은 대기업의 주식이 대상이 되는데 우리나라는 포항제철주식회사·한국전력·국민은행을 비롯해 전기통신공사의 주식들이 **국민주**에 해당합니다.

국민총매력지수(Gross National Cool, GNC)

2002년 미국의 뉴아메리칸재단 연구원이자 미래학자인 더글러스 맥그레이가 처음 사용한 용어로 한 나라가 얼마나 매력적(cool)인지를 계량화하려고 한 지수를 말합니다. 맥그레이는 21세기에는 한 나라의 국력이 GNP 같은 경제적 가치에 의해서만 결정되는 것이 아니라 국민의 생활양식·가치관·미적 감각·철학·이미지 등 문화적 가치에 의해 영향받을 수 있다고 주장했지만, 그는 이 지수를 구체적으로 측정할 방법은 제시하지 못했습니다.

국부펀드(Sovereign Wealth Fund)

정부가 외환보유고 같은 자산을 가지고 주식·채권 등에 출자하는 투자 펀드를 말합니다. 즉, 정부 자신이 직접 소유하고 운영하는 투자기관입니다. 자금의 원천에 따라 상품에 기초한 국부펀드와 비상품에 기초한 국부펀드로 나뉩니다. 전자의 대표적 예는 아랍에미리트의 아부다비 펀드로 원유로 벌어들인 돈이 자금의 원천입니다. 반면, 후자의 대표적 예로 싱가포르의 테마섹 펀드가 있으며, 우리나라도 한국을 금융허브로 만들기 위해 2005년 200억 달러 규모의 한국투자공사(KIC)라는 국부펀드를 만들었습니다.

보통 국가기관이 자금 운용을 담당하며 석유를 수출해 벌어들인 오일달러나 무역수지 흑자로 발생한 외환보유액 등이 주요 자금원입니다. 지금까지는 투자 규모도 그리 크지 않고 투자 대상도 제한적이어서 국제 금융시장의 큰 주목을 받지 못했습니다.

국제금융공사(IFC)

국제개발협회와 더불어 세계은행(IBRD)의 자매기관입니다.

1956년에 설립되었고, 그 목적은 개발도상국에서 민간 부문의 발전을 촉진함으로써 세계은행의 활동을 지원하는 것입니다. 세계은행의 융자에는 정부보증이 필요하나 IFC는 필요 없습니다. 즉, 정부의 지불 보증 없이도 대출이 가능해 IBRD를 보완해 줍니다. 민간 기업에 직접 투자하거나 융자해 주고 주식에도 투자합니다. 융자 기간은 7~15년이며, 이자는 6~7%입니다. 융자 금액은 적지만 담보가 없어도 융자를 해 주어 민간 기업이 쉽게 대출을 받을 수 있습니다. 상환 조건은 사정에 따라 융통성 있게 연장해 주며 금리도 위험성, 수익성 등의 조건에 따라 결정됩니다. 한국은 1964년 3월에 가입하여 1960~1970년대 많은 자금을 지원받았습니다. 본부는 미국 워싱턴에 있습니다.

권리락(exrights, right off, 權利落)

주식회사가 증자할 때 신주인수권을 확정하기 위해 신주 배정 기준일을 정하는데, 정해진 기준일 익일 이후에 결제되는 주권에는 신주인수권이 없어지는 것을 말합니다. 거래소에서는 신주 배정 기준일 전일에 당해 종목에 권리락 조치를 해서 주가가 합리적으로 형성되도록 합니다. 보통 증자나 배당할 때는 일정한 날을 정해서 그 기준 일까지 주식을 가지고 있는 주주에게만 신주를 인수하거나 배당받을 수 있는 권리를 줍니다. 이때 그 기준일을 넘은 주식을 **권리락**이라고 말합니다. 그러나 보통은 신주배정의 권리가 없어진 것을 말하며, 배당 권리가 없어진 것은 **배당락**이라고 합니다.

그레이트 로테이션(Great Rotation)

2012년 메릴린치 자산보고서에서 처음 사용된 용어입니다. 미국의 통화정책에 따라 글로벌 투자자금이 상대적으로 안전한 채권시장에서 빠져나와 위험 자산인 주식시장으로 이동하는 현상을 의미합니다. 2013년 그레이트 로테이션은 미국을 중심으로 이뤄졌습니다. 미국의 스탠더드앤드푸어스(S&P)500지수는 2013년 한 해 동안 30% 가까이 올랐습니다. 한국에서도 미국 펀드 바람이 불었으며 북미 주식에 투자한 얼라이언스번스틴운용의 AB미국그로스펀드와 피델리티운용의 피델리티미국자펀드는 각각 38.87%, 37.68%의 수익을 냈습니다.

그린 메일(green mail)

공갈 등을 뜻하는 'blackmail'과 미국 달러 지폐 색깔인 '녹색(green)'의 합성어로, 미국 증시에서 주로 사용되고 있습니다. 기업사냥꾼들이 상장기업의 주식을 대량 매입한 뒤 경영진을 위협하여 적대적인 인수·합병(M&A)을 포기하는 대가로 자신들이 확보한 주식을 시가보다 훨씬 높은 값에 되사도록 강요하는 행위를 말합니다. 보유 주식을 팔기 위한 목적으로 대주주에게 편지를 보낼 때 초록색인 달러화를 요구한다는 의미에서 그린메일이라는 이름이 붙여졌습니다. 경영권이 취약한 대주주에게 보유 주식을 높은 가격에 팔아 프리미엄을 챙기는 투자자들을 그린 메일러라고 합니다. 그린 메일러들은 대부분 **기업사냥꾼**(Raiders)들입니다. 이들은 자산가치가 높거나 첨단기술을 보유하고 있으면서 대주주의 지분이 낮은 기업을 대상으로 활동을 합니다. 주식을 매집한 후 기회가 오면 대주주에게 편지를 보내 주식을 매수하도록 유도합니다.

글래머 주식(glamor stock)

미국 증권계의 용어로 지극히 매력적인 주식이라는 의미로서 대단히 성장성이 높은 **우량주**를 말합니다. 블루칩이 안정성이 높은 대형 우량주인 데 비해 그것보다는 소형이고 성장성이 높이 평가되고 있는 주식을 말합니다.

글로벌 다우지수(Global Dow Index)

이머징 마켓(신흥 시장, 신흥 개발국) 국가들의 중요도를 반영하기 위해 다우존스사가 2008년 11월 11일 선보인 지수를 말합니다. 이 지수의 특징으로는 전세계 경제를 이끌고 있는 기업과 일부는 미래를 선도할 기업들을 포함시켰다는 점을 들 수 있습니다.

지수 구성 종목은 25개국 150개 업체로 미국 비중이 42%, 일본이 10%로 두 번째 비중을 차지하고 있습니다. 이머징마켓 기업들의 비중은 10%가 채 안 되며 기존의 다우 지수가 30개 종목에 대해 시총 기준으로 가중을 두는 것과는 달리 지수 내 종목들의 비중은 같습니다.

시총 기준 상위 3개 종목은 엑손 모빌과 프록터 앤 갬블(P&G), 제너럴 일렉트릭(GE)이며, 하위 3개 종목은 제너럴 모터스(GM)와 리뉴어블 에너지(노르웨이 정유사), 선테크 파워 홀딩스(중국) 등입니다. 우리나라 기업으로는 삼성전자와 LG전자가 구성 종목에 편입됐습니다.

글로벌 본드(Global Bond)

세계 주요 금융시장에서 동시에 발행되어 유통되는 국제채권이다. 지역 본드에 구애받지 않고 세계적으로 발행된다는 의미에서 **글로벌 본드**라고 말합니다. 흔히 미국 금융시장에서만 발행되는 양키 본드의 반대개념으로 쓰입니다. 미국의 양키 본드·유럽의 유러 본드·일본의 사무라이 본드 등을 동시에 발행하는 효과가 있습니다. 여러 시장에서 발행되기 때문에 대규모의 국채 모집  이 가능하고 유동성이 높다는 점 그리고 각 지역 시장 간 경쟁을 유발함으로써 보다 낮은 금리로 자금을 조달할 수 있다는 것이 장점입니다. 글로벌 본드는 일반적으로 10억 달러 이상의 대규모 자금이 필요한 경우에 발행하기 때문에 주로 각국 정부나 세계은행(IBRD)에서 발행합니다. 1989년 9월 세계은행이 세계 최초로 15억 달러 규모의 글로벌 본드를 발행하였습니다. 한국에서는 한국전력공사가 1993년 11월 기업으로는 세계에서 3번째로 13억 5,000만 달러의 글로벌 본드를 발행하였습니다.

글로벌 하이일드펀드

미국·유럽 등 해외 부실 회사 채권에 투자하는 펀드를 말합니다. 국제 신용등급이 BB+에 못 미치는 회사채에 주로 투자합니다. 주식보다는 투자 위험도가 낮고 국공채보다는 투자 위험도가 높아 저금리 시대의 투자 상품으로 주목받았습니다.

글로벌 해법(global solutions)

『주식 투자 바이블』·『성장 함정』·『투자의 미래』의 저자로 잘 알려진 제러미 시겔이 주장한 용어를 말합니다. 핵심 소비 계층인 베이비붐 세대가 은퇴하면 미국 경기가 둔화될 가능성이 높다고 하더라도 인구 구성상 새롭게 소비 계층으로 편입되는 중국과 인도 등의 성장으로 실제로 크게 둔화되지 않을 것이라는 시각을 의미합니다.

제레미 시겔

글로벡스(GLOBEX)

야간의 선물과 옵션거래를 가능하게 하는 매매시스템을 말합니다. 글로벡스란 '글로벌(Global)'과 '익스체인지(Exchange)'의 합성어로 1992년 6월 미국 시카고 선물거래소(CME)와 영국의 로이터사가 선물과 옵션거래를 정규 거래시간 이외의 야간에 거래하기 위해 공동으로 개발한 장외 선물거래시스템을 말합니다. 여기서는 전자 선물과 선물 옵션이 거래됩니다. 전세계 전산망을 통해 24시간 선물거래가 이루어지며, 이 선물지수를 글로벡스 선물지수라고 합니다. 미국 시카고 선물거래소의 주가지수, 'S&P 500' 선물지수와 '나스닥(NASDAQ)100' 선물지수 등이 거래됩니다.

금고주(= 자기주식 ; treasury stock)

회사가 취득하였거나 또는 질권의 목적으로 받은 자사의 주식을 말합니다. 주권은 유가증권이며, 그 자체가 재산상의 가치를 가지는 것이므로 자사의 주식이라도 성질상으로는 이것을 유가증권으로서 보유할 수 있으나 자기주식의 취득을 인정하는 것은 실절적으로 자본의 환급이 되어 자본유지(충실)원칙에 반하게 되므로 상법에서는 이를 **금지**하고 있습니다.

금융수지

기업의 이자수익이나 배당금수익 등 금융 수입에서 차입금에 대한 이자와 어음할인료 등의 금융비용을 차감한 것으로 영업외손익을 구성하는 중요한 요소를 말합니다. 기업은 예금·유가증권 등 금융자산을 운용하여 금융 수입을 얻는 한편 차입금·사채 등의 이자를 지급하는데 그 차액이 금융수지입니다. 기업이 안정성장으로 이행함에 따라 자기자본 경영과 함께 금융자산의 운용에 의한 금융 수입을 중시하게 됩니다.

금융스트레스지수(Financial Stress Index, FSI)

금융시장과 정책당국의 불확실한 요인에 따라 경제주체들이 느끼는 피로감을 계량화하여 산출한 지수를 말합니다. 금융변수에 대한 기대값이 변하거나 표준편차로 표현되는 리스크가 커질 경우 금융스트레스가 높아집니다.

캐나다 중앙은행의 경우 금융 분야를 네 부문으로 구분하여 금융스트레스지수를 산출합니다. 즉, 주식·채권·외환 시장과 은행 부문이 금융 시스템을 구성하고 있다고 전제하고, 각 부문별 주요 변수들의 추출을 통해 부문별 스트레스지수를 산출하여 이를 가중 평균하는 방법으로 종합적인 금융스트레스지수를 산출합니다.

이외에도 스웨덴 중앙은행과 스위스 중앙은행도 각각 균형상황지수(ECI · Equilibrium Condition Index)와 금융상황지수(FC · Financial Condition Index)를 개발한 상황입니다.

금융장세

금융 사정에 따라 움직이는 주가 동향 특히 금융이 완화되어 금리가 내릴 때 주가가 오르는 양상을 말합니다. 금융장세의 발생 요인으로는 금융의 완화 · 자금의 풍부 · 매물의 증가 · 투자 증가 · 주가 상승과 금융의 완화 · 금리의 하락 · 투자 증가 · 주가 상승 등으로 나타납니다. 즉 주식의 금융장세는 보통 불경기의 중반부터 호경기의 초기에 걸쳐 자주 나타납니다.

금융지주회사(holding company)

주식 또는 지분의 소유를 통해 하나 이상의 금융기관을 지배하는 것을 주된 사업으로 영위하는 회사를 말합니다. 주된 사업이라 함은 금융지주회사가 보유하는 자회사 주식총액이 금융지주회사 자산의 50% 이상인 경우를 말합니다. 금융지주회사는 특정 사업 부문에 대한 진입 · 퇴출이 용이하고 겸업화 · 대형화를 통해 경쟁력을 제고할 수 있는 장점이 있습니다. 금융지주회사는 「독점규제및공정거래에관한법률」에 따른 일반지주회사와 달리 설립 시 금융위원회의 사전인가를 받아야 하며 자회사 경영관리 및 그 부수 업무 이외에 다른 영리 행위는 금지되는 순수지주회사 형태만 인정됩니다. 지주회사는 피라미드형의 지배를 가능하게 하며, 소자본을 가지고도 거대한 생산과 자본에 대한 독점 지배망을 넓힐 수 있습니다. 이는 콘체른 형식에 의한 독점의 형태로서 경제영역뿐만 아니라 정치까지도 지배합니다.

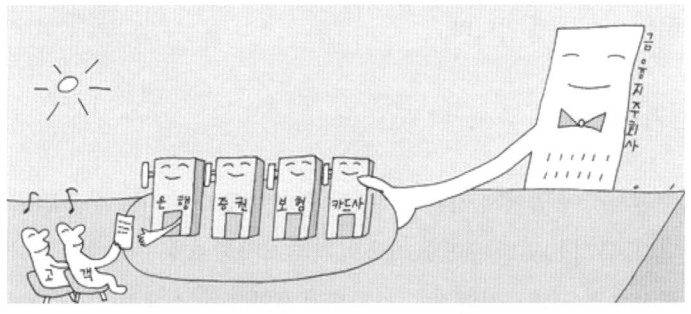

금융의 증권화(securitization)

금융시장에서 주식이나 채권 등의 증권을 이용한 자금조달 및 운용이 확대되는 것을 말합니다. 통상적으로는 대출채권 등 고정화된 자산을 매매가능한 증권 형태로 전환하는 자산유동화(Asset Securitization)를 뜻한다. 금융회사들은 부동산·유가증권·대출채권·외상매출금 등 유동성이 낮은 다양한 종류의 자산(기초자산)을 담보로 새로운 증권을 만들어 매각하게 됩니다. 기초자산의 종류에 따라 다양한 명칭으로 불리게 되는데 MBS는 주택담보대출을, CDO는 일반대출이나 채권을 기초자산으로 발행된 증권을 말합니다.

기관투자가(institutional investor)

유가증권에 투자하여 생기는 수익을 주 수입원으로 여기는 법인 형태의 투자가로서 은행·보험회사·투자신탁회사·증권회사·각종 연금기금·재단기금 등이 있다. 이들은 장세에 큰 영향력을 행사하는 것이 보통입니다.

기관화 현상

증권시장에 있어서 기관투자가의 영향이 막대해지는 것을 말합니다. 특히 1960년대 이후 미국의 자본시장에서 현저하게 나타난 현상으로 국내시장에서도 기관투자가의 주식 소유 비중이 1986년 20%에서 1993년에는 30%대로 증가하는 등 기관화현상이 급속하게 진전되고 있습니다. 기관화현상의 결과로 기관투자자가 선호하는 주식들이 시장을 선도하는 한편, 소외 종목군과의 주가 차별화가 심화되는 등 주식시장의 양극화 현상이 초래됩니다.

기명식 주식

주식의 자유로운 양도는 상법으로 보장되어 있습니다. 그러나 일정 시점에 주주를 확정시켜 놓지 않으면 그 권리의 배분이 정당하게 이루어질 수 없게 됩니다.

기명식 주식은 주주의 성명을 주권에 게재·날인·배서해야 하고 주주명부에 명의개서를 해야만 주식이 양도됩니다. 이에 반해 무기명 주식은 주권에 성명을 기재하지 않고 주주명부의 명의개서를 하지 않은 채 주권의 교부만으로 권리 양도가 가능합니다. 우리나라에서는 **무기명 주식**은 거의 없고 **기명식 주식**만 널리 통용되고 있습니다.

일반적으로 명의개서 업무를 취급하는 대행 기관으로 한국증권결제원, 국민은행 등이 있습니다. 증권회사에서 주식을 매입·보관할 경우, 증권회사는 각종 명의개서 절차와 권리확보 업무를 대행해 주고 있습니다.

기세

증권시장에서 하루 종일 매매거래 계약이 성립되지 않은 경우의 호가로서 전일 시세에 비하여 가장 낮은 매도호가와 가장 높은 매수호가를 말합니다. 기세도 실제 거래 가격인 시세에 준하여 활용하고 있습니다.

기업공개(going public)

기업공개란 증권거래법 등의 규정에 따라 주식회사가 발행한 주식을 일반투자자에게 균일한 조건으로 공모하거나 이미 발행돼 대주주가 소유하고 있는 주식의 일부를 매출해 다수의 주주가 주식을 분산·소유토록 하는 것을 말합니다.

신주 공모의 경우엔 자본시장에서 신주를 발행하여 소요 자금을 조달함과 동시에 기업을 공개하는 방법입니다. 구주매출은 공개 전 자본금의 30% 이상을 일반인들에게 공개 매출하는 방법입니다. 기업공개는 해당 법인의 주식이 한국거래소에 상장되는 것을 전제로 하므로 유가증권 상장규정상의 신규상장심사요건 등 여러 가지 제한 요건을 충족해야 합니다.

기업합병(M&A)과 매수

기업합병(Merger)과 매수(Acquisition)의 복합어입니다. 어떤 기업의 주식을 매입함으로써 소유권을 획득하는 적극적 경영전략의 하나이며 국내 M&A 와 해외 M&A로 나뉩니다. 국내 M&A

는 부실기업 인수와 그룹계열사 간의 합병이 대부분입니다. 해외 M&A는 신기술 습득, 해외 유통망 확대 등 기업의 국제화 전략으로 이용됩니다. 주요 기법엔 LBO와 MBO가 있습니다. LBO(leveraged Buyout)는 사려는 회사자산을 담보로 은행 돈을 꾸어 기업을 인수하는 방법으로 기업의 외부자가 행위의 주체입니다. MBO(Management

Buyout)는 해당 기업의 경영자가 외부자에 의한 기업 탈취를 막거나 주주의 압력을 배제하고 독자적 경영을 하기 위해 이용됩니다. 우리나라는 1993년 10월 20일 현재 증권거래법이 투자자의 상장법인 주식 주식 소유 한도를 10% 이내로 제한하고 있어 사실상 기업매수가 불가능합니다. 대주주 지분율이 낮은 회사는 M&A의 주요 타킷입니다. 대주주는 경영권 보호를 위해 지분율을 높혀야 하고 그러므로 주가의 상승을 예상해 볼 수 있습니다.

기준가격

투자 금액의 운용 결과 얻어지는 총자산에서 비용을 공제한 신탁재산 순자산총액을 설정 좌수로 나눈 것입니다. 펀드가 투자한 주식이나 채권 등의 가격이 바뀜에 따라 매일매일 변동됩니다. 기준가격은 보통 1천 원에서 시작됩니다. 따라서 기준가격이 1천1백 원이라면 10%의 수익률이 났다는 말입니다. 뮤추얼펀드의 경우는 순자산가치라는 용어를 사용합니다.

$$1{,}000\text{좌의 가격} \frac{\text{펀드의 순자산 총액}}{\text{총 좌수}} \times 1{,}000$$

기준일

회사가 일정한 날을 정하여 그날 현재까지 주주명부에 기재되어 있는 주주 또는 질권자를 권리행사의 자격자로 간주하게 되는데 그 기준이 되는 날을 **기준일**이라고 합니다. 기준일은 권리행사일 전 3개월 내의 날로 정해야 하며 기준일을 정한 경우는 기준일과 목적을 기준일 2주일 전에 공고해야 합니다.

긴축발작(Paper Tan trum)

2013년에 벤 버냉키 당시 연준 의장이 처음으로 양적 완화 축소를 시사한 뒤 신흥국 통화가치와 주가·채권값이 대폭락하는 등 금융시장이 요동친 현상을 말합니다. 이후 기준금리를 인상하는 등 유동성을 거두는 조치에 금융시장이 받는 충격 받는 것을 말합니다.

깡통계좌

담보유지비율이 100% 미만인 계좌를 말합니다. 담보유지비율이란 주식의 신용 거래에서 투자자가 증권사로부터 융자를 얻거나 대주貸株를 통해 주식을 매수할 때 담보가치의 하락으로 증권사가 입게 되는 손실을 막기 위해 신용융자금액 또는 신용거래 대주시가 상당액 이상으로 유지하게 하는 비율을 말합니다. 우리나라의 경우 현재 담보유지비율은 융자 또는 대주시가 상당액의 130%로 정하고 있으며, 이에 미달할 때는 증권사가 지체 없이 투자가로부터 추가 담보를 징수하거나 주식을 증권사가 처분할 수 있도록 하고 있습니다. 담보유지비율이 130% 이하인 계좌를 담보부족계좌라고 합니다.

- 잭팟을 부러워마라 , 이것이 성공 투자의 핵심
- 주식을 사기 보다는 때를 사라.
- 주식은 심리 전이다, 자신을 다스려라.
- 너도 나도 주식이야기 하면 상투다.
- 몸통만 먹오도 배가 부른 법.
- 수익 낳다 빠지면 본전에는 무조건 팔아라.
- 대중이가는 뒤안 길에 꽃길이 있다.
- 무릎에서 사서 어깨에서 팔아라.
- 이익이 확실할 때만 움직여라. 이건 가장 기본적인 것이다. 승산을 이해하고 유리할때 배팅하는 훈련을 해라.
- 질투는 100% 파멸을 일으킨다.
- 위험이 다가오는 순간은 내가 뭘 하고 있는지 모를때가 대부분이다.
- 주가 변동이 항상 나쁜 것은 아니다. 주가의 변동을 이용할 수 있을때 많은 수익을 얻을 수 있다.
- 분산투자는 리스크를 나눌 수 있다. 하지만 반대로 수익 역시 줄어들 수 있다는 것을 명심하라
- 한 번의 손해가 발생했다면, 반드시 그것을 통해 교훈을 얻어야 한다.

나스닥(NASDAQ)

세계 각국의 장외 주식시장의 모델이 되고 있는 미국의 특별 주식시장을 말한다. 전미증권업협회가 컴퓨터전산망을 통해 운영하고 있는 미국 장외시장의 시세보도시스템을 말합니다. 미국뿐만 아니라 전세계의 벤처기업들이 자금조달을 위한 활동 기반을 여기에 두고 있습니다. 빌 게이츠의 마이크로소프트·반도체의 인텔·매킨토시컴퓨터의 애플 등이 여기에 등록되어 있습니다. 나스닥이 인기를 끄는 이유는 회사설립 초기 적자를 기록하는 기업에도 문호를 개방하고 있어 기업들이 주식시장에 쉽게 참여할 수 있습니다. 투자자들로서도 위험성은 뒤따르나 높은 이익을 남길 수 있다는 매력이 있지요. 마이크로소프트나 인텔 등이 회사를 뉴욕증권시장에 상장시킬 수 있는 충분한 여력이 있는데도 나스닥에 머물러 있는 것은 하이테크 기업으로서의 이미지가 강한 이점을 활용하기 위한 것으로 해석됩니다. 한편 일본은 나스닥을 본떠 자스닥시장을 만들었고, 우리나라도 나스닥시장을 본떠 1996년 7월 코스닥시장을 열었습니다.

납입자본금(paid-in capital)

회사는 수권 자본의 범위 내에서 주식을 발행하는데 이미 주식을 발행하여 인수납입이 완료된 것을 납입자본금이라 하고 발행된 주식의 총액이 이미 회사 내로 들어왔다는 뜻입니다.

납회(the final session of the year)

음력 12월을 **납월**이라 하는 것은 곧 납 향이 드는 달이라는 뜻입니다. 우리 사회에서 흔히 한해를 마감하는 각종 모임을 **납회**라고 하는 것은 대부분의 행사가 12월에 마감되기 때문에 한해를 마감하는 마지막 달에 하는 **마지막 모임**이라는 뜻으로 널리 사용되고 있습니다. 주식에서는 **연말 납회**를 말하며 1년 중 마지막으로 장이 서는 것을 말합니다.

내부유보액

재평가적립금 중 정부의 재평가 처리 지침에 따라 계약자 지분과 주주 지분으로 처분하지 않고 회사 내부에 유보하고 있는 금액을 말합니다. 내부 유보액의 성격이 자기자본이냐 또는 부채냐에 따라 계약자가 받을 돈의 규모가 달라집니다.

내부자거래(insider's trading)

기업과 특수관계에 있는 사람이 그의 직무 또는 지위에 의해 얻은 정보를 이용하여 불공정한 주식매매를 하는 행위를 말합니다. 기업체의 임원 등 내부 사정을 잘 아는 사람이 일반투자자들에게는 공개되지 않은 기업합병·증자·자산재평가·신규투자계획 등 기업비밀 정보를 갖고 주식을 매매하게 되면 부당이익을 취할 수 있는 가능성이 커집니다. 이 같은 사례를 막기 위해 「증권거래법」(188조의 2)은 이러한 내부자거래를 **금지**시키고 있습니다. 좁은 의미의 내부자는 당해 회사의 임직원, 대리인, 주요 주주를 말합니다. 주요 주주란 10% 이상의 주식을 소유하고 있는 사람과 지분이 10% 미만이더라도 임원의 임명 등 회사 경영에 영향력을 행사하는 사람을 말합니다.

당해 회사에 대해 인허가 지도 및 감독 등을 하는 공무원 감독기관 임직원·국회의원과 당해 회사와 계약을 체결하고 있는 변호사·회계사·세무사·컨설턴트 등 준내부자도 내부자거래를 할 수 없습니다. 이와 함께 협의의 내부자나 준내부자로부터 정보를 받은 사람도 넓은 의미의 내부자로 분류돼 내부자거래를 할 수 없습니다.

내부정보(inside information)

공식화되지 않은 회사의 업무를 말합니다. 회사가 수행하려 하는 사업이나 과거 공표된 정보가 오류라면 업무 담당자는 미리 알 수 있습니다. 증권거래협회 규칙은 내부자가 그러한 정보를 이용해서 거래하는 것을 금지하고 있습니다.

내부지분율

전체 발행 주식 가운데 소유주와 소유주의 이해 관계인들이 보유한 주식 비율을 말합니다. 동일인 지분에 특수관계인(동일인의 친인척과 계열사 임직원)이 보유한 지분·계열사지분·자사주·자사주펀드가 포함됩니다. 내부지분율이 높을수록 외부의 적대적 인수합병(M&A) 세력으로부터 경영권을 방어하는 데 유리합니다.

하지만, 계열 금융기관 지분이나 자사주 등은 의결권을 행사할 수 없기 때문에 내부지분율이 경영권 방어의 절대적인 척도는 아닙니다. 내부지분율이 높으면 주식을 외부에 내놓지 않은 만큼 자금조달에는 어려움을 겪을 수 있습니다. 국내 주요 그룹들의 내부지분율은 최근 더 높아져 50%를 넘는 것으로 나타났습니다.

내수 관련주

수출 비중이 작고 주로 국내 시장에 의존하여 영업을 영위하는 회사의 주식을 말하는 것으로서 건설(주택)·전기·금융·음식료·제약 업종 등이 대표적인 내수 관련주입니다. 내수 관련주는 경기가 확장 국면에 접어든 경기상승의 마지막 단계에 강세를 보이는 경향이 있었고 1988~1989년 상승기가 대표적인 내수 관련주 중심의 상승기였습니다.

노 로드 펀드(no-load fund)

노 로드 펀드는 유형에 상관없이 펀드 판매 비용이 연 0.25% 이하인 저비용 펀드를 말합니다. 찰스 스왑 등 미국의 증권사들이 개발·판매하고 있습니다. 지난 90년대 이후 급격히 성장하여 미국 펀드시장의 40%를 차지하고 있습니다. 수수료가 싼 만큼 펀드 규모가 커야 수지를 맞출 수 있다는 단점이 있습니다.

뇌동매매

자신의 의사意思나 투자 판단 지표에 의해 매매거래를 하지 못하고 군중심리를 쫓아 **맹목적**으로 남을 따라 사고파는 행위를 반복하는 투자 행태  를 말합니다. 이런 투자자는 많은 손실을 입을 염려가 큽니다.

넝마주

기업의 자구 노력으로는 회복이 불가능한 주식을 말합니다. 넝마주는 영업 결손이 여러 해 동안 지속되면서 자본금의 일부 또는 전부를 잠식해 가는 게 보통입니다. 그러나 간혹 경기호전으로 흑자전환되거나 흑자기업과의 합병·재벌그룹의 인수·첨단산업으로의 진출·신기술 도입 등에 의해 희생의 기미를 보일 경우 큰 폭의 주가 상승을 가져오기도 합니다. 대부분 자본금 규모가 작은 중소형주로 장기간 낮은 주가 수준에서 비관심권에 속합니다. 한편 내재가치는 있지만 그 진가를 알아차리지 못하여 시장에서 외면받는 주식도 **넝마주**라고 부르기도 합니다.

뉴욕증권거래소(New York Stock Exchange, NYSE)

뉴욕의 월 스트리트 11번가에 있는 미국에서 가장 오래되고 큰 증권거래소입니다. 흔히 빅 보드(Big Board)라고 부르기도 하며 주식·채권·선물 등이 거래되며 주식의 경우 미국 내 총주식의 75% 정도가 거래되고 있습니다.

니케이 225 주가지수 선물(Nikkei 225 Stock Index Futures)

도쿄 증권거래소의 1부에 상장된 유동성 높은 225 종목으로 구성되어 있는 지수를 말합니다. 니케이 225주가지수 선물은 1986년 9월에 싱가포르 사이멕스에 처음으로 상장되어 거래되었고 일본에서는 1988년 9월에 오사카 증권거래소(OSE)에 상장되었습니다.

니케이 지수(Nikkei Stock Averages)

1975년부터 **일본경제신문사**가 산출·발표하는 가격가중평균(다우식) 주가지수로 기준시점은 1949년 5월 16일 기준 주가 평균은 50엔입니다. 도쿄증권거래소에 상장된 주식 가운데 유동성이 높은 2백25개 종목을 대상으로 산정합니다. 니케이 지수 주식들의 시가총액이 도쿄증권 1부에서 점유하는 비중은 약 60%에 달합니다. 이 지수를 대상으로 하는 선물은 1986년 9월에 싱가포르 국제금융선물거래소(SIMEX)에 상장됐으며 2년 후에는 오사카 증권거래소에도 상장되어 미국의 'S&P 500지수'를 능가하는 세계 최대의 주가지수선물로 부상했습니다.

니프티 나인(nifty nine)

2015년 미국 투자자들의 자금이 몰린 **9개 우량주**를 말합니다. 페이스북·아마존·넷플릭스·구글 등 정보기술(IT) 대장주 4개에 마이크로소프트(MS)·세일즈포스·이베이·스타벅스·프라이스라인 등 5개 종목을 더한 것입니다. 미국 증시를 대표한 S&P500지수가 2.2% 떨어진 2015년 9개 종목은 전부 60% 이상 주가가 급등했습니다.

 "니프티 나인"이란 용어는 2016년 1월 4일 파이낸셜타임스(FT)가 보도한 기사에서 처음 쓴 용어로 FT가 9개 종목을 니프티 나인이라고 부르는 것은 '니프티 피프티(50개 우량주)'에 자금이 몰린

1960년대 말과 현재 장세가 비슷해서입니다. 당시 미국에선 제록스 다우케미칼 일라이릴리 등 우량주 50종목에 투자가 몰리고 나머지 주식은 하락하는 양극화 현상이 나타났습니다. 이후 1970년대부터 장기 불황이 시작되었고 파이낸셜타임스는 이처럼 소수 주식만 급등하고 나머지는 모두 부진한 장세는 미국 증시의 장기 랠리가 끝나가는 신호일 수 있다고 경고하기도 했습니다.

니프티-피프티(nifity-fifty)

1970년대 연기금 투자가 몰리면서 미국 증시를 주도했던 **우량주 50종목**을 말합니다. "니프티-피프티"는 영어로 "훌륭한 솜씨 좋은(nifty) 50종목(fifty)"을 뜻합니다. 1969~1973년 미국에서 기관투자가들이 집중 투자한 50여 개 종목의 주가만 계속 올라 이 같은 별칭이 생겼습니다. 코카콜라·아메리칸익스프레스·맥도날드 등이 당시 대표적인 예입니다. 한번 사들인 후 팔 걱정 없이 갖고 있으면 된다는 뜻에서 **장기 보유주**(one-decision stock)와 비슷한 용어로 쓰입니다.

MEMO

- 손절매를 두려워하지 마라 , 다만 자주하지는 말자.
- 쉬는 것도 투자다, 다만 증시에 머물며 공부하라.
- 주식은 심리7, 기술3 이다.
- 싸게 사서 비싸게 파는 게 주식이다.
- 적당히 먹었으면 과감하게 팔자.
- 1/3나눠 분산투자하자, 세 종목이면 충분하다.
- 블루칩 열개면 충분하다, 열심히 들여다보자.
- 충동매매는 후회의 근본 이다.
- 적극적인 자에서 참을성 많은 자 에게 돈이 넘어간다.
- 대중을 따라하는 것은 평균으로 후퇴하겠다는 말.
- 장투 성적을 얻으려면, 단투로 나쁜 성적 견뎌야 함.
- 질투는 100% 파멸 을 부른다.
- 여유자금으로 투자하라.
- 팔고 나서 올라도 애통해하지 마라.
- 주식은 짧게 현금은 길게.
- 높은 사고력과 지능은 자만심을 일으킨다. 전문분야가 아닌 곳에 섣불리 나서지 말고 사려깊게 행동해라.
- 급속하게 떨어지는 주식을 잡으려는 건 필연적으로 칼날 쪽을 잡게 되므로 고통스런 경악만을 가져다줄 뿐이다.

다우존스 평균주가지수(Dow Jones Average)

1884년 7월 3일 미국의 다우존스(Dow Jones)가 발표한 **가장 오래된 주가지수**를 말합니다. 다우존스 주가평균에는 공업주 30종목 평균·운송주 20종목 평균·공익사업주 15종목 평균과 65종목 종합주가평균 등이 있는데 이중 공업주 30종목 평균인 다우존스산업지수(DJIA)가 가장 널리 이용되고 있습니다. 이 방법의 특징은 상장종목 중 거래가 활발한 대표적인 소수인 우량주를 채택하여 시황을 민감하게 파악하는 데 있으며 원칙적으로 채택 종목의 변경을 하지 않습니다. 또한 다우 주가평균은 금액으로 표시되기 때문에 일반 투자자에게 인기가 있으며 전술한 시가총액식 주가지수보다 산출 방식이 용이하므로 그 작성에 소요되는 경비나 인력을 절약할 수 있는 장점도 지니고 있습니다.

단점으로는 자본금의 크기에 관계없이 채택 종목을 동등하게 취급하므로 가격의 움직임이 큰 주식의 영향을 강하게 받게 되어 정확한 시황 파악이 어려울 경우가 있고 채택 종목 수가 한정되어 있으므로 산업구조의 급속한 변화 등에 대응하기 어렵다는 점이 있습니다.

다중대표소송(contingent class action)

자회사나 손자회사의 이사가 임무를 게을리해 손해를 입힌 경우 모회사의 주주가 해당 이사를 상대로 법적 책임을 물을 수 있게 하는 제도를 말합니다. 비상장회사의 경우 전체 주식의 100분의 1 이상, 상장회사는 1만분의 50(0.5%) 이상 보유한 주주는 누구나 소송을 제기할 수 있습니다. 다중대표소송제는 일감 몰아주기 등 대주주의 위법 행위를 방지하고, 소액주주의 경영 감독권을 강화하는 수단이지만 우려의 목소리도 높습니다.

다중대표소송제가 도입되면 자회사 주주의 권리를 침해하고 자회사의 경영위축 가능성이 있습니다. 업계에선 "다중대표소송제 도입 시 기업에 대한 소송이 남발될 우려가 있다."며 "기업들의 투자가 위축되고, 국내 기업들이 경영권을 노리는 외국계 헤지펀드들의 **먹잇감**이 될 수 있다."라고 지적합니다.

전 세계적으로 다중대표소송제를 입법화해 의무화한 나라는 일본 밖에 없습니다. 일본도 경영권 침해와 자회사 주주의 권리침해 등을 이유로 다중대표소송 대상은 100% 자회사로 한정하고 있습니다.

미국은 판례로 인정하고 있으나 모회사가 자회사 지분을 100% 소유한 경우에만 인정합니다. 캐나다 호주 뉴질랜드 등 영미계 국가 일부도 다중 대표소송을 인정하고 있지만, 법원의 제소허가 등 엄격한 요건을 갖춰야 합니다. 다중 대표소송이 인정은 되지만 법원의 결정이 있어야만 해 실제 제기되는 경우는 극히 드문 것으로 알려지고 있습니다. 독일·프랑스·중국 등은 제도적으로 다중대표소송제를 도입하지 않고 있습니다. 판례에서도 이를 인정하지 않습니다.

다중의결권 제도(multiple voting)

주식 1주당 의결권 1주가 있는 것이 아니라 일부 주식엔 1주당 의결권을 1주보다 많이 주는 제도를 말합니다. 우리나라는 1주 1표 제입니다.

다중채무

3개 이상 금융회사에 대출을 받은 차주의 채무를 말합니다. '빚으로 돌려 막는' 다중채무자는 금리 인상기에 연체율 상승 등 부실 위험이 가장 큰 금융시장의 **뇌관**으로 간주됩니다.

다크 풀(Dark pool)

장 시작 전에 기관투자자의 대량 주문을 받아 매수·매도 주문을 매칭하고, 매칭된 주문은 장 종료 후 당일 거래량 가중평균 가격으로 체결하는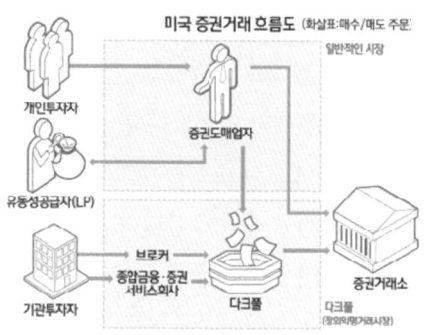
시스템입니다. 이 서비스를 이용해 기관투자자들이 대량 매매를 할 경우, 매매시간 중의 시장가격에 충격을 주지 않기 때문에 매수

·매도 측 모두 최선의 결과를 얻을 수 있습니다. 투자 주체, 종목과 수량 등의 매매 정보가 장 종료 후 체결 보고하기까지 시장에 공개되지 않아 익명성이 보장됩니다. 미국과 유럽·일본 등에서 빠르게 성장하고 있습니다. 우리나라에서는 한국거래소(KRX)가 2010년 11월 29일부터 정식으로 한국판 다크 풀인 경쟁대량매매제도를 실시하고 있습니다. 최소 호가 규모는 유가증권시장의 경우 5억 원, 코스닥시장은 2억 원 이상으로 한정됩니다. 경쟁대량매매는 **주식**(DR 포함)과 **ETF**(상장지수펀드)에 한해 허용됩니다.

단순주가평균(simple arithmetic stock price average)

해당 주식 종목의 1주당 주식 가격 합계를 해당 주식종목수로 나눈 가격을 말합니다. 계산하기 편하고 각 시점의 평균적인 주가 수준을 반영할 수 있다는 장점이 있습니다.

단주(odd-lot)

단주란 「상법상」으로는 1주 미만의 주식을 의미하지만, 통상적으로는 증권거래소의 매매수량단위(10주) 미만의 주식을 말합니다. 단주는 거래소에 매매주문을 낼 수 있는 최저 단위에 못미치기 때문에 거래소에서는 매매할 수 없고 대신 증권회사를 상대로 매매가 가능한데 이것을 **장외거래**라고 합니다.

달러평균법(dollar cost averaging)

적은 돈을 가진 소액투자자들에게 적합한 투자 방법으로 투자자의 정기적 수입 가운데서 일정 금액을 장기에 걸쳐 특정 주식에 정기적으로 투자해 나가는 장기투자 방법입니다. 이 방법은 가장 단순한 포뮬러 플랜(formula plan)의 한 방법으로 주식매입 시기를 분산시킴으로써 일시적인 대규모 매입으로 생길지도 모를 위험을 방지하는데 큰 효과가 있습니다.

담보부증권(mortgage-backed certificate)

저당에 의해 보증된 증권을 말합니다. 투자가 기본 저당권의 이자와 원금에서 지급을 받습니다. 담보부증권과 이들이 거래되는 2차 저당권 시장은 저당 자금이 가계 금융으로 유용할 수 있도록 도와줍니다.

담보유지비율

신용거래 시 주식을 담보로 증권사에서 돈을 빌릴 때 주식의 가격 하락을 대비해 상당액 이상으로 담보를 유지하도록 정해진 비율을 말합니다.

우리나라는 보통 담보유지비율을 140% 정도로 설정하고 있습니다. 담보로 맡긴 주식 평가액이 담보유지비율보다 커야 하며 담보평가비율이 담보유지비율 아래로 떨어지면 증권사는 부족한 담보금액의 납부를 요구할 수 있습니다.

$$담보평가비율 \frac{계좌평가금액}{대출금액} \times 100$$

예를 들어보면 투자 원금 400만 원, 신용융자금 600만 원으로 1주 1만 원인 주식 1,000주를 매수했다고 가정해 볼 때. 이 주주의 계좌평가금액은 1천만 원, 담보평가비율은 167%가 됩니다.

후에 주식 가격이 1만 원에서 8,500원으로 떨어지면 계좌평가금액과 담보평가 비율은 142%로 떨어집니다. 8,300원일 경우 담보평가비율은 138%로 떨어지는데, 140% 이하부터 증권사는 주주에게 부족한 담보금액 납부를 요구합니다. 주주가 담보 비율을 맞추기 위해 할 수 있는 것은 신용매입주식을 매도하거나 부족 금액을 현금으로 납부하는 것입니다. 담보유지비율을 맞추지 못하면 증권사는 담보로 잡은 주식을 강제로 처분하는 **주식반대매매**에 들어갑니다.

당일치기(day trading)

주가 변동 폭이 너무 심하여 시세차익이 생긴다고 보였을 때 사거나 판 주식을 바로 그날, 반대로 팔거나 사는 **극단적 매매 행위**를 말합니다.

대량매매(block trading)

대량매매·대량거래·블록거래·블록 트레이드(block trade)는 해당 증권에 대한 공개 시장 외부에서 비공개적으로 협상되고 실행되는 증권의 대량 거래입니다. 주요 증권 중개인은 기관 고객에게 **대량 거래** 서비스를 제공하는 경우가 많습니다. 미국과 캐나다에서 대량매매는 일반적으로 주식 10,000주 또는 채권 100,000달러 이상이지만 실제로는 그 규모가 훨씬 더 큽니다.

> 예를 들어, 한 헤지펀드가 X 회사의 큰 지분을 보유하고 있으며 해당 회사를 완전히 매각하려고 할 때 만약 이것이 대량 매도 주문으로 시장에 투입된다면 가격은 급격하게 하락할 것입니다. 정의에 따르면 지분은 수요와 공급에 영향을 미쳐 시장에 영향을 미칠 만큼 컸습니다. 대신 펀드는 투자 은행을 통해 다른 회사와의 대량 거래를 주선하여 양측 모두에게 이익이 될 수 있습니다. 즉, 판매 펀드는 더 매력적인 구매 가격을 얻고 구매 회사는 시장 요율에서 할인을 협상할 수 있습니다. 필요한 서류를 준비하는 데 수개월이 걸리는 대규모 공모와는 달리, 대량매매는 일반적으로 짧은 시간 내에 수행되고 신속하게 마감됩니다.

다양한 이유로 대량매매는 다른 거래보다 더 어려울 수 있으며 종종 증권 중개인을 더 많은 위험에 노출됩니다. 특히 증권 중개인은 대량의 유가증권에 대한 가격을 약속하기 때문에 불리한 시장 움직임으로 인해 해당 포지션이 매각되지 않으면 증권 중개인은 큰 손실을 입을 수 있습니다. 따라서 대량매매에 참여하면 증권 중개인의 자본이 묶일 수 있습니다. 대규모의 정보를 보유한 자금 관리자가 특정 증권의 대규모 포지션을 판매(또는 구매)하기를 원한다는 사실  은 미래의 가격 변동을 암시할 수 있습니다(즉, 자금 관리자가 정보상의 이점을 가질 수 있음). 거래의 반대편을 취함으로써 증권 중개인은 **역선택**의 위험을 감수하게 됩니다.

블록 트레이딩은 기관 투자자가 주식 가격을 책정하는 위치를 평가하기 위해 분석가에게 유용한 방법입니다. 왜냐하면 인수 또는 합병에서 입찰은 시장을 청산해야 하기 때문입니다(즉, 충분한 주가 입찰해야 함). 대량의 주식이 어떤 가격에 거래되고 있는지 확인해야 합니다. 이 가격은 최대주주가 자신의 주식을 팔려는 의지를 암시합니다. 따라서 대량 거래 분석에서는 데이터 왜곡을 방지하기 위해 소규모 거래가 무시됩니다.

대량주식소유의 신고(filing of changes in ownership of block shares)

상장회사 발행주식의 10% 이상을 소유한 주주가 그 소유 주식의 비율이 변할 때마다 증권관리위원회에 신고하는 제도를 말합니다. 대리인 이론(agency theory)은 1976년 젠센과 맥클링에 의해 제기된 이론으로서 기업과 관련된 이해관계자들의 문제는 기업 내의 계약 관계에 의해 이루어진다는 이론입니다. 대리인 관계는 한 사람 이상의 사람들이 정해진 범위 내에서 의사결정권을 자신들을 대신하는 다른 사람들에게 의뢰함으로써 이루어집니다. 이들 간에는 정보의 불균형과 감시의 불완전성 등으로 인해 도덕적 위험이나 무임승차의 문제, 역선택의 문제가 발생하게 됩니다. 이와 같은 문제점을 해결하기 위해서는 대리인 비용이 수반되며 대리인 문제는 현대사회의 거의 모든 계약 관계에서 나타나는 것으로 그 응용 범위가 광범위합니다.

대용가격(substitute price of securities)

증권시장에서 위탁증거금·신용거래보증금으로 현금 대신에 사용되는 **대용증권의 가격**을 말합니다. 이것은 월 단위로 적용되는데 매월 1~25일까지의 주가를 산술 평균한 기준 시세에 거래 형성 일수와 회전율을 감안하여 증권거래소가 정하고 있습니다.

대용증권(substitute securities)

투자자들의 결제불이행 사태를 방지하기 위해 위탁증거금이나 신용거래보증금을 납부하는 경우 현금화해서 쓸 수 있도록 증권관리위원회가 지정한 주식이나 채권 등 상장유가증권을 **대용증권**이라 말합니다. 또 그 증권에 대한 평가액을 대용가격이라 부르며 대용증권으로는 상장주권·상장채권·수익증권 등이 있습니다. 대용가격은 주식은 시가의 70%, 채권은 공채, 보증사채는 시가의 90%, 무보증사채는 80% 수준에서 결정됩니다. 대용증권은 증권시장에서 위탁증거금·신용거래보증금·금융기관대출보증금 등으로 쓰입니다.

대주(stock loan, lending stock)

대주는 신용거래의 일종으로 고객이 증권회사로부터 주식을 빌려 매각했다가 일정 기간 후 같은 수량의 주식으로 되갚는 제도를 말합니다. 우리가 흔히 신용거래라고 얘기하는 '신용융자'와는 반대되는 개념입니다. 교과서적으로 볼 때 대주와 신용융자로 대별되는 신용거래제도는 기본적으로 매도·매수의 편중 거래 현상을 보완하고 주식의 유동성을 제고시켜 공정한 가격 형성에 기여하기 위한 것이라고 할 수 있습니다. 또 부수적으로는 한때 증권 당국이 대주 부활을 증시 안정 대책에 포함시켜 발표한 것처럼 시장관리 수단의 하나로 볼 수도 있습니다.

대주거래

특정 주식값이 떨어질 것으로 보고 증권사에서 해당 주식을 빌려서 판 뒤 주식값이 판 가격보다 더 떨어지면 사서 상환함으로써 차익을 얻는 거래 방식을 말합니다. 예를 들어 현재 10,000원에 거래되는 회사의 주식이 하락할 것이라고 예상하고 매각한 뒤 일정 시간 후에 9,000원에 매입하면 주당 1,000원의 차익을 거둘 수 있습니다. 주식을 판 후 돌려줘야 하는 기간은 통상 30~90일 정도입니다. 그러나 예상과 달리 주가가 오르면 손해를 볼 수밖에 없습니다. 한편 기관투자가들이 증권금융에서 주식을 빌리는 거래는 **대차거래**라는 용어를 써서 대주거래와 구분합니다.

대주주 양도세

대주주인 개인이 보유한 주식을 매각해서 얻은 차익에 대해 부담해야 하는 세금을 말합니다.

과표 3억 원 이하는 20%, 과표 3억 원 초과 시는 25%(6천만 원 + 3억 원 초과액의 25%)입니다. 대주주 요건은 23년 말 완화되었으며 대주주 기준이 종목당 10억 원에서 50억 원 이상으로 상향되었습니다. 지분율 기준으로는 이전과 변동 없이 코스피 1%· 코스닥 2%· 코넥스 4%를 보유한 대주주는 주식 양도소득세를 내야 합니다. 이 변경 사항은 2024년 1월 1일 이후 양도분부터 적용됩니다.

대체거래시스템(alternative trading system, ATS)

유가증권시장이나 코스닥시장과 같은 기존 증권거래소를 통하지 않고 별도로 주식을 사고팔 수 있는 시스템을 말합니다. 증권거래소와는 달리 시장 규제와 상장 기능은 없고 주식거래만 할 수 있습니다. 빠른 거래 체결 속도와 낮은 수수료 체계가 가장 큰 장점이며 장외 전자거래시장, 사설 온라인 증권거래소 등도 여기에 속합니다.

ATS는 2011년 현재 세계적으로 약 120개가 운영되고 있습니다. 관련법을 가장 먼저 제정한 미국에 84개, 유럽에서는 20개의 ATS가 운영 중입니다. 아시아 국가 중에서는 일본이 2010년 7월 "CHi-X 재팬"을 설립하였습니다.

한국에서는 2022년 11월 국내 주요 증권사 및 증권 유관기관 34개사가 대체거래시스템 운영을 위한 법인 **넥스트레이드**를 설립했습니다.

이는 2013년 자본시장법상 대체거래시스템(다자간매매체결회사)의 설립 및 운영 근거가 마련된 이후 최초의 사례입니다.

넥스트레이드는 2025년 1월 출범 예정인데 이럴 경우 한국 주식시장에서 한국거래소와 거래플랫폼간 경쟁이 시작되는 거래인프라와 거래기술에 변화가 초래될 것으로 보입니다.

대체결제제도(book entry clearing system)

유가 증권거래는 증권거래소를 통하여 결제하거나 각 거래원 간에 거래가 많을 때는 개별적으로 결제하는 것이 번거롭습니다. 따라서 거래 때마다 현금과 증권을 교환하지 않고 일정한 거래가 끝난 후 거래원과 거래원의 계좌 사이에서 차이가 나는 금액과 증권만을 서로 결제하는 방법입니다. 이와 같은 일을 담당하는 회사가 한국증권대체결제입니다. 현재 상장주식의 90% 이상이 이 기관에 의해 대체결제되고 있으며 앞으로 채권거래도 **대체결제**를 적극 활용하는 방안이 검토되고 있습니다.

대체투자(alternative investment)

주식이나 채권 같은 전통적인 투자 상품이 아닌 다른 대상에 투자하는 방식을 말합니다. 대상은 사모 펀드·헤지펀드·부동산·벤처기업·원자재·선박 등 다양합니다. 대체 뮤츄얼펀드와 상장지수펀드(ETF)는 이런 대체투자상품을 주로 편입하거나 관련 지수를 추종하는 펀드입니다. 채권보다 수익률이 높고 주식에 비해서는 위험성이 낮다는 장점이 있습니다.

2008년 금융위기 이후 기관투자가의 전통적 투자 대상인 주식·채권값이 급락하면서 상대적으로 금융시장의 영향을 덜 받는 이들 자산에 대한 투자가 늘어나고 있습니다.

대체투자펀드

부동산 항공기 인프라 등 실물 자산에 투자하는 펀드를 말합니다. 대체투자 펀드는 일반 주식형 펀드보다 안정적이면서 채권 등보다는 높은 수익을 기대할 수 있고 실물에 투자하기 때문에 자산을 되팔아 추가 수익을 내는 장점이 있습니다.

대체투자 펀드가 중수익 상품으로 기관투자자들에게는 각광받고 있지만 개인 투자자는 쉽게 접근할 수 없습니다. 공모로 출시된 대체투자 펀드를 찾아보기 힘들어서입니다. 전체 대체투자 펀드 가운데 공모로 출시된 펀드 규모는 6조 7,849억 원에 불과하며 전체 대체투자 펀드의 4% 수준입니다.

공모 펀드는 사모 펀드에 비해 규제가 많아 상품을 내놓기 어렵다는 게 시장 전문가들의 지적입니다. 사모 펀드는 별도의 절차 없이 신고만 하면 상품을 내놓을 수 있지만, 공모 펀드는 금융감독원에 등록하고 허가를 받기까지 시간이 걸립니다.

대항매수

파는 측의 **팔자**에 대항하여 사는 것을 말합니다. 어떤 경우는 증권회사가 자기 고객의 매도 주문에 상대자가 되어 매수하는 형식의 자기계약을 말하기도 하는데 이는 법으로 금지된 사항입니다.

대형비상장주식회사

주식회사 중 주권상장법인이 아닌 회사로서 직전 사업연도 말의 자산총액이 5천억 원 이상인 회사를 말합니다.

이전 기준 금액이 1천억 원이었으나, 외부감사법 시행령 개정에 따라 2023년 5월 2일부터 자산 기준이 중소기업기본법상 중소기업 기준(자산 5천억원 미만)을 반영해 시행됐습니다. 다만 투자자 등 이해관계자가 많은 사업보고서 제출 대상 법인과 공시대상기업집단 소속 회사에는 현행 기준(자산 1천억 원)이 그대로 적용됩니다.

변경된 기준은 2023년 1월 1일 이후 시작하는 사업연도부터 적용되며 아울러 회사가 내부회계관리제도 취약점을 자진해서 공시하거나 개선한 경우에는 조치 가중 사유에서 제외하도록 인센티브를 줍니다.

대형주(large capital stock)

증권시장에서 대·중·소형주의 구분은 자본금에 따라 정해집니다. 자본금이 750억 원을 넘으면 **대형주**, 350억 원 이상 750억 원 미만은 **중형주**, 350억 원 미만은 **소형주**로 분류됩니다. 대형주는 자본금이 큰 만큼 발행 주식 수가 많고 증권시장에서 거래되는 유통주식수도 상대적으로 많습니다. 종목 수는 소형주가 가장 많고 그 다음이 대형주, 중형주 순입니다. 거액을 투자하는 외국인과 기관투자가는 대형주를 선호하고 개인 투자자는 중·소형주를 많이 가지고 있습니다. 외국인과 기관이 대형주를 선호하는 이유는 언제든지 사고 팔 수 있으며 시세에 미치는 영향이 적기 때문입니다. 대형주는 시가 총액이 많으므로 종합주가지수에 미치는 영향력도 큽니다.

더블 위칭 데이(double witching day)

선물과 옵션의 만기일이 겹치는 날을 말합니다. **더블**(double)은 선물과 옵션이라는 2개의 파생상품이 겹쳐 있다는 뜻이고, **위칭**(witching)은 마법 또는 주술 행사라는 뜻으로 선물과 옵션의 만기일이 겹치면 어떤 변화가 일어날지 예측할 수 없기 때문에 붙여진 이름입니다. 더블 위칭 데이에는 선물과 현물의 가격 차이를 정산하기 때문에 주식시장에 큰 충격을 입힐 수 있습니다. 미국 주식시장에서는 주식옵션이 따로 있기 때문에 주식옵션·선물·옵션 3가지 만기일이 겹치는 날을 **트리플 위칭 데이**(triple witching day)라고 합니다. 우리나라에서는 2002년 1월 개별주식옵션 시장이 개설되기 이전에 선물과 옵션 두 가지 상품의 만기일이 겹치는 **더블 위칭 데이**가 존재하였습니다.

데드크로스(dead cross)

골든크로스와 반대되는 말입니다. 중기이동평균선이 장기이동평균선을 위에서 아래로 급속히 뚫고 내려오는 경우를 말하고 약세시장으로의 강력한 전환 신호를 의미합니다. 일부 발 빠르게 치고 빠지는 투자자들은 그러나 반대의 행태를 보이는 경우가 많습니다. 골든크로스나 데드크로스가 발생한다는 것은 어느 정도의 이익 실현, 또는 어느 정도 하락했기 때문에 매도, 매수에 부담이 없어 매도와 매수 적기로 잡기도 합니다.

데이 트레이딩(day trading)

주식과 채권의 하루 가격 움직임을 이용해서 매매차익을 내는 것을 목적으로 이루어지는 거래를 말합니다. 분·초 단위로 주가 흐름을 지켜  보다 움직임이 빠르고 큰 주식을 포착하여 단기 시세차익을 챙기고 빠져나오는 초단타매매 기법으로 개장 후 1시간과 폐장 전 1시간 동안 가장 활발하게 이루어집니다. 주식 보유기간을 초단기로 잡아 주가 하락으로 인한 위험을 방지할 수 있는 기법으로서 거래는 당일에 사고파는 것을 원칙으로 하며, 유동성이 좋고 주가의 등락 폭이 큰 몇 개의 종목을 대상으로 단기 시세차익을 노리기 때문에 기업의 영업실적보다는 주가의 당일 움직임만을 분석 대상으로 하는 것이 특징입니다.

동시호가(simultaneous bids and offers)

증권시장에서 매매 입회를 시작한 처음은(시초 5분간) 접수된 호가의 시간 선후가 분명치 못하게 되는데, 이를 동시호가로 취급하여 가격 우선과 수량우선의 원칙만 적용하는 경우를 말합니다.

동전주

주가가 1,000원 미만이라 동전으로 살 수 있는 주식을 말합니다. 미국에서 1달러 미만 주식을 뜻하는 **페니**(penny)**주**에서 유래됐습니다. 낮은 가격이기에 유동성이 풍부하거나 증시가 활황일 때 투기적 수요가 몰려 주가가 기업 가치와 무관하게 치솟는 경우가 많습니다.

동학개미

국내 주식 매수 나선 개미 투자 자가 주식 시장에서 외국인들의 매물을 받아내는 **개인 투자자**를 말합니다. 1800년대 후반 외세 침략에 저항했던 동학농민운동에서 따왔습니다. 전문 펀드매니저나 기관이 아닌 개인 투자자를 개미에 빗대어 하는 용어로 투자 액수가 상대적으로 작기 때문입니다.

동학개미 운동

2020년 초 들어 코로나19 사태로 기관과 외국인 투자자가 삼성전자를 필두로 한국 주식을 팔며 급락세가 이어지자 이에 맞서 개인 투자자들이 한국 주식을 적극 사들인 상황을 1894년 반외세 운동인 동학농민운동에 빗댄 표현입니다.

하락세가 본격적으로 시작된 2020년 1월 20일부터 3월 31일까지 **동학개미**로도 불리는 이들 개인 투자자들의 순매수 규모는 코스피 19.9조 원, 코스닥 2.3조원에 이르며 고객예탁금의 경우 1월 20일 28.1조 원에서 3월 31일 43조 원으로 급증했습니다. 특히 '개미'들은 2,000선을 넘었던 코스피 지수가 1,430선까지 주저앉았던 3월에만 코스피 시장에서 11조 원 넘게 주식을 사들였습니다. 한편, 코로나19 이후 적극적으로 주식 매수에 나서는 개인 투자자를 미국에서는 **로빈후드**, 일본에서는 **닌자개미**라고 부릅니다.

등락비율(ADR)

일반적으로 종합주가지수는 가격의 변동을 나타내고 등락주선의 변동은 등락 종목 수의 변동을 나타냅니다. 등락비율은 이 두 가지를 대비함으로써 시세가 어느 정도 강력한 것인가를 알고자 하는 것입니다. 등락주선의 결점은 이것이 시세의 상승 국면에서는 특히 투자 대상이 집중화하는 경향이 있고 또 권리락·배당락 등에도 수정되지 않는다는 것입니다. 이런 결점의 보완으로 등락 종목의 비율로써 시장을 분석하고자 하는 것이 등락비율입니다.

- **등락비율 작성법**: 일정 기간동안 매일의 상승종목수를 하락종목수로 나누어 백분비를 구하고 그것을 이동평균하여 도표화 합니다.
- **등락비율의 해석**: 등락비율 100%라면 상승 종목수와 하락 종목수가 같다는 말이고 110%라면 상승 종목이 10% 더 많다는 뜻입니다. 등락비율의 상승은 시장 인기의 확대를 뜻하고 등락비율의 하락은 시장 인기의 저하를 뜻합니다. ① 등락비율이 120% 이상일 때는 경계를 요하는 시점이고 시세는 그 후 반락하는 경우가 많습니다. ② 등락비율이 70% 이하일 때는 시세는 바닥권을 의미하고 시장은 그 후 상승으로 전환합니다. ③ 등락비율의 피크는 주가의 피크보다 선행하는 경우가 많습니다.

등락주선(Advance Decline Line, ADL)

전일의 종가에 비해 오른 종목 수에서 내린 종목 수를 뺀 것을 매일 누계해서 그것을 선으로 이어서 작성한 것입니다. 등락주선은 시장의 내부 세력을 측정하는 데 가장 널리 이용되는 중요한 분석 수단으로 주가가 전체적으로 상승 추세에 있는가 아니면 하락추세에 있는가를 판단하는 데 있어 다른 어떤 지표보다 먼저 나타나게 됩니다. 등락주선과 주가와는 밀접한 관계가 있습니다.

첫째, 종합주가지수가 상승하고 있는 중이라도 등락주선이 하락하고 있다면 시장은 곧 하락세로 전환하게 됩니다. 둘째, 종합주가지수가 하락하고 있을지라도 등락주선이 상승하고 있다면 시장은 곧 상승세로 전환하게 됩니다. 그러나 등락주선으로 상승 또는 하락의 정확한 타이밍을 맞출 수는 없고 단지 가까운 장래의 상승 또는 하락을 예상할 수 있습니다.

디노미네이션(denomination)

디노미네이션(denomination)은 화폐의 **액면 단위**를 뜻하는 말입니다. 또는 이를 지정하는 화폐개혁 정책을 가리킨다. 대개 어떤 화폐의 실질 가치에 대한 변동 없이 액면단위만  을 지정하는 것으로서 1,000원을 1원으로 바꾸는 것을 예시로 볼 수 있습니다. 한 국가 내에서 통용되는 모든 화폐·채권·주식 등의 액면 금액 그 자체를 의미합니다. 유가증권의 액면가와 통화 단위 등을 가리킵니다. 화폐개혁이라는 뜻으로 사용됩니다. 기존에 풀려 있는 화폐를 다시 설정할 때는 **리디노미네이션**(redenomination)이라고도 한다. 실제로 시행되는 **디노미네이션** 정책의 절대 다수는 인플레이션을 해소하기 위해 단위를 갈아엎고 자릿수를 깎아내는 방향의 화폐개혁이며, 이때 기존 단위의 100분의 1 혹은 10분의 1로 액면가를 절하합니다. 은행권이나 경화를 교체하면서 화폐 단위의 호칭을 변경하는 경우도 있습니다.

디스카운트 브로커(Discount Broker)

증권거래에 있어서 증권사의 위탁수수료에 비해 훨씬 저렴한 수수료를 받고 거래를 성사시켜 주는 업체를 말합니다. 주로 증권사 직원의 투자권유에 의존하지 않고 자신의 판단 아래 주식투자를 하는 계층을 공략 대상으로 하고 있습니다. 따라서 리서치 기능 등이 거의 없으며 수수료가 싼 대신 투자정보 제공 등의 서비스도 하지 않습니다. 비용이 많이 드는 객장을 설립하기 보다는 주로 인터넷상에 주식매매 공간을 제공합니다. 객장을 만들더라도 주문을 낼 수 있는 기본적인 설비만 갖추는 것이 일반적입니다. 미국 등에서는 저렴한 수수료 때문에 이용자들이 크게 늘고 있으며 위탁수수료 의존 비중이 높은 증권사들의 대대적인 재편까지 불러왔습니다.

디스카운트 증권사(discount broker)

증권회사는 취급 업무에 따라 종합증권사(full service broker)와 디스카운트 증권회사(discount broker)로 구분됩니다. 종합증권사가 투자전략 개발에서부터 투자전략의 성과측정까지 광범위한 서비스를 해주는 반면 디스카운트 증권사는 제한된 서비스를 제공하면서 거래를 체결시키고 수수료를 받습니다. 종합증권사는 주식·채권·뮤추얼펀드 등에 대한 투자 상담과 함께 고객에게 재무설계와 세금 절약 등 재테크 방법에 대해서도 투자 조언을 하고 있습니다. 반면 디스카운트 브로커는 종합증권사에 비해 훨씬 싼 수수료를 무기로 내세우면서 단지 주문만 받아 처리합니다. 따라서 개별적인 투자자료나 투자 조언에 대해서는 서비스가 제공되지 않습니다. 외국의 경우 디스카운트 브로커가 받는 수수료는 종합증권사가 받는 수수료의 10%에 불과한 경우도 있습니다. 디스카운트 브로커 중에서도 서비스가 더 적고 대신 수수료도 상당히 낮은 증권회사를 딥 디스카운트 증권사(deep discount broker)로 부르고 있습니다. 특히 오로지 컴퓨터시스템에 근거해 설립한 중개회사로서 전자매체를 통해 서비스 일부분을 제공하는 디스카운트 브로커를 **일렉트로닉 딥 디스카운트 브로커**(electronic deep discount)라고 합니다.

디커플링(Decoupling) - 탈동조화

한 나라 경제가 특정 국가 혹은 세계 전체의 경기 흐름과 독립적으로 움직이는 현상을 말합니다. 모건스탠리가 처음으로 사용한 용어로 경기침체에도 불구하고 강한 성장을 지속하는 경우는 **하드 디커플링**(Hard Decoupling), 경기 둔화의 영향을 받지만 그 정도가 상대적으로 작은 경우는 **소프트 디커플링**(Soft Decoupling)으로 구분됩니다. 주가가 하락하면 환율은 상승하고 주가가 상승하면 환율은 하락하는 것이 일반적인 현상인데 이와 달리 주가가 하락하는 데도 환율이 상승하지 않고 제자리에 머무르는 현상·수출이 증가하는 데도 소비는 감소하는 현상·서구의 증시는 상승하는데 아시아 증시는 전체적으로 하락하는 현상 등도 디커플링에 속합니다. 반대로 한 나라 또는 일정 국가의 경제가 다른 국가나 보편적인 세계 경제 흐름의 영향을 받는 것은 **커플링**(동조화 ; coupling)이라 합니다. 즉, 두 국가의 환율이나 주가의 등락과 같은 경기적 흐름이 서로 동일한 흐름을 보이지 않게 되는 현상을 말합니다.

디폴트 옵션 (사전지정운용제도)

디폴트옵션제도(사전지정운용제도)란? 퇴직연금(DC, IRP) 가입자가 일정기간 동안 퇴직연금 적립금으로 금융상품을 매수하지 않을 경우, (가입자가) 사전에 지정한 운용방법으로 적립금이 자동 운용되는 제도입니다. 디폴트옵션 상품은 크게 원리금보장형상품·펀드·원리금보장형상품 또는 펀드가 둘 이상 조합된 포트폴리오 상품으로 3가지 유형으로 나뉩니다. 디폴트옵션은 퇴직연금 적립금이 어떠한 상품으로도 운용되지 않은 채 방치되는 것을 방지하여 퇴직연금 수익률을 높이기 위해 도입됐습니다.

딤섬 본드(dimsum bond)

2010년 2월 중국 정부가 외국계 기업의 위안화 채권 발행을 전격 허용함에 따라 홍콩 채권시장에서 발행되는 위안화 표시 채권을 말합니다. 중국 본토에서 발행되는 채권인 **판다 본드**(panda bond)와 구분하고자 홍콩에서 많이 먹는 한 입 크기의 만두인 딤섬에서 유래했습니다. 판다 본드는 외국인 투자가 엄격하게 제한되어 있으나, 딤섬 본드는 발행 자격에 규제를 받지 않는 대신 약간의 프리미엄을 지불하면 자유롭게 투자가 가능하다는 장점이 있습니다. 2010년 8월 맥도날드가 외국기업으로는 처음으로 홍콩에서 2억 위안의 딤섬 본드를 발행했고, 아시아개발은행(ADB)은 이 채권을 통해 12억 달러를 조달했습니다. 그러나 중국 본토에서 발행되는 위안화 표시 채권에 비해 딤섬 본드는 시장 자체가 매우 작고 이로 인한 유동성 제한 및 매입과 환매 등 투자 자체에 대한 불확실성이 존재한다는 단점이 있습니다.

- 기업을 공부하지 않고 투자하는 것은 포커를 칠 때 카드를 보지 않고 돈 거는 것과 같다.
- 투자 전에 자신이 부담할 수 있는 위험 수준 결정 하자.
- 위기가 기회임을 분명히 인식해라.
- 정보 부족으로 방치된 주식 을 찾아라.
- 기업실적이 주가에 가장 큰 영향을 미친다.
- 남의 말보다 자신의 느낌대로 투자 하라.
- 추락하는 것은 날개도 없다.
- 투자의 성공여부는 얼마나 오랫동안 세상의 비관론을 무시할 수 있는지에 달려 있다.
- 가장 큰 투자오류를 하나 고른다면, 주가가 오르면 자신이 투자를 잘했다고 믿는 사고방식이다.
- 인기주식에 투자해서 얻는 수익으로 살아가려고 한다면, 생활보조금 받으며 살아가는 신세가 되는 것은 시간문제이다.
- 주식시장은 확신을 요구하며, 확신이 없는 사람은 반드시 희생된다.
- 주식시장이 하락하는 것은 1월의 눈보라만큼이나 일상적인 것이다. 만발의 대비만 되어 있다면 주가하락은 당신에게 큰 타격을 줄수 없을것이다. 또한 주가하락은 공포에 사로잡혀 폭풍우 치는 주식시장을 빠져 나가려는 부화뇌동들이 내던지는 좋은 주식을 싸게 살 수 있는 좋은 기회다.

랩 어카운트(Wrap Account)

증권사 등이 고객의 자산규모와 투자성향 및 위험 수용도를 파악하여 고객의 자산을 적당한 금융상품 등에 투자해 주고 수수료를 받는
것을 말합니다. 미국은 지난 1975년 일본은 1998년부터 각각 시행했고, 우리나라에서는 2001년 초 금융감독원이 자문형 랩 어카운트의 판매를 승인해 시행 중입니다. 자문형이란 금융자산관리사가 투자에 대한 조언과 자문 역할만 할 뿐 실제 주문은 고객이 직접 내야 하는 방식을 말합니다. 금융자산관리사가 직접투자와 자산관리를 책임지는 일임형의 전 단계라고 할 수 있습니다. 미국의 경우 1987년 주가가 폭락한 '블랙 먼데이' 이후 주식매매가 줄고 사이버증권사로 대표되는 수수료 인하 경쟁이 불붙어 수수료 수입이 줄어듦에 따라 주식매매 회전율을 높여 매매수수료 수입을 늘리기보다는 자산관리를 통한 안정된 수수료를 추구하게 되면서 랩 어카운트가 활성화되었습니다.

러셀 2000지수(Russell 2,000 Index)

미국 증시 시가 총액 상위 3,000개 기업의 주가지수인 러셀 3,000지수 중 시가 총액 하위 2,000개 기업과 즉 중소형 기업을 담고 있습니다. 경기 민감도가 높은 종목이 대부분이어서 **미국 경기의 바로미터**라고도 불립니다. 1984년 미국의 투자사인 러셀 인베스트먼트가 창안했습니다.

러셀 2,000지수 구성 기업 시가 총액은 러셀 3,000 전체 시가 총액의 10% 수준에 불과합니다. 2020년 8월에는 애플이 시총 2조 달러를 돌파하며 러셀 2,000지수에 속한 기업 전체 시가 총액을 넘기도 했습니다. 다국적 기업 비중이 높은 다우존스산업평균지수, 나스닥지수 및 S&P500지수와 달리 러셀 2,000지수는 내수 비중이 높습니다.

레드 칩(red chip)

중국 정부와 국영기업이 최대 주주로 참여해 홍콩에 설립한 우량 중국 기업들의 주식입니다. 1990년대를 전후해 홍콩 주식투자가들이 만들어 낸 용어입니다. 원래는 홍콩 증권시장에 상장

된 중국 기업들의 주식을 통틀어 말하였으나 지금은 중국 정부와 국영기업이 최대 주주로 참여해 홍콩에 설립한 기업들 가운데 우

량기업들의 주식만을 가리키는 용어로 국한되어 쓰입니다. 레드 칩 27개 종목으로 이루어진 지수를 **항셍 중국투자기업지수**(HSCCI)라고 하는데 레드 칩 역시 H-주식과 함께 외국인들의 주요 투자 대상입니다. H-주식과 다른 점은 중국 국내에서 등록하고, 그밖에 홍콩 또는 해외에서도 등록이 가능합니다. 한국에서도 남북한경협주를 비롯해 러시아 등 북방 관련 주식을 **블루 칩**과 구분해 **레드 칩**으로 부르기도 합니다.

레버리지(leverage)

레버리지(leverage)는 타인의 자본을 지렛대처럼 이용하여 자기 자본의 이익률을 높이는 것입니다. 고정비

용이 있을 때 매출액의 변화가 기업의 손익에 미치는 영향을 분석하는 데에 쓰인다. 고정비나 이자 지급액과 같은 고정적 요소가 지렛대와 같은 작용을 하여 손익의 변동이 확대되는 효과를 말하며 영업 레버리지와 재무 레버리지로 대별할 수 있습니다. 영업 레버리지는 일정한 매출액 변동에 대하여 고정비의 존재로 인해 영업이익의 변동이 확대되는 현상을 말하며, 재무 레버리지는 일정한 영업이익의 변동에 대하여 고정재무비용(이자지급액, 우선주배당액)의 존재로 말미암아 주당이익(EPS)의 변동이 확대되는 현상을 말함

니다. 빚을 지렛대로 투자 수익률을 극대화하는 레버리지는 경기가 호황일 때 효과적인 투자법입니다. 이는 상대적으로 낮은 비용(금리)으로 자금을 끌어와 수익성 높은 곳에 투자하면 조달 비용을 갚고도 수익을 남길 수 있기 때문입니다.

로드쇼(road show)

유가증권 발행을 위해 발행회사가 투자자를 대상으로 벌이는 설명회를 말합니다. 주요 국제 금융도시를 순회하며 열려서 로드쇼라고도 불립니다. 로드쇼는 발행회사와 주간사 회사가 공동으로 주최하며 시기는 통상 계약 서명을 전후한 시점에 이루어집니다. 로드쇼에서는 발행회사의 개요와 발행 조건에 대한 설명을 위하여 자료를 배포하는데 서명 전에 발행하는 경우에는 사전 제안서를 배포하고, 발행조건이 확정된 후에는 조건서를 배포하게 됩니다. 로드쇼는 유가증권 발행 시 실시한다는 점에서 일반적인 IR(기업설명회)과는 대비됩니다.

로보 어드바이저(Robo Advisor)

절차나 방법)을 만든 뒤 이를 이용해 자동 매매까지 해 주는 인공지능 자산 관리를 말합니다. 로보 어드바이저(로봇+자문)가 인간 펀드매니저들을 위협하고 있습니다. 세계 투자 업계에선 '알파고(인공지능)'가 인간을 이기는 사례가 이미 나오고 있습니다. 여러 투자 자산을 둘러싸고 시시각각 변하는 수많은 변수를 빠짐없이 순발력 있게 고려한 뒤 냉정한 판단을 내리기가 갈수록 어려워지고 있기 때문입니다. 특히 인공지능 투자 로봇들은 개발비를 감안해도 사람보다 10분의 1 싼 수수료를 받고 투자 자문을 할 수 있기 때문에, 투자의 신(神) 워런 버핏 정도가 아니면 '인간 투자 전문가'의 설 자리가 갈수록 좁아질 것이라는 분석도 나옵니다.

롱 스퀴즈(long squeeze)

앞으로 주가가 상승할 것으로 예상되는 종목은 **사고**(long), 주가가 하락할 것으로 예상되는 종목은 미리 빌려서 **팔아**(short)서 수익을 내는 것을 의미합니다. squeeze는 **쥐어짜다**라는 뜻입니다. 일반적으로 지금보다 앞으로 주식(상품)가격이 더 떨어질 것으로 생각하는 경우 공매도(short selling)를 하게 됩니다. 그런데 만기가 가까워 주식(상품)가격의 가격이 상승하면 위험을 회피 하기 위해 현물을 매수(short covering)합니다. 이 과정에서 현물에 대한 가격 상승이 가속화 되기도 하는데 이를 short squeeze라고 하지요. 즉 **스퀴즈**란 공매도이건 공매수이건 간에 현물의 가격이 예상과 반대로 움직이고, 투자자가 위험을 헤지 하기 위한 과정에서 어쩔 수 없이 쥐어짜이듯 발생하는 것으로 **급등** 혹은 **급락** 등으로 나타나는 현상을 말합니다.

롱 쇼트 전략(long-short strategy)

두 개의 상호관련성이 높은 종목을 찾아, 하나의 종목을 매수하고, 다른 종목을 동시에 매도하여, 두 종목 간의 차이가 벌어지는 경우 이를 활용하여 수익을 창출하는 전략입니다. 기업과 산업별로 유사한 기업의 주식을 묶어 Pairs Trading 전략을 활용할 수 있습니다. 매수를 뜻하는 **롱 전략**(long strategy)과 매도를 뜻하는 **쇼트 전략**(short strategy)을 동시에 구사하여 펀드 내의 매입 자산과 매도 자산을 동일하게 유지함으로써 시장변화에 거의 영향을 받지 않고 안정적인 수익률을 추구하는 전략입니다.

주식을 매수하는 동시에 공매도를 하거나 현물과 연계된 선물이나 옵션을 매도함으로써 차익을 얻습니다. 또는 사업구조가 유사한 두 개의 종목을 짝을 지어 상승이 예상되는 저평가된 것은 매수(롱)하고 고평가된 종목은 매도(쇼트)하는 **페어스 트레이딩**(pairs trading) 전략이 있습니다.

롱 쇼트 전략을 원활하게 구사하기 위해서는 현물자산의 차입이 자유롭고 차입에 따르는 비용도 적어야 합니다. 헤지펀드의 롱 쇼트 전략에 영감을 받아 유행한 펀드가 130/30 펀드입니다.

롱 쇼트전략지수 ELB

증권사가 만든 롱 쇼트 전략지수가 상승할수록 투자 수익률도 높아지도록 설계한 상품을 말합니다. 롱 쇼트 전략지수가 가입 기간에 30% 오르면 투자자는 지수 상승률(30%)에 가입 시 정해진 비율(보통 0.75)을 곱한 22.5%의 수익을 얻을 수 있습니다. 롱 쇼트 전략지수란 싼 주식을 **사고**(롱), 비싼 주식을 **파는**(쇼트) 전략을 취하는 평균 수익률을 말합니다.

롱 쇼트 펀드(long-short fund)

주가가 오를 것으로 예상되는 주식은 **사고**(long), 주가가 내릴 것으로 예상되는 주식은 공매도(short)해 차익을 남기는 펀드를 말합니다. 주가지수와 상관없이 수익을 내는 데 주력하는 중위험·중수익 상품입니다. 롱 쇼트 펀드는 주식매매 이외에 채권과 선물을 대상으로 차익거래나 롱 쇼트 전략을 구사해 은행 금리나 채권형펀드보다 높은 수익률을 추구합니다.

사업구조가 비슷한 두 개의 종목을 짝을 지어 상승이 예상되는 저평가된 것은 보유하고 고평가된 종목은 매도하는 **페어스 트레이딩** 전략을 쓴다. 사모로 팔리는 헤지펀드와 절대 수익 추구형 스와프(ARS) 중에서도 롱 쇼트 전략을 쓰는 상품이 많습니다. 안정적인 수익률을 추구하는 투자자에게 적합합니다.

하지만, 롱 쇼트 펀드라고 항상 이익을 내는 것은 아닙니다. 사들인 종목은 내리고, 공매도로 대응한 종목은 오르는 최악의 상황이  오면 주식형 펀드보다 손실이 커질 수 있습니다. 과거 실적과 펀드매니저의 경력 등을 꼼꼼히 보고 펀드를 골라야 합니다. 증시가 일제히 급등하는 시기에도 롱 쇼트 펀드가 일반적인 주식형 펀드보다 불리합니다.

롱 포지션(long position)

롱포지션은 **매입포지션**이라고도 하며 선물이나 옵션시장에서의 매입을 의미합니다. 보통 미래에 더 높은 가   격으로 되팔 수 있다는 기대를 가지고 매입하는 시장거래를 뜻합니다. 반면, **쇼트포지션**(매도포지션)은 미래에 특정 가격으로 상품을 팔기로 한 계약 또는 주식 공매 후 아직 청산되지 못한 경우를 뜻합니다. 증권 가치변화의 어떤 이득 또는 손실을 가지는 권리를 말합니다. 또한 중개회사가 보관하는 투자가의 증권 소유권을 말합니다.

리버스(Reverse) 펀드

선물매도와 같이 주가지수가 하락할 때 수익이 나는 파생상품에 투자하는 펀드로 추종하는 종목이나 지수가 상승할 때 수익이 나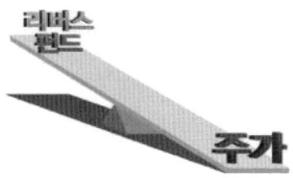
는 일반 주식형이나 **인덱스펀드**와 대비되는 상품입니다.

리버스 상장지수펀드(reverse ETF)

선물·옵션 등 파생상품을 이용해 지수나 개별 주가와 반대로 수익률이 나오도록 설계한 상품을 말합니다. 전통적으로 리버스 ETF(상장지수펀드)는 지수가 박스권에 머물러 있을 때 관심을 받습니다. 증시가 상승세일 때는 거래량이 뚝 끊겼다가 조정 장세가 이어지면 자금 유입이 늘어납니다.

리스트럭처링(restructuring)

기업 경영의 기본적 구조를 재구축하여 기업의 존속과 발전을 도모하기 위한 경영 전략을 말합니다. 즉 사업
의 편성을 변경하고 사업의 개발·생산·유통 시스템을 구조적으로 변혁하고 재편성하여 발전 가능성이 있는 방향으로 사업구조를 바꾸거나 비교우위가 있는 사업에 투자재원을 집중적으로 투입하는 경영전략을 말합니다. 리스트럭처링은 M&A(합병 및 인수) 외에도 LBO(인수할 회사 자체를 담보로 두어 금융기관에서 대출받은 자금으로 기업인수)나 제휴전략까지 포괄하는 개념으로 M&A를 적극적으로 활용한 사업 단위의 재구축입니다. **사업재구축**이라는 말로 표현되는 리스트럭처링은 비전, 즉 미래의 모습을 설정하고 그 계획을 시행하는 것입니다.

리츠(Real Estate Investment Trusts, REITs)

주식 발행을 통해 여러 명의 투자자들에게서 자금을 모아 상업시설 등 대규모 부동산이나 부동산 관련 증권 등에 투자한 뒤 생긴 이익을 되돌려주는 투자회사입니다. 분기 말마다 부동산 실물을 총자산의 70% 이상 매입해야 합니다. 자본금의 10배까지 차입이 가능합니다.

공모 리츠는 거래소에 상장해 주식처럼 거래할 수 있습니다. 소액 투자가 가능하며 부동산의 안전성과 주식의 환금성을 고루 갖추고 있다는 장점이 있습니다. 1960년 미국에서 최초로 제도가 만들어진 뒤 2000년대 들어 일본·호주·싱가포르 등지로 확산됐습니다.

리츠의 종류

리츠는 크게 상근임직원이 직접 부동산 투자·운용을 담당하는 실체형 자기관리리츠, 외부 자산관리회사(AMC)가 리츠 운용을 담당하는 페이퍼컴퍼니 형태의 위탁관리리츠와 기업 구조 조정(CR)리츠로 나눠집니다. CR리츠는 구조조정용 부동산에만 투자할 수 있고, 세제 혜택 등을 받을 수 있는 점에서 위탁관리리츠와 차이가 납니다.

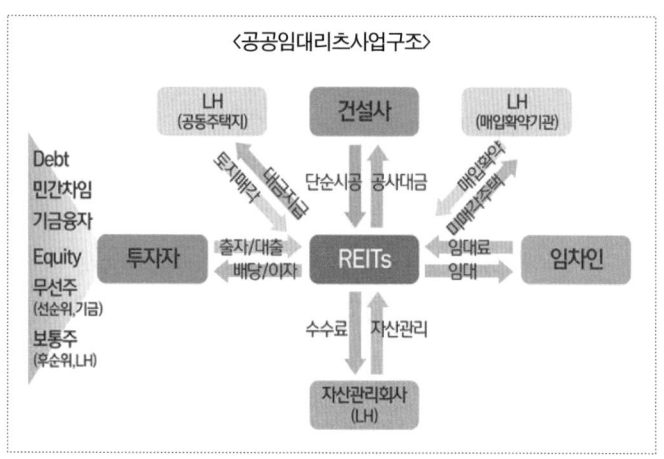

리자드형 ELS

원금 손실 위험을 낮추고 상환 기간은 앞당긴 **주가연계증권**(Equity Linked Securities ; ELS) 상품을 말합니다. 리자드형은 하락장에서 수익을 일정 부분 포기하고, 원금을 최대한 회수하는 방식으로 설계된 상품입니다. 도마뱀(lizard)이 막다른 길에 몰리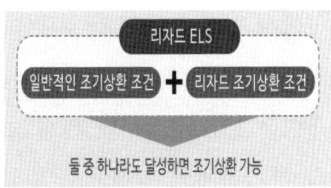
면 제 꼬리를 자르고 도망치듯 지수가 추가 하락할 가능성이 높으면 조기 상환을 통해 위험을 관리하게 됩니다.

일반적인 ELS 상품은 1차 조기 상환 시점에 기초자산 지수가 기준점(보통 80~85%) 밑으로 떨어질 경우 조기 상환을 받을 수 없습니다. 주가가 낮은 수준을 지속하면 불안감 속에 3년을 기다려야 하지만 리자드형은 상환 기준을 충족하지 못해도 녹인(보통 55~60%)에 진입하지만 않았다면 약속한 수익률의 절반(3%)만 받고 조기 상환할 수 있습니다.

리플레이션 트레이드(reflation trade)

경기와 물가가 살아날 것으로 보고 장기 채권을 팔고 주식을 매수하는 행태를 말합니다. 오랫동안 침체됐던 물가가 서서히 반등하는 국면인 리플레이션 시기에 발생한다고 해서 이런 이름이 붙여졌습니다.

리커플링(Recoupling, 비동조화)

선진국과 신흥국의 경제가 다른 방향으로 움직이는 디커플링 현상에서 벗어나 다시 같은 방향으로 움직이는 **재동조화 현상**을 말합니다. 리커플링은 2007년 말부터 세계 경제가 미국 경기침체의 영향으로 주춤하면서 주목 받기 시작했으며, 미국 경제의 영향력이 크기 때문에 미국 경제가 하락  세를 보일 경우 다른 지역의 경제도 영향을 받을 수밖에 없다는 의미입니다. 리커플링과 대비되는 개념인 디커플링은 인접 국가 또는 보편적인 세계 경제의 흐름과 달리 독자적인 흐름을 보이는 탈동조화 현상을 말하며, 이것은 수출과 소비, 주가 하락과 환율상승 등과 같이 서로 관련 있는 경제 요소들의 **탈동조화 현상**까지 포괄합니다.

- 최적의 매수타이밍은 시장에 피가 낭자할 때다. 설령 그것이 당신의 피일지라도 말이다.
- 대중과 뭔가 다르게 하지 않고 뛰어난 성과를 얻는 것은 불가능 하다.
- 시장의 패닉에 '절대' 즉각적으로 행동하지 마라. 깊게 숨을 한번 들이쉬고 조용히 자신의 포트폴리오를 분석하라.
- 시장의 타이밍을 맞추려고 애쓰는 것은, 스스로를 불안과 초조의 깊은 늪으로 빠트리는 지름길이다.
- 내가 아는 주식시장은 존재하지 않는다. 그것은 다만 무언가 어리석은 거래를 하려고 하는 사람이 있는지 여부를 알아볼 수 있는 장소일 뿐이다.

마더스

도쿄증권거래소가 운영하는 신흥기업용 주가지수를 말합니다. 1999년 11월 11일 만들어졌고 토픽스(도쿄증권거래소 1부 종목)와 같은 시가총액 가중형으로 산출됩니다. 1부, 2부 대비 심사가 까다롭지 않으며, 높은 성장 가능성을 기재할 경우 주식 공개 시 채무 초과와 적자가 있다 하더라도 상장이 가능합니다.

마마(MAMAA)

미국 증시를 대표하는 빅테크 기업을 나타내는 용어입니다. 2021년까지는 미국 빅테크를 나타내는 용어는 페이스북(F)·아마존(A)·애플(A)·넷플릭스(N)·구글(G)을 총칭하는 팡(FAANG)이었습니다. 하지만 페이스북이 사명을 메타(Meta)로 변경하고 넷플릭스 자리를 마이크로소프트가(M) 차지한데다, 구글이 모회사인 알파벳(A)으로 대체되면서 **마마**란 신조어가 탄생했습니다.

매매약정대금 이동평균선

거래량 이동평균선의 약점은 거래의 방향이 고가주에 집중되느냐 저가주에 쏠리느냐에 있습니다. 매기가 고가주에 집중되면 시장원동력은 같지만, 거래량은 감소하게 됩니다. 매매약정대금 이동평균선은 이런 점을 보완합니다.

매물벽

주가가 오르는 과정에서 팔자 매물이 많이 몰려 있는 가격대를 말합니다. 주가가 조정권에 들어가기 전에 주식을 고점에서 팔지 못한 투자자들은 시장가격이 본전으로 다시 올라오면 팔려는 욕구가 높아집니다. 이전에 거래량이 많이 이루어졌던 가격대는 매물 벽도 두터워지는 것입니다.

매수 옵션(lockup option)

적대적 매수자로부터 매수위협을 받고 있는 타깃 기업이 우호적 매수자에게 자기의 왕관보석(crown jewel)을 우선적으로 취득할 수 있도록 부여하는 선택권을 말합니다. 즉, 적대적인 매수에 대하여 백기사의 활약을 기대하는 경우 백기사에 대하여 부여되는 **인센티브**를 말하며 공장·특허·특정의 자산 등에 대하여 일정의 조건으로 매수할 권리를 부여하든지 일정의 조건으로 주식취득권을 부여하는 것 등도 포함하는 의미로 사용하는 것이 일반적입니다.

매수차익거래

매수차익거래는 선물가격이 고평 되었을 경우 상대적으로 비싼 선물을 매도하고 가 상대적으로 싼 현물을 매수하여 이익을 얻는 것을 말하며, 그 반대의 경우가 매도차익거래입니다. 매수와 매도차익거
래의 기준은 현물을 매수 또는 매도 하는지 여부입니다. 코스피200 선물이 코스피200 현물에 비해 고평가됐을 경우 선물은 팔고 현물을 사는 것을 말합니다. 매수차익거래는 만기 시점에 반대거래를 통해 청산하거나 다음 만기 때까지 이월시킵니다.

매수차익거래 잔액

선물 - 현물 연계매매로 매수한 현물 주식의 잔액을 말합니다. 보통 현물을 팔고 선물을 사는 프로그램 매도가 발생하면 매물 압박 때문에 지수가 하락하게 됩니다. 선물 만기일이 가까이 오면 매수차익거래 잔고의 경우 현물매도 - 선물매수로 청산되기 때문에 현물 시장에 **매물 압박**으로 작용합니다.

매입보유전략(buy and hold strategy)

매입보유전략(buy and hold strategy)은 채권을 매입하여 만기일까지 보유함으로써 투자 시점에 미리 투자 수익을 확정하는 전략입니다. 매입보유전략은 이자율 예측이 필요 없으며 수익률이 비교적 안정적인 시장에서 평균적인 시장수익을 얻고자 할 때 선호하는 전략을 말합니다. 증권의 시장가격이 고유가치 이하라고 판단될 때 증권을 매입하여 주식으로부터 얻어지는 통상적인 배당과 장기적인 가격상승을 바라며 증권을 보유하고 있는 것을 말합니다.

매입원가 평균법(Dollar cost averaging)

그레이엄에 따르면 매입원가 평균법은 간단히 실무자가 매월 또는 분기마다 동일한 금액을 보통주에 투자하는 것을 의미합니다. 이러한 방식으로 그는 시장이 높을 때보다 낮을 때 더 많은 주식을 사며, 그는 결국 그의 모든 보유 자산에 대해 전반적으로 만족스러운 가격을 얻게 된다. 목표로 하는 주식을 일정기간동안 나누어 꾸준하게 매입함으로써 매입 평균 단가를 낮추는 투자 방법을 말합니다. 특정 종목에 일정 금액만큼만 투자하도록 하는 적금식 투자 방법인데 주가가 높을수록 주식수를 줄이고 주가가 낮을수록 매입 주식 수를 많게 할 수 있습니다.

그레이엄

모태펀드(fund of funds, FoF)

여러 개의 채권형 펀드 또는 주식형 펀드를 하나의 펀드로 만든 상품이며 한국 모태펀드의 정식 명칭은 **중소기업투자모태조합**입니다. 개별 펀드들이 기업에 직접 투자하기보다는 투자조합에 출자하여 수익을 목적으로 운영되는 펀드입니다.

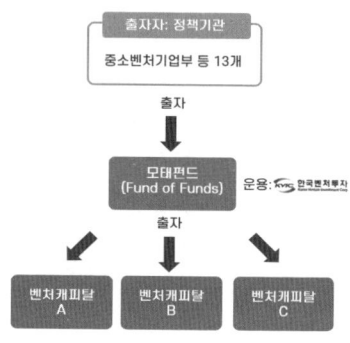

(1) 투자자가 불특정 개인이나 기업(단체)이 아닌 일반펀드로 구성된 펀드를 말합니다. 펀드가 가입하는 펀드(fund of funds)인 셈으로 '재간접펀드'라고도 합니다. 재간접펀드는 자산운용사가 직접 주식이나 채권에 투자하는 것이 아니라 주식이나 채권 등에 투자하는 펀드에 재투자를 하는 것으로, 여러 펀드에 분산 투자해 위험을 최소화하면서 수익을 추구합니다. 분산투자를 하기 때문에 투자 위험(리스크)을 줄일 수 있는 것이 재간접펀드의 가장 큰 장점입니다.

또 해외 주식이나 채권 직접 투자가 어려울 경우 재간접펀드를 이용하면 투자를 쉽게 할 수 있다. 예를 들어 중국 기업 주식이나 채권에 직접 투자하려면 중국 정부의 외국인 투자 규제로 적지 않은 제약이 따른다. 하지만 중국 자본시장에 자유롭게 투자할 수 있는 해외 자산운용사의 펀드에 투자를 하면 중국 기업에 직접 투자한 것과 동일한 효과를 얻을 수 있다. 해외 헤지펀드 등 일반 개인 투자자들이 접근하기 어려운 펀드에도 투자가 가능하다.

더구나 시장에서 검증된 펀드만 골라 가입할 수 있어 펀드 운용의 안정성이 상대적으로 높습니다. 운용 실적이 좋은 펀드만 선택해서 분산투자하면 투자 위험을 최소화하면서 안정적인 운용 성과를 기대할 수 있습니다. 하지만 재간접펀드는 가입한 펀드가 또 다른 펀드에 투자하는 이중구조의 상품이므로 수수료가 다소 비싸다는 단점이 있습니다.

(2) 국내에서는 일반적으로 모태펀드를 2005년 6월 유망 창업·벤처 기업 육성을 위해 정부 주도로 설립된 한국벤처투자가 운영 중인 펀드를 말합니다. 모태펀드는 벤처펀드에 돈을 나누어 주는 이른바 '펀드 오브 벤처펀드'입니다. 각 정부 부처가 관련 업계 벤처 기업 및 프로젝트에 투자하기 위해 출자한 정책자금으로 구성돼 있습니다. 중소기업청·문화체육관광부·특허청 등 8개 부처가 출자해 현재 2조 2,271억 원 규모로 운용 중입니다. 한국벤처투자에서 **위탁운용사**(벤처캐피털)를 선정해 모태펀드 자금을 출자하면 운용사가 민간자금 등을 추가로 모집해 자펀드를 조성하는 방식입니다.

매칭 펀드(matching fund) - 대응 투자금

공동자금출자라는 의미로 쓰이며, 흔히 컨소시엄 형태로 자금을 여러 기업이 공동 출자할 때 **매칭 펀드**(대응 투자금)라고 합니다. 투자신탁회사의 경우 국내 및 해외 투자자들을 대상으로 수익증권을 발행하여 조성된 자금으로 국내증권과 해외증권에 동시에 투자하고 매칭 펀드를 통한 간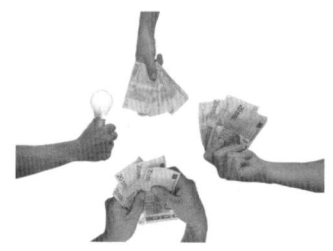
접적 투자 방법에 따라 외국인에게는 **국내증권투자**를, 국내 투자자에게는 **해외증권투자**를 할 수 있는 기회를 주는 것입니다. 정부는 증권시장의 육성과 자본시장 국제화의 단계적 추진계획의 일환으로 1990년 3월부터 국내 투신사에 매칭 펀드의 설정 및 운용을 허용했습니다. 이러한 펀드는 수익증권을 발행하되 일정 기간 환매를 제한할 수 있는 단위형으로, 국내 증권투자뿐만 아니라 해외 증권투자를 병행함으로써 국내 통화 증발을 완화시킬 수 있는 장점이 있습니다. **매칭 펀드**는 중앙정부가 민간이나 지방자치단체에 예산을 지원할 때 자체 노력에 연계해서 예산을 배정하는 방식을 말합니다. 지방이 중앙정부에 예산을 요구하기 전에 먼저 자체적으로 노력을 하면 그에 상응한 예산지원을 한다는 것을 말합니다.

메자닌 펀드(mezzanine fund)

비교적 안정성이 보장되는 채권의 성격과 향후 주가가 오를 경우 주식으로 전환이 가능한 주식의 성격을 동시에 가지는 주식 관련 채권에 투자하는 펀드를 말합니다. 전환사채(CB)·신주인수권부사채수권부사채(BW)·교환사채(EB) 등이 이에 해당합니다. 일반적으로 채권과 주식 사이에 존재하는 모든 혼합 형태의 금융상품을 말하는데, 주식과 채권의 특성을 모두 가진 하이브리드 형태의 금융상품을 말합니다. 이는 원금과 금리

가 보장되는 채권의 특성을 가지면서도 향후 주가가 오를 때 신주인수권이나 주식 전환권을 행사해 주식 투자의 장점도 누릴 수 있다는 특징이 있습니다. 메자닌은 건물 1층과 2층 사이에 있는 라운지 등을 의미하는 이탈리어로 대출방식이 담보(1층)와 신용(2층) 사이에 있다는 의미에서 이같이 불리게 되었습니다.

메자닌 파이낸싱 - 주식연계신용공여제도

투자자에게 전환사채나 신주인수권부사채 같은 주식연계채권 등을 발행하여 자금을 조달하는 것을 말합니다. 메자닌 파이낸싱은 리스크가 큰 사업에 원활한 자금공급을 위해 일정 금리 외에 사업 성공 시 투자자에게 주식 관련 권리를 부여하기로 하고 무담보로 자금을 조달하는 금융기법입니다. 투자자 입장에서 이자와 투자수익을 동시에 거둘 수 있어 **고위험과 고수익**을 기대할 수 있는 채권입니다. 기술력과 성장성은 있지만 담보가 부족해 자체 신용으로 자금 조달이 어려운 혁신형 중소기업에 **메자닌 파이낸싱**을 적용할 수 있습니다.

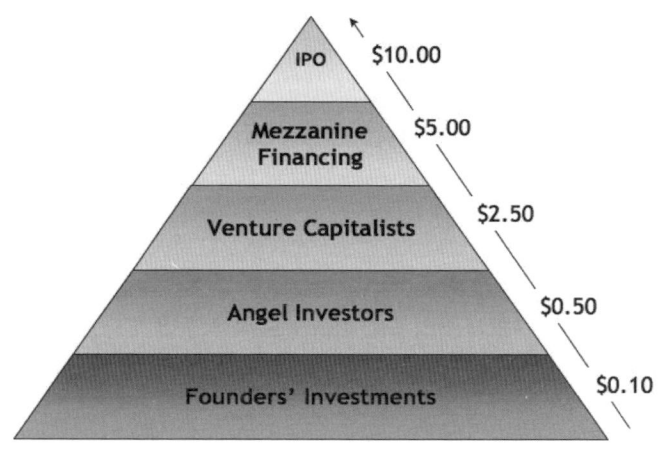

명의개서(transfer)

명의개서 名義改書란 권리자의 변경에 따라 장부 또는 증권의 명의인의 표시를 고쳐 쓰는 행동을 말하는 회사법의 개념입

니다. 기명식증권 記名式證券의 권리 이전의 사실을 공시하여 제3자에게 대항할 수 있도록 하기 위해 이루어집니다. 이 작업은 주식취득자의 요구로 회사가 언제든지 하고 있지만 주주명부의 폐쇄 기간 중에는 할 수 없는데 이를 **명의개서정지**라고 합니다.

무의결권주(nonvoting stock)

무의결권주식이란 글자 그대로 **의결권이 없는 주식**을 말합니다. 의결권이 없으니, 결의권을 행사할 수 있는 보통주식과 비교하면 굉장히 불리한 값어치가 적은 주식을 말합니다.

주식을 보유하면 크게 두 가지 권리를 가지는 것이 일반적입니다. 첫째는 배당을 받을 수 있고 두 번째로는 주주총회에 나가 의결권을 행사할 수 있습니다. 이중 의결권을 포기하는 대신 배당금을 더 많이 받기를 원하는 투자자를 위해 특별히 발행된 주식을 무의결권주라고 합니다. 우리나라에서는 1986년부터 1989년까지의 증시 활황기에 무의결권주가 대량 발행됐습니다. 의결권이 없는 대가로 보통주보다 1% 포인트 더 높은 배당률을 적용하는 게 일반적인 조건이었습니다.

당시 주식시장이 과열 양상을 보임에 따라 주식공급량을 늘리려는 정책에 맞물려 상장 기업의 무의결권주 발행이 성행했습니다. 사실상 기업의 경영권을 쥐고 있는 대주주 입장에서는 경영권 안정을 도모하면서도 주식시장자금을 조달할 수 있는 이점을 누리려고 무의결권주 발행을 선호했지만, 무의결권주는 기업의 소유구조 분산을 저해하는 결과를 가져왔습니다.

물탄주식

신주를 공모했을 경우 구주주는 의결권 감소라는 불이익을 당하게 됩니다. 왜냐하면 불특정 다수에게 주식이 돌아간다는 것은 바로 구주주들의 지분율이 낮아짐을 의미하기 때문입니다. 이처럼 인위적 힘에 의해 가치가 떨어진 주식을 **물탄주식**이라고 합니다.

모건스탠리캐피털 인터내셔널(MSCI) 지수

국내 증시에서 외국인들의 투자 비중이 크게 높아지면서 주목받고 있는 세계 주가지수로 미국의 투자은행인 모건 스탠리가 발표하고 있습니다. 외국인 투자자들의 역할이 커지면서 그들이 투자의 참고서로 삼고 있는 지표의 움직임에 국내 증시는 민감한 반응을 보이게 됩니다. 그 대표적인 것이 바로 한국이 포함된 MSCI(모건 스탠리캐피털 인터내셔널) **신흥시장 지수**입니다. MSCI는 선진국 시장과 신흥시장을 대상으로 각국의 상장된 주식을 업종별로 분류해 종목을 선택합니다. 국내에서는 삼성전자·포항제철 등의 대형 우량종목이 MSCI에 포함된 한국물의 대부분을 차지한다. 세계 지수에는 MSCI 외에도 FT/S&P(파이낸셜 타임스/스탠더드&푸어스) 월드지수가 있다. 세계 각국 증시에 투자하는 외국 대형 펀드들은 이러한 참고서를 바탕으로 자금을 배분하는 경우가 많기 때문에 자연히 해당 증시에 상당한 영향을 미치게 된다. 즉, MSCI 아시아 종합주가지수에서 한국 비중이 높아지면 외국인 투자가 늘고, 비중이 낮아지면 외국인들이 빠져나갈 가능성이 커집니다.

모자펀드(mother-baby fund)

투자자들의 자금을 자(子)펀드로 모아서 모(母)펀드에 투자하는 개념의 투자 상품을 말합니다. 모자펀드는 여러 개의 자(子)펀드를 이용하여 조달한 자금을 모(母)펀드에서 통합하여 운용하기 때문에 펀드 자산을 효율적·효과적으로 운

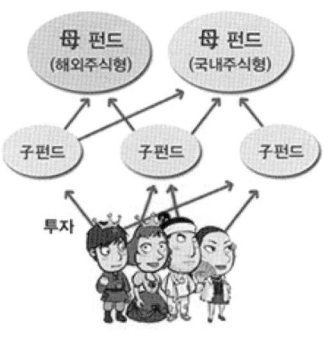

모자(母子)형 펀드

용할 수 있다는 장점이 있습니다. 모펀드와 자펀드의 자산운용회사는 동일해야 하고, 모펀드의 수익자는 자펀드만이 될 수 있으며, 자펀드는 모펀드가 발행한 펀드지분 외의 다른 펀드 지분은 취득할 수 없습니다. 자펀드는 모펀드에서의 통합 운용 및 모자펀드 간 기준가격 연계를 위해 자펀드 차원의 자산운용은 제한되며, 환매 원활화 등을 위한 유동성 확보 차원의 운용(원칙적으로 자산총액의 10% 이내)만 허용됩니다. **엄브렐러 펀드**(umbrella fund)가 대표적입니다.

목표주가 괴리율

증권사들은 상장회사의 실적 등을 분석해 주가가 얼마나 오를 수 있는지 목표주가를 제시합니다. 목표주가는 상장사의 현재 주가

와 차이가 나는데 이를 목표주가 괴리율이라고 합니다. 일반적으로 목표주가 괴리율이 높을수록 상장사 주가가 오를 가능성이 큽니다.

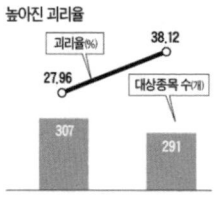

무배주

배당이 가능한 이익이 있어도 주주에게 배당을 지급하지 않고 이를 사내에 유보시키는 대신에 의결권이나 신주인수권만을 주는 조건으로 발행된 주식을 말합니다. 이것은 이익이 없어 배당을 주지 못하는 주식과는 성격이 완전히 다릅니다.

무상주(stock dividend without consideration)

주주에게 주식 대금 납입 의무를 지우지 않고 무상으로 발행하여 나누어 주는 주식을 말하며 무상주 발행으로 인한 증자 형태를 무상증자라고 합니다. 무상주를 취득하는 경우를 대별해 보면 다음과 같습니다.

1. 자산이 과소 평가되어 있어 자산재평가를 실시해 장부가액과 재평가액과의 차액이 발생할 때
2. 이익준비금을 자본전입할 때
3. 주식 배당을 할 때 등으로 나눠 볼 수 있다.

무의결권주(non-voting stock)

회사의 기존 주주들이 주식 발행으로 있을지도 모를 경영권 잠식을 막기 위해 의결권을 부여하지 않는 대신 이익 배당금에 우선적 지위를 부여하는 주식을 말합니다. 그러나 약속된 우선 배당 약속이 지켜지지 않았을 때는 다음 배당 약속이 지켜질 때까지 의결권 회복을 인정하고 있습니다.

무자원 CD

입금이 안 된 상태에서 금융기관이 미리 발행한 양도성 정기예금증서를 말합니다. 예금이 없는 상태에서 CD나 수표, 어음을 발행하는 변칙적 관행으로 금융사고의 원인이 됩니다. 자금조성을 위해 무자원 CD를 발행받은 이가 유통시장에 판매한 뒤 추후에 돈을 입금시키지 않거나 증권사에 할인 판매한 후 돈을 은행에 입금시켜도 자신이 부담한 할인 이자를 보상받기 위해 금융사고를 일으킬 가능성이 농후하기 때문에 금융당국은 무자원 CD의 발행을 엄격하게 금지하고 있습니다.

무차입공매도

공매도는 특정 종목의 주가가 하락할 것이라고 예상해 해당 주식이 없는 상태에서 주식을 빌려 매도 주문을 내는 투자 전략입니다. 향후 주가가 떨어지  면 해당 주식을 싼 값에 사 결제일 안에 주식보유자에게 돌려주는 방법으로 시세 차익을 챙깁니다. 다만 주식을 빌리지 않고 매도부터 하는 무차입공매도는 자본시장법을 위반한 **불법**입니다. 차입공매도는 주식시장의 효율성과 투명성을 높인다는 점에서 허용하고 있지만, 무차입공매도는 결제 불이행 위험이 높아 대다수 국가에서 금지하고 있습니다.

물량 압박

증권시장에 대량의 매도 물량이 쏟아져 나오면 주가는 당연히 떨어지게 마련입니다. 또한 증자에 따른 신주가 대량으로 시장에 유입되어 주가 상승을 가로막을 때도 있는데 이런 경우를 물량압박이라 합니다. 이와 같이 대량의 매도 물량 때문에 주가가 더 이상 오르지 못할 수준에 이르렀을 때를 **물량 천정**이라고 하는데 이때는 일시적인 하락이나 관망세 지속의 경향이 나타나는 것이 보통입니다.

물타기 (scale trading)

위험을 줄이기 위한 투자기법으로서 평균 매입 가격은 낮추고 평균 매도 가격은 높이는 형식으로 평균단가를 조정하는 방법입니다. 이것은 일정기간동안 같은 주식을 계속하여 매입하거나 매도하게 되는데 시세가 오름세일 때는 팔자를, 내림세일 때는 사자를 늘려 평균 매입 단가를 조정하게 됩니다.

뮤추얼 펀드 (mutual fund)

투자자들의 자금을 모아 투자회사를 설립해 주식이나 채권·선물옵션 등에 투자한 후 이익을 나눠주는 투자신탁을 말합니다. 투자자는 자신이 직접 매

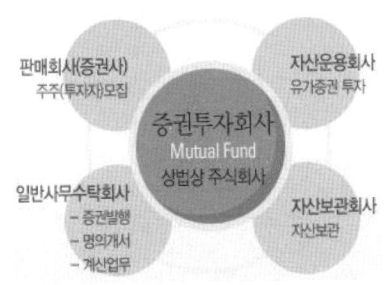

매하는 것이 아니라 전문 펀드매니저가 운용해 주는 간접투자라는 점에서 투신사 수익증권과 크게 다르지 않습니다. 그러나 수익증권이 아닌 회사에 투자하는 것이어서, 투자자는 곧 주주가 됩니다. 가입한 투자자도 주식을 나눠 받아 그 주식의 가치가 올라가면 수익이 높아지는 것을 말합니다. 이 같은 특징 때문에 뮤추얼 펀드를 회사형 투자신탁이라 부르기도 합니다. 개방형으로서 주식 소유자의 요청이 있으면 언제든지 회사가 순자산 가격으로 주식을

매입함으로써 투자자의 가입·탈퇴가 자유롭고 주식 수도 수시로 변하게 됩니다. 뮤추얼 펀드는 주요 투자 대상을 기준으로 주식형·채권형·혼합형 등으로 구분됩니다.

미러 펀드(mirror fund)

외국계 운용사들이 역외 펀드의 운용 방침과 자산구성 등을 본떠 국내에 재설정한 것으로 비과세 혜택을 받을 수 있다. 미러 펀드는 복제 대상이 되는 역외 펀드와 포트폴리오가 거의 비슷하기 때문에 수익률도 엇비슷하게 나오지만 미러 펀드의 경우 몇 가지 부가적인 혜택이 주어집니다. 미러 펀드는 역외 펀드에 비해 수수료가 낮고, 환매기간 또한 역외 펀드보다 하루 이틀 정도 빠르기 때문에 자금 회수 또한 수월합니다. 미러 펀드는 **복제 펀드·카피**(copy) **펀드·쌍둥이 펀드** 등으로도 불립니다.

미매각수익증권(unsold beneficiary certificate)

펀드 설정 후 안 팔렸거나 수익자들의 환매 요청으로 투신사가 고유계정으로 떠안고 있는 증권을 말합니다.

미발행주식(unissued stock)

회사의 정관에 승인되었으나 발행되지 않는 회사의 주식 지분을 말합니다. 미발행주식은 발행된 지분과 미결제지분과 함께 대차대조표상에 표시됩니다. 미발행 지분은 배당을 지급할 수 없고 투표될 수 없습니다. 미발행주식은 금고주와 혼동되는데 금고주는 발행되었지만, 미결제된 것은 아닙니다.

미수령 주식

미수령 주식이란 주주명부상 주주(발행된 주식을 직접 소지하고 있는 주주)가 무상증자와 주식배당 등으로 추가 발생한 주식의 수령통지문을 받지 못했거나, 상속인이 그 내용을 몰라서 찾아가지 않고 명의개서 대행 기관이 보관하고 있는 주식을 말합니다. 미수령 주식은 발행회사의 주식 사무를 대행하는 명의개서대리인(예탁원·국민은행·하나은행 등 3개 기관)이 보관하고 있습니다.

민관 투자 펀드(Public-Private Investment Fund, PPIF)

미국 정부가 금융회사의 부실자산을 인수하기 위해 민간 투자자와 함께 설립할 계획인 펀드로 5천억 달러 규모로 출범시킨 뒤 필요에 따라 최대 1조 달러까지 매입하는 것을 말합니다. 재무부와 연방보험공사(FDIC), 연방준비제도이사회(FRB)가 파트너십 형식으로 운영하며 민간 투자자는 PPIF가 인수할 자산의 가치 평가를 담당합니다.

밈 주식(meme stock)

유행을 타게 된 주식을 말합니다. 사업 성과 등 기업 실적에 상관없이 개인 투자자 사이에 입소문을 타고 매수 주문이 몰리면서 주가가 급등하거나 급락하며 변동성이 커서 도박에 가까운 특성이 있습니다.

원래 **밈**은 리처드 도킨스는 저서 『이기적 유전자』에서 처음 사용된 말로 유전적 방법이 아닌 모방을 통해 전달되는 문화 요소를 말합니다. 문화적 유전자라고 부르기도 합니다. 이후 개인 투자자들이 반복적 모방 투자를 한다는 의미로 주식시장에서도 이 용어가 사용되고 있습니다. 미국의 비디오게임 소매업체인 게임스톱이 대표적인 밈 주식으로 꼽힙니다. 공매도 세력에 맞서 개인들이 게임스톱 주식을 끌어올린 사건이 밈 주식 열풍으로 번졌습니다.

리처드 도킨스

- 인기 주식은 빠르게 상승한다. 그러나 희망과 허공만이 높은 주가를 지탱해주기 때문에 상승할 때처럼 빠르게 떨어진다. 기민하게 처분하지 못하면 이익은 손실로 둔갑한다 .
- 다른 사람의 투자 방식을 그대로 복제한 것이 아니라면 어떤 투자 철학도 하루아침에 완성될 수 없다, 자신이 저지른 실수로부터 배워나가는 고통스런 방법이 가장 좋은 투자 방법이다.
- 시장에 역행하는 장사는 없다.
- 이익은 실현해야 이익이다, 줄 때 먹어라.
- 평생해야 하는 놀이가 주식이다, 주식을 즐겨라.
- 이익이 확실할 때만 움직여라 , 승산을 이해하고 유리할 때만 베팅하는 훈련을 해야한다.
- 은밀히 추천되는 주식들은 최면적 효과를 갖고 있어 그에 대한 이야기는 대게 감정적 호소력을 갖는다. 그래서 사람들은 그 열기에 도취해 사실 얻어질게 아무것도 없다는 것을 간파하지 못하게 된다.
- 투자자의 무기는 첫째도 경험이고, 둘째도 경험이다.
- 무엇이 옳고 그른지에 대한 자신만의 생각과 아이디어, 방향성을 가지고 있어야한다. 대중에 휩쓸려 감정적으로 행동하면 망한다.
- 대중의 히스테리에 파묻히지 않기 위해 훈련을 거듭해야하며, 냉정하다 못해 냉소적이어야 한다.
- 실패에 대한 진지한 분석만이 성공적인 투자자가 되는 유일한 방법이다.

바겐 헌팅(bargain hunting)

바겐 헌팅(bargain hunting)은 주가가 기업 가치에 비해 큰 폭으로 떨어져 있는 주식을 사는 매수 행위를 말합니다. 저가 매수 행위로써 **고수익ㆍ고위험** 투자 전략입니다.

바꿔타기(switching)

가지고 있는 주식을 처분하고 다른 종목의 주식을 매입하는 행위로서 **갈아타기**라고도 합니다. 또는 신용거래에서 공매한 주식을 기한이 되어 상환한 즉시 그 주식을 다시 매입한 경우도 **바꿔타기**라고 합니다.

바닥(bottom)

주가가 크게 내려서 매우 낮은 수준에 머물러 있는 것으로 천장과 반대되는 개념으로 그 가격을 **바닥시세**라고 합니다. 주가가 장기적으로 하락하고 있으면 끝없이 하락할 것 같은 느낌이 드는 것이 보통입니다. 그러나 주가는 한없이 내리는 것이 아니고 어느 수준까지 내리고 나면 주가 하락이 딱 멈추는 단계가 오는 것이 보통입니다. 주가가 떨어질 만큼 떨어지고 나면 약세시장에서 주식을 팔 사람은 모두 팔아버리고 그 수준 이하에서 주식을 팔 사람은 거의 없어지고 주가는 더 이상 떨어지지 않는 것입니다.

바이아웃펀드(buy-out fund)

차입이나 채권 발행을 통해 조달한 자금으로 기업을 인수한 후 기업 가치를 높인 뒤 되팔아 수익을 챙기는 것을 말합니다. 바이아웃 펀드는 바이아웃 자금으로 활용  되는 일종의 투자 펀드입니다. 소수의 고액 투자자로부터 조달한 자금을 바탕으로 인수 대상 기업의 지분이나 핵심 자산을 매수하여 경영권을 확보하고 구조조정 또는 지배구조개선 등을 통해 기업 가치를 높인 후 다시 기업의 지분과 자산을 매각하여 고수익을 올리는 펀드로 **사모 펀드**(PEF)의 핵심적인 펀드입니다.

박동룡(BORAMPRT)

카드에서 돈 대신 사용하는 칩으로 white chip(1달러)·red chip(5달러)·blue chip(10달러)중 가장 **비싼 칩**을 말합니다. 미국 증권업계의 펀드매니저 사이에서는 자산규모가 비교적 크고 수익성과 성장성을 겸비한 우량주를 의미하며 예를 들면 IBM·GE·DUPONT·BOEING 등이 있으며 보통 다우존스지수종목에 편입되어 있어 거래가 안정적이며 주가는 대개 고가이며 주가 또한 안정적이어서 펀드매니저들이 보수적인 투자자들에게 잘 권합니다. 우리나라 증시에서는 포철·삼성전자·삼성전관·아남산업·한전 등이 비교적 blue chip에 포함된다고 할 수 있습니다.

그랜빌에 의해서 창출된 기법으로 시장의 폭(the breadth of market)으로 불려집니다. 이 지표는 시중의 자금이 어느 정도 주식시장으로 유입되고 있는지, 아니면 유출되고 있는지를 판단할 수 있는 지표로서 시장의 세력 관계를 나타내는 일일 지표입니다. 등락주선은 매일의 주가 상승 종목과 하락 종목을 상황을 분석함으로써 앞으로의 주가를 예측하고자 하는 것입니다.

박스권(rectangle pattern)

박스권이란 주식시장에서 주가 흐름 또는 주가 지수가 일정한 가격 범위 안에서 오르고 내리기를 반

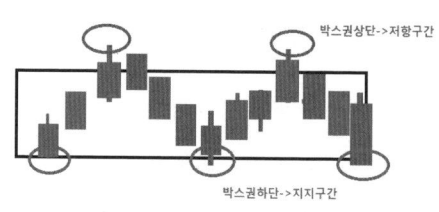

복하는 움직임을 나타낼 때 그 가격의 범위와 폭을 말합니다. 이는 주식 가격이 틀 안에 갇혀있어서 상승이나 하락이라는 뚜렷한 방향을 가지 않는 것을 뜻한다. 일정 기간 주가가 최고 고점과 최저 저점을 벗어나지 않는 상태에서 등락을 반복할 때 **박스권**에서 머무른다고 말합니다.

반기보고서(semi-annual report)

사업연도의 1/2, 즉 1년의 사업년도를 가진 상장회사가 그 절반인 6개월간의 경영 성과를 요약하여 공시하는 서류로서 좋은 투자 판단자료입니다.

반대매매(反對賣買 ; covering)

반대매매는 주식이나 선물·옵션 등을 미수나 신용거래 후 과도한 하락이나 상승이 발생했을 때 증권사가 고객의 동의 없이 임의로 처분하는 것을 말한다. 신용거래

를 위하여 빌린 자금이나 주식(대주)을 상환하기 위하여 융자에 의해 매입한 주식은 매도하고 대주를 판 경우에는 매입하여 차액을 주고받아 상환하는 것을 말합니다.

발틱 운임지수(BDI; Baltic Dry Index)

발틱해운거래소가 1985년부터 건화물시황 운임지수로 사용해 온 발탁 운임지수(BFI)를 대체한 종합운임지수를 말합니다. 벌크선이 주로 이용되어 **벌크운임지수**라고도 합니다. 1999년 11월 1일부터 발표하여 선물시장(Future Market)에서 사용하고 있습니다. 동

지수는 선형별로 대표 항로를 선정하고 각 항로별 톤마일 비중에 따라 가중치를 적용하여 1985년 1월 4일을 기준(1985년 1월 4일=1,000)으로 산정하며, 선형에 따라 Baltic  Capesize Index(BCI), Baltic Panamax Index(BPI), Baltic Handy Index(BHI) 등 별도의 선형별 지수로 구성되어 있습니다. 이 지표는 단순히 해운업 경기만을 나타내는 것이 아니라, 앞으로의 경제성장 및 세계 경기를 예측하는 선행지표의 기능도 가집니다.

발행 가격(issue price)

회사가 신주를 발행할 때 신주인수인에게 1주당 얼마를 받을지도 함께 정해집니다. 이 금액이 바로 발행가에요. 비상장회사의 경우 대부분 투자 과정에서 회사의 기업 가치와 투자금을 정하면 발행가가 정해집니다. 일반적으로 주식의 액면가를 말하며 발행가액이라고도 합니다. 왜냐하면 우리 증시는 과거 액면가 발행이 많았기 때문입니다. 그러나 최근엔 시가발행에 따른 공모 방법이 많이 쓰이고 있고 프리미엄부 시가발행이나 특별한 경우 액면가 이하의 발행도 있습니다.

발행 시장(issue market)

자금이 필요한 기업(발행자)이 주식을 발행하여 자금 공급자인 투자자에게 제공하면서 자금을 조달하는 일련의 과정을 발행 시장이라고 합니다. 발행 시장은 실제의 시장이 존재하지 않는 추상적인 시장으로서 **제1차 시장**이라고 합니다.

발회(the first session of the year)

1년 중 최초로 열리는 입회를 말하며 대개 **1월 4일**입니다.

배당기산일(record date of dividend pay-out)

각 주식에 대하여 배당금이 계산되는 최초의 일자를 말합니다. 구주의 경우에는 회계 연도 개시일이 배당기산일이 되나, 회계 연도의 중간에 신주발행이 있는 경우에는 주금 납입일이 배당기산일이 됩니다.

배당락(ex-dividend)

배당기준일이 지나 배당을 받을 수 없는 상태를 말합니다. 보통거래에서는 매매일 3일째 결제되므로 거래소는 사업연도 종료 하루 전 매매분부터 배당락 조치를 취하고 있습니다.

배당주 펀드

배당주 펀드는 펀드가 투자하는 종목에 대한 특징입니다. 일반적으로 배당성향(배당금총액/당기순이익), 배당수익률(주당배당금/주가)이 높은 종목에 투
자하는 펀드를 말합니다. 주가가 올라 예상 배당 수익률을 얻으면 차익실현을 하고 그렇지 않을 경우 배당 시점까지 주식을 보유해 배당금을 받습니다. 배당을 많이 주는 종목 대부분은 기업 가치가 뛰어난 우량주이기 때문에 연 6~7%의 배당수익에다 편입 종목의 주가 상승에 따른 시세차익도 노릴 수 있습니다.

배당 성향(payout ratio)

당기순이익 중 배당금으로 나가는 비율을 배당 성향이라고 합니다. **주당배당금÷주당순이익**으로 계산해 %로 나타내며 100%를 넘을 수도 있습니다. 국내 대기업집단
중에서는 주로 삼성·LG·GS가 배당 성향이 높고 롯데나 SK 등의 경우는 대체로 배당 성향이 낮습니다. 당기순이익 100억 원 중 배당금 20억 원이 지급됐다면 배당 성향은 20%가 됩니다.

배당주가지수(Korea Dividend Stock Price Index, KODI)

배당 실적이 우수한 기업을 구성 종목으로 한 주가지수를 말합니다. 배당을 통한 주주 중시 경영 기업

문화 확산을 유도하기 위해 도입하고 있습니다. 배당지수는 시가총액·거래대금 등에서 시장 대표성이 있고, 수익성(ROE)이 일정 수준 이상인 상장 기업 중에서 배당 실적이 높으면서도 안정적인 50개 기업으로 구성됐고 2001년 7월 2일을 1,000p로 하여 종합주가지수와 같이 시가총액 방식으로 산출하고 있습니다.

배당투자

결산일을 앞두고 예상 배당 수준에 따른 주식 매매에 임하는 것을 **배당투자**라 합니다. 과거의 지표를 보면 연말에는 주로 강세장이 연출되었음을 알 수 있습니다. 특히 상승 국면 초기에 강세 현상이 뚜렷하게 나타난 것으로 분석되고 있습니다. 또한 종목별로 볼 때 12월 결산법인 중 배당 가능성이 높은 종목에서 높은 주가 상승이 나타납니다. 이는 영업실적이 연말 강세장에서 어느 정도 윤곽이 잡힘에 따라 예상 배당 수준이 주가에 반영되기 때문인 것으로 생각됩니다.

배당할인모형(dividend discount model, DDM)

배당할인모형(Dividend Discount Model)은 기업의 미래 배당금을 현재 가치로 할인하여 기업의 내재가치를 평가하는 방법입니다. DDM은 기업의 주가가 미래에 받을 배당금의 현재 가치 합계와 같다는 가정에 기반합니다. 구체적으로는 미래의 현금 흐름인 배당을 「현금할인법」에 따라 현재 가격으로 환산하는 것인데 그 식은 다음과 같습니다.

> D = 다음번에 받을 배당
> r = 할인율(회사에서 요구하는 최소 수익률)
> g = 배당의 성장률
> P = 적정주식가격
>
> **적정주식가격** = $\dfrac{\text{다음번에 받을 배당}}{\text{할인율} - \text{배당성장률}}$
>
> P = D/(r−g)

배당을 지급하지 않을 경우 모디글리아니-밀러 정리를 응용하여 배당 대신 EPS를 사용할 수도 있습니다. 그러나 해당 정리가 통용되지 않는 정도에 비례하여 오차가 생길 것입니다. 또한 할인률/배당금 성장률이 변동하는 경우 단계적 배당할인모형을 사용할 수 있습니다.

> 예를 들어 지금의 배당금이 500원인데 추후 2년간은 할인률이 8%이고 성장률이 10%이며, 그 이후에는 할인율 5%에 성장률 3%라고 할 때. 그러면 해당 주식의 적정가격
> P=500*(1+0.10)/(1+0.08)+500*((1+0.10)^2)/((1+0.08)^2)+(500*(1+0.10)^2)/(0.05-0.03) = 31277.9492455원이 된다.

배당할인모형의 큰 약점은 산출되는 적정주식가격이 (r-g) 값에 지나치게 민감하고, 또 해당 수치(r 그리고 g)를 정확하게 예상하기 어렵다는 점입니다.

백기사(white knight)

특정 기업을 대상으로 적대적 인수합병 시도가 발생했을 때 그 기업 경영진의 경영권 방어에 우호적인 사람 혹은 그런 세력을 일컫는 말입니다. 적대 세력의 공격을 차단해 주는 역할을 합니다. 물론 경영권을 탈취하려는 자는 **흑기사**라고 합니다. 2003년 외국계 자본인 소버린이 SK 지분 15%를 보유하고 경영권을 인수하려고 하자, 신한·하나·산업은행이 SK의 백기사 역할을 해 적대적 M&A를 막은 것이 대표적 사례입니다. 백기사는 목표기업을 인수하거나 공격을 차단해 줍니다. 반대로 적대적인 공개매수를 취하는 측을 기업 사냥꾼을 **레이더스**(raiders)라고 합니다. 백기사는 위기에 처한 경제주체를 구할 **구원투수**라는 의미로도 종종 쓰입니다. 예를 들면 국채 발행을 통해 7천억 달러의 구제금융 재원을 마련하기

로 한 미국을 위해 중국이 미 국채를 매입하는 방식으로 백기사 역할을 했습니다.

버냉키 쇼크(Bernanke shock)

미 연방준비제도이사회(FRB) 벤 버냉키 의장의 말에 의해 **세계 증시가 약세**를 보이는 것을 말합니다. 2013년 6월 19일 버냉키 의장이 기자회견을 통해 그동안 극단적인 통화 팽창 정책을 거둬들이겠다고 말하자 28개 신흥 국가의 증시를 반영

버냉키

하는 MCSI(모건스탠리캐피털인터내셔널) 신흥국 지수가 이틀 만에 4.04%나 **빠졌으며** 시가총액으로 환산하면 2,009억 달러(약 335조 원) 규모였습니다. 버냉키 의장의 발언이 미국의 통화 정책 방향을 시사하는 만큼, 세계 증시는 버냉키 의장의 말에 따라 급락을 반복했습니다. 신흥국 증시의 이번 폭락은 미국이 돈 풀기를 중단하고 회수에 나서면 신흥국의 주가가 떨어지고 금리와 환율이 치솟을 것으로 예상되기 때문이다. 미국은 2008년 리먼브라더스 사태 때 무제한 자금을 공급하며, 정책금리를 제로로 끌어내렸으나 자금이 돌지 않자 돈을 찍어서 채권을 사들이는 극단적인 통화 팽창정책을 동원했습니다. 버냉키 의장이 금리 인상을 중단할 것을 시사하는 발언을 하면 전 세계의 주가가 급등하는 현상을 **버냉키 랠리**라 합니다, 버냉키 의장이 금리 인상을 시사하는 발언을 하면 전 세계의 주가가 급락하는 현상을 **버냉키 쇼크**라 합니다.

버냉키 풋(Bernanke put)

풋(Put)은 미래의 특정 시점에 정해진 가격에 주식 등을 팔 수 있는 권리를 말합니다. 버냉키 풋이란 버냉키 FRB 의장이 서브프라임 사태 등으로 인해 어려움에 처한 투자자들을 구제할 것이라는 의미로 사용되었습니다. 이는 과거 시장이 동요할 때마다 금리를 인하하여 시장을 안정시켰던 앨런 그린스펀 전 FRB의장의 **그린스펀 풋**을 빗대어 만든 것입니다.

버핏 지수(Buffett Indicator)

버핏 지수는 한 국가의 국내총생산(GDP) 대비 시가총액의 비율을 말합니다. 주식 시장의 규모가 경제 규모에 비해 얼마나 큰지 볼 수 있습니다. **오마하의 현인**으로 불리는 워런 버핏 버크셔 해서웨이 회장이 특정 시점의 주식 가치가 적정한지를 따지는 가장 좋은 지표라고 밝히면서 **버핏 지수**로 불립니다. 이 지수가 7~8%면 저평가된 증시로, 100% 이상이면 거품이 낀 것으로 봅니다.

번한지표

주가가 상승 추세에서 마지막 단계인 천정권으로 진입하게 되면 거래량이 급격히 증가하는 활황 국면을 맞게 되며, 또 하락추세에서 주가가 바닥에 가까워지면 거래량이 급속히 감소하는 침체 현상을 보이는 것이 보통입니다. 이처럼 주가 흐름의 각 국면에서는 시장의 번한도繁閑度가 다르기 때문에 이것에 따라 현재의 주가 수준이 어느 위치에 있는가를 파악하자는 것입니다. 일반적으로 15%는 보통, 5% 수준은 바닥, 30% 이상은 과열로 봅니다.

벌처 캐피털(vulture capital)

파산한 기업이나 경영이 부실한 기업을 기반으로 단기간에 고수익을 창출하는 자금을 말합니다. 이것은 벌처 펀드로 얻는 자금으로 파산한 기업 또는 경영이 부실한 기업 등을 낮은 가격에 인수해 경영을 정상화시킨 뒤 매각해 단기간에 높은 수익을 올리는 자금을 말합니다. 여기서 벌처(vulture)란 **대머리 독수리**라는 뜻으로 시체나 썩은 고기를 먹고 사는 습성에 비유한 것입니다.

벌처 펀드(vulture fund)

부실한 자산을 싼값으로 사서 경제 여건이 좋아지면 비싼 값에 되팔아 차익을 내는 기금이나 회사를 말합니다. 벌처 펀드는 파산한 기업이나 자금난에 부딪쳐 경영 위기에 처한

기업을 싼값에 인수하여 경영을 정상화시킨 후 비싼 값으로 되팔아 단기간에 고수익을 올리는 자금으로, 고위험·고수익을 특징으로 합니다. 고수익을 지향하는 헤지펀드나 투자신탁회사와 투자은행 등이 설립·운용하고 있으며, 영업 형태도 직접 경영권을 인수하여 회생시킨 후에 되파는 방법과 부실기업의 주식 또는 채권에 투자하여 주주로서 권리행사를 통해 간접 참여하는 방법과 부동산 등 자산만을 인수하여 되파는 방법 등이 있습니다. 한국에서는 「산업발전법」에 따라 자본금 규모 30억 원 이상으로 산업자원부에 등록하면 설립할 수 있습니다.

베어마켓(bear market), 불마켓(bull market)

주가를 비롯한 자산 가격이 하락하고 있거나 하락할 것으로 예상되는 약세장을 뜻합니다. 그 반대의 경우를 bull(bullish) market이라고 합니다. 이러한 약세장 상황에서 주가가 오르기 시작하면 **베어마켓 랠리**라 부릅니다. 피터 린치는 이 말이 이해가 안 된다며 **떼로 몰려다니며 자살하는 쥐**라는 루머를 가진 나그네쥐에 빗대어 레밍 마켓이라고 하는게 더 맞지 않느냐라고 주장했습니다.

베어 허그

매수자가 매수를 목표로 삼은 기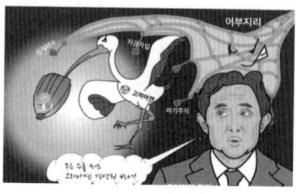
업의 이사들에게 급작스럽게 매
수를 제의하는 편지를 보내고 빠
르게 의사를 결정할 것을 요구하
는 공개매수 전략입니다. 매수자는 목표한 기업의 이사들이 매수
를 반대할 수 없도록 매수 가격과 조건 등을 제시하기 때문에 만약
이사들이 매수를 반대할 경우 주주들의 저항에 부딪히게 됩니다.

베타(β)계수

개별증권(또는 포트폴리오)의 수익이 증권시장 전체의 움직임에 대해
서 얼마나 민감하게 반응하여 변동하는가를 나타내는 수치로서
현대 포트폴리오 이론에 자주 이용됩니다. 통상 시장 포트폴리오
의 β 를 1이라고 하면 β >1일 때 시장 평균보다 그 증권의 위험 및
기대수익률이 크고, 반대로 β <1일 때는 위험 과 기대수익률도 적
어집니다.

벤처 캐피털(venture capital)

기술력과 발전 가능성이 큼에도 불구하고 자본과 경영 기반이 취
약한 벤처 기업을 대상으로 전문적인 투자를 하는 창업 투자 회사

를 말합니다. 보통 투자조합을 결성하여 재원을 마련한 후 벤처 기업에 창업 자본을 제공합니다. 새로운 기술과 연구를 통하여 신제품을 개발하고 새로 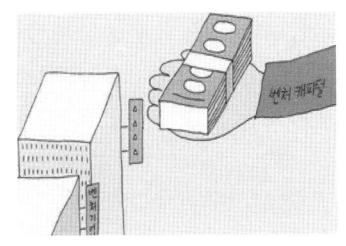 운 기업을 창립하는 데 필요한 자금을 투자나 융자의 형태로 지원하고 그 기업이 성공하면 투자 자금을 회수하여 높은 수익을 올리는 만큼 위험 부담도 큰 것이 특징입니다.

변동성(volatility)

변동성(volatility)은 금융에서 시간에 따른 일련의 거래 가격의 변동 정도이며, 대개는 로그 수익률의 표준편차로 측정합니다. 약자인 시그마로 표시합니다.

역사적 변동성은 과거 시장가격의 시계열을 측정하는 것이다. 내재 변동성은 시장에서 거래된 파생상품(특히 옵션)의 시장가격을 가지고 예측하는 것입니다. 움직이는(변동하는) 성질을 뜻합니다. 주식시장 등 자산시장에서는 상품의 가격이 변동하는 정도를 말하며, 주식이나 채권·통화 등의 시세가 비교적 일정한 방향성을 유지하면서 완만하게 움직이다가 갑자기 급등락할 경우 변동성이 확대됐다는 표현을 사용합니다.

역사적 변동성은 기초 자산의 과거 가격데이터를 이용해서 계산합니다. 내재적 변동성은 블랙-숄즈 모형에서 산출된 옵션가격을 이용해서 변동성을 구하는 것입니다.

변동성지수(volatility index, VIX)

시카고선물옵션거래소(CBOE)에서 거래되는 스탠더드앤드푸어스(S&P) 500지수가 향후 30일간 얼마나 움직일지에 대한  시장의 예상치를 나타내는 지수를 말합니다. 주식시장이 급락하거나 불안할수록 수치가 올라 **공포지수**(fear index)라고도 합니다. 즉, VIX지수가 클수록 시장에 대한 불안감이 크다는 뜻입니다. 하지만 반대로 이 수치가 낮으면 해당 주식시장에서의 기업 가치 및 주가 수익률의 변동성이 저조하다는 의미로 통합니다. VIX에 맞춰 유럽선물거래소(EUREX)는 VDAX, VSTOXX 등을 개발해 지수선물 등으로 상장했습니다. 한국에서도 2009년 4월부터 같은 성격의 VKOSPI를 산출, 발표했습니다. CBOE는 발생 가능성이 극도로 낮은 9·11테러 같은 일의 가능성을 측정하는 블랙스완 지수를 도입하기도 했습니다.

    VIX는 S&P500지수 옵션의 체결가가 아니라 매수 호가와 매도 호가의 중간 가격을 기준으로 산출됩니다. 호가를 반영하기 때문에 실제 거래를 요구하지 않습니다. 이 때문에 VIX 선물 결제일을 앞두고 며칠간 극단적 호가가 등장하는 등 VIX 조작하기 위한 움직임이 있다는 지적도 나오곤 합니다.

병합상장(consolidated listing)

시장에 나온 신주는 결산일 다음 날부터는 구주와 같아지게 됩니다. 이와 같이 신주의 권리 내용이 구주와 같아지는 것을 신주가 구주에 병합된다고 말합니다. 상장회사는 신주와 구주의 권리 내용이 같아지는 회사의 첫 결산일 다음 날 이를 병합하여 한 종목으로 상장하게 되는 것입니다.

보전매도

보유하고 있는 주식의 가격이 하락할 조짐을 보일 때 신용거래를 통하여 같은 종목이나 유사 종목을 공매도 함으로써 보유 주식의 가격 하락에 따른 손해를 공매도한 주식의 이익으로 보전한다 해서 나온 말입니다.

보통거래(regular way transaction)

매매계약이 체결된 날로부터 3일째 되는 날 현금과 증권을 주고받는 매매거래 방법을 말합니다. 우리나라는 1971년부터 이 제도가 시행되고 있는데 이와 같이 계약일과 결제일 사이에 간격을 두는 것은 결제 자금이나 넘겨줄 증권의 준비와 이에 따르는 사무처리에 시간을 주기 위해서입니다.

보통주(ordinary shares)

회사가 수종의 주식을 발행하고 있는 경우에 그 표준이 되는 주식을 말합니다. 즉, 우선주·후배주後配株· 혼합주 등과 같은 특별주식에 대립되는 일반적인 주식을 말하며 주식의 일반적인 성격을 지니고 각 주식은 평등의 권리 내용을 가집니다. 일반적으로 주식이라 할 때는 **보통주**를 말하며 회사가 단일 종류의 주식만을 발행하는 경우에는 특별히 이 명칭을 붙일 필요는 없습니다. 주주 평등의 원칙에 의해 현재 발행되는 한국의 주식은 대부분이 보통주입니다. 그러나 이 주식은 사업 부진 때는 배당을 받지 못하게 되고, 반대로 사업이 호전되면 고율의 배당을 받을 수 있어 투기적인 색채가 진한 주식이라 할 수 있습니다.

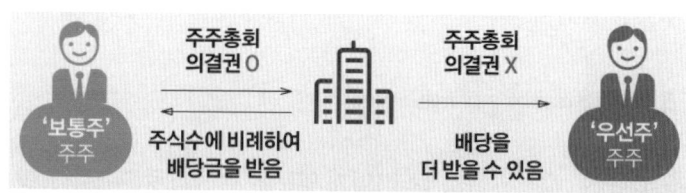

보합

주식시장의 주가 변동은 강세·약세·보합 등으로 표현되는데 전일 대비 주가 변동이 없거나 미미하면 보합이라 합니다. 보합은 다시 강보합과
약보합으로 나뉘는데, 이는 보합의 정도가 강하고 약하다는 뜻이 아니라, 강세와 약세 중 어느 한쪽으로 기울어진 보합이라는 뜻으로 이 두 개념은 상대적인 개념입니다.

강보합은 강세 쪽으로 기울어진 보합이라고 보면 되는데 시세가 소폭 상승하였거나 당장은 변동이 없더라도 매수세가 뒷받침되는 등의 이유로 상승할 가능성이 있는 장세를 말한다. 물론 약보합은 그 반대입니다.

보통 1% 정도 소폭 상승하면 강보합, 1% 정도 소폭 하락하면 약보합이라 하나 명확한 수치적 기준은 정해진 것이 없습니다.

본드런(bond run)

투자자들이 앞다퉈 본드(채권)를 판다는 말입니다. 갑작스러운 대규모 예금 인출 사태를 뜻하는 **뱅크런**(Bank Run), 펀드의 대규모 환매를 의미하는 **펀드런**(Fund Run)을 본뜬 말입니다. 모두 다 금융위기와 관련이 있으며 헤지펀드 대부로 꼽히는 소로스는 2011년 11월 22일 "유럽 리더들은 유로화로 발행한 국채들이 여전히 안전한 줄

알지만 유로존(유로화 사용 17개국) 채권시장은 2008년과 비슷한 상황이라는 점을 깨달아야 한다."며 본드런이란 용어를 사용했습니다. 본드런은 뱅크런이나 펀드런과 마찬가지로 투자자들의 신뢰와 믿음이 깨졌기 때문에 발생합니다. 뱅크런이나 펀드런은 예금이나 돈을 맡긴 은행과 증권사가 부실해져서 내가 맡긴 돈을 되찾지 못할 것이란 공포가 커질 때 나타납니다. 때론 한두 대형 금융회사의 부실이 금융시스템에 대한 전반적 불신으로 확대돼 뱅크런을 초래하기도 합니다. 본드런도 채권을 산 투자자들이 해당 채권을 발행한 국가나 기업이 부실해져 망할 가능성이 크다는 공포가 커질 때 **묻지마 팔자**에 나섬으로써 발생합니다.

부동주(floating stock)

단기 시세 차익을 노리는 투자자들의 매매거래 때문에 매매유통되는 회수가 빈번한 주식을 말합니다. 일반적으로 부동주는 대형주에 많고 소형주엔 적은 것으로 알려져 있습니다. 둥둥 떠다니는 주식이라고도 합니다.

부분전환사채(partial convertible)

채권으로 발행되었으나 일정 기간이 지나면 주식으로 전환되는 전환사채의 일종이지만 전환되는 액수가 액면 금액의 전부가 아니라 일부만 주식으로 전환될 수 있는 권리를 가진 사채를 말합니다.

부자 시세

주가의 인기가 고가권에서 일어남으로써 자금력이 적은 소액 투자자들이 선뜻 나서기 어려운 시세를 말합니다.

분산투자(diversified investment)

투자금을 여러 자산에 나누어 투자하는 방법으로 하나의 자산에 중점적으로 투자하는 집중투자와는 대비되는 개념입니다. 투자 자
금이 어느 한 종목에 집중되었을 경우의 위험을 줄이기 위하여 2종목 이상의 주식에 나누어 투자함으로써 위험을 피하기 위한 방법입니다. 잘 분산된 포트폴리오는 개별투자상품의 리스크(비체계적 위험, Idiosyncratic Risk)는 0에 수렴하게 되고 오직 시장 위험(Systematic Risk)만 남게 됩니다. 크게 국가별·업종별·상품별·기업별 분산투자로 나눌 수가 있다.

주식투자의 성인으로 불리는 사람들이 높은 투자수익을 위해서는 집중투자가 필요하다고 말하는 경우가 많습니다. 그러나 이들은 철저한 분석과 방대한 정보 인맥망으로 확실한 상품 여럿에 집중적으로 분산투자를 하는 것입니다. 반대로 이런 분석력과 정보력이 없는 사람은 매우 높은 확률로 망한다는 의미이기도 합니다.

일반 개인 투자자들이 주식투자에 실패하는 중요한 원인 중 하나는 분산투자를 지키지 않아서라고 합니다. 한국예탁결제원과 삼성증권에 따르면 장기 투자를 하는 개인 투자자들도 꽤 많고 간접 투자를 하는 개인 투자자들도 상당히 많지만 개인 투자자들은 평균적으로 한 두 종목에 올인하는 사생결단식의 투자를 하고 있다고 합니다. 1종목만 가진 투자자가 전체의 44%, 2종목을 보유한 투자자가 전체의 20%, 3종목을 보유한 투자자가 전체의 11%로 비체계적 위험(개별 종목 리스크)을 제거할 수 있다고 알려진 20종목 이상을 보유한 투자자는 거의 없는 것으로 나타났습니다.

분할 매수 전략 펀드

정해진 조건에 따라 주식 매수 시점을 선택해 펀드 내의 주식 비중을 조절하는 펀드를 말합니다. 대개 주가가 하락하면 주식을 더 많이 사고 주가가 상승하면 주식을 조금 사거나 팔아서 평균 매입 단가를 낮춰 수익률을 극대화합니다. 주식시장이 방향성을 갖기보다 등락을 반복하는 불안한 모습을 보일 때 유용한 투자 방법입니다.

불건전 매매주문

불공정한 거래를 통해 차익을 얻기 위한 주식 거래 주문을 말합니다. 허수성 매매주문·통정-가장성 매매주문·예상가 관여·특정 종목 집중주문·종가 관여 과대 주문·분할 주문 등으로 나눠집니다.

불건전 주문 예방조치

주식 매수매도 주문 시 향후 불공정거래로 발전할 징후가 있는 허수성호가·통정·가장매매·시세 관여 등 불건전 주문에 대해 해당 위탁자에게 재발 방지를 위한 단계적 조치를 말합니다.

1단계 유선경고, 2단계 서면경고, 3단계 수탁거부예고, 4단계 수탁 거부의 과정을 거치게 됩니다.

불공정거래

증시에서 공정하지 못한 방법으로 얻은 정보를 이용하거나 다른 사람을 속이는 등 시장 메커니즘에 반하는 방법으로 이득을 취하는 것을 말합니다. 불공정거래는 유형에 따라 시세조종·미공개정보 이용·부정거래행위·단기매매차익거래·주식소유 및 대량보유 보고 위반 등으로 나눠집니다.

불과 베어(bull & bear)

미국 주식시장에서 주식의 상승 국면과 하락 국면을 말합니다.

황소(bull)는 상승 국면을, **곰**(bear)은 하락 국면을 말합니다. **불**(bull)은 전반적인 시장보다는 특정한 주식과 관련하여 그 주식의  가격 및 시장에서의 주가가 상승하고 있다고 판단하고 행동하는 투자자를 말하며 **베어**(bear)는 환시세나 시장에서의 주가가 하락하고 있다고 판단하거나 하락할 것이라고 예상하고 행동하는 투자자를 말합니다. 일반적으로 증권의 가격이 상승하고 있는 시장을 **불 마켓**(bull market)이라 하고 증권의 가격이 하락하거나 하락할 것이라 예상되는 시장을 **베어 마켓**(bear market)이라 합니다.

불독 본드(bulldog bond)

영국의 런던 증권시장에서 비거주자에 의해 발행되는 파운드화 표시 외채를 지칭하는 것으로 미국의 **양키본드**, 일본의 **사무라이본드**와 함께 국제금융  시장에서 거래되는 대표적인 국제채권입니다.

 1979년 10월 영국이 외환관리 규제를 철폐한 후 1980년 7월에 덴마크 정부가 런던시장에서 최초로 7천5백만 파운드를 발행하였습니다. 불독 본드의 가격은 일반적으로 유사한 영국 국채에 프리미엄이 붙어서 결정되고 있지만 공모나 사모 모두 런던증권거래소에 상장됩니다. 국제채권은 발행 지역에 따라 비거주자가 역외에서 발행하는 채권과 채권표시 통화국의 국내법에 따라 국내에서 비거주자가 발행하는 채권으로 나누어집니다.

불완전판매

펀드를 비롯한 금융상품의 기본 구조·자금 운용·원금 손실 여부 등 주요 내용에 대해 판매자(금융회사) 쪽에서 고객에게 충분히 설명하지 않고 판매한 경우를 말합니다. 펀드의 경우 투자 원금 또는 수익률을 보장하는 행위·사실에 근거하지 않은 판단 자료·출처를 제시하지 않은 예측 자료를 투자자에게 제시하거나 펀드의 가치에 중대한 부정적 영향을 미치는 사항을 알고도 미리 투자자에게 알리지 않고 판매하는 행위 등이 이에 해당됩니다.

불완전판매 위험지수

불완전판매 위험지수는 불완전판매 위험 요소를 판매회사·금융투자 상품·투자자·판매 방법 등 11개 기준으로 세분화해 점수화한 것으로 금융감독원이 개발했습니다.

금융감독원은 이 지수를 활용해 약 200만 개의 개인 투자자 계좌를 분석하고 있습니다. 예컨대, 고위험 투자상품을 살 수 없는 투자자 등급인데도 해당 상품을 구입한 계좌가 발견되면 "해당 투자자가 증권사로부터 충분히 설명을 들었는지" "투자부적합 확인서를 제대로 작성했는지" 등을 점검합니다.

불효 시세

구주와 신주가 함께 유통되고 있는 경우와 어떤 특별한 경우에 구주보다 신주의 가격이 높게 형성될 때가 있습니다. 신주는 구주보다 배당 기간 관계로 배당금이 적습니다. 그래서 가격도 낮게 형성되는 것이 보통입니다. 이런 정상의 관계를 무시하고 신주의 가격이 더 높게 형성될 때 **불효 시세**라고 합니다.

보장형 수익증권

1990년 9월 증시의 장기 하락 국면을 타개하기 위해 개발된 3년 만기 금융상품으로 투자신탁회사들만 취급하도록 되어 있습니다. 투신사들은 이 수익증권을 팔아 모은 돈(보장형 펀드)으로 주식 등에 투자해 운용 실적이 공금리(은행 1년만기 정기예금 복리수익률)에 못미칠 때는 자기 돈을 헐어서라도 고객들에게는 공금리선까지의 수익을 보장해 주며 공금리보다 많이 남았을 때는 운용실적대로 배당합니다.

보합세

가격이 거의 변동 없이 그대로 유지되는 시세를 말합니다. 주식시장이나 물가지수 등에 보합세라는 용어가 사용되는데 이는 가격의 급등락이 작은 것을 말합니다.

본선인도가격(FOB; free on board)

송장 가격이 특정한 시점과 그 이상까지 판매자의 비용으로 한 운반을 포함한다는 의미의 운송을 말합니다. 본선 적재 가격이라고도 합니다. 무역상의 거래조건의 하나로서 CIF와 더불어 가장 많이 사용되고 있습니다. 구매자가 미국의 뉴어크에 있는 판매자의 창고로부터 구매자의 인수 시점까지 상품을 운송하는 데 따르는 모든 위험과 다른 비용을 부담합니다. 소유권은 일반적으로 선하증권 방법에 의해 FOB 시점에 판매자에서 구매자로 이전됩니다.

볼륨레이쇼(volume ratio)

누적 차수를 계산하는 기준일에 따라 수치에 큰 차이가 발생하는 OBV의 결점을 보완하기 위해 누적 차수가 아닌 비율로 분석해 만든 것입니다. 이것은 보통 과거 입회일 25일간의 주가 상승일 거래량 합계를 주가 하락일 거래량 합계로 나누어서 구합니다. 대개 주가가 강세일 경우 상승하는 날의 거래량은 하락하는 날의 거래량보다 많습니다. 약세장일 경우 하락일의 거래량 합계가 상승일의 거래량 합계보다 더욱 많습니다. 과거의 검증으로 보면 150%가 보통, 70% 이하가 바닥, 450%를 넘어서면 경계신호가 되는 것으로 봅니다.

브릭스 펀드(BRICs Fund)

높은 성장세를 보이고 있는 브릭스 국가(브라질·러시아·인도·중국)의 주식이나 채권에 집중적으로 투자하는 펀드를 말합니다. 2003년에 등장했고 한국에서도 2004년 초부터 판매되기 시작하였습니다. 그러나 2015년 10월 브릭스 투자 붐을 일으킨 '원조' 골드만삭스자산운용은 브릭스펀드 간판을 내렸습니다. 골드만삭스 브릭스펀드는 마지막 거래일인 2015년 10월 23일 기준으로 5년간 21% 손실을 기록했습니다. 이는 예상과 다른 브릭스 국가들의 저조한 경제성적과 향후 전망 때문으로 이에 따라 "브릭스 시대는 끝났다."는 평가도 나옵니다.

블라인드 펀드(blind fund)

투자 대상을 정하지 않은 상태에서 자금을 먼저 모으고 이후 투자처를 찾아 투자하는 방식의 펀드를 말합니다. 즉 선 모집, 후 투자 방식의 펀드를 말합니다. 대략적인 자금 운용 계획만 짜놓을 뿐 구체적으로 어떤 상품에 어느 정도의 자금을 투입할지는 투자자는 물론 펀드운용사도 미리 알지 못합니다. 블라인드펀드의 투자 대상은 주식과 채권뿐 아니라 부동산과 실물까지 포함되는데, 대표적인 블라인드펀드로는 사모 펀드(PEF)와 부동산투자펀드를 꼽을 수 있습니다. 사모 펀드의 경우 M&A의 대상이 되는 기업을 미리 정하지 않은 상태에서 자금을 모은 뒤 적당한 인수 대상 기업이 나타나면 투자에 나서는 방식을 취합니다. 부동산투자펀드의 경우 언제든 매매할 수 있는 주식과 달리 부동산은 언제 어디에서 좋은 투자 대상이 나올지 예측하기 어려우므로 자금을 모집한 뒤 매물이 나오면 투자에 나섭니다.

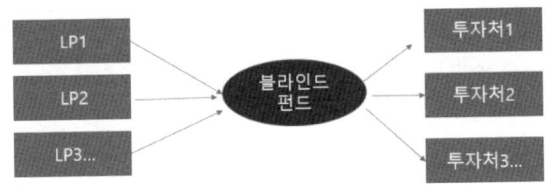

블랙 먼데이(black monday)

1987년 10월19일(한국은 10월 20일) 뉴욕 다우존스 평균 주가가 사상 최대의 낙차(23%)로 곤두박질해 전 세계를 경악시킨 사건을 말합니다. 그날

이 **월요일**이었기 때문에 **블랙** 먼데이라는 이름이 붙었습니다. 대폭

락의 원인으로는 무역적자·경제환경의 변화·세제 개혁안·과도하게 오른 주가에 대한 투자자들의 불안 심리가 크게 작용한 것으로 분석됐습니다.

블랙 칩(black chip)

탄광이나 석유 등과 관련된 종목을 말합니다. 석탄이나 금광을 개발하는 종목 또는 석유를 원자재로 쓰거나 탐사하는 업체가 블랙 칩에 해당되며 에너지와 관련된 종목들을 통칭하기도 합니다.

블루 칩(blue chip)

오랫동안 안정적인 이익을 창출하고 배당을 지급해 온 수익성과 재무 구조가 건전한 기업의 주식으로 대형 우량주를 말합니다. 주가 수준에 따라 **고가 우량주·중견 우량주·품귀 우량주** 등으로 표현합니다. 이 말은 카지노에서 포커 게임에 돈 대신 쓰이는 하양·빨강·파랑 세 종류 칩 가운데 가장 가치가 높은 것이 블루칩인 것에서 유래되었습니다. 또 미국에서 황소 품평회를 할 때 우량 등급으로 판정된 소에게 파란 천을 둘러 주는 관습에서 비롯됐다는 설도 있습니다. 월스트리트에서 강세장을 상징하는 심벌이 황소이기 때문입니다. 블루칩은 우량주의 기준이 명확히 정해진 것은 아니지만 일반적으로 시가총액이 크고, 성장성·수익성·안정성이 뛰어날 뿐 아니라 각 업종을 대표하는 회사의 주식을 말합니다. 블루칩은 외국인 투자자나 국내 기관투자자가 특히 선호하는 종목으로 대부분 주가도 높습니다. 시장에 유통되는 주식 수가 많고, 경기가 회복될 때는 시장 지배력을 바탕으로 수익 개선 폭이 크기 때문에 기관투자자의 집중 매수 대상이 됩니다. 미국에선 AT&T · GM · IBM 등이며 한국에선 포스코 · 삼성전자 등 초우량기업의 주식을 **블루칩**이라 할 수 있습니다.

블록 딜(Block Deal)

증권시장에서 기관 또는 큰손들의 대량매매를 의미합니다. 일반적으로 매도자나 매수자가 원하는 주식을 시장에서 대량으로 거래할 경우, 해당 주식의 시장가격은 급등락할 수 있습니다. 따라서 주식을 대량으로 보유한 주주와 매수자는 시장가격에 영향이 없도록 시간외 매매를 통하여 거래합니다.

블록 세일(block sale)

가격과 물량을 미리 정해놓고 특정 주체에게 일정 지분을 묶어 일괄 매각하는 기법을 말합니다. **블록 딜**(Block Deal)이라고도 하며 우리말로는 **일괄매각**이라고 한다. 주식시장에서 대량의 지분을 매각할 경우 가격변동과 물량 부담에 따른 불확실성이 생길 수 있습니다. 블록 세일은 이러한 부담을 줄이려 할 때 이용되는 매각 방식으로 정규 매매 거래시간 이전과 이후의 시간외거래나 장외 거래로 이루어집니다. 우리나라에서는 대개 정부가 가지고 있는 은행 지분을 처리하는 방식에 많이 이용합니다.

비차익 거래

비차익거래는 지수선물과는 무관하게 현물 시장에서 코스피 종목 가운데 15개 이상 종목을 묶어서 동시에 매매하는 **바스켓** 거래를 말합니다. 비차익거래는 선물, 옵션과 연계한 베이시스(선물가격과 현물가격의 차이)의 움직임에 따라 매매가 이뤄지는 차익거래와 달리 시장 전망에 의거해 주식을 사고파는 것을 말합니다.

비체계적 위험(unsystematic risk)

파업·경영실패·신제품 발명·소비자 기호의 변화·소송 등과 같이 전체적인 경기 동향과는 관계없이 하나 또는 몇 개의 기업에 개별적으로 영향을 주는 위험 요인을 말합니다. 이와 반대로 산업 전체의 활동 수준이나 증권시장 상태에 영향을 주는 요인을 체계적 위험이라고 합니다.

빅맥 지수(Big Mac index)

전 세계 각국에서 판매되는 맥도날드 빅맥 햄버거의 가격을 미국에서의 달러 가격과 같게 만들어주는 환율을 말합니다. 영국의 경제전문지『이코노미스트』가 분기마다 1번씩 발표하는 지수로 미국 맥도널드사의 햄버거 제품인 빅

맥을 기준으로 하기 때문에 이런 이름이 붙었습니다. 세계적으로 품질·크기·재료가 표준화되어 있어 어느 곳에서나 값이 거의 일정한 빅맥 가격을 기준으로 비교할 경우 각국의 통화가치가 어느 정도인지 알 수 있다는 말입니다.

빅뱅(Big Bang)

1986년 10월에 런던증권시장은 증권매매·위탁수수료의 자유화와 증권업자의 재편성 등 큰 변화가 있었는데 이를 빅뱅이라 합니다. 주요 내용으로는 증권거래소 제도의 자유경쟁 시스템으로의 전환, Broker 및 Dealer의 탄생, 국내외 금융기관들의 증권시장 참여를 통한 금융 Conglomerate(집단, 집괴)의 성장환경정비, 증권 거래형태의 변화 등 규제를 말합니다. 감독체제의 정비입니다.

MEMO

- 사람들이 부동산에서 돈을 벌고 주식에선 돈을 잃는 이유가 있다. 그들은 집은 선택하는 데는 몇 달을 투자하지만 주식선정은 수 분 안에 해버린다.
- 사람들은 누구나 주식으로 돈을 벌 지식을 가지고 있다. 하지만 모두가 그만한 담력을 갖고 있지는 않다. 당신이 패닉에 빠져 모든 것을 팔아버리는 사람이라면, 주식과 뮤추얼펀드 모두 손대지 말아야 한다
- 대다수의 사람들이 주식을 거들떠보지 않을 때가 비로소 주식을 사야 할 때이고, 반대로 사람들이 주식을 최고의 화제로 올리는 순간이 주식을 팔아야 할 때다. 다시 말해 다수의 사람들이 움직이는 방향으로 가서는 성공할 수 없다는 것이다

사모전환사채(privately placed CB)

공모를 거치지 않고 특정한 제3자에게 배정하는 방식으로 발행되는 **전환사채**(CB)를 말합니다. 일반적으로 CB는 채권과 주식의 성격을 동시에 갖고 있기 때문에 전환가격이나 전환청구기간 등이 정
해져 있습니다. 통상 '전환가격은 기준 주가의 100% 이상, 전환청구기간은 발행 후 3개월 경과 후' 등으로 규정돼 있습니다. 그러나 사모 방식은 대주주로부터 직접자금을 조달하거나 제3자배정 방식으로 발행하기 때문에 이런 조건을 지키지 않고 발행합니다. 발행 후 곧바로 주식으로 전환하기도 했고 전환가격 또한 인수자와 발행기업이 직접 협의를 통해 정했습니다. 따라서 적대적 기업인수·합병(M&A)으로부터 경영권을 방어하기 위해 대주주가 사모CB를 과도하게 발행하는 등 부작용이 나타나기도 했습니다.

사모해외전환사채 기업이 해외에서 기관투자가나 특정개인에 대해 개별적 접촉을 통해 매각하는 전환사채입니다. 불특정 다수인을 대상으로 발행하는 공모전환사채에 비해 발행시간과 비용이 절약되고 기업내용 공개를 피할 수 있다는 면에서 기업들이 선호하고 있습니다. 인수자 입장에서는 전환사채를 매입하는 만큼 발행기업의 주식을 인수하는 효과가 있기 때문에 지분매각이나 기업인수·합병 등에 주로 이용되기도 합니다.

사모 크레디트

사모 크레디트 전략은 기업의 주식(equity)에 투자하는 사모 펀드(PEF)와 달리 **부채**(debt)에 투자하는 것을 말합니다.

투자 기업이 부도가 날 경우 주식보다 우선 돈을 돌려받을 수 있어 안정적이고 이자를 받기 때문에 투자 즉시 현금이 나오는 장점이 있습니다. 2008년 글로벌 금융위기 이후 유럽과 미국의 은행들이 대출 자산을 줄이면서 시장이 폭발적으로 성장하고 있습니다.

사모대출펀드(private debt fund, PDF)

투자자의 돈을 모아 모아 은행처럼 기업에 대출하거나 하이일드(고위험·고수익) 회사채 등에 투자하는 펀드를 말합니다.

미국과 유럽 선진국에선 기업의 주요 자금 조달 방법 중 하나로 꾸준히 발전해 왔습니다. 주로 은행 대출이나 회사채 발행이 어려운 기업에 투자하며 기업 지분에 투자하는 사모주식펀드(PEF)와 비교해 상대적으로 수익률이 낮지만 손실 위험은 낮습니다.

사모사채(privately placed bonds)

기업이 은행이나 증권사 등 기관투자가나 특정 개인에 대해 개별적 접촉을 통해 매각하는 채권으로 공모사채에 대응하는 개념입니다. 발행신청을 하면 인수기관이 확실한 만큼 발행 허가가 쉽게 나고 신고 절차도 간편합니다.

또한 기존 담보의 원용이 가능하고 공모사채 발행 시 필요한 발행·신용평가·인수 비용이 없어 발행 비용이 상대적으로 적게 듭니다. 매입자의 입장에서도 좋은 조건으로 대량의 채권을 확보할 수 있다는 장점이 있습니다. 발행 시 증권관리위원회에 유가증권 신고서를 낼 필요가 없으며 인수주선기관도 불필요합니다.

사모주식투자펀드(Private Equity Fund, PE)

사모주식투자펀드는 소수의 투자자들로부터 자금을 모아 주식이나, 채권 등에 운용하는 펀드를 말합니다. 투자신탁업법상에는 100인 이하의 투자자를, 증권투자회사법(뮤추얼펀드)에는 50인 이하의 투자자를 대상으로 모집하는 펀드를 말합니다. 공모 펀드는 펀드 규모의 10% 이상을 한 주식에 투자할 수 없고, 주식 이외의 채권 등 유가증권에도 한 종목에 10% 이상 투자할 수 없습니다. 그러나 사모 펀드는 이러한 제한이 없어 이익이 발생할 만한 어떠한 대상에도 자유롭게 자금을 운용할 수 있다는 장점을 가지고 있습니다. 반면 이러한 점 때문에 재벌들의 계열지원이나 내부자금의 이동 수단으로 활용될 우려가 있으며, 검은 자금의 이동에도 사모 펀드가 활용될 소지가 있다는 부정적인 측면을 표출하기도 합니다.

사모 펀드(private equity fund, PEF)

소수의 투자자로부터 사모 방식으로 자금을 조성하여 주식·채권 등에 운용하는 펀드를 말합니다. 공모 펀드와 달리 투자 대상과 투자 비중 등에 제한이 없어 주  식·채권·부동산·원자재 등에 자유롭게 투자할 수 있습니다. 공모 펀드는 펀드 규모의 10% 이상을 한 주식에 투자할 수 없고 주식 외 채권 등 유가증권에도 한 종목에 10% 이상 투자할 수 없습니다.

그러나 사모 펀드는 이러한 제한이 없어 부실 및 한계, 또는 비효율 기업의 경영권을 확보한 뒤 구조조정을 통해 기업 가치를 높여 되팔아 고수익을 내는 바이아웃(buyout) 투자에 사용됩니다. 반면 이러한 점 때문에 재벌들의 계열지원, 내부자금 이동 수단으로 활용될 수 있고 검은 자금의 이동에도 사모 펀드가 활용될 수 있습니다. 자본시장통합법에 등록된 PEF의 법적 용어는 '사모투자전문회사'이지만 사모 펀드, 사모투자펀드 등으로 다양하게 불리고 있습니다.

사모 펀드 중 투자 대상이나 차입금 한도 등의 규제를 대폭 완화해 절대 수익을 추구하는 펀드를 통상 헤지펀드로 부릅니다. 국제 금융시장에서 활약하는 사모 펀드는 대부분 헤지펀드를 말합니다. 일반 사모 펀드는 일반투자자와 전문투자자·기관투자자에서 모두 자금을 조달할 수 있습니다. 반면, 기관 전용 사모 펀드는 연기금과 금융회사 등 기관투자자로부터만 자금을 조달하게 됩니다.

이전에는 사모 펀드를 운용 목적에 따라 **경영참여형**(PEF)과 **전문투자형**(헤지펀드)으로 나눠 이원화된 운용규제를 적용해 왔습니다. 일반 사모 펀드와 기관 전용 사모 펀드에 같은 운용규제가 적용됩니다.

순재산의 400% 이내에서 금전 차입 등 레버리지를 일으킬 수 있고 대출도 가능합니다. 특히 경영 참여형에 적용됐던 10% 이상 지분투자(10%룰), 6개월 이상 보유, 대출 불가 등의 규제를 폐지하며 사모 펀드가 소수지분만으로 기업 가치 제고를 위한 경영에 참여할 수 있도록 했습니다.

사모 펀드의 투자자수가 49인 이하에서 100인 이하로 변경됐습니다. 투자자 수 규제로 일부 제약이 있었던 전문투자자들의 투자가 용이해지는 효과가 기대됩니다. 다만 공모 규제에 따라 일반 투자자 수는 49인 이하로 유지됩니다.

> ▶ 사모투자전문회사(PEF · Private Equity Fund) : 사모 방식으로 자금을 조달해 기업 주식 등에 투자한 뒤 그 가치를 높여 수익을 남기는 합자회사를 말합니다.

사외이사제(outside director system)

대주주와 관련 없는 외부 인사를 이사회에 참가시켜 경영에 대한 대주주의 전횡을 막기 위한 제도를 말합니다. 미국·독일 등에선 오래전에 도입됐는데, 미국의 경우 상장회사들은 전체 이사진의

70~80%를 비상근인 사외이사로 두고 있습니다. 재무나 법무 전문가·소액주주대표·전직 대기업 경영자로 구성된 사외이사들은 법률상 상근이사와 동일한 권한과 책임을 가지는 비상근이사입니다. 우리나라에서는 외환위기 이후 기업 경영의 투명성 제고와 투자자의 이익 보호를 목적으로 기업의 지배구조를 개선하기 위해 도입됐습니다. 사외이사에는 해당 기업의 대주주·주요 주주·임직원 및 관계인이 선임되지 못하도록 하여 직무수행의 독립성이 보장되도록 하고 있으며 **비상임 이사**라고도 합니다.

사외주(outstanding stock)

외부의 주주가 소유하고 있는 주식을 말합니다. 이에 대해 기업이 재매입하여 기업 내에 소유하고 있는 주식을 **사내주**라고 합니다.

사이드카(sidecar)

프로그램 매매를 5분간 중단시키는 프로그램 매매 호가관리제도로 지수선물가격이 전일 종가 대비 5% 이상 상승 또는 하락한 상태가 1분간 지속될 때 발동됩니다. 사

이드카가 발동되면 주식시장의 프로그램 매매 호가가 5분 동안 효력이 정지됩니다. 선물시장 급등락 시 취하는 비상조치이며 선물시장의 급등락에 따라 현물시장의 가격이 급변하는 것을 막기

위한 가격안정화 장치로 시장을 진정시키고자 하는 것이 사이드카의 목적이며, 다만 프로그램 매매만을 잠시 중지시키는 제도입니다. 사이드카는 발동 5분 후 자동 해제되며 하루 한 차례 발동합니다. 또 주식시장 매매거래 종료 40분 전 이후, 즉 오후 2시 20분 이후에는 발동하지 않습니다. 사이드카는 경찰의 오토바이 사이드카가 길을 안내하듯이 과속하는 가격이 교통사고를 내지 않도록 유도한다는 의미에서 붙인 이름입니다. 이는 서킷 브레이커(Circuit Breaker)의 전 단계로 증권시장의 경계경보라 할 수 있으며, 서킷 브레이커는 공습경보라 할 수 있습니다.

사이버 증권거래(cyber stock trading)

사이버 증권거래는 컴퓨터에 증권사가 제공하는 CD를 깔거나 인터넷·PC통신·일반 유선전화를 이용해 객장에 나가지 않고 가정이나 사무실에서 증권을 사고파는 거래형태를 말합니다. 주가와 시세를 실시간으로 보면서 주식은 물론 선물옵션도 거래할 수 있어 이용량이 크게 늘고 있는 추세입니다.

사채(debenture)

주식회사가 필요한 자금 조달을 위하여 불특정다수인 일반투자자들로 부터 기채起債를 하는 경우에 발행하는 채무증서를 말합니다. 이것은 확정이자부 유가증권으로서 정해진 기간이 지나면 원금이 상환됩니다.

사회적책임투자지수(SRI)

한국거래소가 2009년부터 코스피·코스닥 상장기업 중 환경·사회·지배구조 등이 우수한 기업들을 모아 만든 지수를 말합니다. **착한 지수·지속가능책임투자 지수**라고도 말합니다.

산타 랠리(santa rally)

연말과 신년 초에 주가가 강세를 보이는 현상을 말합니다. 시기(월별)에 따라 증시의 흐름이 변하는 캘린더 효과의 하나로 크리스마스를 전후로 기업들의 보너스가 집중되고 기업의 실적이 개선되면서 주가 역시 빠르게 상승하는 것을 말합니다. 미국에서 생긴 용어이지만, 산타랠리 현상은 대부분의 국가에서 그대로 적용되고 있습니다. 그러나 국제적인 분쟁이나 유가 상승, 장기적인 경기침체 등 여러 요인에 따라 산타랠리 현상이 일어나지 않는 경우도 있습니다. 산타랠리에 이어 이듬해 1월, 새해를 맞아 주식 분석가들이 낙관적인 전망을 내놓으면서 주가 상승률이 다른 달에 비해 상대적으로 높게 나타나는 현상을 주식시장에서는 **1월 효과**라고 합니다.

삼각주식교환

자회사가 타사를 완전자회사(100% 손자회사)로 삼는 주식교환을 할 때 해당 완전자회사에 모회사 주식을 주는 방식을 말합니다.

예를 들어 모회사와 자회사로 구분된 A-a사가 B사를 공동 인수한다고 가정해 볼 때 A의 자회사 a는 B와 포괄적 주식교환 계약을 맺습니다. 그 뒤 a는 B의 주주에게 모회사인 A의 주식을, B의 주주는 a에게 B의 주식을 줍니다. 그러면 B의 주주는 A의 주주가 되고 B는 a의 자회사, 즉 A의 손자회사가 된다. 이처럼 인수대상회사가 손자회사가 되면서 그 대가로 모회사 주식을 인수대상회사 주주에게 주는 것을 말합니다.

삼각합병(triangular merger)

모회사가 자회사를 통해 다른 기업을 합병하면서 모기업 주식 등을 지급하는 방식을 말합니다. 2012년 4월 합병 대가로 존속회사의 모회사 주식을 활용할 수 있도록 「상법」이 바뀌면서 길이 열렸습니다.

상장(listing)

기업이 발행하는 주식이나 채권 등의 유가증권이 거래소시장에서 매매될 수 있도록 증권거래소가 그 자격을 부여하는 것을 말합니다.

상장 간소화 절차

우량기업에 대해 기업공개(IPO) 절차를 간소화해 빠르게 상장할 수 있도록 돕는 제도를 말합니다. 일반 기업은 상장 심사 기간이 **45영업일**이지만, 패스트트랙을 적용받으면 **20영업일**로 줄어듭니다.

상장법인 대주주 범위

2021년 말 기준 상장 주식 종목을 10억 원어치 이상 보유하거나 주식 지분율이 일정 규모(코스피 1%·코스닥 2%·코넥스 4%) 이상인 경우를 말합니다. 2021년 말에는 대주주가 아니었더라도 2022년 주식을 취득해 요건을 충족한 경우 대주주에 해당합니다. 이때 주식 보유액은 주주 당사자와 배우자(사실혼 관계 포함), 부모·조부모·외조부모·자녀·친손자·외손자 등 직계존비속과 경영지배 관계 법인이 보유한 주식을 모두 합산해 계산합니다. 최대 주주라면 6촌 이내 혈족, 4촌 이내 인척 등이 보유한 주식도 합산됩니다.

기획재정부는 2022년 12월 시행령을 개정해 주식 양도세 합산 제도를 개편했지만, 이는 2023년 1월 1일 이후 양도분부터 적용됩니다. 최대 주주가 아니라면 합산 자체를 하지 않고, 최대 주주는 합산 범위를 6촌 이내 혈족에서 4촌 이내 혈족 등으로 좁힌다는 내용입니다.

세율은 10~30%다. 보유 주식의 중소기업 여부, 소액주주 여부 등에 따라 달라집니다. 예를 들면 중소기업 소액주주에게는 10%

의 세율이, 중소기업이 아닌 종목의 대주주라면 20%의 세율(과세표준 3억 원 초과는 25%, 보유기간 1년 미만일 경우 30%)이 적용됩니다.

세액이 1,000만 원을 초과할 경우 2개월까지 분납할 수 있으며 홈택스와 손택스·금융결제원·금융기관·세무서 등에서 납부할 수 있습니다.

상장예비심사

기업이 예비심사청구서를 제출하면 한국거래소는 제출서류 검토·대표주관회사 면담·현지 심사·추가서류 제출 및 검토 등을 거쳐 예비심사 결과를 통보하게 됩니다. 이 과정은 대략 2~4개월가량이 소요됩니다. 예비 심사가 통과되면 기업은 증권신고서와 투자설명서를 제출하고 공모를 진행하게 됩니다. 공모가 성공적으로 마무리될 경우 기업은 상장신청서를 제출하고 거래소로부터 최종 승인을 얻어 상장됩니다. 예비 심사 통과 후 상장까지는 6개월 안에 마무리해야 합니다.

상장요건

상장을 원하는 발행회사는 주식의 상장신청서를 증권거래소에 제출하여야 하며 증권거래소는 유가증권 상장 규정에 의하여 상장 적격 여부를 심사한 후 적합하다고 인정되는 경우 증권관리위원회의 승인을 얻어 상장하고 있습니다. 이는 주식을 사는 투자자들의 보호를 위해 건전한 기업만을 상장시키기 위한 것입니다.

현행 상장 규정상 주요 상장요건은 당해 주식의 발행회사가 설립 후 3년이 경과하고 계속적으로 영업을 하고 있을

것, 자기자본이 100억 원 이상이고 상장예정주식총수가 100만 주 이상일 것, 매출액이 최근 3사업연도 평균 200억 원 이상이고 최근 사업연도에 300억 원 이상일 것, 소액주주가 소유하고 있는 주식의 총수 및 의결권 있는 주식의 총수가 상장신청일 현재 발행주식총수의 30% 이상일 것 등 영업실적과 주식 소유분산 등에 관한 여러 가지 조건을 정하고 있습니다.

상장적격성 실질심사

상장적격성 실질심사는 상장회사로서 적격한지를 심사하는 것으로 한국거래소가 특정 기업의 주식의 거래를 정지시키고 상장적격성 실질심사 절차에 들어갈 경우 15거래일 이내에 실질심사 대상인지 여부를 결정해야 합니다. 거래소가 자체적으로 실질심사 대상이 아니라고 결정하면 거래는 즉각 재개됩니다.

상장지수상품(Exchange-traded commodities, ETCs)

상장지수 상품(Exchange-traded commodities, ETCs)은 완전히 담보된 자산담보부채권과 같은 투자수단으로서 개별 원자재에 대해 투자 총수익 지수를 포함하는 원자재 인덱스의 성과를 추적한다. ETN(상장지수증권)과 ETF(상장지수펀드)를 합쳐서 부르는 용어입니다.

상장지수증권(exchange-traded note, ETN)

원자재·환율·주가지수 등 기초자산의 가격 변동에 따라 수익을 얻을 수 있도록 설계한 채권 형태의 상품(파생결합증권)을 말합니다. 채권과 원자재·통화·주식·선물 등에 투자해 해당 상품가격이 오르면 수익률도 따라 오르며 금융회사(증권사)가 자기신용으로 발행하고 ETF처럼 거래소에 상장되기 때문에 시장에서 ETN을 자유롭게 사고팔 수 있습니다. 미리 약정한 기초지수 수익률을 지급하겠다고 발행자가 약속하기 때문에 추적오차가 발생하지 않습니다. 독창적인 투자 전략을 활용한 이색 상품이 많으며 증권사가 LP 역할을 한다는 점은 ETF와 동일합니다.

ETN은 적은 수수료로 해외 자산과 국내 전략 상품 등에 투자할 수 있는 중위험·중수익 재테크 수단으로 꼽힙니다. 거래량이 적지만 유동성 공급자 역할을 맡은 증권사들이 가격대별로 촘촘하게 호가를 내주기 때문에 원하는 시기에 ETN을 팔아 현금화할 수 있습니다. 거래 방법은 주식과 같으며 국내 지수와 연계한 상품은 세금이 없지만 해외 지수 연계상품, 원자재 상품 등에 대해선 매매차익 중 15.4%를 세금으로 내야 합니다.

ETN은 2014년 11월 국내에 도입되어 2021년 7월 말 현재 183종류, 약 7조 6,000억 원의 지표 가치 총액을 기록하였습니다. 상장지수펀드(ETF)와 비슷하지만, 발행 주체가 자산운용사가 아닌 증권사이며, 만기가 있다는 점이 다릅니다. ETN은 ETF와 달리 기초자산을 보유하지 않고 운용사가 신용으로 대체합니다. 시장이 폭락하면 증권사도 큰 타격을 받을 가능성이 있습니다.

	주가연계증권 ELS	상장지수펀드 ETF	상장지수증권 ETN
형태	증권	펀드	증권
발행	증권사	운용사	증권사
투자방법	증권사 청약	유가증권시장에서 매수	유가증권시장에서 매수
상품구조	조건 충족시 수익 지급	기초지수 수익률 추종	기초지수 수익률 추종
기초지수조건	-	최소 10개 종목 이상	최소 5개 종목 이상
자산운용요건	-	실물 자산 100% 편입	실물 자산 50% 편입

상장지수펀드(Exchange-traded fund, ETF)

KOSPI200이나 특정 자산을 추종하도록 설계된 펀드를 말합니다. 해당 주가지수에 편입된 주식의 바스켓(10개 이상의 주식 조합)과 동일하게 펀드를 구성하고, 이에 따라 발행된 주식이나 수익증권을 한국거래소에 상장해 일반 개인들도 거래할 수

있도록 한 것입니다. 개별 주식처럼 매매가 편리하고 인덱스펀드처럼 거래비용이 낮습니다. 펀드에 비해 투자 정보를 파악하기 쉽습니다. 지수 묶음 1주당 가격은 1만 원이고 매매 최소 단위는 10주이기 때문에 10만 원 이상이면 언제든 펀드 투자가 가능합니다.

일반 펀드의 경우 가입이나 환매(펀드자금 인출) 때 다음날 기준가로 가격이 결정되는데 반해 상장지수펀드는 실시간 가격으로 매매가격이 결정된다는 점도 특징입니다. 상장지수펀드의 특징은 수익률이 특정 지수에 연동되고, 환매 요구 시 요구 단위에 제한을 둔 점, 그리고 환매가 이루어지더라도 투자자들이 위탁회사로부터 현금이 아닌 현물(주식)을 수령한다는 점이 일반 인덱스 펀드와 다른 점입니다.

최초의 상장지수펀드는 S&P500지수 펀드로 1993년 1월 미국 증권거래소에서 매매되기 시작했고 우리나라에서는 2002년 10월 14일부터 상장지수펀드의 매매가 시작됐습니다.

국내 ETF시장 규모는 지속적으로 성장해 순자산 규모로 2019년 40조 5,625억 원, 2020년 47조 3,382억 원 그리고 2021년 58조 1,293억 원을 기록했습니다. 초창기에는 주가지수를 추종하는 상품이 대부분이었지만 진화를 거듭해 국내 주식·해외 지수·채권·파생상품·원자재·부동산·외화 등을 활용한 상품으로 영역이 넓어졌습니다.

ETF는 ETF를 운용하는 자산운용사에서 브랜드를 만든다. 삼성자산운용의 ETF브랜드인 **KODEX**, 미래에셋자산운용의 ETF브랜드인 TIGER 등이 그 대표적인 예이다. 반면, ETN은 ETN발행 증권회사의 이름이 맨 앞에 위치합니다. 삼성증권이 발행한 ETN은 '삼성', 신한금융투자가 발행한 ETN에는 '신한'이 ETN이름의 맨 앞에 표기됩니다(단, NH투자증권은 'QV', 한국투자증권은 'TRUE'). 그래서 투자자들은 이름 맨 앞만 보고도 ETF인지 ETN인지 구분할 수 있습니다.

ETF는 그 자체로 포트폴리오 투자 효과가 있습니다. 수십 개에 달하는 종목을 편입하고 있어서입니다. 표준화된 상품이기 때문에 개별적으로 주식을 거래할 때보다 거래비용이 훨씬 적게 듭니다.

상품구성이 다양해 투자자들의 선택 범위가 넓다는 것도 ETF의 장점으로 꼽힙니다. 보수적인 투자자라면 단기자금·유동자금·단기채권 ETF처럼 가격이 조금씩 올라가는 채권형 ETF를 활용하는 것이 좋습니다. 이런 상품은 채권 이자를 재투자하는데 주가가 느리지만 꾸준히 우상향합니다. 적극적인 투자자에겐 주가지수, 상품지수 등을 활용한 ETF가 알맞습니다. 파생상품을 활용한 레버리지 ETF와 같은 고위험·고수익 상품도 있습니다.

기간에 따라 투자 방법을 달리하는 것도 가능합니다. 장기 투자자라면 매월 조금씩 적립식으로 ETF를 사들이면 됩니다. 투자 시기를 분산하여 투자 위험을 낮추는 셈입니다. 주식시장에 대한 방향성이 확실한 경우엔 레버리지 ETF와 인버스 ETF(기초지수의 일일 변동률을 역방향으로 쫓는 상품)를 활용할 수 있습니다. 상승장에서 레버리지 상품을 들고 있다가 하락장이 시작되면 인버스 상품으로 갈아타는 식입니다. 최근엔 해외 주가지수·원자재 가격 등과 연계한 레버리지·인버스 상품도 등장했습니다.

상장 폐지(delisting)

상장된 유가증권이 증권시장에서 자격을 상실해 상장이 취소되는 것을 말합니다. 증권시장에 상장되어 있는 유가증권 중 당해 발행회사의 기업 내용 등에 중대한 사태가 발생하여 투자자에게 손실을 입힐 우려가 있거나 증권시장의 신뢰를 상실하게 할 우려가 있을 경우 상장심사위원회의 심의를 거쳐 상장을 폐지합니다.

상장 폐지 요건에는 사업보고서 미제출·감사의견 거절·영업정지·부도 발생·자본 잠식·주식 분산 미달 등이 있습니다

상장이 폐지된 기업(합병 등으로 인한 해산은 제외)의 재산은 당시의 운영자금 및 부동산, 시설물 등이 있고 이는 채권변제 우선순위에 따라 채권자들에게 분할·정리됩니다.

상장 폐지 실질심사제

문제가 있는 부실상장기업들에 대한 퇴출을 강화하기 위한 제도를 말합니다. 상장사가 공시의무 또는 회계처리기준을 위반했거나 횡령·배임 혐의 등이 발생했을 때 거래소 임원과 변호사·회계사·학계 등 각계인사들이 참여하는 "상장폐지 실질심사위원회"를 구성하여 실질심사를 통해 상장유지 적격여부를 결정합니다. 실질심사에서 상장 유지에 부적합한 것으로 판정된 후 이의제기가 없으면 해당 법인에 대한 상장 폐지 절차에 들어갑니다.

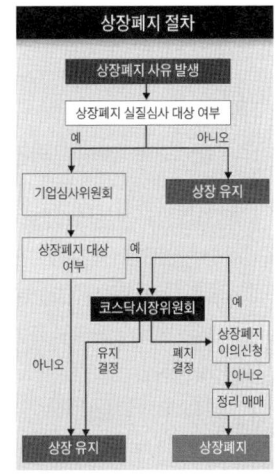

정기보고서 미제출·부도 발생·자본 잠식 등 기존 상장폐지 기준에 해당하는 상장사는 실질심사제 도입과 상관없이 기존의 절차대로 상장이 폐지됩니다. 코스닥시장에서는 2009년 2월부터, 유가증권시장에서는 2011년 4월부터 시행되고 있습니다.

상장 폐지 기준(delisting standard)

증권시장에서 상장유지 기준을 만족시키지 못할 때 상장폐지를 결정하는 기준. 일반적으로 사업(반기)보고서 미제출·감사 의견 부적정·영업정지·부도 발생·자본 잠식 등이 이에 해당되는 기준이다. 그러나 상장유지 기준을 충족시키지 못할 경우에도 바로 상장을 폐지하는 것은 아닙니다. 일단 관리종목으로 지정한 후 일정한 유예기간 동안 폐지 기준이 해소되지 않으면 상장 폐지를 확정하고 7일간의 정리매매를 거친 후 상장 폐지됩니다.

* **코스닥시장 즉시 상장 폐지 기준**
  - 2년간 3회 분기, 반기, 사업보고서 미제출
  - 사업보고서 제출 기한 후 10일 내 미제출
  - 감사의견 부적정, 의견거절, 범위 제한 한정

* **유기증권시장 상장 폐지 기준**
  - 사업보고서 미제출로 관리종목 지정 후 법정 제출 기한부터 10일 이내 사업보고서 미제출
  - 반기보고서 미제출로 관리종목 지정 후 사업 반기 분기보고서 미제출
  - 최근 사업연도 감사보고서상 감사 의견이 부적정 또는 의견거절(연결감사보고서 포함)
  - 2년 연속 감사 의견이 감사 범위 제한 한정

상투

주가 변동의 폭이 상하로 심하게 나타날 때 가장 고가권의 주가 수준을 **상투**라고 하고, 상투에서 주식을 산 경우를 **상투잡았다**고 합니다.

상한가 - 하한가

주식시장에서 개별 종목의 가격이 하루 동안 오르거나 내릴 수 있는 가격 제한 폭을 의미합니다. 상한가는 전일 종가 기준으로 오를 수 있는 최대 금액이고, 하한가는 하루 동안 주가가 하락할 수 있는 가장 낮은 금액을 의미합니다. 개별 종목의 가격이 하루 동안 오르거나 내릴 수 있는 가격 제한 폭을 의미합니다.

상호주

상장법인이 발행한 주식을 타 상장법인이 소유하게 하고 이와 관련하여 다른 상장법인의 주식을 소유하는 경우의 주식을 말합니다. 주식의 상호 소유는 기업 간의 업무상·기술상 제휴를 도모하기 위한 기업결합의 수단으로서 혹은 그룹(기업) 내에서 결합강화를 위한 수단으로 이용되어 왔습니다. 그러나 이는 회사의 자본 충실의 원칙을 해칠 수 있고 회사의 업무집행기관이 주주총회에 강력한 영향력을 행사할 수 있어 일반주주의 권리를 해칠 수 있으며 위장분산의 수단으로 이용할 수 있고 주가조작이나 내부자거래의 위험성 등이 있으므로 증권거래법에서는 상장법인의 상호주 소유를 원칙적으로 제한하고 있습니다. 상호주 소유의 제한 범위는 발행주식 총수의 1/100을 초과하는 소유주식수에 한합니다.

상호출자제한 기업집단

한국 기업 집단 중 계열사 자산을 다 합쳐서 5조 원이 넘는 기업 집단을 말하며 직전 사업연도 결합 재무제표를 보고 공정위가 매년 4월 1일에 결정합니다. 지정되면 계열사 간 상호출자 및 채무보증이 금지되며 비상장 계열사의 공시의무가 발생하는 등 여러 가지 제약이 가

해집니다. 상호출자는 가공자산을 늘려 기업 확장을 꾀하는 대표적인 수법입니다. 사실상의 순자산 증가 없이 늘린 자본금을 바탕으로 재벌들은 은행 돈을 끌어 쓰거나 기업공개를 회피해 특정 대주주가 다수 계열회사를 지배하는 수단으로 활용해 왔다는 지적을 받고 있습니다.

상환우선주(redeemable preferred stock)

특정 기간(통상 5년) 동안 우선주의 성격을 가지고 있다가 기간이 만료되면 발행회사에서 이를 되사서 소각을 하도록 한 주식을 말합니다. 사실상 부채이지만 재무제표 상엔 자본으로 분류됩니다. 보통주의 25% 이내에서 발행할 수 있으며, 보통주보다 배당금을 1% 정도 더 받는 대신 의결권이 없습니다. 그러나 배당을 못 받은 경우에는 의결권을 가집니다. 은행이 발행한 상환우선주 중 상환기간이 30년 이상인 것은 **기본자본**, 30년 미만은 **보완자본**으로 인정받습니다.

상환전환우선주(redeemable convertible preference shares, RCPS)

채권처럼 만기 때 투자금 상환을 요청할 수 있는 상환권과 우선주를 보통주로 전환할 수 있는 전환권으로 회사 청산이나 인수합병(M&A) 시 잔여 재산이나 매각대금 분배에 보통주보다 유리한 권리를 가지는 우선권을 가지고 있는 **종류주식**(보통주와 다른 주식)입니다.

국제회계기준(IFRS)상 부채로 분류되지만, 회사가 상환권을 가지면 자본으로 인정받을 수 있습니다.

주식 유형별 주주의 권리

	보통주	우선주	상환전환우선주
상환권	X	X	O
전환권	X	X	O
우선권	X	O	O
의결권	O	X	△

회사채 이자보다 높은 배당수익률을 약속하는 경우가 많습니다. 주가가 오르면 보통주로 전환해 차익을 챙길 수 있어 기본적으로 투자자에게 유리한 편입니다.

RCPS는 피투자회사의 현재 실적이 좋지 않더라도 미래에 기업 가치가 높아지면 보통주로 전환할 수 있고, 그렇지 않다면 원금과 보장수익률만큼 배당 또는 이자로 회수할 수 있습니다.

상환주식(redeemable stock)

원금이 상환된다는 점에서 사채와 비슷한 특수 형태의 주식으로서 배당 우선의 특혜가 주어집니다. 이것은 발행 당초부터 상환 가액·상환 방법·상환 기한 등이 정관에 기재되어 있습니다.

3%룰(3% Rule)

3%룰이란 상장사 감사나 감사위원을 선임할 경우 지배주주나 특

수관계인이 주식 3%만 행사하도록 제한하는 법입니다. 기업들이 가장 심하게 저항했던 법으로 기업 이사회에서 주주의 의결권을  제한하는 전 세계 어디에도 없는 규제라고 맞섰습니다. 주요 주주의 3% 초과분은 발행 주식 총수에서도 제외됩니다.

새도 보팅(shadow voting)

의결 정족수 미달로 주주총회가 무산되지 않도록 하기 위해 참석하지 않은 주주들의 투표권을 행사할 수 있는 일종의 **의결권 대리 행사 제도**를 말한다. 의안 결의에 필요한 참석 주식수가 모자라 주주총회가 무산되  지 않도록 한국예탁결제원이 의사 결정에 영향을 미치지 않는 방식으로 참석하지 않은 주주들의 투표권을 행사하도록 허용한 제도입니다. 국내에는 1991년에 처음 도입되었으나 경영진과 대주주의 정족수 확보 수단으로 남용된다는 비판에 2015년 1월부터 폐지되었습니다.

서머 랠리(summer rally)

매년 초여름인 6~7월경에 주가가 상승하여 강세장이 나타나는 현상을 말합니다. 여름을 뜻하는 서머(summer)와 경주를 뜻하는 랠리(rally)의 합성어로 여름 휴가철을 맞아 일어난다고 하여 붙여진 이름입니다. 여름휴가가 긴 선진국에서  흔한 현상으로 펀드매니저들이 여름휴가를 떠나기 전에 가을 장세를 기대하고 미리 주식을 사놓기 때문에 여름휴가를 앞둔 6~7월경에 주가의 단기 급등 현상이 나타나게 됩니다. 서머 랠리는 다른 특별한 요인이 없는 경우 두 달 간 계속되는 예는 드물며 7, 8월 한 달 중에 나타나는 경향이 많은 것으로 알려져 있습니다.

서킷 브레이커(circuit breakers)

주식시장에서 주가가 급등 또는 급락하는 경우 주식매매를 일시 정지하는 것으로 영어의 첫 글자를 따서 'CB'라고도 합니다. 전기 회로에서  서킷 브레이커가 과열된 회로를 차단하는 장치를 말하듯이 주식시장에서 주가가 갑자기 급락하는 경우 시장에 미치는 충격을 완화하기 위하여 주식매매를 일시 정지하는 제도로 **주식거래 중단제도**라고도 합니다. 서킷 브레이커는 미국의 뉴욕 증권거래소가 1987년 10월 29일 **블랙 먼데이**를 겪으면서 처음 도입한 이후 우리나라에는 1998년 12월 7일부터 선을 보였습니다. 중국은 2016년 처음 도입했습니다.

샤프지수(Sharp Ratio)

한 단위의 위험 자산에 투자해서 얻는 초과수익률의 크기로써 펀드운용성과를 측정하는데 사용됩니다. 이것을 수식으로 나타냅니다. 간단하게 말하자면 샤프지수가 높을수록 수익률 변동 폭이 크지 않으면서 높은 수익을 올리는 펀드라고 보면 됩니다. 1996년에 윌리엄 샤프(William F.Sharpe)가 기준으로 삼는 벤치마크 수익률과 비교해 뮤추얼펀드가 얼마나 잘 운용되었는가를 평가하기 위해 처음 도입했습니다.

> 샤프지수 = (펀드평균수익률 − 국고채평균수익률)/(펀드표준편차)

서학개미

국내 주식을 사 모으는 **동학개미**에 빗대어 미국 등 해외 주식에 직접 투자하는 개인 투자자를 말합니다.

2010년대 초까지만 해도 해외 주식 투자는 초고액 자산가들의 전유물이었다. 프라이빗뱅커(PB)를 통해 정보를 얻어 알음알음 투자하는 경우가 대부분이었습니다.

투자자들이 해외로 눈을 돌린 것은 2011년부터 2016년까지 국내 증시의 지지부진한 흐름이 **박스피**(박스권 + 코스피지수)가 계기가 됐습니다. 2014년 개인이 중국에 투자할 수 있는 길이 열린 것도 투자자들을 자극했습니다. 개인도 홍콩거래소를 통해 중국 본토 A주에 투자할 수 있도록 한 후강퉁 제도가 이때 시행 후 돈이 몰렸습니다. 2015년 6월 12일 상하이종합지수는 최고치(5178.18)를 찍었습니다. 1년 반 만에 150% 올랐다. 박스권에 지친 개인 투자자들은 중국 주식으로 눈을 돌리게 되었습니다. 예탁결제원에 따르면 국내 투자자가 홍콩과 중국 주식에 투자한 잔액은 2014년 16억 5,769만 달러로, 처음으로 일본 주식을 넘어 1위를 차지했습니다. '중학개미'들의 시대가 열렸습니다.

하지만 2016년 상하이종합지수는 반토막이 났습니다. 투자자들은 변동성은 작고 성장성이 큰 시장을 찾기 시작합니다. 미국입니다. 2017년부터 미국 주식 투자 잔액(42억 2,341만 달러)이 홍콩과 중국을 제치고 1위를 차지했습니다.

2020년 코로나19의 확산은 또 한 번의 계기가 됐습니다. 망할 일 없는 미국 주식에 돈이 몰렸습니다. 2030세대는 전기차 대장 테슬라, 플랫폼 대장 FANG(페이스북 아마존 넷플릭스 구글) 주식 등 익숙하면서도 성장성이 높은 주식들을 대거 매수했습니다.

한국 투자자들이 보유한 미국 주식의 금액은 2021년 10월 말 3,151억 달러(약 373조 원)로 중국(2,853억 달러·홍콩 제외)보다 많았습니다. 2020년 말에는 중국(2,612억 달러)이 한국(2,416억 달러)보다 많았습니다. 아시아 주요국 가운데 미국 주식을 한국보다 더 많이 보유한

국가는 일본(9,082억 달러)뿐이었습니다. (2021년 12월 17일 NH투자증권 자료)

선강퉁 투자방법

선강퉁 거래 체계를 갖춘 증권사의 해외증권 매매 전용 계좌를 개설해야 합니다. 거래 통화가 위안화이기 때문에 거래 전 환전을 하거나 외화계좌에 넣어둔 위안화를 이용해야 합니다.

매매 주문은 홈트레이딩시스템(HTS)과 모바일트레이딩시스템(MTS) 영업점을 이용하면 됩니다. 주식을 살 때는 100주 단위, 팔 때는 한 주씩도 가능합니다. 주식을 팔 때는 종목의 당일 가격제한폭(±10%) 안에서 가격을 제시할 수 있다. 살 때는 현재가의 -3%보다 높고 당일 상한가보다 낮은 가격에서 가능합니다. 체결일 후 2거래일 뒤에 결제됩니다. 거래 시간은 한국시간 기준 오전 10시 30분~낮 12시 30분과 오후 2~4시며 그 사이엔 휴장합니다. 거래수수료는 국내보다 비싸며 국내는 증권사에 따라 최저 0.01% 수준으로 낮지만 선강퉁 거래는 0.3%(온라인 거래 기준)가 붙습니다. 양도소득세(차익의 22%)도 내야 합니다.

선도거래(forward contract)

현재 정해진 가격으로 특정한 미래 날짜에 상품을 사거나 파는 거래를 말합니다. 상품·정부채·외환 또는 다른 금융증권이 주요 대상입니다. 만기에 현물시장가격이 행사가격보다 높으면 선물계약 매수인이 이익을 보고, 반대의 경우는 매도인이 이익을 얻습니다. 만기 시점에서 현물시장가격이 계약체결 시점에서의 기대 가격보다 높으면 기존의 위험(inherent risk) 때문에 기업 가치는 감소하는 반면 선도계약에서 이익이 발생하여 기업 가치의 하락분을 보상할 수 있게 되는데 선도계약을 이용하면 이러한 위험을 헤지(hedge)할 수 있습니다.

선도주(market leader)

주식시장 전반의 장세를 이끄는 주식 또는 같은 업종의 주식 중에서 다른 종목보다 먼저 주가가 등락하는 주식을 말합니다. 이와 같은 선도주 그룹에 우량주가 많이 포함되어 있는 것을 선도주의 질이 양호하다고 하며, 반대로 선도주 그룹에 불량주의 비중이 커지는 경우를 선도주의 질이 악화되어 간다고 말합니다. 선도주의 질이 양호해져 가는지 악화되어 가는지에 따라 앞으로의 주가를 예측할 수 있습니다.

선매권(preemptive rights)

기업 규정 권리로서 기존 주주가 먼저 신주를 구매할 수 있는 권리를 말합니다. 선매권의 목적은 신주가 발행됨으로써 기존 주주가 갖는 회사에 대한 통제력이나 주식의 가치가 희석되는 것을 막기 위함입니다.

선물환(forward exchange)

장래 일정한 때 일정한 환율로 외환을 주고받기로 현시점에서 계약하는 것을 말합니다. 흔히 선물환거래라고 하며 이를 줄여서 선물환이라 부릅니다. 주로 기업들이 환 위험을 회피(헷지 ; hedge)하기 위해 선물환계약

선물환거래
(Forward Transaction)

을 맺습니다. 계약기간은 일반적으로 6개월 이내지만 6개월 이상의 장기계약도 있습니다. 만기일이 되면 약정에 따라 실제 매매가 이루어집니다. 이를 전문 용어로 **수도**(delivery)라고 합니다. 선물환거래에는 외국환은행을 통해 고객 간에 이루어지는 대고객 선물환거래와 외환 시장에서 외국은행 사이에 이뤄지는 시장선물 환거래가 있습니다.

선수금환급보증(RG ; Refund Guarantee)

선수금환급보증은 조선사에 배를 주문하는 선주船主를 위한 것입니다. 선주는 배를 주문할 때 조선사에 선수금을 지급합니다. 이후 조선사는 선수금으로 자재를 사서 선박을 건조합니다. 그런데 조선사의 경영난 등으로 선수금을 받고도 선박을 제때 건조하지 못하는 일이 벌어질 수 있습니다. 그러면 선주는 선수금을 떼이는

결과가 됩니다. 이를 막기 위해 선주들은 조선사에 **선수금환급보증**(RG ; Refund Guarantee)을 요구합니다. 조선사가 금융사에 보험료를 내고 가

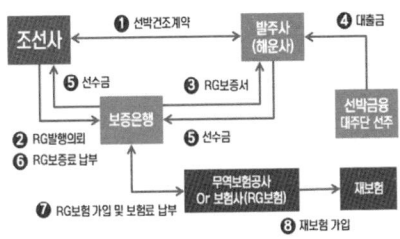

입하는 것으로 나중에 선수금을 떼이는 일이 발생하면 금융사가 대신 선주 에게 선수금을 돌려주는 것입니다. 이 RG가 없으면 선주들은 선박 수주를 넣지 않기 때문에 모든 조선사들이 RG에 가입해 있습니다. 일반적으로 대형 조선사들은 은행으로부터 1년 단위로 수조 원대 RG 발급 한도를 받은 후 수주 계약을 맺고 있습니다. 수주를 받으려면 항상 RG 발급이 필요하기 때문에 은행이 **마이너스 통장**처럼 미리 한도를 정해주고 마음대로 쓰라고 보장해 줍니다.

선취매

어떤 호재 등의 요인에 의하여 주가가 상승하리라고 예상하는 경우, 그 주식을 남보다 먼저 매입하는 것을 말합니다.

선하증권(bill of lading)

선박회사가 탁송화물에 대하여 발행하는 **화물대표 증권**입니다. 증

권에 기재된 조건에 따라 운송하며 지정된 양륙항揚陸港에서 증권의 정당한 소지인에게 그 화물을 인도할 것을 약정하는 유

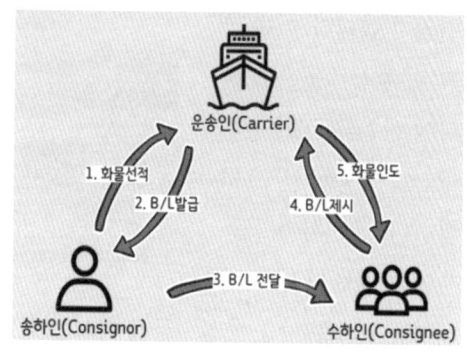

가증권입니다. 이는 화주貨主의 청구에 따라 선장(실제로는 선박회사 또는 대리점)이 발행합니다. 육상운송에서의 화물인환증과 같이 물권적 효력 및 채권적 효력을 가지고 있으며, 배서背書에 따라 양도할 수 있는 유통증권입니다. 송하인과 선박회사 사이에서는 운송계약서가 작성되지 않고, 계약의 사실과 그 내용을 입증하는 선하증권이 발행됩니다. 선하증권은 통상 3통(Original, Duplicate, Triplicate)을 화주에게 발행하며, 그 효력은 동일합니다. 선하증권은 법적으로 화물 그 자체를 대표하는 유가증권이며, 물품 대금을 수취하는데 필요한 선적서류 중 가장 중요한 서류입니다.

선학개미

선先학개미는 잠재력이 있는 기업의 가치를 남들보다 먼저 알아보고 비상장 주식을 빠르게 매수하는 투자자들을 일컫는 말입니다. 한국 주식에 투자하는 **동학개미**와 해외 주식에 투자하는 **서학개**

미에서 파생된 단어입니다.

선학개미의 주류는 MZ세대(밀레니얼+Z세대)다. 이들은 토스의 운영사 비바리퍼블리카·케이뱅크·가상화폐 거래소 업비트를 운영하는 두나무 등 빅테크 관련주나 온페이스게임즈 등 메타버스 관련주에 주로 투자하고 있습니다.

금융투자협회에 따르면 2022년 1월 기준 한국장외거래시장(K-OTC)의 시가 총액은 30조 817억 원으로 2019년 12월(14조 2,712억 원) 대비 2배 이상 증가했습니다. 비상장 주식 거래 플랫폼인 증권플러스 비상장과 서울거래 비상장 등의 누적 가입자도 90만 명을 넘었습니다. 금융 투자업계도 선학개미 유치 경쟁에 나서고 있으며 KB증권은 비상장 기업 분석을 위해 신성장기업솔루션팀을 신설했고 하나금융투자는 홈 트레이딩 시스템(HTS)을 통해 미국 장외주식에 투자하는 서비스를 선보였습니다.

선행매매(front running)

기관투자가의 매매 정보가 확실한 경우 펀드매니저나 주식중개인이 고객 주문을 체결하기 전에 **동일한 증권**을 자기계산으로 매매하거나 제3자에게 매매를 권유하여 부당이득을 챙기는 것을 말합니다. 폭넓게는 미공개정보를 이용해 개인적 이득을 취하는 주식

거래 행위가 모두 포함됩니다. 주식 리딩방 등에서 특정 종목을 매집한 후 회원들에게 매수를 추천하고 회원들이 매수하면 주식을 되파는 방식도 **선행매매**에 해당합니다.

섬머 랠리(Summer Rally)

여름 급등 장세를 섬머 랠리라고 표현하는데, 여름철에 보통 약할 것으로 예상되던 주가가 한 두 차례 돌발적인 상승을 보이는 경우를 말합니다. 이는 외국의 경우 여름휴가가 장기간이어서 휴가를 가기 전에 주식을 사두려는 심리가 작용한데서 비롯된 것으로 알려져 있으며 섬머 랠리(Summer Rally)는 다른 특별한 요인이 없는 경우 두 달간 계속되는 예는 드물고 7, 8월 중 한 달 중에 나타나는 경향이 많습니다.

성장성 분석

과거 수년간의 영업실적을 시계열 순으로 배열하고 그 경향을 분석하는 방법을 말하며 그 대표적인 지표로는 매출액 증가율, 순이익 증가율 등을 들 수 있습니다. 성장성 분석에 이용되는 회계자료로는 매출액·당기순이익·납입자본금·자기자본·부가가치·종업원수·고정자산 등을 들 수 있는데 일반적으로 각 자료의 증가율을 시계열로 놓고 분석하는 방법을 택합니다. 성장성 분석에서는 분석 대상 기업의 성장성뿐만 아니라 전반적 경기의 추세, 해당 업종의 추세 등과 비교하여 분석하는 것이 필요합니다.

성장주(growth stock)

현재 가치에 비해 미래의 수익이 클 것으로 기대되는 주식을 말합니다. 가치주에 비해 현재 창출하는 이익이 적어 EPS는 낮지만, 수익 규모와 비교할 때 주가가 높아서 PER과 PBR은 높은 편입니다. 성장주의 요건으로는 기업의 장래성이 높고 경영자가 유능하며 업계에서 차지하는 비중이 커서 일시적인 불황에도 흔들리지 않고 매출액과 이익금이 높은 수준으로 증가하고 설비투자를 적극적으로 하며 발행 주식 수도 너무 많지 않은 것 등을 들 수 있습니다. 주가는 장래의 수익 예측을 전제로 하고 있기 때문에 신제품과 신기술 등 즉시 수익 증가를 가져오지 않더라도 장래에 큰 수익을 가져올 수 있는 주식도 성장주입니다. 하지만 성장주는 주가 변동 폭이 커 수익 또는 손실을 낼 확률이 모두 높습니다.

성장형 펀드

펀드매니저들이 고수익을 목표로 주식을 공격적으로 운용하는 펀드를 말합니다. 주식 편입 비율이 70%가 넘습니다.

세계주식시장(Global Equity Market, GEM)

최근 홍콩거래소가 세계화 전략의 일환으로 창설하였습니다. GEM이란 외국증권거래소와의 전략적 제휴를 통해 상장된 주식이 24시간 동안 거래가 가능한 시장을 말합니다. 현재 홍콩거래소는 유럽의 암스테르담·브뤼셀·파리·북미의 멕시코·뉴욕·토론토·남미의 상파울루 그리고 아시아의 호주·홍콩·도쿄 등 모두 10개의 외국증권거래소와 연계하고 있습니다. 앞으로 우리에게 홍콩의 이런 노력은 많은 시사점을 던져주고 있습니다.

세컨더리 시장

코로나19로 실물 경제가 악화하고 불확실성이 커져 대체투자 분야를 찾는 큰손 투자자가 많아졌습니다. 대체투자는 주식이나 채권과 같은 전통적인 투자 상품이 아닌 다른 대상에 투자하는 방식을 말합니다. 금융위기나 코로나19 사태와 같은 상황에서는 전통적 투자 대상인 주식이나 채권 등이 급락하기 때문에 대체투자를 찾는 사람이 많았습니다. 세컨더리 시장은 코로나19로 주목받는 대체투자 분야 중 하나입니다. 사모 펀드·벤처캐피탈 등이 투자해 갖고 있는 지분을 다른 투자자에게 파는 거래가 이뤄지는 시장을 말합니다. 코로나19로 인한 유동성 위기를 해소하고자 보유 지분을 매각하려는 공급자가 많아지면 좋은 기업 지분을 싸게 매입할 수 있는 수요자 우위 시장이 조성될 수 있어 각광받았습니다. 세컨더리 거래는 회수자 입장에서 유동성을 확보할 수 있는 수단입니다. 인수자는 초기 투자 기간을 단축할 수 있어 투자 위험을 줄일 수 있다는 장점이 있으며 세컨더리 투자를 통해 J커브 효과를 줄일 수 있는 것입니다. J커브효과란 초기에는 수익률이 악화하다가 상당한 시간이 지나야 회복하는 것을 말합니다. 국내에서는 아직 세컨더리 시장이 생소한 분야지만 해외에서는 펀드 지분을 사고파는 거래가 이미 활성화돼 있습니다.

세컨드리펀드

펀드 운용사인 벤처캐피털이 신규 벤처주식에 직접 투자하는 것이 아니라 다른 벤처캐피털이나 엔젤(개인 투자자)이 보유하고 있는 벤처 주식을 매입해 수익을 올리는 펀드로 투자자금 회수에 어려움을 겪는 벤처캐피털의 유동성을 확보하는 데 유용하게 활용되고 있습니다.

소규모 기업효과(small size effect)

회사의 규모가 작을수록 주식수익률이 높게 나타나는 현상을 말합니다. 규모가 작은 기업의 주식의 수익률이 큰 기업의 주식수익율 보다 지속적으로 높게 나타나는 현상을 설명하기 위해 1981년 반즈(Banz)가 처음 제시했습니다. 소기업효과라고도 합니다.

소수점 주식거래

소수점 주식거래는 주식 1주를 쪼개 소수점 단위로 거래하는 것을 말합니다. 현재 국내에서는 **최소 1주 단위**로 주식을 거래하고 있습니다. 주당 5만 7,800원인 주식을 사려면 최소 5만 7,800원이 필요하다는 것입니다. 소수점 거래를 통해 0.1주를 살 수 있다고 가정하면 5,780원으로도 해당 주식을 살 수 있습니다. 비싼 우량주는 1주 가격이 100만 원이 넘는 것도 있습니다. 예를 들어 LG생활건강의 종가가 152만 4,000원이었을 때 소수점 주식거래를 하면 15만 2,400원으로 0.1주를 살 수 있습니다. 적은 투자금으로도 주가가 높은 우량주에 투자할 수 있다는 것입니다. 우량주는 업적과 경영 내용이 좋고 배당률도 높은 회사의 주식을 말합니다. 소수점 주식거래를 통해 포트폴리오 투자기법을 활성화할 수도 있고 포트폴리오 투자는 투자 위험을 줄이기 위해 소액의 주식이나 채권 등을 여러 종목에 분산 투자하는 기법입니다. 금융투자업계에서는 소수점 주식거래로 포트폴리오 투자가 가능해지면 2030세대를 중심으로 한 개인 투자자가 늘어날 것으로 기대하고 있습니다. 해외 주식은 이미 소수점 단위로도 살 수 있습니다. 금융위가 2018년 신한금융투자와 한국투자증권의 해외 주식 소수점 서비스를 혁신금융서비스로 지정해 각종 규제를 풀어줬기 때문입니다.

소수주주권(right of the minority shareholder)

대주주에 의한 횡포를 막고 회사의 공정한 이익을 보호하기 위하여 소수주주에게 주는 권리를 말합니다. **소수주주권**에는 대표소송권·이사와 감사의 해임청구권·주주제안권·장부열람권·누적투표제 등이 있으나 소수주주권은 주식을 일정 비율 이상 가진 주주만이 행사할 수 있습니다.

예를 들어 증권거래법상 대표소송권은 0.05%, 이사 및 감사 해임권은 0.5% 등 소액주주 혼자든 소액주주들을 규합해서든 일정한 비율 이상의 주식을 가져야 권리를 행사할 수 있는데, 이때의 주주들은 소수주주라고 합니다. 따라서 단독이든 합쳐서든 소수주주권을 행사할 수 있는 정도의 주식을 가진 소액주주는 소수주주라고 할 수 있으며, 주식을 적게 가지고 있으면서 동시에 소수주주권을 행사하지 않는 주주도 **소액주주**라고 할 수 있습니다.

소액주주

「증권거래법」에서 **소액주주**라 함은 발행주식총수의 100분의 1에 미달하는 주식을 소유한 주주로서 최대 주주 등에 해당하지 아니한 주주를 말합니다 (유가증권시장 상 장규정 제2조 ⑦항). 한 회사의

주식을 소량 가지고 있는 주주로서 소득세법에서는 법인의 발행 주식 총액 또는 출자 총액의 100분의 1에 해당하는 금액과 1억 원 미만의 금액 중 적은 쪽에 해당하는 주식을 가진 주주를 말합니다. 소액주주가 수령한 배당금에 대해서는 세금을 21.5% 원천 징수하는 것으로 끝내며 종합소득에는 합산하지 않습니다.

소형주, 중형주, 대형주

구분하는 절대적 기준이 존재하는 것은 아니며 그 나라의 경제 및 증권시장 규모 등을 참작하여 판단합니다. 우리나라 증권시장에서는 자본금별로 **소형주**는 350억 원 미만, **중형주**는 350억 원~750억 원 미만, **대형주**는 750억 원 이상으로 분류하고 있습니다.

손절매(stop loss, loss cut)

손절매損切賣란 '손해損를 잘라[切] 버리는 매도'를 가리킵니다. 영어

로는 loss cut(로스 컷)이라고 합니다. 세간에서는 '손절매'를 줄여서 '손절'이라고도 하며, 이것이 2000년대 인터넷 주식 커뮤니티를 통해 손절, 익절 등의 유행어가 되었습니다.

손절매란 시장에서 주식을 매입하였는데, 자신의 예상과 달리 주가가 떨어질 때 어느 정도의 손해를 감수하고서라도 그 주식을 매도하는 것을 말합니다. 그러니까 매입한 주식의 주가가 떨어져서 매도하면 손해를 보겠는데 그렇다고 더 기다려 보자니 주가가 더 떨어져서 손해가 커질 것으로 예상될 경우 그런 상황이 일어나기 전에 매도해 버리는 것입니다.

어떤 주식을 샀는데 소폭 하락해서 지금 팔면 100원을 손해본다고 가정했을 때, 팔지 않고 기다리면 반등해서 100원의 손해를 만회할 수도 있고 반대로 더 크게 떨어져서 손해액이 500원이 될 수도 있다고 예상된다고 하자. 여기서 100원의 손해를 감수하고서라도 당장 팔아치워서 500원을 손해보는 최악의 상황을 피하는 것입니다.

손절매를 하는 가장 중요한 이유 중 하나는 하락의 폭이 크면 클수록 원 금액으로 상승하는데 더 큰 여력이 필요하게 된다는 점이다. 이를 손익 비대칭성의 원리라고 합니다.

> 상승률은 대략 다음과 같다.
> 10% 하락 후 11% 상승　　　20% 하락 후 25% 상승
> 30% 하락 후 43% 상승　　　40% 하락 후 67% 상승
> 50% 하락 후 100% 상승

숏 커버링(short covering)

주식시장에서 공매도한(빌려서 판) 주식을 되갚기 위해 다시 사는 **환매수**를 말합니다. 일단 주가가 하락할 것으로 예상되면 주

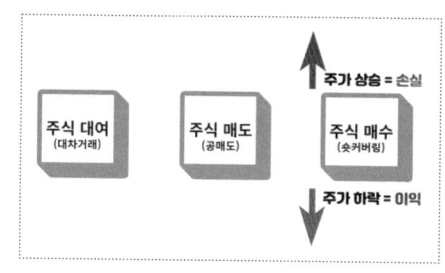

식을 빌려서 파는 공매도를 하게 됩니다. 이후 주가가 하락하면 싼 가격에 사서 돌려줌으로써 차익을 챙길 수 있지만 예상과는 달리 주가가 상승할 때는 손실을 줄이기 위해 주식을 매수하게 됩니다. 대체로 공매도는 주가 하락을 유발하지만, 거꾸로 숏커버링은 주가 상승을 부추기는 요인으로 작용합니다.

공매도를 주도한 세력이 외국인 및 기관투자자이기 때문에 숏 커버링도 당연히 이들이 주도합니다. '큰손'인 외국인과 기관이 특정 종목을 숏 커버링(매수)하면 수급에 영향을 줘 주가가 단기적으로 상승세를 타게 됩니다. 기업들의 결산이 대부분 12월에 집중돼 있기 때문에 숏 커버링 효과는 연말에 집중됩니다. 주식을 공매도한 투자자는 연말 배당금과 함께 이자를 대여자에게 지급해야 합니다. 이런 추가 비용 부담 때문에 주로 배당락일(12월 27일) 이전에 주식을 상환하려 합니다. 주주총회에서 의결권을 행사하려는 원래 주주도 주주명부 폐쇄 이전에 빌려준 주식을 상환받고 싶어 합

니다. 이 과정에서 빌린 주식을 갚기 위해 해당 종목을 사들이면 쇼트커버링이 나타납니다. 그리고 외환, 선물시장에서는 매도 포지션을 반대 매매를 통해 청산하는 환매수를 말합니다.

수권자본(authorized share capital)

주식회사가 정관에 기록된 데에 따라 최대한으로 발행할 수 있는 주식의 수를 말합니다. 주식회사는 수권자본주식의 일부만을 발행해도 됩니다. 자본금의 최대한도를 정해놓고 필요에 따라 이사회가 분할 발행하여 자본금을 늘릴 수 있으므로 회사설립이 쉽고 자본조달의 기동성과 편의성이 확보된다는 장점이 있습니다. 수권자본금의 범위 내에서 실제로 주식을 발행하여 자본금으로 확정된 것이 납입자본금입니다. 회사를 설립할 경우 수권자본금을 정했으면 이 액수의 4분의 1 이상을 주식으로 발행하여 납입자본금으로 삼아야 합니다.

수권주식수(shares authorized)

회사의 정관에 규정된 발행이 가능한 주식수를 말합니다.

> 수권주식수 = 발행 주식수(수권주식 중 실제로 발행된 주식) + 미발행된 주식수

수급장세

주식에 대해서 수급의 불균형으로 인해 시세의 등락이 계속해서 일어나고 있는 상태를 말합니다. 실제로는 상당한 기간에 걸쳐 상장되어 있는 주식의 수량은 일정한데도 투자 자금의 시장유입이 계속되어 증권가격이 상승하는 경우가 있고 반대로 신규 자금의 유입을 크게 상회하는 신주 발행 및 채권의 발행이 이루어져 가격이 크게 하락하는 경우가 있는데 이와 같은 경우를 수급장세라 합니다.

수도결제(settlement)

수도결제란 증권의거래별 주식 매매 행위를 종결시키기위한 일련의 과정을 말합니다. 결제란 거래된 주식의수와 가격등세부적인 부분에 대하여 쌍방동의를 확인하기 위하여 매매 쌍방을 비교하는 과정이며 수도란 한거래원으로부터 다른거래원에게 주식의 인도를 위하여 거래소에 당해 증권을 제출하는 과정입니다. 증권의 매매결제가 이루어진 다음에 증권거래소가 지정한 결제기구를 통하여 3일째(보통거래), 또는 당일(당일결제거래)에 증권과 현금을 주고 받는 것을 말합니다.

수익증권(beneficiary certificates)

고객이 맡긴 재산을 투자·운용하여 거기서 발생하는 수익을 분배 받을 수 있는 권리(수익권)를 표시하는 증서를 말합니다. 고객들이 맡긴 재산을 신탁재산이라고 하는데 1개 펀드의 신탁재산을 균등한 권리로 분할해 발행하는 것이 수익증권입니다. 수익증권의 단위는 좌로 표시합니다. 그러므로 투자자가 투자신탁에 돈을 맡긴다는 것은 투자신탁회사에서 발행한 수익증권을 매입한다는 것을 말합니다. 또 돈을 인출하는 것은 수익증권을 투자신탁회사에 다시 되파는 것입니다. 수익증권의 거래는 수익증권의 가격인 기준가격에 따라 이뤄지며 기준가격은 신탁재산의 순자산 가액을 수익증권 발행 총수로 나눠 산출하며 투자 결과에 따라 하루하루 달라집니다.

과거에는 수익증권을 직접 사고팔았으나 거래상의 불편이 있어 수익증권은 투신사에서 보관하고 대신 통장으로 거래하는 것으로 바뀜으로써 일반은행과 같이 자유롭게 입출금할 수 있습니다. 일반투자자들이 많이 이용하는 수익증권은 주식형저축입니다. 주식형저축이란 다수의 저축자(투자자)가 맡긴 돈을 투신사에서 여러 우량주식에 분산 투자해 나오는 수익을 모두 저축자에게 돌려주는 일종의 **투자대행제도**입니다. 다시 말해 미리 정해진 수익 대신 저축 기간 동안 투자한 주가의 변동에 따른 수익을 돌려받는 간접주식투자 방법입니다. 97년 7월부터는 증권사에도 수익증권 판매가 허용되었습니다.

단순하게 말해 투신사에 운용을 맡겨 얻은 수익을 되돌려 받을 수 있는 권리를 표시한 증권입니다. 투자신탁회사들이 취급하는 금융상품을 총칭합니다. 투신사는 고객에게 수익증권을 팔아 들어온 돈으로 채권이나 주식 기업어음 등에 투자해 이익을 챙깁니다. 이렇게 해서 들어온 수익 중 일정 몫을 수익증권을 산 고객에게 되돌려줍니다. 투신사 외에도 증권사 종합금융사 은행 등도 수익증권을 팔고 있습니다.

상품 종류는 주식을 편입했는지 여부에 따라 주식형 수익증권과 공사채형 수익증권으로 나누어집니다. 주식형 수익증권은 다시 주식편입비율에 따라 세분화되며 공사채형 수익증권은 중도 해지할 때 환매 수수료가 부과되는 기간에 따라 다시 분류됩니다. 최근 기업자금시장이 경색된 주요인 중 하나가 투신사들의 수익증권 수탁고가 크게 줄어 회사채 매수 세력이 사라졌기 때문입니다.

수익증권 관련 용어

- **기준가격**: 고객이 수익증권을 사고팔 때 기준이 되는 가격으로 수익증권의 순가치를 말합니다. 운용 성과에 따라 매일 변동되며 보통 최초 설정일 또는 결산일 기준으로 1천 좌당 1천 원으로 계산돼 매일 공시됩니다. 기준가격이 설정 1개월 만에 1천50원이라면 한 달간 수익률이 5%라는 얘기가 됩니다.
- **잔고좌수**: 고객이 보유하고 있는 수익증권의 총수량을 의미합니다. 이 잔고좌수에다 기준가격을 곱한 것이 고객이 받는 수익이 됩니다. 설정 당시 보통 1좌당 1원으로 시작되며 이를 편의상 1천 좌당 1천 원으로 계산합니다.

- **환매수수료**: 고객이 투자 금액을 약정기간(만기) 이전에 찾을 경우 "약속 위반"에 따른 범칙금 형식으로 수익금의 일부를 공제하는 금액입니다. 은행의 정기적금을 해약할 때와 같은 이치입니다. 따라서 고객들은 이런 불필요한 손해를 받지 않도록 가입 당시 투자 기간을 잘 결정해야 합니다.
- **펀드**: 여러 투자자로부터 돈을 모아 주식·채권 등에 투자·운용하기 위해 조성되는 일정 금액의 운용 단위를 말합니다. 보통 한 상품이 한 펀드라고 이해하면 됩니다.
- **수탁회사**: 투신사는 고객이 투자한 돈을 직접 갖고 있지 않고 다른 금융기관에 맡겨 놓은 기관을 수탁회사라 합니다. 보통 은행이 이 업무를 맡고 있습니다.
- **위탁회사**: 투신사나 투신운용사를 말합니다. 펀드의 설정 및 운용, 수익증권 발행 등의 업무를 맡습니다. 투신사는 수익증권을 직접 판매하지만, 투신운용사는 증권사에 위탁 판매합니다.

수익증권 환매

환매란 투자신탁회사에 맡긴 투자자의 돈을 되돌려주는 것을 말합니다. 투신사는 투자자의 돈을 끌어 모아 펀드를 설정합니다. 투신사들은 이렇게 조성된 자금을 주식형이나 공·사채형 수익증권에 넣어 투자합니다. 투자자들이 돈을 돌려달라고 하면 이를 다시(환) 사들여야(매) 하는 것을 **환매**라고 합니다. 투자자들은 수익을 많이 냈을 때나 그 반대의 경우에도 환매를 신청하곤 합니다.

다만 환매수수료를 내는 기간 중에는 환매가 그리 많지 않은 편입니다. 주식형 펀드의 경우 통상 가입한 지 6개월이 지나면 환매수수료를 내지 않아도 됩니다. 환매 수수료를 내지 않아도 되는 때를 **만기**로 생각하는 투자자들이 많습니다. 그러나 펀드에는 따로 만기가 없는 게 일반적입니다. 가입자들이 수시로 바뀌기 때문입니다.

숏 커버링(short covering)

(1) **주식시장**: 주식시장에서 공매도 한 (빌려서 판) 주식을 되갚기 위해 다시 사는 환매수를 말합니다. 일단 주가가 하락할 것으로 예상되면 주식을 빌려서 파는 공매도를 하게 된다. 이후 주가가 하락하면 싼 가격에 사서 돌려줌으로써 차익을 챙길 수 있지만 예상과는 달리 주가가 상승할 때는 손실을 줄이기 위해 주식을 매수하게 된다. 대체로 공매도는 주가 하락을 유발하지만, 거꾸로 숏 커버링은 주가 상승을 부추기는 요인으로 작용합니다. 공매도를 주도한 세력이 외국인 및 기관투자자 이기 때문에 숏 커버링도 당연히 이들이 주도한다. '큰손'인 외국인과 기관이 특정 종목을 숏 커버링(매수)하면 수급에 영향을 줘 주가가 단기적으로 상승세를 타게 된다. 기업들의 결산이 대부분 12월에 집중돼 있기 때문에 숏 커버링 효과는 연말에 집중됩니다. 주식을 공매도한 투자자는 연말 배당금과 함께 이자를 대여자에게 지급해야 한다. 이런 추가 비용 부담 때문에 주로 배당락

일(12월27일) 이전에 주식을 상환하려 한다. 주주총회에서 의결권을 행사하려는 원래 주주도 주주명부 폐쇄 이전에 빌려준 주식을 상환받고 싶어 한다. 이 과정에서 빌린 주식을 갚기 위해 해당 종목을 사들이면 쇼트커버링이 나타난다.

(2) **외환·선물시장**: 매도 포지션을 반대매매를 통해 청산하는 환매수를 말합니다. 주가 상승기에 숏 커버링이 발생하면 그만큼 공매도 주체에게 손해가 발생합니다.

순국제투자

순국제투자란 우리나라 거주자가 해외 주식·채권·기업 지분 등에 투자한 금액에서 외국인이 우리나라에 투자한 규모를 뺀 것을 말합니다.

순환매매

순환매매란 주식시장에서 특정 종목이나 섹터가 순차적으로 상승과 하락을 반복하며 투자자들이 이를 이용해 이익을 추구하는 전략을 말합니다. 주식 시장은 항상 변화하고, 특정 시점에 주목받는 종목이나 섹터가 있습니다. 이러한 순환적인 흐름을 파악하고 대응하는 것이 순환매매의 핵심입니다. 순환매는 관심주나 인기주를 따르는 것이 보통이지만 기관의 필요에 따라 대량으로 이루어지기도 하므로 주의해야 합니다.

순환출자

한 그룹 안에서 A기업이 B기업에, B기업이 C기업에, C기업은 A기업에 다시 출자하는 식으로 그룹 계열사들끼리 돌려가며 자본을 늘리는 것을 말합니다. 재벌 기업들은 계열사를 늘리고 계열사를 지배하기 위한 수단으

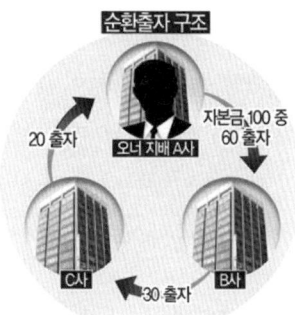

로 순환출자를 활용하기도 합니다. 현행법에서는 A와 B 두 계열사 간에 상호출자를 금지하고 있는데 순환출자에 대해서는 별도 규정을 두지 않고 있으며 순환출자 규모나 내용을 파악하는 일이 쉽지 않기 때문입니다. 따라서 순환출자는 상호출자 금지로 생겨난 편법이라고 할 수 있습니다. 그러나 출자총액제한제도 등으로 재벌 기업의 순환출자를 제한하고 있습니다.

▌순환출자의 예

자본금 100억 원을 가진 A사가 B사에 50억 원을 출자하고 B사는 다시 C사에 30억 원을 출자하며 C사는 다시 A사에 10억 원을 출자하는 방식으로 자본금과 계열사 수를 늘릴 수 있다. A사는 이러한 순환출자를 통하여 자본금 100억 원으로 B사와 C사를 지배하는 동시에 자본금이 110억 원으로 늘어나는 효과를 얻을 수 있다. 하지만 증가한 10억 원은 장부상에만 나타나는 거품일 뿐 실제로 입금된 돈은 아니다. 한편, B사가 부도나면 A사의 자산 중 50억 원은 사라지게 된다. 한 계열사가 부실해지면 출자한 다른 계열사까지 부실해지는 악순환이 발생할 수 있는 것이다.

스마트 머니(Smart Money)

고수익을 위해 장세 변화에 따라 신속하게 움직이는 자금을 말합니다. 월 가에서 나온 용어입니다. 돈
이 될 수 있는 대상을 가려내 한발 앞선 투자를 한다는 점에서 '똑똑한 돈, 현명한 돈'이라고 불리기도 합니다. 한편 움직이는 속도가 스마트 머니에 비해 떨어지는 자금은 **정크머니**(junk money)라고 합니다. 스마트 머니는 법과 제도의 규제가 많은 기관투자자와 전문지식이 부족한 일반 투자자에 대비되는 개념으로 전문 투자 지식이 있으면서 일반인이 꺼리는 위험도 수용한다고 볼 수 있습니다. 또한 단순히 고수익·고위험 자산에 투자하지 않고 철저히 저평가된 자산에 투자한다는 점에서 가치 투자와 유사하고 필요할 때는 차입을 활용하므로 헤지펀드전략과도 같은 점이 많습니다. 대표적 스마트 머니로 **사모 펀드·헤지 펀드·벌처 펀드** 등을 들 수 있습니다.

스캘핑(scalping)

초단타매매를 말합니다. 스캘핑은 원래 근소한 가격 변동에 민감하게 대응해 매매하는 투기성 선물거래를 말합니다. 현물 주식시장에서 초 단위로 짧은 시간에 들어가 적은 시세 차익을 얻는 기법으로 통용되고 있습니다. 보유기간은 보통 하루를 넘기지 않습니다. 스캘핑은 요즘같이 초고속 통신망이 일반화된 환경에서 가장 각광받는 신세대형 기법이라 할 수 있습니다.  스캘핑(scalping)이란 원래 '가죽 벗기기'라는 의미로 북미 인디언들이 적의 시체에서 머리 가죽을 벗겨내 전리품으로 챙겼던 행위를 뜻합니다. 선물시장에서 말하는 스캘핑이란 하루에 수십 번 또는 수백 번 트레이딩을 하며 단기 시세차익을 챙기고 **빠져나오는** 방식을 통해 박리薄利를 취하는 초단타 매매 기법을 뜻하는 말입니다. 스캘핑을 전문으로 하는 거래 주체는 스캘퍼(scalper)라고 합니다. 근소한 가격 변동에도 민감하게 대응하면서 투자 위험을 극소화하기 위하여 박리다매식으로 적은 차액을 많이 얻는 것을 목적으로 하는 스캘핑의 최대 관심사는 단기적인 가격과 수급 변동입니다. 스캘핑은 주로 거래량이 많고 가격 변화가 **빠른** 주식 종목에서 이루어집니다.

스톡 그랜트(stock grant)

직원들에게 회사 주식을 **공짜**로 주는 제도를 말합니다. 일정 기간 뒤에 주식을 싸게 사는 권리를 주는 스톡옵션은 주가가 오를 때는 이익을 얻을 수 있지만 반대로 주가가 떨어지는 경우에는 별 소용이 없습니다. 반면에 스톡 그랜트는 직원들이 주가에 관계 없이 언제라도 팔아 이익을 취할 수 있어 부담이 없습니다. 이것은 최근 일부 정보통신산업 인력들의 몸값이 치솟으면서 나타난 현상 중 하나이며, 코스닥시장이 침체에 빠지면서 미래의 기대수익인 스톡옵션에 대한 매력이 줄어들어 스톡 그랜트를 도입하는
업체가 늘어나고 있습니다. 벤처비즈니스에서만 볼 수 있는 현상이었지만 일부 대기업의 경우도 우수인력을 끌어들이기 위해 스톡그랜트를 제시하고 있습니다.

스톡옵션(stock option)

회사가 임직원에게 일정 기간이 지나면 일정 수량의 자사 주식을 매입할 수 있도록 부여한 권한을 말합니다. 주식매입선택권 및 주식매수선택권이라고 합니다. 스톡옵션을 받은 임직원은 자사 주식을 사전에 정한 행사가격으
로 구입해 주가 변동에 따른 차익을 얻을 수 있습니다. 미국에서는 스톡옵션이 일반화되어 전문경영인의 경우 스톡옵션을 통해 본봉보다 더 많은 소득을 올리고 있다. 우리나라에서는 1997년 4월부터 개정된 「증권거래법」에 따라 시행되었는데 새로 창업한 기업들이 유능한 인재를 확보하는 수단으로 이 제도를 도입하여 널리 알려졌으며, 스톡옵션 대상이 되는 임직원이 열심히 일하도록 유도하는 효과적인 능률급 제도로 인식되면서 새로운 경영전략의 하나로 자리 잡고 있습니다. 스톡옵션은 철저하게 능력 중심으로 실시되기 때문에 직급 또는 근속연수를 기준으로 하는 우리사주조합제도나 자사 주식을 매입하는 임직원에게 그 비율에 따라 일정 주식을 무상으로 지급하는 **스톡퍼처스**(stock purchase) 제도와는 차이가 있습니다.

스톡옵션형 우리사주제

주주총회 또는 이사회 결의로 근로자에게 일정 기간 이내에 할인된 가격으로 자사주를 취득할 수 있는 권리를 부여함으로써 우리사주 취득에 따른 위험 부담을 완화할 수 있는 제도를 말합니다. 근로자기본법에서 우리사주매수 선택권이라고도 합니다. 현재 우리사주제도는 우선 배정 위주로 운영됨에 따라 취득 기회가 기업공개와 유상증자로 제한되고 시가를 기준으로 근로자가 자기 부담으로 우리사주를 취득하게 되어 있어 주가 하락 시 근로자의 재산 손실 위험이 상존하고 있습니다. 스톡옵션형 우리사주제도는 우선 배정제도와 달리 근로자가 상시적으로 우리사주를 취할 수 있고, 주가 하락 시 우리사주를 구입할 수 있는 권리를 행사하지 않으면 되므로 재산 손실 위험을 완화할 수 있습니다. 스톡옵션형 우리사주제도의 최대 효과는 근로자로 하여금 적은 부담으로 우리사주를 취득할 수 있게 해 재산형성을 돕는다는 데 있습니다. 기업 측면에서는 당장의 비용 지출 없이 근로자에게 동기를 부여할 수 있어 생산성을 높이고, 노동조합이 주가에 악영향을 미칠 수 있는 파업 등을 줄일 수 있어 노사관계도 안정시킬 수 있는 이중적 효과를 거둘 수 있습니다.

스팩(Special Purpose Acquisition Company, SPAC)

비상장기업 인수합병을 목적으로 하는 **페이퍼 컴퍼니**(paper company)를 말합니다. 공모로 액면가에 신주를 발행해 다수의 개인 투자 금을 모은 후 상장한 후 3년 내에 비상장 우량기업을 합병해야 합니다. 일반 투자자들로서는 SPAC 주식 매매를 통해 기업 인수에 간접 참여하는 셈이 되고 피인수 기업으로서는 SPAC에 인수되는 것만으로 증시에 상장하는 효과가 있다. 우회상장과 유사하지만 SPAC는 실제 사업이 없고 상장만을 위해 존재하는 페이퍼 컴퍼니라는 점이 다릅니다.

스팩은 '바닥이 있는 주식 투자'로 불립니다. 주가 상승 가능성이 무한한 데 비해 손실 가능성은 크지 않기 때문입니다. 스팩은 공모가(통상 2,000원) 밑으로는 주가가 잘 떨어지지 않는 반면, 우량 비상장사와 합병하면 주가가 오를 확률이 높습니다. 물론 손실 위험도 있습니다. 성장성이 뚜렷하지 않은 비우량 회사와 합병하는 경우입니다. 투자자가 합병 대상 회사의 재무 상태, 사업 내용 등이 부실하다고 판단하면 합병 전에 장내 매도나 매수청구 등을 통해 보유 주식을 처분하면 됩니다.

스팩 투자에는 두 가지 방법이 있습니다. 스팩이 코스닥시장에 상장할 때 공모주 청약을 하거나 상장 후 장내에서 스팩 주식을 사는 것입니다. 공모주 청약으로 투자할 스팩을 고를 때는 이른 시일 안에 좋은 기업과 합병할 수 있는지 가능성을 따져야 합니다. 합병 대상은 주로 스팩의 초기 자본금을 내는 발기인과 증권사가 물색합니다. 따라서 상장할 만한 기업이 많은 정보기술(IT) 등 산업군에 잔뼈가 굵거나 스팩 합병을 성사시킨 경험이 많은 발기인이 참여한 스팩이 합병 대상 기업을 빨리 찾을 확률이 높습니다.

스팸관여 과다 종목

한국인터넷진흥원에 신고된 영리 목적 광고성 정보의 신고 건수와 주가 거래량이 일정 기준 이상 증가한 종목으로 한국거래소 시장감시위원회가 지정합니다.

지정요건은 최근 5일 중 마지막 날을 포함하여 ①과 ②를 충족하는 경우가 2일 이상 발생하는 경우입니다.

① 한국인터넷진흥원에 신고된 영리 목적 광고성 정보의 최근 3일 평균신고 건수가 최근 5일 또는 20일 평균신고건수 대비 3배 이상 증가하는 경우

② 다음의 어느 하나에 해당하는 경우
  - 당일의 주가가 상한가인 경우
  - 당일의 주가가 최근 20일 중 최고가인 경우
  - 당일의 장중 주가가 일중 최저가 대비 30% 이상 변동하고 전일 대비 주가가 상승하는 경우
  - 당일의 거래량이 최근 5일 평균 거래량 대비 3배 이상 증가하는 경우
  - 주가 상승이 유가증권시장 및 코스닥시장 공시규상 조회공시 요구 기준에 해당하는 경우

스폿 펀드(spot fund)

주식시장에서 인기주로 부상할 가능성이 있는 특정한 테마군의 주식들을 소규모로 묶어 단기간의 고수익을 노릴 수 있도록 고안된 주식형 수익증권을 말한다. 스폿펀드는 50억 원 내외의 소규모 자산으로 20~30개 특정 종목군의 주식에 집중투자하는 것이 특징입니다. 원용 대상 주식에 따라서 금융주 펀드·하이테크 펀드·건설주 펀드·수출주도 펀드 등 다양한 형태로 선보일 수 있습니다. 만기 2년에 구애받지 않고 설정 1년 내 20%, 2년 내 35% 이상 수익률이 달성되면 곧바로 중도 상환됩니다.

슬라미(slami)

느리다는 뜻의 로(slow)와 지진해일인 나미(tsunami)의 합성어입니다. 미국의 양적완화 이후 신흥시장으로 쓰나미처럼 빠르게 밀려들었던 투자자금이 서서히 빠져나가는 현상을 말합니다. 2011년 5월 31일 손성원 미국 캘리포니아주립대 석좌교수가 삼성증권이 주최한 글로벌 투자포럼에서 이 용어를 처음 사용했습니다. 그는 세계 경제와 주식시장의 4대 변수 중 하나로 미국의 양적완화 조치를 꼽으며, 이를 가장 위협적인 요소라고 말했습니다. 그는 2011년 미국 정부의 2차 양적완화가 6월 말 종료되면 연방준비제도(Fed)가 국채를 서서히 팔고 2012년 봄에는 기준금리를 올릴 것으로 예측했습니다. 그렇게 되면 한국을 비롯한 신흥국으로 들어온 자금이 천천히 빠져나가는 **슬라미**가 발생할 수 있다고 예측했습니다.

시가발행(issue at the market price)

신주를 발행할 때 주식시장의 시가를 기준으로 발행하는 것으로 액면발행과 상대되는 말입니다. 이때 발행가격을 시가에 가까운 수준에서 정하는 완전 시가발행과 액면과 시가의 중간 정도에서 정하는 중간발행이 있습니다. 중간발행은 독일에서 주로 사용하는 방법으로 **프리미엄부 발행**이라고도 합니다.

시가발행의 이점으로는 첫째, 적은 발행 주식으로 많은 자금을 조달할 수 있기 때문에 자기자본 충실과 자본비용을 낮출 수 있다는 점이고 둘째, 시가로 발행하기 때문에 권리락으로 인한 주가의 대폭적인 변동이 없어 주가가 안정적입니다. 셋째, 발행가격이 유통가격을 기준으로 결정되기 때문에 경영자가 자기 회사의 주가를 주시하게 될 것이며 따라서 주가가 증자의 조정력을 갖게 됩니다. 넷째, 완전 시가발행이 되면 공모증자가 보편화되기 때문에 증권회사에서 인수 업무를 확립할 수 있습니다.

시가배당률

배당금이 주가의 몇 % 인가를 나타내는 것을 말합니다. 가령 액면가 5천 원인 기업이 1주당 1천 원을 배당할 경우 액면 배당률은 주가 수준에 관계없이 20%(1천 원/5천 원)가 됩니다. 그러나 시가배당률은 기준 주가에 따라 달라집니다. 연말의 배당 기준일 주가가 2만 원이면 시가배당률은 5%이고, 1만 원이면 10%가 됩니다. 따라서 시중 금리 및 채권수익률과 비교할 때 유용하게 사용됩니다.

$$시가배당률 = \frac{주당\ 배당금}{주가}$$

시가총액(aggregate value of listed stocks)

기업이 발행한 모든 주식을 시가로 평가한 금액을 말합니다. 상장 종목별로 그 날 주가에 발행 주식 수를 곱해 산출합니다. 이 지표는 계산 시점에서 해당 기업이 어느 정도 대접을 받고 있는지를 나타냅니다. 한마디로 기업의 총체적인 시장가치를 말합니다. 각국의 증시 규모를 비교하는 국제지표로 활용되기도 합니다. 외국의 기관투자가들은 통상 각국의 시가 총액 규모를 근거로 편입 비율을 정하기도 하며 시가총액은 주가지수를 만드는 데도 활용됩니다.

시가총액 비중 상한제(CAP, CAP) - 30%룰

코스피200, 코스피100, KRX300 등 시장을 대표하는 지수에서 지수 구성 종목 중 1개 종목의 시가총액 비중이 30%를 넘기지 못하도록 제한하는 규정으로 2019년 6월 한국거래소가 도입했습니다. **30%룰**이라고도 합니다. 특정 종목 1개의 시총이 전체의 30%를 넘어도 30%까지만 지수에 반영됩니다.

매년 5월과 11월 마지막 매매거래일로부터 직전 3개월간 평균 편입 비중이 30%를 넘어설 경우 6월과 12월 선물 만기일 다음 매매거래일에 비중을 조정합니다. 지수를 기초로 만드는 펀드들은 해당 주식의 비중을 30% 이하로 낮춰야 합니다.

2019년 11월 말 삼성전자가 시가총액 비중 상한제의 적용을 받을 경우 지수를 추종하는 패시브 투자 자금의 유출이 불가피하게 됩니다.

시가평가제(mark to market, MTM)

증권·포트폴리오·계좌 등을 매입 시의 장부가격이 아닌 현재 시장에서 거래되는 가격대로 기록하는 것을 말합니다. 금융기관의 회계 투명성과 정보의 정확성을 위해 일반적으로 채택되고 있는 회계원칙입니다. 그러나 극도의 신용경색으로 정상적인 가격이 형성되지 않는 상황에서는 금융권의 재무 건전성을 악화시키는 요인이 되고 있다는 비판을 받아왔습니다.

시리즈 펀드

비슷한 형태로 연속 발행하는 펀드를 말합니다. 금융사가 한 펀드를 사모로 쪼개 팔아 공모를 회피할 때도 사용됩니다.

2018년 5월 개정된 법 규정에 따르면 같은 증권을 두 개 이상으로 쪼개 발행할 경우 펀드당 투자자를 49인 이하로 설정했더라도 증권신고서 제출 등 공모 펀드의 공시 규제를 적용해야 한다고 했습니다.

시장성유가증권(marketable securities)

매매 가능한 증권을 말합니다. 한 투자자로부터 다른 투자자에게 유통될 수 있는 증권으로 은행 인수어음·기업어음 등 대부분의 증권이 시장성을 가지고 있습니다.

시세조작

자연적인 수요와 공급에 의해 결정될 시세를 인위적으로 등락 시키거나 고정시키는 것을 말하며 **시세조종**이라고도 하는  데 이것은 인위적 시세를 형성시킴으로써 타인에게 오해를 발생시키거나 타인에게 매매를 유발시켜 자기의 이익을 취하고자 하는 것입니다. 「증권거래법」에서는 타인으로 하여금 유가증권의 매매 거래가 성황을 이루고 있는 듯이 오인하게 하거나 타인에게 그릇된 판단을 하게 할 목적으로 한 시세조종 행위와 유가증권시장에서의 매매를 유인할 목적으로 한 시세조종 행위 등을 금지하고 있으며 이를 위반한 자는 불법행위로 인한 손해를 배상할 책임을 지게 됩니다.

시스템 펀드(system fund)

펀드매니저의 자의적인 판단을 배제하고 시스템 신호 또는 일정한 매매 규칙에 따라 운용되는 상품을 말합니다. 일반 펀드(기금)는 펀드매니저가 증시를 분석하고 판단에 맞춰 펀드를 운용하는 반면, 시스템펀드는 파생상품이나 차익거래 등 프로그램 매매를 통하여 펀드의 수익률 변동 위험을 최소화시킬 수 있도록 고안된 펀드입니다. 프로그램 매매는 앞으로 발생할 수 있는 시장상황을 사전에 시스템에 입력한 뒤 시장변동에 따라 자동적으로 주식이나 채권매매가 이뤄지도록 하는 것으로 시스템펀드는 대부분 이 프로그램 매매에 의하여 운용됩니다. 기대수익률을 낮추는 대신 안정적으로 수익을 낼 수 있으며 종류는 **인덱스형·차익거래형·위험관리형** 등이 있습니다.

시장대리인(market agent)

증권시장에서 거래원(증권회사)을 대리하여 매매 업무에 종사하는 사람을 말합니다. 증권시장 안에는 일반인들의 출입이 금지되어 있기 때문에 주식을 사고 팔려면 증권 회사를 통한 **위탁매매**를 해야 합니다.

시초가

유가증권의 매매거래에서 당일 중 최초로 형성된 가격을 말합니다. 오전 입회에서 최초로 형성되는 가격을 전장 시초가라 하고 오후 입회에서 최초로 형성되는 가격을 후장 시초가라고 하기도 합니다. 시초가는 일정시간동안 동시호가로 접수하여 단일가격으로 결정됩니다.

시장중립형 펀드

시장이 오르든 내리든 상관없이 안정적인 수익을 추구하는 상품으로 주로 **롱쇼트펀드**를 말합니다.

신디케이트

일반적으로 기업연합을 말하는 것이지만, 증권 용어로는 주식이나 공사채 등 유가증권 발행 시 그 인수를 위하여 결성되는 인수단을 말합니다. 신디케이트단의 멤버는 발행되는 유가증권의 인수·모집을 책임지며 모집에서 잔액이 발생할 경우에는 이것을 인수합니다.

신주인수권

신주인수권(新株引受權, Bezugsrecht, preemptive right)이란 회사가 신주를 발

행할 경우에 그 전부 또는 일부를 타인에 우선하여 인수할 수 있는 권리를 말합니다. 인수에 우선할 권리일 뿐 발행가액이나 기타 인수 조건에서 우대받을 수 있는 권리는 아닙니다. 대한민국「상법」제418조에 의하면 주주는 정관에 다른 정함이 없으면 그가 가진 주식의 수에 따라서 신주의 배정을 받을 권리가 있습니다. 즉 주주는 법률의 규정에 따라서 당연히 신주인수권을 가지며 주주 이외의 제3자의 신주인수권은 정관에 규정이 있어야 합니다. 신주인수권은 '주주의 신주인수권'과 '제3자의 신주인수권'으로 구분할 수 있는데 제3자에 대해 신주를 배정할 때는 정관의 규정이 있어야 하는 등 엄격한 절차에 의하여야 합니다. 추상적 신주인수권은 주주권의 일부로서 주주권과는 독립되지 아니한 주주권의 지분적 권리에 불과한 것이나 구체적 신주인수권은 주주권과는 독립된 별개의 채권적 권리입니다.

신주인수권부 사채(bond with warrant)

사채권자에게 일정한 기간이 경과하면 일정한 가격으로 발행회사의 신주를 인수할 수 있는 권리가 부여된 사채를 말합니다. 사채권과 신주인수권이 별도의 증권으로 분리 표시되

어 독자적으로 양도 가능한 것이 분리형 신주인수권부사채이며 신주인수권과 사채권이 병행 표시되어 분리 양도가 안 되는 것이 비분리형 신주인수권부사채입니다. 분리형 신주인수권부사채는 신주인수권만 분리하여 신주 청약을 할 수 있고 유통시장에서 별도로 매각이 가능하지만, 신주인수권을 행사하지 않으면 만기 시에 자연 소멸됩니다. 우리나라는 신주인수권을 행사할 때 신주 대금을 현금으로 불입하게 되어 있는 현금불입형 신주인수권부사채의 발행만 허용하며 대용불입형 신주인수권부사채는 허용하지 않습니다.

신용거래(margin transation)

증권회사가 고객으로부터 일정한 보증금을 받은 다음 주식을 사려는 자금이나 팔려는 주식을 빌려주는 거래를 말합니다. 이때 자금이 아닌 주식을 빌려주는 것을 **대주**라고 합니다.

실권주(forfeited shares, released share)

기존 주주들이 유상증자에 참여하지 않아 인수되지 않거나 인수가 되었어도 납입 기일까지 납입되지 않아 권리를 상실한 잔여주식을 **실권주**라고 합니다. 주주의 자금 부족으로 납입이 어려울 때에도 실권주가 많이 발생한다. 실권주가 발생하면 발행자는 자금조달 목적을 달성할 수 없으므로 재모집하는 것이 통례이다. 또 실권주의 확정 시점은 원칙상 청약기일이 아니고 주금 납입기일입니다. 발행회사의 업적이 나쁘거나 무리한 증자로 인해 시가가 납입액보다 낮을 때 혹은 자금 부족으로 납입 자금의 조달이 어려울 때 실권주가 발생합니다.

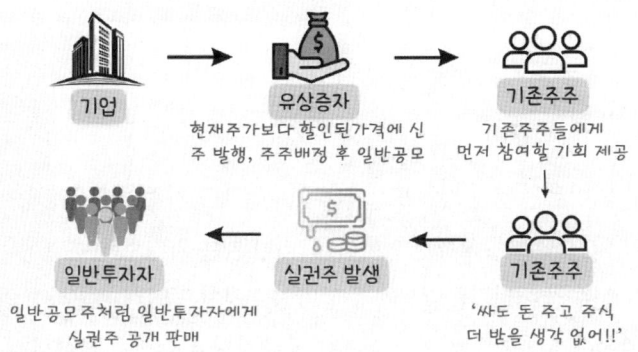

실권주 청약

실권주 청약이란? 실권주 청약은 유상증자를 할 때 구주주들이 신주인수권을 포기한 주식인 실권주를 일반 투자자들을 대상으로 공모하  는 것을 말합니다. 실권주 청약은 현재 한국투자증권에 증권계좌를 보유하신 모든 고객께서 신청하실 수 있습니다. 발행가격이 일반 주가보다 10~30% 낮아 투자 수익을 기대할 수 있습니다.

실권주 청약정기예금

실권주 청약정기예금은 공모주 청약예금과 성격이 비슷한데 다른 점은 실권주 청약을 할 수 있습니다. 실권주 청약정기예금은 정기예금금리가 주어지면서 실권주를 우선 청약할 수 있는 권리가 주어집니다.

실기주

넓은 의미로는 청산 기일 또는 신주인수권 배정기준일까지 명의개서가 되지 않은 주식을 말합니다. 그러나 좁은 의미로 신주발행의 경우 인수권 배정기준일까지 주식의 양수인이 명의개서를 하지 않아 주주명부상의 주주인 양도인에게 배정되는 주식을 말합니다.

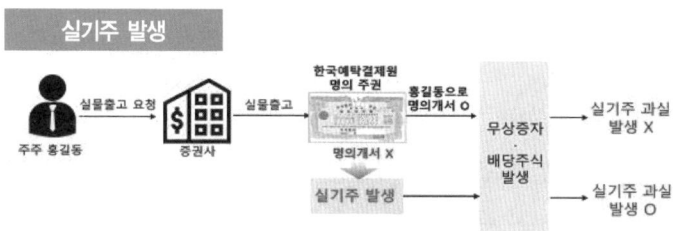

실적배당

실적배당은 펀드 내의 자산을 투자신탁 회사의 펀드매니저가 주식이나 채권에 투자하고 일정 기간 경과 후 그 결과치를 고객에게 되돌려주는 것을 말합니다. 물론 동전의 양면처럼 고수익이 날 수도 있고 원금에 손실이 발생할 수도 있습니다.

실적장세

경기 전체 또는 각 기업의 실적이 주가를 끌어올리는 증시 상황을 말합니다. 업적장세라고도 하며 통상적으로 이 장세 전반에는 소재산업이, 장세 후반에는 가공산업이 주도하며 거의 전 업종에 걸친 순환 상승세가 나타나고 경기 순환상으로도 2~3년간에 걸친 비교적 장기간 지속되는 특징입니다. 경기 호황에 따른 실적 장세가 어느 정도 지속되면 자금 수요가 너무 왕성하게 되어 금융 핍박감이 나타나며 정책당국도 인플레와 국제수지불균형 등을 우려하여 금융긴축에 나서게 됩니다. 그 결과 금리는 상승하고 주가는 급락하게 되는데 이러한 상황을 역금융장세라고 합니다. 유동성 장세에서는 기업 내용과 관계없이 무차별적으로 주가가 오르지만 실적 장세로 돌아서면 우량기업 주식이 시장을 주도하는 것도 일반적으로 나타나는 현상입니다.

실질주주

증권회사들이 증권예탁원에 주권을 예탁해 놓고 서로의 계좌간에 장부거래로서 거래하는 대체결제제도를 이용하여 진행됩니다. 이 경우 증권예탁원을 명의주주라 하고, 고객 또는 예탁자인 증권회사를 **실질주주**라 합니다.

실질주주증명서

주주가 한국예탁결제원에 맡긴 주식에 대해 본인 소유임을 확인받는 문서를 말합니다. 주식발행회사에 주주의 권리를 행사하거나 법원에 주주 소송을 낼 때 필요합니다. 실질주주증명서를 발급받은 주주는 사용 기간에 주식을 처분할 수 없습니다.

실질주주증명서 발행

실질주주증명서의 발행신청을 받은 경우에는 예탁자의 자기소유분에 대하여는 예탁자계좌부에 의하여 투자자 예탁분에 대하여는 해당 예탁자가 예탁결제원에 통지한 투자자계좌부에 의하여 실질주주증명서를 발행하여야 합니다.

실질주주증명서에는 다음 사항을 기재하여야 합니다. 실질주주의 성명이나 명칭과 주소·소유주식의 종류와 수·행사하려는 주주권의 내용·주주권 행사 기간 등을 기재하여야 합니다.

　예탁결제원이 실질주주증명서를 발행하는 경우에는 주주권 행사기간 동안 해당 주식의 처분이 제한된다는 뜻을 예탁자의 자기 소유분에 대하여는 예탁결제원이 해당 예탁자의 예탁자계좌부상에, 투자자 예탁분에 대하여는 예탁자가 해당 투자자의 투자자계좌부상에 각각 표시하여야 하며 그 주주권 행사 기간 만료 전에 실질주주증명서를 반환하는 때에는 처분이 제한된다는 뜻의 표시를 말소하여야 합니다.

♣ 혼자 생각해라, 군중심리는 주식에서 죄악이다.
♣ 빚투와 영끌 은 결국 망하는 지름길이다.
♣ 10년을 바라볼 주식이 아니면 10분도 소유마라.
♣ 배당은 절대로 거짓말하지 않는다.
♣ 잘 안 풀릴 때는 쉬어라.
♣ 물타기 하지 마라, 물이 물 된다.
♣ 한달에 10회 거래면 충분하다.

- 어떤 사람들은 자신이 장기투자자라고 생각하지만, 시장이 폭락하면 또는 조금만 오르면, 그 시점에 단기투자자로 돌변하여 커다란 손실 또는 푼돈을 벌고 주식을 모두 팔아버린다. 투자라는 변덕스런 사업에서는 공포에 빠지기 쉽다. 주식시장이 하락하는 것은 1월에 눈보라가 치는 것만큼이나 일상적인 일이다. 대비만 되어 있다면 주가 하락이 당신에게 타격을 줄 수는 없다. 주가 하락은 공포에 사로잡혀 폭풍우 치는 주식시장을 빠져 나가려는 투자자들이 내던지 좋은 주식을 싸게 살 수 있는 기회다.
- 주식시장은 확신을 요구하며, 확신이 없는 사람들은 반드시 희생된다.

안정조작

증권시장에서 유가증권의 시세를 고정시키거나 안정시킬 목적으로 매매거래를 하는 행위를 말합니다. 원칙적으로 시세조작 행위는 금지되고 있으나 주가의 안정을 도모함으로써 모집이나 매출을 원활하게 하기 위하여 예외적으로 안정조작을 인정하고 있습니다. 안정조작을 할 수 있는 자는 그 유가증권의 발행인 또는 인수 계약을 체결한 증권회사로서 유가증권신고서에 기재된 회사에 한하고 있으며, 안정조작 기간은 당해 유가증권의 모집 또는 매출청약기간 종료일 전 20일부터 청약기간 종료일까지입니다.

액면분할

주식의 액면가격을 일정 비율로 분할하여 주식 수를 늘리는 것을 말합니다. 상장사들은 주총결의를 거쳐 액면가를 100원, 200원, 500원, 1,000원, 5,000원 중 하나로 정할 수 있습니다. 주가가 높은 기업이 액면분할을 하면 주식의 유동성이 높아집니다. 액면가 5,000원인 10만 원짜리 주식이 액면가를 500원으로 낮추면 유통 주식 수는 10배로 늘어나고 주가도 1만 원으로 떨어져 일반인들이 쉽게 투자할 수 있게 됩니다. 보통 액면분할을 하면 주가가 많이 오르며 액면분할 후 1주당 가격이 낮아지기 때문에 투자자들이 주가가 싸졌다고 느끼는데서 오는 현상으로 분석됩니다. 미국의 경우 우량주들은 주가가 일정 수준 이상 오르면 액면분할을 실시해 유동성을 늘리는 것이 일반화돼 있습니다.

액티브펀드(active fund)

주식시장 전체의 움직임을 상회한 운용 성과를 목표로 하는 펀드를 말합니다. 종합주가지수와 같은 수익률을 목표로 하는 인덱스펀드보다 공격적입니다. 펀드매니저가 성장가능성이 높은 유망한 종목을 발굴하고, 적절한 매수·매도 시점을 결정하고 탄력적으로 포트폴리오를 운용하는 등의 적극적이고 과감한 전략을 통해 시장수익률을 초과하는 수익률을 올리는 것을 목표로 하는 펀드입니다. 펀드매니저의 시장예측 판단력과 역량에 따라 높은 성과를 기대할 수 있으며, 주로 주식형 펀드 위주로 운용됩니다.

액티브펀드
코스피200등 시장지수보다 높은 수익을 내기 위해 펀드 매니저들이 자산 비중을 적극적으로 조정하는 펀드.

인덱스펀드
시장지수와 동일한 수익률을 올릴 수 있도록 운용하는 펀드로 '패시브 펀드'로도 불린다.

약정 대금(sale value)

증권시장에서 매매거래가 성립된 가격에 거래량을 곱한 것으로 거래대금 또는 매매대금이라고 합니다.

양도제한조건부 주식(restricted stock units, RSU)

어느 정도의 성과를 거둔 임직원에게 자사주를 지급하는 **성과보상제도**를 말합니다. 일종의 인센티브 방식으로 지급 후에는 일정 기간 양도를 금지합니다.

RSU는 스톡옵션과 달리 주식을 직접 부여하는 방식이기 때문에 스톡옵션보다 더 많은 보상을 제공할 수 있으며 주식 가격 상승에 따른 이익을 직접적으로 누릴 수 있습니다. 주식을 받은 임직원들이 단기 성과 창출에 매몰되는 것을 방지하고, 회사의 장기적인 성장과 임직원의 장기근속을 유도할 수 있습니다.

양안兩岸지수

상하이·선전·홍콩·대만 등 4개 증권거래소의 동향을 반영하는 지수로 원래 명칭은 **중증양안삼지**中證兩岸三地**500 지수**(CSI Cross Straits 500 Index)라고 합니다.

양안삼지500 지수에는 상하이증시와 선전증시의 통합 주가지수인 "후선300 지수"에 포함된 주식 300개 "CSI 홍콩100 지수"에 포함된 홍콩 주식 100개, 대만 증권거래소에 상장된 주요 대만 주식 100개를 대상으로 합니다. 500개 종목은 양안삼지증권거래소 시가 총액의 약 75% 거래총액의 약 53% 규모로 해외 투자자들이 주목하는 중화경제권 증시들의 전반적인 상황을 반영합니다.

양키 본드(Yankee bond)

외국채의 일종으로 미국 시장에서 비거주자가 발행하여 유통되는 미국 달러 채권을 말합니다. 예를 들어 우리나라의 기업이 뉴욕금융시장에서 달러화 표시채권을 발행하고 미국 투자가들이 이를 인수했다면 이것이 바로 양키 본드입니다. 1974년 이자평형세의 폐지로 활성화해 1989년에는 1,000억 달러의 시장을 형성하고 있습니다. 미국 자본시장은 유럽이나 다른 외국 자본시장에 비해 매우 안정돼 있고 낮은 금리로 장기 달러 자금을 차입할 수 있는 장점이 있어 외국 기업들은 양키 본드 발행을 선호합니다. 그러나 미국에서 외국채를 공모할 때는 SEC의 등급 사정을 거치므로 발행 절차가 다른 외국의 금융시장에 비해 까다롭고 사전에 미국 신용평가기관으로부터 좋은 신용등급을 받아야 합니다.

어닝 서프라이즈(earnings surprise)

어닝 서프라이즈는 시장 예상치에서 훨씬 벗어남는 깜짝 실적을 말합니다. **포지티브**(positive) **어닝 서프라이즈**나 **네거티브**(negative) **어닝 서

프라이즈란 말로 나누어 쓰기도 하는데 시장 예상치를 크게 웃도는 깜짝 실적은 **포지티브** (긍정적) **어닝 서프라이즈**이고, **네거티브 어닝 서프라이즈**는 그 반대인 셈입니다. 그러나 통상적
으로 어닝 서프라이즈는 기업실적이 예상치를 상회하는 경우에 많이 쓰이고 예상치를 하회하는 경우에는 **어닝 쇼크**(earnings shock)라고도 합니다.

어닝 쇼크(earnings shock)

어닝 쇼크(Earning shock)는 기업의 실적 발표가 예상치에 훨씬 미치지 못하는 상황, 혹은 그러한 상황 때문에 오는 주가 하락을 말합니다. 반대로 시장의 예상치를 훨씬 상회하는 실
적 발표를 **어닝 서프라이즈**라고도 합니다. 주주들은 기업의 주인이지만 정작 기업이 얼마만큼 돈을 벌고 있는지는 모르는 경우가 많습니다. 회계자료는 어디까지나 과거 회기의 자료일 뿐이기 때문으로, 현 회계 분기에 얼마큼 돈을 벌고 잃었는지는 그저 간간이 나오는 뉴스와 시장동향으로 파악할 뿐입니다. 요즘 세상에서는 이것만으로도 많이 파악이 되긴 하지만, 간혹 시장이 예상한 것보다 실적이 처참한 경우, 당연하게도 주가는 실적에 맞춰서 최단기간에 가격수정이 이뤄집니다. 당연하게도 이때의 주가는 하한가,

혹은 하한가에 준하는 급락을 보이게 되며, 이런 꿈도 희망도 없는 상황을 **어닝쇼크**라 합니다.

또한 기업이 실적이 좋더라도 예상치에 미치지 못하면 이 또한 어닝 쇼크라고 합니다. 쉽게 말해 이 회사는 당기순이익이 100억일 줄 알았는데 30억 밖에 안 되네? 주식 팔자 이런 상황입니다. 즉, 어닝 쇼크는 영업이익이 적자라거나 실적이 안 좋은 상황만을 뜻하는 것이 아니라 예상치에 못미치는 실적을 어닝 쇼크라고 하는 것입니다. 가장 최근의 유명 사례로는 파나소닉을 필두로 한 2011년 일본 전자회사 어닝쇼크와 2020년 7월 23일 인텔의 주가가 애프터장 때 -10%를 기록하기도 하였습니다.

엄브렐러 펀드(umbrella fund)

보통 펀드와는 달리 시장상황에 따라 지정된 하위의 펀드들을 대상으로 펀드 간의 전환이 자유로운 펀드를 말합니다. 그래서 주식시장 하락기에 펀드를 전환하여 투자의 위험을 피할 수 있습니다. 엄브렐러라는 이름이 붙여진 이유는 여러 개의 우산살이 모여 하나의 우산을 이루는 것처럼 여러 개의 펀드가 모여 하나의 펀드를 이루고 있다고 하여 붙여졌습니다.

엄브렐러 펀드 안에서 하위 펀드로 전환할 때 별도의 수수료를 내지 않는다는 것과 시장 상황에 따라 유연하게 대응할 수 있다는 것과 투자 대상이 다양하다는 장점이 있습니다.

엔젤투자자(Angel Investor)

초기 단계의 벤처 기업에 투자하는 개인 투자자를 말합니다. 성공 가능성이 낮아 투자 유치에 어려움을 겪는 스타트 업 기업에 투자해 성공을 돕는다는 공익적 측면

이 있어 **엔젤**(Angel, 천사)이란 수식어가 붙었습니다. 주로 혁신적인 기술 관련 분야에 투자하며 이들의 투자 형식을 엔젤 투자라 합니다. 엔젤투자자가 제공하는 투자 자금은 **엔젤 캐피털**(Angel Capital)이라 합니다. 창업한 지 얼마 되지 않아 아이디어나 기술력은 있지만, 자금이 부족한 기업이 엔젤투자자의 투자 대상입니다. 자신의 판단에 따라 투자하므로 벤처캐피털과는 투자 기준이나 방향에 차이가 있습니다. 초기 기업의 장래성을 예측해 투자하는 만큼 투자 성공률은 낮은 편이며, 실패하면 투자금을 회수하기 어렵습니다. 이런 이유로 엔젤투자자들은 투자에서 그치지 않고 경영지도 등 다양한 방식으로 기업의 성장을 돕습니다. 위험 부담이 크지만, 성공할 경우 막대한 투자 이익을 거두기도 합니다.

엔터테인먼트 펀드(entertainment fund)

영화·드라마·공연·음반 등 문화산업에 일부 또는 전체 자산을 투자하는 상품으로, 1999년 인츠필름이 영화 「반칙왕」에 처음으로 도입한 이후 「공동경비구역」과 「친구」 등에서 성공하면서 새로운 재테크 수단이 되었습니다. 투자 비용을 제작사 자체에서 부담하거나 은행·창업투자회사에 의존하던 기존의 방식과 달리 일반인들을 상대로 인터넷에서 직접 공개 모집한 뒤 흥행에 따라 이익금을 배당하기 때문에 제작 단계에서부터 네티즌들의 참여가 이루어진다는 장점을 가지고 있습니다.

업적시세

상장회사의 업적이 전반적으로 향상됨에 따라서 주가가 상승하는 시세를 말합니다. 일시적인 주가 상승과는 달리 기업의 실적 호전을 근거로 주가가 오르기 때문에 상승 기간이 비교적 오래 계속되며 상승 폭도 큰 것이 일반적입니다. 따라서 업적시세는 장세의 큰 흐름으로 발전되는 경우가 많습니다. 이는 금융시세와 대비되는 개념입니다.

엑시트시장(Exit market)

엑시트(Exit)란 투자 후 출구전략을 의미하는데 투자자의 입장에서 자금을 회수하는 방안을 의미한다. 예를 들어 벤처기업의 엑시트 전략으로
는 매각·주식시장에 상장·인수합병·기업청산 등이 있을 수 있다. 나스닥에 상장하기 이전의 벤처기업들이 투자 회수를 위해 주식을 거래하는 인수합병 시장을 말합니다. 자금력이 우수한 기업이 기술은 뛰어나지만, 경영력이 없는 기업을 전략적으로 인수할 수 있는 영역입니다.

여섯 마녀의 날

주가지수선물·옵션·개별주식선물·옵션 등 4개의 선물과 옵션 동시 만기일을 의미하는 종전 **네 마녀의 날**(쿼드러플 위칭데이)에 2015년 7월 도입된 미니 코스피200선물·옵션 만기까지 겹치는 날을 지칭하는 용어입니다. 코스피는 2015년 9월 10일 첫 **여섯 마녀의 날**을 맞았습니다.

역시계방향곡선(주가거래량상관곡선)

거래량을 X축에, 주가를 Y축에 나타내고 주가와 거래량의 30일

이동평균선에 의한 매일매일의 교차점을 선으로 연결한 것이 주가와 거래량 상관곡선입니다. 이것을 차트상에 나타내 보면 시계 반대 방향으로 움직이는 경우가 많다고 해서 역시계 방향 곡선이라고도 합니다. 주가와 거래량의 밀접한 상관관계에 이론적 배경을 두고 있는 이 지표는 주가의 중기 예측에 매우 유용합니다.

역외 선물환시장(non-deliverable forward, NDF)

본국에서 거래할 경우 생길 수 있는 각종 세제나 운용상의 제반 규제를 피해 조세·금융·행정 등에서 특혜를 누릴 수 있도록 타국에 형성된 **선물환시장**을 말합니다. 보통 역외선물환·차액결제선물환시장으로 부르며 영문 머리글자를 따서 엔디에프(NDF)라고도 한다. 이 역외선물환시장에서는 만기에 계약 원금을 상호교환하지 않고, 계약한 선물환율과 지정환율 사이의 차이만을 지정통화로 정산합니다. 싱가포르·홍콩·뉴욕 등의 역외시장에서 거래가 활발하지만, 한국에서 말하는 역외선물환시장은 통상 싱가포르와 홍콩에 형성된 시장을 말합니다. 싱가포르와 홍콩 시장에서는 원화·대만달러·위안화·페소·루피 등 여러 통화가 거래되지만, 이 가운데 원화 거래가 가장 활발합니다. 특히 2000년 이후에는 원, 달러 환율 변동 폭이 커지면서 역외 선물환거래가 원, 달러 환율을 결정하는 주요 변수로 급부상했습니다.

역외펀드(offshore fund)

세금이나 각종 규제를 피해 자유롭게 각국의 주식 및 채권 등 유가증권에 투자하기 위해 세율이 낮은 세금 피난지에서 운용하는 펀드를 말합니다.

국내법에 따라 원화로 설정된 역내 펀드와 달리 역외 펀드는 외국법에 따라 외국 통화로 설정됩니다. 외국계 자산운용사 상품으로 한국뿐 아니라 외국 각국에서 판매되며 간접투자자산운용법 적용을 받지 않습니다. 역외펀드는 펀드 내 환헤지가 불가능해 통상 선물환 계약을 체결해 환율 변동 위험을 분산시킵니다. 전 세계의 실물·부동산자산·금융시장 등에 투자합니다. 해외투자펀드와 함께 해외펀드의 한 종류입니다.

한편, 국내법에 따라 설정된 역외펀드의 경우 주식매매 차익으로 얻은 수익에 대해서는 세금이 부과되지 않지만, 외국법에 의해 설정된 역외 펀드는 과세가 됩니다.

역전환사채(reverse convertible debenture)

증권 발행 당시에 정한 사유가 발생하면 주식으로 자동 전환되는 채권을 말합니다.

예를 들어 은행의 국제결제은행(BIS)기준 자기자본비율이 일정 수준 밑으로 떨어지는 등 재무구조가 악화되면 자동적으로 주식으로 전환되는 채권을 말합니다.

미국 플로리다 대학의 플래너리 교수가 지난 2005년에 제시한 개념입니다. 채권이 주식으로 전환되면 자본금이 늘어나는 효과가 있습니다. 은행으로서는 여타 채권에 비해 높은 금리를 지불하는 대신 위기 상황에 대비한 안전장치를 갖는 셈입니다.

역핀볼 효과

사소한 사건이나 물건 하나가 도미노처럼 연결되고 점점 증폭되면서 세상을 움직일 수 있는 역사적인 사건을 만들어 내는 현상을 말합니다. 얼핏 생각하면 독립적으로 벌어지는 사건이나 행동이 서로 인과관계를 형성하지 않을 것 같지만 결국에는 모든 것이 상호 연관을 맺고 있다는 것입니다. 각각의 볼링핀에 해당하는 주가 결정 요인인 경제성장과 유동성·기업 실적·투자자 심리 등이 개선되어 주가가 예상보다 더 오르게 되는 **핀볼 효과**의 정반대 상황을 말합니다. 경제활력이 떨어짐에 따라 시중에 풀린 돈과 실물 경제가 겉도는 가운데 갈수록 성장률과 기업 실적이 떨어집니다. 이 때문에 투자자들의 심리가 위축되면서 주식거래량도 급격히 감소합니다.

우량주(blue chip)

타 기업에 비해 수익성이 좋고 재무적인 안정성도 뛰어나며 성장성까지 좋은 기업을 말합니다. 하지만, 주식시장 실무에서는 **나에**

게 수익을 주는 종목이라는 의미로 통용됩니다. **블루칩**(blue chip)이라고 표현하기도 합니다. 반대말은 개잡주입니다.

점차 시간이 지나면서 가치가 높은 주식은 다른 주식에 비해 상대적으로 안정적이며 어느정도의 수익과 성장성도 보장한다는 점에서 블루칩은 점차 우량주라는 의미로 변하게 되었습니다. 비슷한 이유로 중저가형 우량주는 **옐로칩**(yellow chip)이라 부르며 우량 중국 기업들의 주식을 지칭하는 **레드칩**(red chip) 등이 있습니다. 선진국 주식시장에 가까워 질수록 테마주나 개잡주보다는 우량주 쪽으로 돈이 쏠리게 되며 우량주는 실적을 그대로 반영하는 경우가 많습니다.

국가의 경제가 저성장 국면에 접어들면 업종 내에서 확산 효과가 줄어들기 때문에 상대적으로 더욱 우량주에 대한 투자가 중요해진다고 하기도 합니다. 또한 경험적으로 우량주는 다른 주식들에 비해 쉽게 움직이지 않지만, 한번 대세를 만들어 내면 쭉쭉 올라가 장기 투자에 유리합니다.

옐로칩(yellow chips)

주식시장에서 대형 우량주인 **블루칩**(blue chips) 반열에는 들지 못하지만 양호한 실적에 기초한 주가 상승의 기회가 있는 종목입니다. 칩(chip)이란 트럼프의 포커에서 현금 대용으로 쓰는 것으로 블루칩과 함께 여기서 유래된 말입니다. 블루 칩은 매우 비싼 칩이고, 옐로 칩은 그 다음으로 비싼 칩으로 블루칩이 기업규모가 크고 실적이 우수하며 성장성도 밝은 기업의 초대형 우량주를 말하는 데 반하여 옐로칩은 블루칩보다는 조금 못한 중가 **우량주**를 말합니다.

우리사주신탁제도(Employee Stock Ownership Plan, ESOP)

ESOP는 기업이 종업원의 동의를 받아 퇴직금과 성과급으로 주식 투자 전용 펀드를 설정해 자사주나 기타 주식에 투자한 뒤 이익을 배분하는 제도를 말합니다.

배당, 주식 가치 상승 때 소득 증가
기업에 대한 '주인의식' 고취
↓
협력적 노사관계 형성
생산성, 효율성 증가

현재 ESOP가 가장 활성화돼 있는 나라는 미국이다. 기업 입장에서는 종업원들의 애사심을 고취시키면서 주가관리에 도움이 되고 종업원들에게는 건전한 재테크 수단으로 활용되고 있습니다. 증시가 선진화되어 있으면 선순환이 발생하지만, 우리 증시처럼 후진성을 면치 못할 때에는 자칫 소득불균형 심화와 노사간의 불신 등 부작용이 발생할 수도 있습니다.

우리사주제도(Employee Stock Ownership Plan, ESOP)

근로자들에게 자사주를 취득하게 하는 제도로서 근로자가 우리사주조합을 설립하여 자기회사의 주식을 취득, 보유하는 제도를 말합니다. 근로자 재산형성과 기업생산성 향상 및 협력적 노사관계 등을 목적으로 하고 있으며 미국·영국 등 세계 여러 나라에서 이러한 목적을 위해 널리 활용되고 있습니다. 기업에서 근로자의 자사주 보유를 지원한다는 점에서 미국의 ESOP제도와 유사하나, 성과급 형태로 운영된다는 점에서 확정갹출형 기업연금제도의 일종인 미국의 ESOP제도와 구별됩니다. 우리나라에서는 1968년 「자본시장육성에 관한 법률」에 의한 우선 배정제도로 처음 도입되었으며, 2001년 우리사주제도의 일반적 근거가 되는 「근로자복지기본법」이 제정되면서 사업주 등의 무상출연을 통한 우리사주 취득 등 취득기회가 확대되었다. 미국은 근로자가 퇴직 시에 인출할 수 있는 확정출연형 퇴직연금제도로 운영하는 반면, 영국은 근로자가 일정 기간 의무 예탁 후 인출하여 처분할 수 있는 성과배분형으로 운영하고 있습니다. 우리나라는 영국과 같이 성과 배분형으로 운영하고 있습니다.

우리사주조합(employee stock ownership association)

특정 기업의 종업원들로 구성된 자사주 투자조합을 말합니다. 다시 말해 특정 기업의 종업원들이 자신이 고용되어 있는 회사의 주식을 사들이기 위해 조직한 조합이 우리사주조합입니다. 종업원이 회사의 주식을 소유하는 이른바 종업원지주제도를 확립하기 위해 도입된 제도입니다. 현행 자본시장육성법은 기업이 공개나 유상증자를 할 때 공급주식의 20% 이내에서 우리사주조합에 우선적으로 주식을 배당하도록 규정하고 있습니다.

우리사주조합은 공개법인이든 비공개법인이든 관계없이 결성이 가능하며 별도의 기구로 결성할 수도 있고 사우회·공제회·노동조합 등 기존의 기구를 활용할 수도 있습니다. 특정 기업의 종업원은 우리사주조합 가입여부를 자유로이 선택할 수 있으나 임원과 그 법인에 계속적으로 고용되지 않고 일급이나 시간급을 받는 종업원은 가입할 수 없습니다. 우리사주조합에서는 보통 종업원의 급여 중 일정 부분을 공제해 기금으로 적립했다가 회사가 증자할 때에 자기 회사의 주식을 인수하는 것이 보통입니다.

우선매수청구권

우선매수청구권 혹은 우선매수권이란 자산의 소유자가 자산을 제3자에게 매도하기 전에 같은 조건으로 매수할 수 있는 권리를 말합니다. 영미법에서는 첫 번째 거절을 할 수 있는 권리 등으로 불린다. 이 청구권은 부동산·개인재산·특허권·영화상영 등 거의 모든 종류의 자산 및 비즈니스에 적용할 수 있습니다.

우선배당률(stimulated dividendratio)

보통주에 우선해서 받을 수 있는 우선주의 배당 비율로서 회사의 이익에 연동하는 것이 일반적입니다.

우선주(preferred stock)

배당이 가능한 이익이 발생했을 때나 잔여 재산이 분배될 때 보통주에 우선해 소정의 배당이나 분배를 받을 수 있는 주식입니다. 회사의 경영 참여에는 관심이 없고 배당 등 자산소득에만 관심이 있는 투자자를 대상으로 회사 자금조달을 위해 발행합니다.

우선권의 내용에 따라 일정률의 우선 배당을 받고 잔여 이익에 대해서도 보통주와 같이 배당에 참가하는 참가적 우선주와 잔여 이익 배당에는 참가할 수 없는 비참가적 우선주가 있습니다.

또 당해연도의 배당이 이미 정해진 우선배당률에 미치지 못했을 때 그 부족액을 다음 연도 이후의 이익에서 배당받을 수 있는 누적적 우선주와 그렇지 못한 비누적적 우선주 등이 있습니다.

채권처럼 미리 정한 기준에 따라 상환하면 상환우선주라고 합니다. 보통주로 전환 가능하면 전환우선주로 부릅니다. 상환전환우선주는 두 조건을 모두 갖춘 경우입니다.

우선주의 특징
- **우선 배당권** : 보통주보다 먼저 배당을 받을 권리
- **고정 배당률** : 대개 미리 정해진 배당률을 적용
- **의결권 제한** : 대부분 의결권이 없거나 제한적
- **전환권** : 일부 우선주는 보통주로 전환 가능
- **상환권** : 일정 기간 후 발행회사가 상환할 수 있는 권리
- **누적적 배당** : 미지급 배당금이 다음 해로 이월되는 경우 존재

우선주의 종류
- **누적적 우선주** : 미지급 배당금이 누적되어 향후 지급
- **비누적적 우선주** : 미지급 배당금이 소멸
- **참가적 우선주** : 보통주 배당에도 추가로 참여 가능
- **전환우선주** : 특정 조건에서 보통주로 전환 가능
- **상환우선주** : 일정 기간 후 회사가 상환 가능

우선주와 보통주의 비교
- **배당 우선순위** : 우선주 > 보통주
- **의결권** : 우선주는 제한적, 보통주는 전면적
- **가치 변동성** : 우선주 < 보통주
- **청산 시 우선순위** : 우선주 > 보통주
- **전환 가능성** : 일부 우선주만 가능, 보통주는 불가능

우선주의 장점
- 안정적인 수익 제공
- 기업에게 유연한 자본조달 수단
- 의결권 희석 없이 자본 조달 가능

우선주의 단점
- 주가 상승 시 이익 제한
- 의결권 제한으로 경영 참여 어려움
- 이자 비용 세금 공제 혜택 없음 (배당 지급 시)

오버슈팅(overshooting)

상품이나 금융자산의 시장가격이 일시적으로 폭등·폭락하였다가 장기 균형 수준으로 수렴해 가는 현상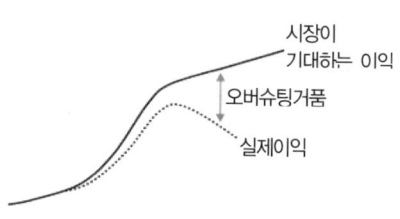
을 말합니다. 상품이나 외환의 수급에서 급격한 변동에 대해 경제주체가 과도하게 반응할 경우 나타납니다. 환율에서 오버슈팅 현상이란 정부가 정책적으로 통화를 팽창시키면 자국의 통화가치가 하락(환율 상승)하는데 처음에는 균형 수준 이하로 떨어졌다가 점차 통화가치가 상승(환율 하락)해 새로운 균형 수준에 이르게 되는 상태를 말합니다. 증권에서의 오버슈팅은 대세 상승기에 주가 상승 목표치가 일찍 반영돼 실제 가치보다 주가가 더 올라가는 현상을 말합니다. 오버슈팅은 이처럼 환율·주식·금리 등의 가격에 적정한 수준이 있다는 것을 전제로 한 개념으로 단기적인 가격이 상대적으로 긴 기간의 평균 가격보다 지나치게 상승하거나 하락하는 것을 말합니다.

오페라 본드(Out Performance Equity Redeemable in Any Asset)

선택형 교환사채입니다. 일정 기간이 지난 후 당초 약정한 가격(교환가격)에 따라 발행자 측이 갖고 있는 주식으로 바꿀 수 있는 권리가 부여되는 교환사채의 일종입니다. 오페라 본드는 교환사채(EB) 방식과 유사하지만 오페라 본드는 교환 가능한 주식이 두 종목 이상입니다. 오페라 본드 소지자는 주가 차익을 가장 많이 볼 수 있는 주식을 골라 교환 청구를 할 수 있기 때문에 일반적인 교환사채 투자보다 투자 위험을 줄일 수 있습니다. 투자자 입장에서 선택의 폭이 큰 만큼 상대적으로 높은 프리미엄이 추가됩니다.

5%룰(5% rule) - 대량보유 보고제도

상장·등록 기업 주식을 5% 이상 보유하거나 5% 이상 보유 지분에 대해 1% 이상 지분 변동이 발생할 경우 금융감독원에 5일 이내에 보고해야 하는 제도입니다. 이것은 기업경영권 시장의 공정성과 투명성을 높여 증권시장의 안정과 선진화를 이루고 적대적 M&A로부터 경영권을 보호해 주며 투기적 외국계 펀드의 불공정거래를 방지와 기존 지배주주의 경영권 보호를 강화하기 위한 것입니다.

옵션(option)

미리 정해진 조건에 따라 일정한 기간 내에 상품이나 유가증권 등의 특정 자산을 사거나 팔 수 있는 권리를 말하며 이를 매매하는 것을 옵션거래라고 합니다. 옵션 계약에서 정하는 특정 자산을 사거나 팔 수 있는 권리는 옵션을 발행하는 자가 이를 매수하는 자에게 부여하고 옵션 소유자는 일정기간동안 옵션 계약에 명시된 사항을 옵션 발행자에게 이행토록 요구하거나 또는 요구하지 않아도 되는 조건부청구권을 가지게 됩니다. 옵션거래는 권리를 행사할 수 있는 기간이 미래에 있기 때문에 광의의 선물거래라고 할 수 있습니다. 그러나 옵션거래는 단순한 선물거래에 비해 시장상황에 따라 보다 다양한 전략을 구사할 수 있고 헷저에게는 위험을 커버하는 이중장치의 역할을 할 뿐만 아니라 때에 따라서는 잠정적인 기회이익도 최대한 향수할 수 있습니다. 이에 따라 옵션거래는 1973년 시카고옵션거래소(CBOE)가 시장을 개설한 이후 거래 규모의 확대 및 거래의 다양화가 급속히 이루어져 현재는 미국은 물론 대부분의 금융선진국에 옵션시장이 개설되어 있습니다.

옵션가격(option price)

옵션은 매수자에게 권리가 부여되는 반면, 매도자에게는 의무가 따릅니다. 따라서 옵션매수자는 권리에 대한 대가를 지불하여야 하고 옵션매도자는 의무를 부담하는데 대한 보상을 요구하는데 이를 옵션가격 또는 옵션프리미엄이라고 합니다. 옵션가격은 내재가치와 시간가치의 2부문으로 구성되어 있습니다. 내재가치는 옵션이 갖고 있는 행사 가치, 즉 행사가격과 기초자산의 시장가격과의 차이로서 옵션가격은 항상 내재가치 이상이 됩니다. 왜냐하면 옵션가격이 내재가치 이하이면 재정거래가 발생할 수 있기 때문입니다. 한편 시간가치는 옵션가격과 내재가치의 차이로서 옵션이 즉각 실행되는 경우보다 만기에 유리하게 될 수 있는 가능성에 대해 옵션판매자에게 보상하는 성격을 갖고 있습니다.

옵션거래(option trading)

어떤 상품을 일정기간(유효기간) 내에 일정한 가격(exercise price ; 행사가격)으로 매입 또는 매도할 권리를 매매하는 거래를 말합니다. 옵션거래에는 권리행사 시 현물의 매매가 수반되는 현물옵션거래와 권리행사가 선물계약의 체결을 의미하게 되는, 즉 선물의 선물이라 할 수 있는 선물옵션거래가 있습니다. 미국에서는 1973년부터 시카고옵션거래소에서 주식의 현물옵션거래가 실시되어 왔으며, 최근에는 통화·장기국채·주가지수 등으로 기초자산의 범위가 확대되고 있습니다. 한편 선물옵션거래는 1982년부터 시작되었는데 장기국채·주가지수 등을 대상으로 행해지고 있습니다.

외부 요인(external factors)

주가의 형성과 변동에 영향을 미칠 것으로 보이는 요인을 신용거래·미수금·고객예탁금 등 주식시장 내부의 수요와 공급에서 발생하는 것을 **내부 요인**이라 하고, 기업 실적·정치 동향 등과 같이 시장 외부에서 발생하는 것을 **외부 요인**이라고 합니다. 그러나 내부 요인이라는 것이 주가의 형성 내지는 변동 요인인가에 대해서는 의문의 여지가 있으며 외부 요인에 대해서도 일반적으로 열거하는 것만으로는 별 의미가 없고 주가 형성에 영향을 미치는 인과관계의 연결이 명확히 되지 않으면 안 됩니다.

외부 재료

주가는 각종 요인의 발생에 의해서 변동하게 되는데 이와 같은 주가의 변동 요인을 '재료'라고 합니다. 재료의 분류 방법에는 정해진 기준은 없으나 주식시장의 경우 시장 외부 재료 및 시장 내부 재료로 분류되는 것이 일반적입니다. 외부 재료란 세계적인 경기 동향이나 금융 및 재정정책 동향과 같은 매크로적인 경제적 요인, 기업의 영업실적 동향 및 자금조달계획과 같은 마이크로적 요인 등을 말하며, 정치 및 사회문제·자연현상과 같은 경제외적인 요인도 외부 재료에 포함됩니다.

외수펀드

외국인 전용 수익 증권을 말하는 것으로 외국인의 국내 주식투자 시 국내 투신이 발행한 수익증권을 통해서 국내 주식에 대한 간접투자가 가능하도록 1981년 11월 최초로 설정되었습니다. 이것은 국내 주식의 투자만을 전문으로 하는 수익증권으로 국내·외 혼합투자가 가능한 매칭펀드와 구별됩니다. 이 펀드에는 최초의 외수 증권인 유나이티드 트러스트(United Trust)가 있으며 이후 KIT·KT 등이 추가 설정되었습니다.

왝더독 현상(wag the dog)

개의 꼬리가 몸통을 흔든다는 뜻으로 주식시장에서 이 용어는 선물(꼬리)이 현물(몸통)시장을 좌지우지하는 현상을 가리킬 때 쓰입니다. 원래 선물시장은 주식시장의 위험을 보완하기 위해 개설됐으나 선물의 영향력이 커져 주식시장을 뒤흔드는 주객이 전도된 상황이 나타났고 이를 개가 꼬리를 흔드는 것이 아닌 꼬리가 개를 흔드는 상황과 같다고 비유하게 되었습니다. 왝더독은 주식시장만이 아니라 금융시장 전반으로도 확장해 사용할 수 있는 용어로 기초자산의 가격에 의해 가치가 결정되는 파생상품의 시세가 거꾸로 기초자산에 영향을 미치는 경우에도 적용 대상이 될 수 있습니다. 왝더독 현상을 일으키는 것으로 흔히 지목되는 파생상품 가운데 하나가 **신용부도 스와프**(CDS)입니다.

요즈마 펀드(Yozma Fund)

이스라엘이 첨단 기술 기업에 자금을 공급하기 위해 만든 펀드를 말합니다. 요즈마 펀드는 박근혜 정부의 핵심 공약인 창조경제를 위한 구체적인 실현 방안으로 거론된 아이디어입니다.

요즈마 펀드는 첨단기술 기업을 지원하기 위해 지난 1993년 이스라엘이 정부(40%)와 민간(60%) 합동으로 조성한 펀드입니다. 요즈마는 히브리어로 **혁신**을 뜻합니다.

초창기 1억 달러로 시작된 요즈마펀드는 현재 40억 달러 수준으로 커져 이스라엘의 IT 벤처 기업에 자금을 대고 있습니다. 20여 개 기업이 미국과 유럽 증시에 상장되는 등 160여 개 업체를 지원했습니다. 투자수익에 대한 비과세와 투자 후 5년 내 요즈마 펀드 지분을 싼값에 되살 수 있도록 하는 등의 인센티브로 큰 성공을 거두고 있습니다. 현재 이스라엘 벤처기업은 미국에 이어 세계 2위 수준입니다.

한국형 요즈마 펀드 개요	
규모	2,000억원(정부 + 민간)
투자처	청년창업, 해외진출 창업, 외자유치, 중견기업 등
투자 비율	정부와 민간 투자 자금에서 4대 6으로 자금 투입
특징	펀드가 손실을 보면 정부 지분에서 우선 충당하고 펀드가 이익 나면 민간이 정부 지분 우선 인수

우량주(blue chip)

업적과 경영 내용이 좋고 배당률도 높은 회사의 주식을 말한다. 우량주에 관한 정확한 기준이나 개념이 정립되어 있는 것은 아니지만, 일반적으로 당해 회사의 재

무 내용이 좋고 사업의 안정성이 높고 안정배당 및 성장성이 있으며 유통성이 높은 주식을 말합니다.

우회상장(backdoor listing)

장외기업이 상장 심사나 공모주 청약 등의 절차를 밟지 않고 상장기업과의 합병·포괄적 주식 교환·제3자 배정 유상증자 등을  통해 상장기업 경영권을 인수해 곧바로 장내로 진입하는 것을 말합니다. 대체로 상장요건을 갖추지 못한 기업들이 우회상장을 즐겨 씁니다.

원유 파생결합증권

저유황경질유(WTI)·브렌트유 등 원유 가격과 연계해 수익률이 결정되는 금융 투자 상품입니다. 기초자산인 원유 가격이 만기 때까지 계약 시점보다 40~60% 떨어지지 않으면 연 10% 정도의 약속된 수익을 지급하는 형식이 일반적입니다. 가입 기간 중 원유 가격이 계약 시점보다 40~60% 밑으로 떨어지고 만기 때까지 계약 시점의 80~85% 수준으로 회복하지 못하면 하락률만큼 원금손실이 발생합니다.

유니버설 뱅킹(universal banking)

금융기관이 전통적인 금융업무인 여신과 수신업무 외에도 유가증권을 매매하는 등의 증권업무도 함께 볼 수 있도록 한 제도로 **원스톱 뱅킹**(one-stop banking)이라고도 합니다. 금융기술의 혁신이 급속도로 진전되고 있는 상황에서 고객서비스 및 자금의 배분 효율을 높이는 효과가 있습니다. 유니버설 뱅킹은 유럽에서 발달하였는데, 특히 독일의 경우 오래 전부터 동일 법인체의 은행이 상업은행과 투자은행을 겸업할 수 있었고 프랑스 역시 1960년대 이후 본격적으로 겸업을 허용해 왔습니다. 유럽 금융시장이 단일화된 1992년부터는 대부분의 유럽 연합 회원국들이 이 제도를 도입하였습니다. 유니버설 뱅킹 제도는 비용 절감은 물론 업무 다각화로 새로운 수익을 창출할 기회가 많아진다는 장점이 있고, 거대 금융기관의 등장에 따른 독과점문제와 금융기관의 동반 부실화 위험이 발생할 수 있다는 단점이 있습니다. 주로 독일·오스트리아·스위스·스웨덴 등 유럽 국가들이 이 제도를 채택하고 있습니다.

유로본드(Euro Bond)

한 나라의 차입자가 외국에서 제3국 통화표시로 발행하는 채권을 일반적으로 유로본드라고 말합니다. 역사적으로 유로시장에서 발생·발전해 온 채권발행 형태에서 이런 명칭이 붙었습니다. 채권의 인수단 및 판매 그룹은 수개국의 은행·증권 회사 등으로 구성되고 따라서 여러 나라의 투자자들에게 판매됩니다. 유로본드는 유로 달러채가 전형적이며 이밖에 유로마르크채 및 복수통화단위 표시채 등이 있으며 주로 런던·룩셈부르크·프랑크프르트의 거래소에 상장됩니다. 한편, 외국의 차입자가 특정 국가의 자본시장에서 발행하여 대부분 그 나라의 투자자들에게 판매하는 비거주자 발행채는 Foregin Bond라고 합니다. 양키본드·스위스프랑본드·사무라이본드·블독본드 등이 있습니다.

유상감자

회사가 주식 수를 줄여 자본을 감소시킬 때 회사에서 자본금의 감소로 발생한 환급 또는 소멸된 주식의 대가를 주주에게 지급하는 것을 말합니다. 회사 규모에 비

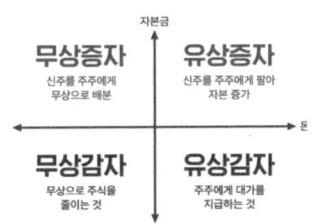

해 자본금이 지나치게 많다고 판단될 경우 자본금 규모를 적정화해 기업 가치를 높이고 주가를 높이기 위해 사용됩니다. 한편 무상감자는 보상 없이 주식 수를 줄이는 것으로 주식을 보유한 사람은 어떠한 보상도 받지 못하고 주식 수가 정해진 감자 비율만큼 줄어들게 됩니다.

유상증자 (capital increase with consideration)

증자는 기업이 주식을 추가로 발행해 자본금을 늘리는 것을 말합니다. 새로 발행하는 신주를 돈을 내고 사는 유상증자와 공짜로 나눠주는 무상증자로 나눠집니다. 유상증자는 신주를 발행할 경우 그 인수가액을 현금이나 현물로 납입시켜 신주자금 또는 재산이 기업에 들어오는 경우를 말합니다.

유상증자를 하면 발행 주식수와 함께 회사 자산도 늘어나지만 무상증자는 주식수만 늘 뿐 자산에는 변화가 없습니다. 증자 규모는 정관변경을 통해 발행예정주식총수를 제한 없이 늘릴 수 있기에 신주발행(유상증자)의 제한은 없습니다.

증자는 이사회 결의로 가능합니다. 회사는 이사회에서 증자 규모와 청약일, 신주대금납입일 등 구체적인 내용이 결정되면 주주에게 이를 알려줘야 합니다. 주주는 유상증자 대금을 지정한 날에 내면 신주를 취득하게 됩니다.

유상신주의 20%는 우리사주조합원에 배정되며 나머지는 기존 주주에게 보유주식수에 따라 배정됩니다. 기존 주주가 증자 대금을 내지 않으면 실권주가 돼 이사회 결의에 따라 처리됩니다. 실권주는 그 기업의 대주주나 임직원 등에 배정하기도 하지만 일반투자자를 대상으로 공모하는 경우(주주우선공모방식 증자)도 꾸준히 늘고 있습니다. 신주는 액면가에 살 수도 있으나 상장 주식의 경우에는 시가발행제도가 적용됩니다. 이 제도는 신주발행가를 주식시장에서 형성된 구주의 시세를 기준으로 일정 비율을 할인한 가격으로 정하도록 합니다.

유통시장(trading market, secondary market)

이미 발행된 증권이 유통되는 시장을 말하며 유통시장의 중심지는 증권거래소에서 개설한 증권시장이 주축이 되고 있습니다. 따라서 유통시장은 구체적 시장으로서의 성격이 농후합니다. 발행시장이 자본의 증권화를 담당하는 제1차적 시장이라면 유통시장은 증권의 자본화를 촉진시키는 제2차적 시장이라고 볼 수 있습니다. 유통시장은 시장조직의 형태에 따라 증권거래소가 개설하는 유가증권시장과 거래소시장 이외의 장외시장으로 나눌 수 있으며, 이를 다시 거래대상유가증권의 종류에 따라 주식유통시장과 채권유통시장으로 구분할 수 있습니다.

원유선물거래

뉴욕상업거래소(NYMEX)가 1983년 3월부터 원유의 공급과잉하에서 정제회사의 원유 가격 하락 손실을 방지하기 위해 실시한 선물거래를 말합니다. 원유선물거

래시장은 계속 규모가 확대되고 있으며, 유럽의 스폿시장과 함께 세계 원유 가격에 상당한 영향을 주고 있습니다. 하지만 투기적인 성격이 강하기 때문에 원유 가격 폭등의 한 원인으로 지적됩니다.

월가(Wall Street)

뉴욕 맨하탄에 있는 세계 금융·증권시장의 중심지로서 이곳의 증권시세가 전 세계에 민감한 자극을 주고 있습니다. 때문에 세계 유수의 증권·금융회사들이 많이 모여있습니다. 월가의 역사는 18세기 초부터인 것으로 알려져 있습니다.

의결권주와 무의결권주

주주총회에서 의결권이 부여되는 주식을 의결권주라 하며 보통주식은 이에 속합니다. 반면 의결권이 부여되지 않는 주식을 무의결권주라 합니다. 이것은 1주 1의결권 원칙의 예외로 우선주에 한해 허용하고 있습니다. 현행 상법은 무의결권주 발행 한도를 기업 발행 주식수의 4분의 1로 정하고 있고, 자본시장육성법은 1988년 개정을 거쳐 상장 법인에 한해 상법상 한도의 2배인 2분의 1로 정해놓고 있습니다. 기업들이 무의결권주 발행을 선호하는 것은 아무리 발행해도 증시에서 매집해 기업경영권에 도전하기가 불가능하기 때문입니다. 또한 기업의 대주주들은 경영권 도전의 걱정 없이 증자에 참여해 받은 무의결권주를 바로 매각하여 거액의 매각 차익을 얻어왔습니다. 이런 부작용 때문에 정부는 행정지도를 통해 무의결권주 발행을 억제해 왔습니다.

위스퍼링(Whispering)주

주식시장에서 알려지지 않은 정보로 주가가 움직이는 주식을 말합니다. 극소수 사람들 사이에서 귀엣말로 속삭이듯 정보가 전달된다는 데에서 나온 말입니다. 극소수의 주식시장 참가자들 사이에서 오름세의 배경이 거론되는 것들로 기업 인수·합병(M&A) 관련주와 실적호전주 등에서 특히 이런 위스퍼링주들이 많이 나타납니다. 주식시장의 고급 정보들은 일반투자가들의 접근이 어렵지만 위스퍼링주의 경우 일반 투자자는 물론 기관투자가들 역시 정보를 알지 못하는 일도 많습니다. 소수에게만 전달되는 정보들은 불확실성이 높아 나중에 역정보로 밝혀지는 경우가 상당히 많으므로 투자에 유의해야 하며, 이미 급등한 위스퍼링주의 재료가 밝혀질 때는 이미 주가가 충분히 상승한 상태입니다. 일반적으로 주식시장에서 비밀스럽게 소통되는 정보는 객관적 판단기준을 가지고 있지 않아 불확실성이 높으므로 투자 위험성이 높은 편입니다.

위탁매매(trading on consignment)

증권시장엔 거래원만 출입할 수 있다. 따라서 주식 매매거래를 하기 위해서는 증권 회사에 위탁하여 그들로 하여금 매매거래하게 하는 행위를 말합니다.

위탁증거금(entrustment guaranty money)

증권 회사가 고객으로부터 매매거래의 위탁을 받았을 때 고객으로부터 징수하는 증거금을 말합니다. 당일 결제거래에 있어서는 수탁 시에 매수대금 전액 또는 당해 매도 증권 전부를 징수하며 보통거래에 있어서는 수탁 시에 매수의 경우에는 현금, 매도의 경우에는 당해 매도 증권 또는 현금을 징수하도록 되어 있습니다. 그러나 「국채법」 및 「공사채등록법」에 의한 등록채권의 매도를 수탁하는 경우에는 등록필 통지서 또는 등록필증으로 당해 매도증권에 갈음할 수 있습니다. 보통거래에 있어서 위탁증거금은 주권·수익증권·주식 관련 사채권의 경우는 위탁가액과 주식관련사채권을 제외한 채권의 경우는 잔존 기간 1년 초과 3년 이하의 종류별 평균수익률을 전월 말 기준의 가격으로 환산하여 이 위탁 수량과 곱한 가액의 최저 30% 이상으로 하되, 거래소는 위탁증거금률을 변경할 수 있으며 종목 또는 매도·매수별로 그 율을 달리할 수 있습니다. 또한 보통거래의 경우 위탁증거금은 대용증권으로 갈음하여 납부할 수 있으며, 거래소는 종목 또는 매도·매수별로 대용증권의 납부 한도를 정할 수 있습니다.

위탁수수료(brokerage commission)

고객이 증권회사에 매매주문을 위탁하여 매매가 성립되었을 때 결제시에 증권회사에 지불하는 수수료를 말합니다. 위탁수수료율은 거래소가 정한 일정범위 이내에서 자율화하고 있습니다.
- **주식** : 매매계약대금의 6/1,000 범위 내에서 회원이 정합니다.
- **채권** : 매매계약대금의 3/1,000 이내에서 회원이 정합니다.
- **증권투자신탁재산** : 신탁재산 중 그 위탁회사가 설정한 형 또는 회수가 다른 신탁재산으로 편입하기 위하여 수탁 회사로 하여금 동일 종목을 동일 회원에게 매도함과 동시에 매수할 것을 위탁한 경우의 위탁수수료는 회원이 정한 요율의 50% 이상으로 합니다.

윈도 드레싱(Window Dressing)

회사의 자산이나 수지 상황을 양호하게 보이기 위해 대차대조표나 손익계산서의 숫자를 속여서 발표하는 결산을 말합니다. 결산 실적을 조작한다는 의미에서 분식결산(또는 분식회계)이라고도 하는데 통상적으로 적자를 줄이고 수익을 부풀립니다. 경영진은 좋은 평가를 받기 위해 임직원은 성과급을 챙기기 위해 조직적으로 회계 부정을 하고 분식회계를 알고

도 모른 체한 회계사들의 **직업윤리**도 도마에 올랐습니다.

펀드에서 사용되면 기관투자자들이 분기말 보유주식평가액을 높이기 위해 평가가 이루어지는 날짜에 맞춰 해당 종목의 주가를 인위적으로 높이는 것을 말합니다. 보통 편입된 종목을 추가로 사들여 주가를 부양합니다. 우리나라에서는 윈도드레싱이 일반적인 현상인 양 사용되지만, 미국에서는 **포트폴리오 펌핑**(portfolio pumping)이라는 용어가 사용되며 주가조작을 위한 불법행위로 처벌 대상입니다.

유통주식수(number of shares ready to trade)

상장법인의 총발행 주식 중 최대주주 지분 및 정부 소유주 등을 제외하고 실제 시장에서 유통이 가능한 주식을 말합니다. 초기에 투자자가 맡긴 기초자산을 운용사가 굴려 매월 투자자에게 일정액을 되돌려주는 펀드를 말합니다.

이격도(disparity)

주가와 이동평균선 사이가 얼마나 떨어져 있는지(괴리율)를 나타내는 지표를 말합니다. 당일의 주가를 이동평균치로 나눠 계산하며 단기 투자 시점을 포착하는 지표로 활용됩니다. 주가이동평균선에 의한 매매 시점 포착은 과거의 주가에 의해 만들어졌기 때문에 항상 늦을 수 밖에 없다는 결점이 있습니다. 이 결점을 보완키 위해 만들어진 것이 이격도입니다. 이격도가 100% 이상이라면 당일의 주가가 주가이동평균선 위에 있다는 뜻입니다.

$$\text{이격도(율)} = \frac{\text{당일의 주가}}{\text{당일의 이동평균주가}} \times 100$$

이동평균선(moving average)

주식시장이나 파생상품시장에서 기술적 분석을 할 때 쓰이는 기본 도구 중 하나입니다. 풀네임보다는 줄여서 이평선이라고도 합니다. 거래액·매매대금·주가 등 다양한 분야에서 접목할 수 있다. 과거의 평균적 수치에서 현상을 파악(주로 추세 매매)하여 현재의 매매와 미래의 예측에 접목할 수 있도록 돕는 것이 목적이다. 주가, 거래량, 거래대금 등을 지나간 평균적 수치로 계산하여 도표화한 것입니다. 6일·25일·75일·150일·200일 이동평균선 등이 있습니다. 이들은 나날이 변하는 시세에선 파악할 수 없는 추세를 파악할 수 있어 투자판단 지표로 널리 쓰이고 있습니다. 25일과 75일선이 가장 많이 쓰이고 있습니다. 오늘의 6일 종합주가지수 이동평균점은 오늘을 포함해서 지나간 6일간의 합계를 6으로 나눈 것입니다.

단순이평(SMA)이 자주 쓰이지만·지수평균(EMA)·가중평균(WMA) 등을 사용하는 경우도 있습니다.

이머징 마켓(emerging market) - 신흥시장

개발도상국 가운데 상대적으로 경제성장률이 높고 산업화가 빨리 진전되고 있는 나라의 증시를 일컫는 말로 선진국과 대
비되는 개념입니다. 1981년 당시 세계은행 이코노미스트인 앙트완 반 아그마엘(Antoine van Agtmael)이 처음으로 만든 용어로 신흥시장이 나오기 전에 이 지역은 "제3세계(the third world)"나 "개발도상국(the developing world)"으로 불렸습니다. 국제적인 지수 산정기관인 모건스탠리캐피털인터내셔널(MSCI)·FTSE·S&P 다우존스 지수 등이 선진국 지수와 신흥국 지수 등을 분류해 주식이나 채권에 투자하는 펀드나 벤치마크 지수를 두고 있습니다.

이연(carry over)

신용거래를 위해 자금이나 주식을 빌린 경우, 그 상환기일이 돌아와도 결제하지 않고 기한을 연장해 나가는 것을 말합니다.

이중상장(dual listing)

같은 종목의 주식을 동시에 두 개의 증권거래소에 상장하는 것으로 주식의 유동성을 높이는 효과가 있습니다. **중복상장**重複上場, **복수상장**複數上場이라고도 합니다.

이표채(Coupon Bond)

이표채는 채권의 본채에 이표가 붙어 있어 이자 지급일에 이를 떼어 이자지급을 받을 수 있는 채권입니다. 우리나라 회사채 대부분이 이표채로 발행하고 있으며, 3개월마다 이자를 지급하는 방식이 대부
분입니다. 이표채는 채권 권면에 표기된 액면가로 채권을 발행하며 만기에 원금을 상환됩니다. 이와는 달리 채권 권면에 표기된 액면가보다 낮은 금액으로 발행하는 채권을 **할인채**라고 합니다.

인기주(glamour stock)

항상 거래량이 많으면서도 시세 변동이 커 언제나 투자 대상으로 선택받는 시장 내의 인기 중심주를 말합니다. 인기주는 투자 수익율을 높히
는데 좋은 자료임은 분명하지만, 투기주로 바뀔 염려가 있습니다.

인덱스 보험(index insurance)

고객이 낸 보험료를 인덱스펀드와 주가지수 파생상품 등에 투자해 보험수익률을 주가지수에 연동시킨 상품입니다. 일반적으로 연금보험이 10년 이상 장기간 보험료를 불입하는데다 주가지수는 장기적으로 상승곡선을 그린다는 점을 감안하면 안정된 수익률을 보장받을 수 있습니다. 변액보험 중에서 상대적으로 변동성이 낮은 상품으로, 변액연금보험에 많습니다.

인덱스 펀드(index fund)

목표지수(인덱스)를 KRX 100, 코스피200지수와 같은 특정 주가지수에 속해 있는 주식들을 골고루 편입해 이들 지수와 같은 수익률을 올릴 수 있도록 운용하는 펀드를 말합니다.

대세 상승기에는 개인투자가나 주식형 펀드들이 주가지수 상승률만큼의 수익을 내지 못하는 것이 보통이기 때문에 종합주가지수의 흐름에 가까운 대표적 종목들을 편입해 운용합니다.

그러나 인덱스펀드는 초과수익을 원하는 적극적인 투자수단인 액티브 펀드(active fund)가 아니라 위험 회피를 중시하는 보수적인 투자 방법의 하나입니다. 시장 분석과 종목 분석에 필요한 비용이 절감되므로 액티브펀드에 비해 보수가 저렴하며 펀드매니저의 개별 판단이 배제되므로 투명한 운용이 가능합니다.

소극적 투자 방식을 특징으로 하는 투자신탁(펀드)의 한 가지이며, 종합주가지수 등을 따르는 것을 목표로 한다. 대한민국의 인덱스 펀드 종목으로는 KOSPI·KOSPI200 등이 있습니다. 신탁보수가 낮은 것이 특징입니다.

인덱스 펀드 스위칭 매매

시장 수익률을 추종하는 인덱스 펀드가 추가 수익을 얻기 위해 쓰는 전략입니다. 인덱스 펀드는 통상 코스피 지수를 따라가기 위해 시가총액 비중에 맞춰 주식을 보유하지만, 선물가격이 현물가격(주가)보다 싸면 보유 중인 주식을 팔고 선물을 사는 스위칭 매매 전략을 구사합니다. 선물을 만기일까지 들고 있으면 시장 수익률을 100% 보장받을 수 있는 데다 주식을 팔아 확보한 현금 가운데 15%만 선물 매수 증거금으로 내면 돼 나머지 자금에 대한 이자수익까지 얻을 수 있게 됩니다.

인디언 랠리(indian rally)

증시 하락 추세에서 일시적으로 찾아오는 주가 상승 현상을 일컫는 말입니다. 북미 대륙에서는 한가을에 여름처럼 무더운 날씨가 한동안 지속되는 이상고온 현상을 **인디언서머**라고 부르는데, 인디언들이 갑자기 기습하는 데에서 유래했다고도 하고, 이 시기에 인디언들이 겨울을 나기 위한 사냥을 했다 하여 이런 이름이 붙었다고도 합니다. 증시에서는 가을날 찾아온 반짝 더위처럼 하락 국면에서 일시적으로 주가가 반등하는 현상을 인디언 랠리 또는 인디언 서머라고 부릅니다. 즉, 경기침체가 본격화되기 전 단기적으로 주가가 상승하거나 정부의 경기부양책으로 잠시 주가가 회복되는 현상을 일컫는 말입니다. 한편, 증시에서 초여름에 나타나는 주가 급등 현상은 **서머 랠리**라고 합니다.

인버스(inverse) 펀드

주가지수·원유값 등 기초 자산 가격이 떨어지면 오히려 수익이 나도록 설계한 금융 상품입니다. 반대로 기초 자산 가격이 오르면 펀드는 손실이 납니다. 인버스 펀드 투자는 **마이너스 베팅**을 위한 투자 상품입니다.

인컴 펀드(income fund)

채권이나 부동산투자신탁(리츠 ; REITs), 고배당주 등에 투자해 이자·배당 등을 정기적으로 얻을 수 있는 **중위험·중수익** 상품입니다. 주식 투자에 따른 차익보다는 이자·배당 등에서 수익을 내는 것을 목적으로 합니다.

인컴 게인(income gain)

이자나 배당금에 의하여 생기는 소득을 말합니다. 주식 투자로는 소극적이지만 안전성은 높습니다.

증권의 이자나 배당을 얻어 생기는 소득을 의미합니다. 증권의 이잔나 배당에 따른 소득을 인컴 게인이라 하고 유가증권 원본의 가격상승에 의한 수익을 캐피털 게인이라고 합니다. 안정성을 중시한다면 캐피털 게인보다는 인컴 게인에 대한 기대를 높이는 투자를 하는 것이 바람직합니다.

인프라 펀드(infra fund)

집합투자재산을 사회기반시설사업(민간투자사업)을 영위하는 법인에 투자하여 그 수익을 투자자에게 배분하는 것을 목적으로 하는 펀드를 말합니다. 인프라 펀드는 투자자에게는 민간투자사업에 대한 연금 형태의 투자수단을 제공하며, 정부에는 사회간접자본(SOC) 등을 확충하는데 소요되는 재정상 부담을 완화시키며, 사회기반시설 시장에는 장기적이고 다양한 투자재원을 공급하는 기능을 합니다. 인프라펀드는 사회기반시설사업 영위법인(SPC)이 발행하는 주식 및 채권을 취득하거나 동 법인에 대한 대출채권 취득의 방법으로 투자하며, SPC는 사회기반시설을 건설하여 BTO(Build-Transfer-Operate)나 BTL(Build- Transfer-Lease) 방식으로 수익을 창출하고 이를 인프라펀드에 배당금이나 이자를 지급하는 구조를 가집니다. 인프라펀드는 1999년에 도입되었고 자본시장과 「금융투자업에관한법률」상 투자회사의 규제를 받으나 사회기반시설에 대한 민간투자법상의 일부 특례가 인정됩니다.

《 인프라펀드 투자대상 개념도 》

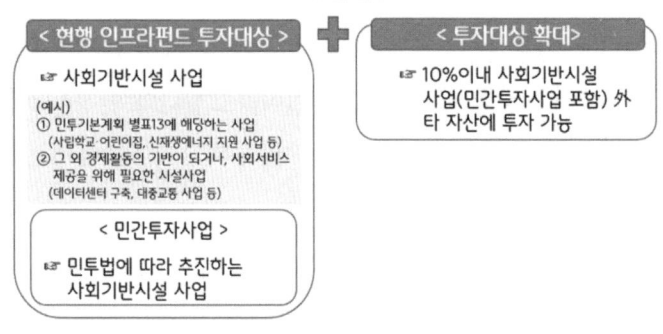

인프라 펀드(infra fund) 회사

사회간접자본시설사업에 자산을 투·융자하여 그 수익을 주주에게 배분하는 것을 목적으로 하는 회사를 말합니다. **사회간접자본 투·융자회사**라고도 합니다. 인프라 펀드 회사는 기관·개인 투자자들이 자금을 조성하여 사회간접자본에 대한 간접투자 채널의 역할을 합니다. 기관·개인 투자자의 여유자금을 생산자금화하여 SOC 투자 확충 및 경기활성화에 기여하고 건설사 위주에서 재무투자자 등으로 투자를 다변화하여 사회간접자본에 대한 민간의 참여를 촉진하기도 합니다. 또 연금·기금의 경우 고수익 투자처를 제공하여 연금·기금 재정 내실화에 기여할 것으로 기대됩니다. 인프라펀드는 「상법」상 주식회사로 설립되어 인프라에 대한 투자 또는 융자 등의 업무를 영위하며 페이퍼 컴퍼니로서 본질은 회사형 투자기구입니다.

인플레 헤지(hedge against inflation)

인플레가 일어나 화폐가치가 떨어지고 있을 때, 투자 대상을 토지·골동품·귀금속·주식 등으로 바꿈으로써 화폐가치의 하락으로부터 재산을 지키는 것을 말합니다. 주식의 경우를 보면 인플레이션이 되어 물가가 오르게 되면 기업의 매상고 증가로 이익이 늘어나거나 기업의 자산가치가 불어나므로 그만큼 투자가치가 높아지게 됩니다. 그러나 이런 이론이 절대적일 수 없는 것은 경제는 복잡하고 여러 경제 주체들의 심리적 상황이 고려되어야 한다는 점입니다.

인베스트먼트 뱅킹(investment banking)

자본시장에서 기업 및 정부, 정부투자기관 등의 자금조달을 중개하는 인수업무를 중심으로 기업의 인수합병(M&A) 중개, 프로젝트 파이낸스 중개 등을 하는 **미국 증권회사의 업무**를 말합니다. 오늘날에는 뱅킹(은행업)이란 용어가 의미하는 업무내용은 포함되지 않으나 1933년에 재정된 「은행법」에 의해 투자은행의 상업은행업무가 금지되기 전에는 거액예금의 수취, 대출, 수탁자산의 운용 등 은행 업무도 취급됐습니다. 1960년대 이후 증권회사의 인수 업무 경쟁이 격화되어 투자은행업계의 재편이 이루어지는 과정에서 M&A·프로젝트 파이낸스·국제금융업무 등으로 업무 확대 및 다각화가 이루어졌습니다.

일드코(Yeild co)

일드코(Yield co)는 자산을 바탕으로 주식을 발행하고 수익의 대부분을 투자자에게 배당금으로 돌려주는 회사를 의미합니다. 주로 미국의 태양광 에너지 회사의 자회사에서 많이 찾아볼 수 있습니다. 수익의 많은 부분이 배당으로 돌아가기 때문에 지분을 대거 보유한 모회사 입장에서는 안정적인 현금 흐름을 기대할 수 있습니다.

일드코 방식의 회사는 재생에너지 업계에서 주로 설립됩니다. 마스터합자회사(Master Limited Partnership·MLP)와 리츠(REITs)가 법적 규제 제약 때문에 설립에 난항을 겪는 것과 달리 일드코는 이같은 제약을 받지 않아 자금조달에 용이하기 때문입니다. 게다가 모기업인 에너지회사는 일드코의 지분 대부분을 소유하고 있기 때문에 꾸준하게 수익을 올릴 수 있게 됩니다. 안정적인 현금흐름 덕분에 일드코는 모기업으로부터 새로운 발전 시설을 추가 매입할 수 있습니다.

미국 태양광업체의 일드코 확대가 국내 태양광 기업의 수익에도 긍정적인 영향을 줄 것이라는 기대가 높아지고 있습니다.

일반공모

상장회사가 신주를 발행하여 그냥 일반 사람들을 대상으로 공모를 합니다. 물론 이때 기존 주주 역시 공모에 참여할 수는 있지만 기존 주주들만 우선적으로 공모 청약을 할 수 있도록 해주는 배려는 없습니다. 다시 말해 기존 주주들의 권리인 신주인수권을 침해하는 공모방식입니다. 따라서 이 방법은 해당 상장회사의 정관에 기존 주주의 신주인수권을 배제할 수 있다는 규정이 있어야 합니다.

일반공모증자

기존 주주의 신주인수권을 배제하고 불특정다수인을 상대로 유상증자하는 것을 말합니다. 상장 및 등록 법인은 정관이 정하는 바에 따라 이사회 결의로써 일반공모증자를 할 수 있습니다.

일임 매매

일반적으로는 투자자 스스로가 증권사 직원에게 종목 선정과 매매를 전부 맡기는 경우를 말합니다. 「증권거래법」 제107조는 '증권회사가 고객으로부터 수량·가격 및 매매 시기에 한해 그 결정을 일임받은 매매거래로 정의하고 있습니다. 「거래법시행규칙」에서는 1년 이내의 기간 동안 고객이 명시한 5종목 이내에서 일임 매매 약정이 가능합니다. 또, 증권회사는 일임 매매를 할 때마다 고객에게 통보하고, 매월 현황을 집계해 증권감독원과 증권거래소에 보고하게 되어 있습니다. 그러나 이 같은 정식 일임 매매는 거의 없는 실정이며 최근의 일임 매매에 관한 법원 판례는 '매매의 전부를 일임하는 포괄 일임 매매는 「증권거래법」에는 위반되나 매매의 책임은 고객이 부담하도록 한다'라는 입장입니다.

일학개미

일본 펀드에 투자하는 개인 투자자를 일컫는 말입니다. 일본 엔화가 빠르게 하락하고 일본이 확장적 통화정책을 펼치면서 일본 펀드에 투자하는 개인들이 늘고 있습니다.

입회(session)

증권의 매매가 이루어지는 증권거래소 내에서 일정한 자격을 갖춘 사람들이 모여 매매거래하는 것을 말합니다. 입회에는 오전 입회와 오후 입회가 있으며 이것을 전장, 후장이라고도 합니다.

- 주식시장에서 강세장이 지속될수록 가치평가 도구는 보수성을 잃어가는 현상을 조심해야 한다.
- 비즈니스 모델이 너무 어렵다면 그런 기업은 기꺼이 스쳐 지나간다.
- 내가 정말 중요한 특징으로 간주하는 것은 기업이 중기에 걸쳐 현금을 창출할 수 있느냐 하는 점이다. 나는 현금을 창출하는 기업이 현금을 소모하는 기업보다 우월하다고 믿는다. 이러한 점 때문에 내가 운영하는 포트폴리오는 제조업이 아닌 서비스업종에 편향되어 있다. 성장하는데 많은 자본이 필요하지 않은 기업은 특히 매력적이다.
- 시장은 결국 다수를 틀리게 만드는 방향으로 움직이곤 한다
- 나는 비인기 종목을 선호한다. 애널리스트가 어느 기업의 분석을 포기한다든지 업종 전말을 말하는 이들이 거의 사라져 버린다는 것은 투자에 있어 좋은 신호이다.

자금대순환(Great Rotation)

국제투자 자금이 상대적으로 안전한 채권시장에서 빠져나와 위험자산인 주식시장으로 이동하는 현상을 말합니다. 2012년 말 뱅크오브아메리카(BOA)-메릴린치의 마이클 하트네트(Michael Hartnett) 투자 전략가가 시장금리 상승에 따라 투자자들이 채권시장에서 발을 빼고 주식시장으로 이동할 것으로 예상하면서 자금대순환(Great Rotation)이라는 용어가 처음 등장했습니다.

자기매매(self-account transaction)

증권 회사 스스로 자기 자금으로 유가증권을 사고파는 딜러 업무를 말합니다.「자본시장법」에서 국내 증권을 기초로 하여 해외에서 발행되는 증권예탁증권도 금융 투자 상품의 범위에 포함하므로, 해외주식예탁증서(ADR, GDR)가 조사분석자료의 대상이 되는 경우에는「자본시장법」제71조제2호에 따라 투자매매·중개업자가 해당 조사분석자료 공표 후 24시간 이내에 자기매매를 할 수 없습니다.

자기자본투자(Principal Investment, PI)

금융기관이 자기의 돈을 직접 주식과 채권은 물론 부동산이나 인수·합병(M&A) 금융 등에 투자해 수익을 얻는 것을 말합니다. 자신의 돈으로 주식·채권·파생상품·통화 등을 거래하는 말을 뜻하는 **프랍 트레이딩**(prop trading)과 비슷한 용어인데 자기 자본 투자는 프랍 트레이딩과는 달리 투자 기간이 상대적으로 길고, 투자 대상기업의 경영권에 직접 또는 간접적으로 관여하여 기업 가치를 적극적으로 올리는 전략을 사용하기도 한다는 점이 다릅니다.

자기책임원칙

투자자들은 각 투자에서 발생한 손실에 대해 스스로 책임을 져야 하는 것을 투자자의 **자기책임원칙**이라고 합니다. 이 원칙에 따라 투자자들은 불완전판매로 인해 손실을 본 경우에도 금융회사에서 투자 원금 전액을 보상받을 수 없습니다.

자본감소(감자 ; reduction of capital)

회사의 자본금을 감소시키는 것으로 실질적 감자와 형식적 감자로 구분된다. 실질적 감자는 유상감자라고도 합니다. 자본금의 감소로 회사의 자산이 감소하며 이로 인해 환급 또는 소멸된 주식의 대가를 주주에게 지급하는 것입니다. 이는 기업규모를 축소하거나 합병에서 당해 회사의 재산상태를 조정할 경우 행하여집니다. 실질적 감자의 방법으로는 주식액의 일부를 주주에게 반환함으로써 자본금을 감소하는 방법과 회사가 일부주식을 소각하여 자본금을 감소하는 방법이 있습니다. 형식적 감자는 무상감자라고도 합니다. 이는 자본금이 감소하였지만, 회사 자산은 감소하지 않고 명목적으로 감소하는 것입니다. 형식적 감자는 거액의 결손금이 있어 오랫동안 이익 배당을 할 수 없거나 주가가 하락될 우려가 있어 신주를 발행할 수 없을 경우에 이루어집니다. 형식적 감자의 방법은 주주가 이미 납입된 주식액의 일부를 주주 손실로 처리하여 삭제하고 나머지 금액을 주식액으로 하는 방법과 수 개의 주식을 합하여 그보다 적은 수의 주식으로 바꾸는 방법이 있습니다. 주식감소는 주주의 이해관계에 중대한 영향을 미치므로 주주총회의 특별결의가 있어야 합니다.

자사주(treasury stock) - 자기주식

회사가 보유한 자사 발행 주식을 말합니다. 의결권이 없지만 제3자에 매각하면 의결권이 되살아난다. 자사주가 늘어나면 기존 주주의 의결권 지분율이 높아집니다. 자본시장법은 상장사가 주가 안정 등을 목적으로 매입할 수 있도록 하고 있습니다.

자사주를 취득하려는 상장사는 증권관리위원회와 거래소에 자기주식 취득신고서를 제출해야 합니다. 자사주 취득 기간은 신고서 제출일 다음날부터 3개월 이내입니다.

그러나 자기주식을 취득하고자 하는 기간 중에 투자자의 투자판단에 영향을 미칠 중요한 기업정보가 있는 경우엔 그 정보가 공개되기 전에는 자사주 취득을 할 수 없도록 하고 있습니다. 자사주를 취득한 회사는 그 취득 결과보고서를 제출한 날로부터 6월 이내에는 거래소시장을 통해 이를 처분할 수 없습니다.

자사주 매입(self-tender, buy-back)

회사가 자기 회사의 주식을 주식시장 등에서 사들이는 것을 말합니다. 자사주 매입은 주식 유통 물량을 줄여주기 때문에 주가 상승 요인이 되고 자사주 매입 후 소각을 하면 배당처럼 주주에게 이익을 환원해 주는 효과가 있습니다. 하지만 자사주 매입은 투자활동으로 성장해야 하는 기업이 자기주식을 사는데 돈을 쓰는 것은 성장할 만한 사업 영역을 못 찾고 있다는 의미로도 해석될 수 있기 때문에 주가에 대한 영향이 단기적이라는 시각도 있습니다.

자사주 매입은 적대적 인수·합병(M&A)에 대비해 경영권을 보호하는 수단으로 쓰이기도 합니다. 자사주가 그 자체로 우호 지분으로 쓸 수는 없지만 우호적인 기업과 서로 주식을 교환하는 방식으로 우호 지분을 확보할 수 있습니다. 종업원에게 주식을 지급하거나 회사 소유구조를 개편하기 위해 자사주 매입을 하기도 합니다. 자사주를 사는 돈은 자기 자금이어야 하고 자사주 취득 한도는 자본총계에서 자본금과 자본준비금, 이익준비금을 제외하고 남은 금액인 **상법상 배당 가능한 이익**이어야 합니다.

자사주 펀드

자사주 펀드는 상장기업 등이 투신사의 수익증권을 매입하고 투신사는 이 자금으로 해당 기업의 주식을 사는 특별한 형태의 수익증권입니다. 자사주 펀드는 설정 금액의 90% 정도를 주식매입에 쓰도록 돼있습니다. 자사주 펀드에는 상장법인은 물론 기관투자가나 개인 등 아무나 가입할 수 있으나 최저 가입 금액이 2억 원이어서 개인 가입자는 거의 없습니다. 한 펀드에는 최소 5개사(한전, 포철 가입시 4개사)가 가입해야 설정이 가능합니다.

신탁 기간은 5년이며 1년 이내에는 환매가 불가능하고 2년 내 환매 시에는 월 1회 10% 이내에서만 가능합니다. 가입자가 맡긴 자금의 90% 정도는 우량 상장법인을 사고 10%는 현금자산 등에 운용합니다. 펀드 총액의 20%까지만 한 종목에 투자할 수 있고 국민주는 30%까지 가능합니다. 실제 매입은 거래소시장에서만 가능하고 한 종목을 6일 이상에 걸쳐 분산 매입하고 감리종목지정 등 주가 급등 시 매입을 중지합니다.

자사주 취득

주식회사가 이미 발행한 자기 회사의 주식을 매입 또는 증여에 의해 취득하는 것을 말합니다.

자산배분형펀드

주식·채권·파생상품·인프라 등 여러 자산에 분산 투자하는 펀드 시장 변동성에 영향을 덜 받으면서도 연 5~7%대 수익을 안정적으로 낼 수 있습니다. 투자 위험이 상이한 다양

한 자산에 분산투자하고, 금융시장 상황과 자산가치 변동을 고려해 주기적으로 자산 배분을 변경하는 펀드를 말합니다.

자산유동화증권(Asset-Backed Securities, ABS)

부동산·매출채권·유가증권·주택저당채권·기타 재산권 등과 같은 유형·무형의 유동화자산을 기초로 하여 발행된 증권을 말합니다. 자산유동화증권의 원리금 지급 능력은 주로 유동화자산으로부터 발생하는 현금흐름, 유동화자산의 재산적 가치, 신용보강 수준 및 거래 참여자의 계약이행능력 등으로 결정됩니다. 자산유동화란 상대적으로 유동성이 떨어지지만, 재산적 가치가 있는 자산을 담보로 증권을 발행하여 유통하는 방법으로 대상자산의 유동성을 높이는 일련의 행위라 할 수 있습니다. 이러한 기법을 활용함으로써 금융기관과 기업은 보유 자산을 유동화하여 조기에 유동성을 확보할 수 있습니다.

자율반등과 자율반락

일반적으로 주가는 시장 전체의 변동이 격심한 때는 추세선과 반대 방향으로 극히 단기간 내에 1/3 또는 2/3의 반작용이 일어나는 경향이 있습니다. 즉, 하락 경향이 급격할 때는 단기적으로 반등 현상이 일어나고 상승 경향이 급격할 때는 단기적으로 반락 현상이 일어납니다. 이와 같은 주가 운동을 자율 조정이라고 하는데 전자를 **자율반등**(technical rebound)이라고 하고 후자를 **자율반락**(technical reaction)이라고 합니다.

자본시장

자본시장은 장기자금이 조달, 공급되는 시장으로서 장기금융 시장이라고도 합니다. 자본시장은 자금의 공급 방식에 따라 장기대출시장과 증권시장으로 구분되는데 장기대출시장은 간접금융 방식이 행해지는 금융시장으로서 금융기관이 저축자로 부터 조달한 자금을 장기자금수요자에게 대출하는 시장을 말하며 증권시장은 주식·채권 등의 증권을 통해 자금을 조달하는 직접금융시장을 말합니다.

자본잉여금

기업회계 상 회사의 순자산액이 법정자본액을 초과하는 부분을 잉여금이라고 하며, 이 잉여금은 다시 자본거래에 의한 재원을 원천으로 하는 자본잉여금과 손익거래에 의한 이익을 원천으로 하는 이익잉여금으로 구분됩니다. 이들 중 자본잉여금은 자본준비금, 재평가적립금 및 기타 자본잉여금으로 구분됩니다. 자본준비금에는 주식발행초과금·감자차익·합병차익이 있고, 재평가적립금은 「자산재평가법」에 의해 적립된 잉여금으로서 기업이 소유하는 자산의 장부가액을 수정함으로써 생기고, 기타자본잉여금에는 국고보조금·공사부담금·보험차익·채무면제이익·자기주식처분이익 등이 있습니다.

[자본잉여금과 자본조정]

	자본잉여금	자본조정
신주발행	주식발행초과금	주식할인발행차금
자본감소	감자차익	감자차손
자기주식	자기주식처분익	자기주식처분손 자기주식

자본잉여금(주식발행초과금)과 자본조정(주식할인발행차금)은 우선상계

자본자유화

국제간의 자본이동을 자유롭게 함으로써 투자된 자본의 원금이나 이윤 등에 대한 자유로운 송금을 보장하는 것을 말합니다. 증권시장의 국제화를 의미하며 자본자유화가 증권시장에 미치는 가장 큰 영향은 주가의 변화입니다. 돈은 수익을 쫓아가기 때문에 주가가 낮은 곳으로 몰립니다. 우리는 아직도 선진국에 비하여 PER가 낮은 상태입니다. 상대적으로 투자 수익율이 높다는 말이 되므

로 자본자유화는 큰 호재로 봅니다.

자산가치(asset value)

주식의 가치를 평가하는데 있어서 순자산을 총발행주식수로 나누어 1주당 가치를 평가하는 것을 말합니다. 아직 상장되어 있지 않은 주식을 평가하는데 중요한 척도가 되며 기업의 청산을 전제로 한 청산가치를 추정할 때 유용한 보통주의 가치평가기준이 될 수 있습니다. 유가증권 분석에 관한 기준에 따르면 주식을 공모할 때의 자산가치는 **1 주당 가산가치=(순자산+공모예정주금)/(발행주식의 총수+공모예정주식수)**이 됩니다. 단, 여기서 순자산은 총자산에서 실질 가치가 없는 무형고정자산 및 이연자산·부채총계·법인세·임원상여금·상여금을 제외한 금액을 말합니다.

자산재평가(assets revaluation)

기업은 설비를 상각하고 그 연한이 되면 그 상각 자금으로 설비를 대체하는 것이 일반적입니다. 그러나 인플레  가 심하게 되면 그 설비의 장부가와 실제 가격 사이에 큰 격차가 생기므로 상각 자금만으로는 그때까지와 같은 설비를 구입할 수 없게 됩니다. 따라서 기업이 가지고 있는 고정자산의 장부가를 재평가하여 현실가에 근접시키면 그 상각분도 늘어나게 되어 문제가 해결됩니다. 한편 상각이 실체보다 적게됨에 따라 표면에 나타나는 이익이 커지면 그만큼 조세부담도 무거워지는 등의 문제도 해소됩니다. 이러한 관점에서 고정자산의 장부가를 현재 가격으로 현실화시키는 것을 **자산재평가**라고 합니다. 우리나라의 경우 자산취득일 또는 직전 재평가일로부터 도매물가상승률이 25% 이상인 경우, 상각자산(토지는 1 회에 한함)에 대하여 자산재평가를 실시할 수 있도록 하고 있습니다.

자전매매(cross trading)

동일한 증권 회사가 동일한 종목을 동일 수량과 동일 가격으로 동시에 매도·매수하는 형태를 말합니다. 증권 매매계약에서 계약만 체결되고 아직 결제되지 않은 상태의 약정 증권을 포지션(건옥)이라고 합니다. 어느 증권 회사가 5만 주의 매도건옥을 상계시킬 목적으로 같은 양인 5만 주를 다시 사들임과 동시에 5만 주를 팔았다면 처음 5만 주의 매도건옥이 이연되는 상태가 됩니다. 자전매매는 이와 같은 것입니다. 예를 들어보면 증권 회사가 고객들로 부터 동일 수량의 매입 매도 주문을 받았을 때, 신용거래의 기한이 돌아왔으나 이를 갚지 않고 기한의 갱신을 필요로 할 때 이루어 집니다. 자전매매는 가장매매와 같은 사기 매매가 아닙니다.

자산주(asset stock)

기업의 자산 가치를 보고 장기 투자할 수 있는 주식을 말합니다. 자산주는 회사의 실적이 안정되어 있고 배당률에 큰 변동이 없으며 주가도 투기적인 움직임을 나타내지 않습니다. 따라서 자산주 투자는 매매차익보다 주로 배당에 따른 투자수익을 목적으로 합니다. 자산주를 선택할 때는 기업의 재무구조·성장성·경영자의 자질·주요 사업 내용 등 기업의 기본적 요소를 종합하여 결정하여야 합니다.

자산평가지수

증권·부동산·자산 등의 가치를 보유자가 어떻게 평가하는지를 나타내는 지수를 말합니다. 6개월 전과 비교해 현재의 자산 가치에 대한 보유자의 주관적인 평가를 나타냅니다.

자취엔 지수(Taiwan Stock Exchange Capitalization Weighted Stock Index, TAIEX)

대만 증권교역소에서 운영하는 **가권지수**를 말합니다. 우리나라의 종합주가지수(KOSPI)와 같이 대만 증권시장의 표준지수입니다. 기준연도인 1966년을 100으로 하며 신규상장·상장폐지·유상증자 등의 변수를 반영합니다. 자취엔 지수는 우선주를 신규상장 1개월 미만의 주식 등을 제외한 전 상장 주식을 대상으로 산출해 전체 장세의 흐름을 나타냅니다.

작전주

주식시세를 인위적으로 조작함으로써 차익을 챙기려는 세력이 활동하고 있는 종목을 흔히 **작전주**라고 말합니다. 즉, 주가 조작을 시도하는 세력의 대상이 된 주식을 말합니다. 「증권거래법」상 시세 조종행위(manipulation)가 이뤄지고 있는 종목입니다. 시세 조종행위가 군사작전을 방불케 한다는 말에서 작전주라는 말로 통용되고 있습니다. 단번에 급등 시세를 내게 돼 일반 투자자를 현혹시키지만, 성공 확률은 높지 않은 편입니다.

잔고좌수

주식을 세는 기본 단위가 "주"라면 펀드의 기본 단위는 "좌"입니다. 잔고좌수는 내가 가지고 있는 모든 펀드의 수를 말합니다.

잔액인수(stand-by underwriting)

주식이나 채권발행을 하려는 기업은 주관사와 인수단에 발행을 위탁하고 주간사 회사는 이들 증권에 대해 투자자로부터 청약을 받게 됩니다. 발행 물량 전부를 간사 회사가 인수를 하고 매출을 하는 것을 총액인수방식이라 하고 발행물량 중 미매각된 증권만 인수하는 방식을 잔액인수 방식이라 말합니다.

잠재주(sleeper)

투자가에게 이익을 거의 주지 못하나 일단 관심을 끌고 난 뒤에는 가격의 상승을 기대할 수 있는 주식을 말합니다.

잠재 지분

향후 일정한 요건에 따라 행사되는 권리에 의해 생길 수 있는 지분을 말합니다. 예를 들어 특정 회사의 전환사채(CB)나 신주인수권부사채(BW)를 보유하고 있다면 현재는 주식이 아니지만 정해진 기간이 지나면 일정한 금액을 기준으로 주식으로 전환 청구하거나 신주를 인수할 수 있는 권한을 갖게 됩니다. 이러한 경우 현재는 주주 권한을 행사할 수 없지만 주식 전환권이나 신주인수권을 행사하면 의결권 등 각종 권한을 갖게 됩니다.

이밖에 신주인수권증서·교환사채·주식예탁증서 등도 잠재 지분 계산에 포함됩니다. 최근 기업 인수·합병(M&A)이 활성화됨에 따라 기업들이 적대적 M&A를 방어하기 위해 CB나 BW 등을 통해 잠재 지분을 확보하려고 하고 있습니다. 또 기업의 경영권을 노리는 측도 이 같은 방식으로 M&A를 실현하려는 움직임을 조이고 있어 잠재 지분에 대한 관심이 높아지고 있습니다.

장외시장(over the counter market)

주식장외시장은 증권거래소 시장의 전단계 시장으로서 상장이 안 된 중소기업이나 모험기업의 주식을 증권회 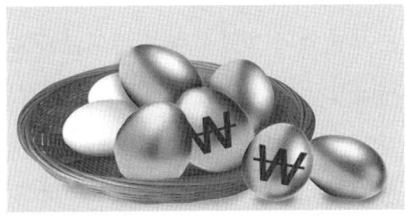 사 창구에서 투자자 또는 증권사들이 서로 사고팔 수 있도록 제도화한 시장으로 **저두시장**이라고도 합니다. 거래소시장은 집중경쟁매매방식으로 거래가 이뤄지는 단일시장인 데 반해 장외시장은 증권회사 창구에서 개별적으로 이뤄지는 비조직적인 시장입니다. 유망 중소기업에 직접 금융 이용 기회를 부여해 자금조달을 쉽게 하고 우량기업을 발굴해 상장을 촉진한다는 취지에서 1987년 4월 1일 개설됐습니다. 장외시장 등록기업은 사회적 신용이 향상되고 널리 알리는 효과 외에 일정 요건을 갖춘 경우 공모증자가 가능하고 공개 절차 없이 직상장할 수 있는 등의 혜택을 누립니다. 중소기업 및 은행의 소액주주는 배당소득에 대해 20%(비상장 기업주주는 25%) 분리 과세되며 등록 이후 취득한 주식에 대해서는 양도소득세를 내지 않습니다.

장외파생상품

파생금융상품시장은 장내시장과 장외시장으로 구분됩니다. 장내시장은 가격 이외의 모든 거래 요소가 표준화되어 있는 파생금융상품 거래시장으로서 거래소시장이라고도 합니다. 장외시장은 표준화되어 있지 않은 파생금융상품이 거래소를 통하지 않고 시장참가자 간에 직접 거래되는 시장입니다. 금리스왑과 같은 스왑상품과 선도는 기업이나 은행 계약당사자 간 체결되는 장외파생상품이고 옵션은 장내와 장외파생상품 양쪽에 다 속합니다.

장외파생상품 거래정보저장소(Trade Repository, TR)

장외파생상품 거래와 관련한 모든 정보를 보관·분석하고 이를 금융당국에 보고하는 거래 정보 등록기관을 말합니다. 2008년 글로벌 금융위기 때 미국에서 TR 역할을 했던 DTCC가 리먼브러더스의 부도 위험을 시장에 알리면서 중요성이 부각됐습니다.

해외에선 유수의 글로벌 거래소·중앙은행·금융정보업체들이 TR을 운영하며 경쟁 중입니다.

우리나라에서는 한국거래소가 2021년 4월 1일부터 업무를 공식적으로 개시했습니다. 이에 따라 금융투자업자는 2021년 4월 1일부터 이자율과 통화를 기초자산으로 하는 CFD나 TRS 등 장외파생상품 거래정보를 TR에 보고해야 합니다. 2022년 1월 1일부터는 주식 신용 등을 포함한 모든 상품군으로 보고 대상이 확대되었습니다.

재간접 펀드

재간접 펀드란 펀드 자산의 50% 이상을 다른 펀드에 나눠주는 펀드를 말합니다. 재간접 펀드에 가입하면 여러 펀드에 종합적으로 가입한 형태가 되는 것으로 분산투자와 위험 회피를 노릴 수 있다는 장점이 있습니다. 하지만, 주가가 큰 폭으로 상승하거나 하락할 때에는 펀드 운용사의 실력이 다 다르고, 펀드 운용보수를 두 번 내는 꼴이기 때문에 오히려 손해를 볼 수도 있습니다. 보수적인 투자자를 위한 상품. 공격적인 투자를 하고 싶다면 이런 펀드같은 거 관심 안 둬도 됩니다.

다만 해외 펀드 운용사의 펀드에 관심이 있는 경우에는 좀 다르며 이런 펀드에 가입하려면 해당 펀드의 통화(보통 달러나 유로인 경우가 많다)에 맞는 외환계좌를 만들어 환전한 후 해당

펀드에 직접 가입해야 하는데(이를 역외펀드라고 한다) 판매 상품이 많지 않거니와 환헤지 등 신경 쓸 거리가 많습니다. 따라서 일반 투자자들은 해당 펀드사의 국내 지사가 설정한 재간접 펀드를 원화로 가입하면, 펀드사가 이를 해당 통화로 바꿔 해외의 모펀드에 다시 투자하는 방식을 취하게 됩니다. 따라서 위에서 말한 분산의 효과는 거의 없으며 위험성은 모펀드의 위험성을 따라간다. 또한 환헤지

는 펀드사에서 처리하지만, 환헤지에 따른 손해가 고객에게 안 돌아오는 것은 아니기 때문에 가입 시 주의할 필요는 있습니다.

재간접 펀드는 펀드에 투자하는 펀드이기 때문에 대상이 되는 펀드에 대해서 숙지하고 있는 건 필수입니다. 은행·보험사·증권사 등에 가면 가입할 수 있습니다.

재간접 공모 펀드

여러 개의 헤지펀드를 하나의 공모 펀드로 묶어 소액 투자자도 가입할 수 있게 한 상품을 말합니다. 가입 요건이 1억 원이어서 고액 자산가의 전유물로 여겨지는 헤지펀드에 비해 재간접 공모 펀드의 가입 요건은 500만 원으로 책정될 예정입니다.

저가주(low-priced stock)

일정한 기준은 없으나 주가 수준이 전반적으로 싸다고 인식되는 주식을 말합니다. 일반적으로 영업실적이 부진한 회사의 주식이 이에 해당되며 자본금이 많은 대형주가 저가주가 되는 경우도 있는데 이것을 **저가대형주**라고 합니다. 한편 회사의 내재가치 또는 과거의 평균주가 등에 비해 증권시장에서 주가가 저평가되어 있다고 판단되는 주식을 말하기도 합니다. 저가주의 자산평가 시 원가와 시가를 비교하여 어느 것이든 낮은 가격으로 평가하는 것을 말합니다. 여기서 말하는 원가는 취득원가(역사적 원가)를 뜻하며, 시가는 순실현가능가액이나 재조달원가를 말합니다. 이들 2~3 가지의 가액을 비교하여 가장 낮은 가액으로 평가하는 방법이 **저가주의**입니다.

저항선(resistance line)

주가그래프 상 주가 파동의 상한점들을 연결한 직선을 말합니다. 특히 주가가 일정 기간

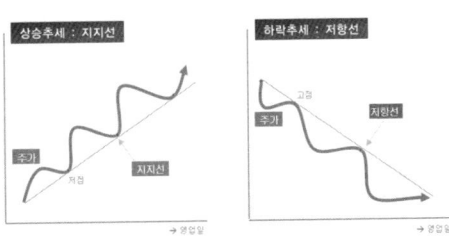

보합권에 있을 때 그 사이의 단기 파동의 고가를 연결한 선으로서 그 부분에는 잠재적인 매도세가 대기해 있는 것으로 봅니다. 그 선을 돌파해서 주가가 상승했을 때 보합권 이탈이 일어났다고 판단합니다.

적격외국기관투자가(Qualified Foreign Institutional Investors, QFII)

적절한 자격을 갖춘 외국인에게만 중국의 주식이나 채권을 살 수 있도록 허용하는 제도입니다. 외국인이라면 QFII를 따야만 중국에 투자할 권한이 생깁니다. 중국 정부는 자국

금융사들이 해외에 투자할 때도 QDII(적격 국내기관투자가) 자격을 갖추도록 의무화하고 있습니다. 중국 정부가 이처럼 국내외 금융시장 투자를 까다롭게 제한하는 것은 외환 유출입을 적극 통제하고 국제 투기자본이 경제를 교란하는 걸 막기 위한 것입니다.

중국의 주식은 크게 A주식과 B주식으로 나뉩니다. A주는 원칙적으로 중국인만이 투자할 수 있으며 외국인은 B주만 투자할 수 있습니다. 단 QFII를 획득한 외국인 투자자라면 A주에도 투자가 가능합니다. QFII 제도는 2007년에 100억 달러 한도로 처음 도입된 뒤 2011년에 300억 달러로 확대됐고 2012년 4월 3일부터 800억 달러로 확대됐습니다.

적격투자자 제도(Qualified Institutional Buyers, QIB)

기업이 기관투자자들을 대상으로 채권·주식 등의 유가증권을 발행할 때 신고서 제출과 공시 의무 등을 대폭 완화해 주는 제도입니다. 미국·영국·일본 등에서는 이미 시행되고 있습니다.

정규시장 접근이 어렵고 회사 경영 상황을 수시로 공시해야 하는 공시 의무가 상대적으로 부담스러운 중소기업과 해외기업의 국내 자금조달을 위한 자본시장 접근성이 높이기 위한 것입니다.

QIB 시장은 보험 은행 연기금 등 일정한 자격을 갖춘 기관투자가가 참여할 수 있는 시장입니다. 이를 통해 신용등급이 낮은 중소·중견기업들이 공모시장보다 저렴하고 빠르게 회사채를 발행할 수 있습니다.

    금융위와 금융투자업계는 QIB 제도 개편 이후 공모로 자금조달이 어려운 국내 중소기업과 공시 부담을 느끼는 외국 기업들이 QIB 시장으로 몰리면서 시장 활성화를 주도할 것으로 내다봤습니다. 공급 기반이 부족한 하이일드채권 시장에도 활력을 불어넣을 것으로 기대했지만 발행 기업은 물론 거래를 중개할 증권사들도 선뜻 시장에 나서지 않고 있는 상황입니다. 이 제도가 국내 회사채 시장에서 정착하지 못하고 있는 이유는 QIB 시장에서 발행되는 회사채가 '유가증권'이 아니라 '사모사채'로 분류되고 있기 때문입니다.

적극매수(strong buy)

애널리스트들이 주식을 추천할 때 향후 6개월간 시장대비 30% 이상의 초과수익이 예상되는 경우일 때 사용하는 용어입니다. 한편 매수는 향후 6개월간 시장대비 10~30% 이내의 초과수익이 예상될 때 사용합니다.

적립식펀드투자

매달 일정액을 불입해서 주식이나 채권 등에 투자하는 펀드로 은행의 적금과 증권식투자의 장점을 결합한 상품입니다. 주식형·혼합형·채권형의 3가지가 있습니다. 주식형 펀드 투자는 주식 및 주식 관련 파생상품을 60% 이상 편입하며 혼합형은 주식형보다 채권 관련 자산의 편입 비율이 높고 채권형은 대부분 채권 및 채권 관련 상
품에 투자합니다. 성장형 투자를 원하면 **주식형**에, 안정성장형 투자를 원하면 **혼합형**에, 보수적인 투자를 원하는 경우에는 채권형이 적합합니다. 그러나 적립식 투자라고 해서 무조건 안전한 것도 아니며 일정한 수익률을 보장해 주는 것도 아닙니다. 대부분의 적립식 펀드 투자는 보수적 투자를 지향하여 업종대표주나 시가총액 상위종목·배당률이 높은 종목 등으로 편입 자산을 구성합니다. 주식 편입비율이 너무 높으면 위험성이 커지며 너무 낮으면 투자자의 수익률 목표를 달성하기 어렵습니다. 원래 '적립식펀드'로 불리었으나, 2005년 4월 26일 금융감독원이 **적립식**이란 용어는 펀드 상품명이 아니라 투자자의 자금 납입 방법을 지칭하는 것이라고 지적하고 **적립식 펀드투자**로 용어를 통일했습니다.

전자식 선하증권(Electronic Bill of Lading)

문서 대신 전자문서로 발행되는 선하증권입니다. 전자식 선하증권은 새로운 종류의 선하증권이 아니며 선하증권을 발행하는 대신에 그 내용을 선박회사가 컴퓨터에 입력시켜 보존하고 선박회사는 송하인(수출업자) 또는 수하인(수입업자)에게 EDI(Electronic Data Interchange ; 전자자료교환) 메시지를 전송하고 권리의 증명으로서 개인 키(암증번호)를 사용하는 것에 의해 물품에 대한 지배와 처분권의 이전과 물품의 인도를 이행하는 방법을 **전자식 선하증권**이라고 말합니다.

전자증권제도

종이 실물이 아닌 전자 등록으로만 발행·유통되는 제도를 말합니다. 실물 증권의 위·변조와 유통·보관 비용 발생 등의 비효율을 제거하기 위한 것으로 2016년 3월 「주식·사채 등의전자등록에관한법률」이 공포된 이후 3년 6개월의 준비 기간을 거쳐 2019년 9월 16일 시행에 들어갔습니다.

적용 대상은 상장 주식과 채권 등 대부분의 증권으로 실물 없이 전자 등록 방식으로만 발행할 수 있고 전자 등록 후에는 실물 발행이 금지됩니다. 또 전자 등록으로도 증권에 관한 권리 취득과 이전이 가능하고 신탁재산 표시·말소의 경우 제3자에 대한 대항력을 갖게 됩니다.

비상장 주식과 같은 의무화 대상 이외의 증권은 발행인의 신청이 있을 때만 전자 등록이 가능합니다.

전자등록기관과 계좌관리기관(금융회사)이 전자등록제도를 운용하며 전자등록기관은 금융위원장·법무부장관이 공동 허가한다. 안정적인 제도 시행을 위해 한국예탁결제원이 사전에 전자등록업 허가를 받았다.

▍전자증권제도 도입의 효과

투자자의 경우 실물증권 위·변조 및 도난 우려가 사라지고 증자·배당 시 주주권리 행사를 하지 못하는 경우도 없어질 것으로 보인다. 기업은 자금조달 소요 기간이 단축되고 효율적 주주 관리가 가능해져 경영권 위협 등에 원활하게 대응할 수 있으며 중개 금융사는 다양한 증권사무를 비대면으로 처리할 수 있고 실물증권 관련 업무 부담과 비용을 줄일 수 있다. 정부 입장에서도 탈세 목적의 실물증권 음성거래를 줄이고 증권 발행·유통 정보를 활용해 금융감독과 기업지배구조 개선 정책을 효율화할 것을 기대할 수 있다.

전장과 후장(morning session, afternoon session)

증권시장의 매매 입회는 오전 입회와 오후 입회로 구분되는데 오전 입회를 **전장**, 오후 입회를 **후장**이라고 합니다. 현재 우리나라 증권시장에서는 전장은 9시 30분부터 11시 30분까지이며 후장은 13시부터 15시까지입니다. 토요일·발회일·납회일에는 오후 입회를 하지 않습니다.

전환사채(convertible bond, CB)

주식으로 전환할 수 있는 권리가 붙은 사채를 말합니다. 전환청구기간 내에 전환권을 행사함으로써

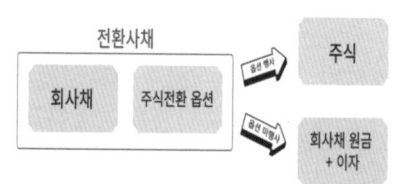

미리 정해진 가격으로 신주를 인수할 수 있습니다. 전환청구기간은 사채를 발행한 날로부터 상당한 거치기간을 두는 것이 통례입니다. 발행 후 즉시 전환권을 행사할 경우 주가가 급락해 일반 주주에게 피해가 가기 때문입니다. 전환권 행사 시 주식매입대금의 불입은 전환사채의 원금으로 하고 전환사채 자체는 소멸됩니다. 주가 하락 등을 이유로 전환권을 행사하지 않는 경우에는 액면가액으로 상환됩니다. 발행자로서는 전환권을 주는 대신 보통사채에 비해 낮은 이율로 발행할 수 있어 금융비용 부담이 줄어든다는 장점이 있습니다. 또 주식으로의 전환이 서서히 진행되기 때문에 주식발행에 의한 증자에 비해 배당 부담의 급증을 피할 수 있습니다.

투자자의 입장에서는 주식시장이 나쁠 땐 만기까지 채권으로 가지고 있어 **표면금리**만큼 상환받을 수 있는 반면, 주가가 오를 땐 주식으로 바꿔 팔 수 있으므로 높은 시세 차익을 올릴 수도 있습니다. 채권으로서의 안전성과 주식으로서의 고수익성을 함께 지니고 있습니다.

전환주식(convertible share)

회사가 권리 내용이 다른 여러 종류의 주식을 발행하는 경우 다른 종류의 주식으로 전환할 수 있는 권리, 즉 전환권이 인정되는 주식을 말합니다. 이것은 정관의 기재에 의하여 발행할 수 있으며 우선주와 보통주 상호간의 전환을 청구할 수 있게 하여 신주 모집을 쉽게 하려는 데 목적이 있습니다. 선진국의 경우 전환주식의 가장 일반적인 형태는 우선주를 보통주로 전환하는 것이며, 이 경우 전환주식을 전환우선주라고 합니다. 전환우선주는 투자자가 이를 소유하고 있을 경우 회사의 사업 전망이 좋을 때 배당률이 확정된 우선주를 보통주로 전환함으로써 추가적인 이익 배당에 참가할 수 있는 장점이 있습니다. 한편 회사로서는 전환우선주를 발행하면 주식을 모집하기가 쉽고 자금조달이 용이합니다. 우리나라의 「상법」은 구舊상법과 달리 신주발행의 경우뿐만 아니라 회사를 설립할 때도 전환주식을 발행할 수 있게 하였습니다.

전환형펀드

주식형 펀드로 운용하다가 미리 정해진 목표수익률을 달성하면 그 즉시 편입된 주식을 팔고 만기일까지 채권형으로 운용되는 상품을 말합니다. 주식에 투자해 얻은 수익 이외에도 채권에 투자해 얻은 채권이자까지 받을 수 있습니다.

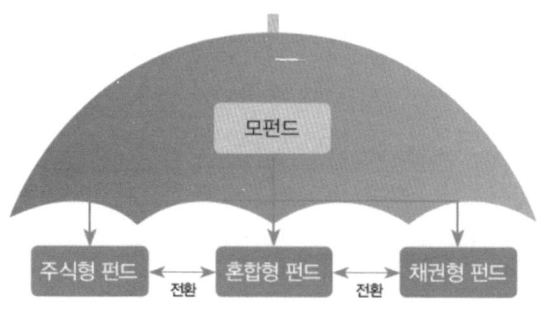

〈 전환형 펀드 구조 예시 〉

절대수익추구형펀드

주식시장의 방향과 상관없이 수익을 내도록 설계된 펀드를 말합니다. 절대수익 추구형펀드의 유형은 채권 알파·시장중립·공모주 하이일드 형의 세 가지로 분류됩니다. 채권  알파 펀드는 주가의 등락과 상관없이 '채권이자 + α' 정도의 수익률 달성을 목표로 하며 시장 중립형은 저평가 주식매수와 고평가 선물매도 등을 통해 시장 포지션을 중립화하는 전략을 취하면서 주식편입비율을 10% 수준으로 유지합니다. 공모주 하이일드형은 그야말로 투기 등급 채권에 투자하면서 공모주식에도 투자하도록 설계됐습니다.

정책 크라우드 펀딩 제도

시민자치센터나 고가도로 건립부터 놀이기구 마련이나 지역축제에 이르기까지 시민들이 직접 정책을 제안하고 모금할 수 있도록 하는 제도를 말합니다. 크라우드 펀딩을 시민들이 제안한 정책 프로젝트에 적용한 것입니다.

2012년 영국 남웨일스의 소도시 글린코치 시민들은 지역 경제발전을 위해 기존 탄광설비와 도시 내 노후화된 건물을 재개발하기로 했어요. 이 사업의 핵심은 노후화된 지역공동체센터의 재건축이었습니다. 석탄 생산이 주 산업이던 1977년 세워진 이 건물을 정보기술(IT) 시설과 직업훈련 강의실을 갖춘 시민자치센터로 탈바꿈시키는 것이었습니다. 문제는 돈이었죠. 영국 정부가 79만 파운드(약 12억 9,000만 원)를 지원했지만 이 금액만으로 건물을 완공하기에는 부족했던 것을 글린코치 시민들은 스페이스하이브라는 크라우드 펀딩 플랫폼업체와 손잡고 문제를 해결했습니다. 자신들의 상황과 취지 등을 소셜미디어로 알려 모금을 받은 것입니다. 전국 각지의 시민들로부터 후원금이 모여들었고 이들은 4만 3,000 파운드(약 7,000만 원)를 모금해 2013년 시민자치센터를 완공할 수 있었습니다.

정크 본드(junk bond)

정크(junk)는 **쓰레기**를 뜻하는 용어로 그대로 해석하면 **쓰레기 같은 채권**을 의미합니다. 일반적으로 기업의 신용 등급이 아주 낮아 회사채에서 발행할 수 없는 기업이 발행

하는 회사채를 말합니다. '고수익 채권' 또는 '열등채'라고 하며 원리금 상환에 대한 불이행 위험이 크지만 이자가 높은 고위험 고수익 투자 상품입니다.

1970년대 미국 정크본드 시장의 대부로 불렸던 마이클 밀켄이 하위 등급 채권을 정크라고 부른 데서 유래했습니다. 당시 신용도가 높은 우량 기업이 발행한 채권 중 발행 기업의 경영이 악화되어 가치가 떨어진 채권을 말하며 최근에는 성장성은 있지만 신용 등급이 낮은 중소기업이 발행한 채권이나 인수·합병(M&A)에 필요한 자금을 조달하기 위해 발행한 채권 등을 포함하는 넓은 개념으로 사용하고 있습니다

마이클 밀켄

채권 등급으로 치면 미국 양대채권평가기관인 무디스사의 신용등급이 B4이하이거나 스탠더드 푸어사의 등급이 BB이하인 채권을 말합니다. 정크본드의 특징은 무엇보다 높은 이자율과 그에 상응하는 높은 위험도라 할 수 있습니다. 한때 정크 본드와 M&A로 미국 5대 증권사에 올랐던 드렉셀사가 과도한 정크 본드 투자로 1989년 파산한 전례가 있습니다.

제꼬리 배당(bogus dividend)

주식회사나 유한회사에 있어서는 대차대조표상의 순재산액으로부터 그 자본의 액과 그 결산기까지 적립한 법정준비금을 그 결산기에 적립해야 할 이익준비금을 공제한 액을 한도로 하여 이익배당을 할 수 있게 되어있습니다. 이 경우 이것에 위반하여 가공의 이익을 장부상 조작하여 주주에게 부당하게 배당하는 것을 제꼬

리 배당이라 하는데 말하자면 문어가 제꼬리를 잘라 먹는 식이기 때문에 이런 이름을 붙인 것입니다.

제꼬리 배당은 자본충실 원칙에 벗어나며 채권자는 물론, 주주에게도 이로울 것이 없습니다. 제꼬리 배당이 있으면 채권자는 부당 배당액 전액을 회사로 반환시킬 수 있고 이사를 상대로 손해배상을 청구할 수도 있습니다. 회사는 배당 무효를 이유로 주주에게 배당액을 반환하라는 청구를 할 수 있고 주주도 이러한 위법 배당을 사전에 유지시킬 수 있으며 이사의 책임을 추궁하는 길(대표소송)도 택할 수 있습니다.

제3자 배정 유상증자

기존 주주나 회사 임직원이 아닌 제3자가 새로 발행할 주식(신주)를 가져가는 것을 전제로 실시하는 유상증자를 말합니다. 기존 주주를 대상으로 증자가 이뤄지는 '구주주 대상 유상증자'처럼 자본금과 자기자본과 발행 주식 수가 증가하지만 새로 발행할 주식 인수자가 불특정 다수가 아니라 특정 3자라는 점에서 다릅니다.

조회공시

증권거래소가 상장법인의 기업 내용에 관한 풍문 및 보도의 사실 여부의 확인을 요구하는 경우 이에 대하여 당해 상장법인이 그 내용을 직접 공시하는 것을 말합니다. 따라서 조회공시의 대상은 상장법인의 직접 공시 사항에 한정되지 않고 풍문 또는 보도 내용에 따라 간접 공시 사항과 이에 준하는 사항을 포함하게 됩니다. 그러나 풍문 또는 보도 내용이 1월 이내에 상장법인이 이미 공시한 사항인 경우에는 조회공시를 요구하지 아니할수 있다. 거래소가 조회공시를 요구하고자 하는 경우에는 상장 법인의 공시책임자 또는 공시 업무 담당 부서의 장에게 전화로 요구하며, 당해 상장법인은 조회공시를 요구받은 날로부터 1일 이내에 직접 공시하고 그 내용을 지체 없이 거래소에 문서로 제출하여야 합니다. 또 상장법인이 조회 공시를 함에 있어서 당해 상장법인이 의사결정과정 중에 있다는 내용으로 공시(미확정공시)한 경우에는 그 공시일로부터 1월 이내에 당해 공시 사항에 대한 확정 내용 또는 진행 상황을 직접 공시의 방법으로 재공시하여야 합니다.

종목(name, issue)

거래의 대상이 되고 있는 유가증권의 명칭을 말합니다. 채권의 경우는 발행자가 동일인이더라도 발행 방법과 발행 조건이 다르기 때문에 발행 회차별로 서로 다른 종목이 됩니다. 주식의 경우는 한 회사라고 하더라도 신주·구주·우선주·보통주 등 여러 가지 종목이 있을 수 있습니다. 종목은 주식을 분류하는 경우에도 쓰이는데 1부 종목·2부 종목·관리 종목·내수관련종목·수출관련종목 등과 같이 사용되기도 합니다.

종합주가지수(Korea Composite Stock Price Index)

증권시장에서 형성되는 개별 주가를 총괄적으로 묶어 전체적인 주가변동 상황을 나타낸 지표로서 기준시점(1980년 1월 4일)의 주가 수준  을 100으로 정하고 비교 시점의 주가 변화를 측정하기 위하여 사용되는 대표적인 지수를 말합니다.

주가수익비율(price earnings ratio, PER)

주가와 주당순이익을 비교하는 시장가치비율을 말합니다. 국내에서는 보통 PER로 표시하지만 서구권에서는 P/E로 주로 표시합니다. PER은 주가를 주당순이익으로 나눈 것으로, 주가가 주당 순이익의 배율이 얼마인가를 나타내는 지표입니다. 그렇기에 PER가 낮을 경우 해당 회사가 거둔 이익에 비해 주가가 낮고 그에 따라 기업의 가치에 비해 주가가 저평가되어 있다는 의미로 볼 수 있습니다. 반대로 PER가 높으면 거둔 이익에 비해 주가가 고평가되었음을 의미합니다.

$$\text{주가수익비율(PER)} = \frac{\text{주가}}{\text{1주당 당기순이익}}$$

특히 미국처럼 우선주가 없고 대신 A주, B주 같은 차등의결권

주식이 많은 나라에서는 주식 수가 들어가는 주가 / 주당순이익 지표로 계산할 경우 문제가 심각해집니다. A주에 들어가는 순이익과 B주에 들어가는 순이익 비율을 결정하는 것은 회사 측의 자의적인 결정이기 때문입니다. 그래서 차등의결권 주식을 가진 회사는 PER을 전체 시가총액/당기순이익으로 구합니다.

주가순자산비율(price on book value ratio, PBR)

주가를 주당 순자산으로 나눈 값을 말합니다. 주당순자산은 기업의 총자산에서 총부채를 뺀 자기 자본에서 무형자산과 이연자산 및 사외유출분 등을 제외한 순자산을 발행 주식수로 나눈 값을 말합니다.

 회사가 파산할 경우 회사는 총자산에서 부채를 우선 변제해야 합니다. 그러고도 남는 자산이 순자산이며 이것이 큰 회사는 그만큼 재무구조가 튼튼한 것이고 안정적입니다. 주당 순자산은 '(**총자산－총부채**)**÷발행주식수**'가 됩니다. 그러므로 주당순자산비율(PBR)은 '**주가 ÷ 주당순자산**'이 되고 배수가 낮을수록 기업의 성장력, 수익력이 높습니다. PBR이 1미만이면 주가가 장부상 순자산가치(청산가치)에도 못 미친다는 뜻입니다.

 PER가 기업의 수익성과 주가를 평가하는 지표인데 비해 PBR는 기업의 재무상태면에서 주가를 판단하는 지표입니다.

주가연계증권(equity-llinked securitie, ELS)

기초자산이 투자 기간에 미리 정해진 조건을 충족할 경우 투자자에게 연 5~10%의 수익을 제공하는 파생금융상품을 말합니다. 조건충족에 실패하면 큰 폭의 손실을 보게 됩니다.

KOSPI200과 같은 주가지수나 특정 회사 주식 등의 가격 변동에 따라 수익률이 결정되는 파생상품을 말하며 통상 투자금의 대부분을 채권 투자 등으로 원금 보장이 가능하도록 설정한 후 나머지 소액으로 주가지수(주로 KOSPI200)옵션에 투자합니다.

이때 주가지수 옵션은 상승형과 하락형 등으로 다양하게 설정할 수 있으나 계약 시점보다 주가가 40~50% 이상 떨어지지 않으면 약속된 이자를 주는 '스텝다운형'이 일반적입니다. 종목형 ELS는 이율이 높은 대신 손실 구간이 대부분 40% 이하로 빡빡하게 설정돼 있습니다. 은행의 주가연계예금(ELD)과는 달리 원금보존 비율을 낮추면 수익률을 높일 수 있는 장점이 있습니다. 물론 반대로 ELD보다 원금손실의 가능성도 큽니다. 외국에서는 ELN(주식연계채권)으로 불리기도 합니다.

국내에서 판매되는 ELS의 80% 이상은 해외의 대형 투자은행들이 만든 것을 국내 증권사들이 사서 들여온 것입니다. 한편 조기 종료형인 넉-아웃형(knock-out)은 기초자산가격의 상승률이 미리 정해놓은 수준에 한 번이라도 도달하면 만기수익률이 확정되는 상품입니다. 만기는 보통 3년입니다.

주가연계증권(ELS)은 법적으로는 증권회사가 발행하는 무보증 회사채와 비슷합니다. 다른 채권과 마찬가지로 증권사가 부도 나거나 파산하면 투자자는 원금을 제대로 건질 수 없습니다.

기초자산이 홍콩 H 등 주요국 증시 지수면 주가연계증권(ELS), 원유를 포함한 실물자산과 금리, 신용사건 등이면 파생결합증권(DLS)으로 불립니다.

주가연계파생결합사채(equity linked bond, ELB)

자산의 대부분을 안정적으로 수익을 낼 수 있는 국공채로 채우고 일부를 위험 자산에 투자하는 상품을 말합니다.

원금 보장형 ELS로 보면 되며 위험 자산에 투자한 돈을 모두 잃어도 안전 자산에서 발생한 이자가 이를 상쇄하기 때문에 원금 손실은 거의 발생하지 않습니다.

단 국공채를 발행한 국가가 채무불이행(디폴트)을 선언하거나 ELB를 발행한 증권사가 파산하면 원금을 잃을 수도 있습니다. 대부분의 경우 만기가 1년 이상이고 중도해지할 경우 손실이 발생할 수 있어 장기 투자에 적합합니다.

주가연계펀드(Equity-Linked Fund, ELF)

주가연계증권(ELS)을 펀드로 만든 상품을 말합니다. 증권사가 운용하는 주가연계증권(ELS)을 4종 이상 편입해 운용하는 펀드로 투자 위험을 분산할 수 있습니다.

ELF는 투자 금액의 상당액을 채권으로 운용하면서 여기에서 발생하는 이자로 증권사가 발행하는 **ELS 워런트**에 투자합니다. **EL 워런트**는 주가지수와 연계해 수익을 내는 장외 파생상품입니다. 따라서 ELF는 주가나 주가지수의 변동과 연계되어 수익이 결정됩니다. 환매가 자유롭고 소액 투자가 가능합니다.

주가이동평균선(moving average line)

일정 기간 동안의 주가 평균치의 진행 방향을 확인하고 그날의 주가가 이 진행 방향과 어떤 관계가 있는가를 분석함으로써 앞으로의 주가 동향을 예측하는 지표입니다. 주가이동평균선은 일정기간의 주가를 합하여 그 해당일수로 나누어 구합니다. 여기에는 크게 단기(6일, 25일), 중기(75일), 장기(1백50일)로 구분하며 상승추세에서는 단기이동평균선이 중장기이동평균선을 밑에서 위로 상향 돌파하면 이를 골든 크로스(golden cross)라 하며 이때가 매입 시점임을 나타냅니다.

반대로 단기이동평균선이 중장기이동평균선을 위에서 밑으로 하향 돌파할 때는 약세 전환 신호로 이를 **데드 크로스**(dead cross)라

합니다. 이동평균선은 장·단기 주가 예측에 쉽게 활용되고 있는데, 주가 변동이 큰 장세에서는 주가 추세를 쉽게 파악할 수 있으며 시세의 전환 시점을 파악하는 데도 도움을 줄 수 있으나 주가 예측 지표인 이동평균선은 그 매매 신호가 다소 늦게 나타나는 문제점이 있습니다.

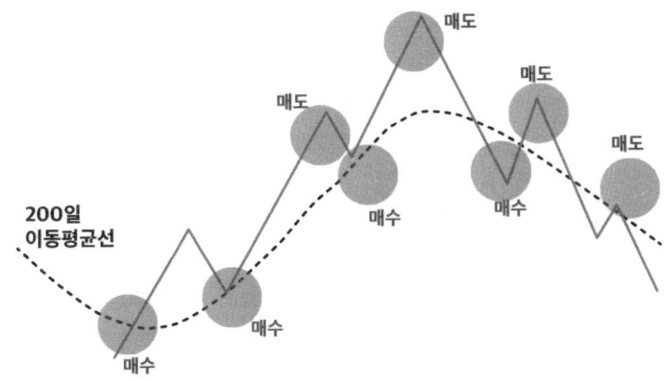

주가 재료

주가 재료란 주가를 움직이게 하는 구체적인 사건과 정보를 말합니다. 일반적으로 주가 재료는 구체적인 사건이나 뉴스 등의 정보로 전달되는데 그중에서도 기업 실적이 좋아질 듯한 정보가 주가에 있어서 가장 중요합니다.

정보란 그것이 많은 사람에게 알려지기 전에 입수해야만 정보로서의 가치가 있습니다. 소수의 사람만이 정보를 알고 있을 때 주식을 사야 그 정보가 전파되면서 추가로 주식을 사는 사람이 늘어 나고 추가로 주식을 사는 사람이 많아야 주가가 상승합니다.

주가지수(stock price index)

일정 시기의 주식 가격을 100으로 하여 산출한 주가의 지수를 말합니다. 상장된 모든 종목의 현시가 총액을 기준시점의 총액으로 나눠 100을 곱하는 공식을 사용하는데 현재는 1980년 1월 4일의 주가지수를 기준(= 100)으로 합니다. 시가 총액은 상장 주식수를 주가와 곱해 전체를 합산한 금액입니다. 따라서 단순 주가 계산이 아니라 가중加重 주가 계산 방식이 됩니다.

그러므로 자본금이 많고 주가가 높은 것이 상승할 때는 주가지수의 변화도 한층 상향됩니다. 주가지수는 증권 시황을 나타낼 뿐 아니라 물가지수나 경기지수처럼 경제 상황도 알려줍니다. 즉, 주가지수는 주식시장에 있어서는 주가 예측의 기본적인 정보를 제공해 줄 뿐만 아니라 주식투자의 평가 기준이 될 수도 있고 개별주식이나 포트폴리오의 위험을 측정하는 기준치가 됩니다. 주가란 미래의 투자가치 예상 기대를 반영하고 있기 때문에 기획재정부에서 경기종합지수를 뽑을 때 선행지수 속에 이것을 포함시킵니다. 대개 주가지수는 실제 경기를 4개월 정도 앞서 반영합니다.

주가지수 선물거래(stock index futures)

금융선물거래의 한 종류로 증권시장에서 매매되는 전체 또는 일부 주식의 가격수준인 주가지수를 매매대상으로 합니다. 주가지수는 해당 상장주식의 가격수준을 나타내는 추상적 수치로 인도와 인수가 불가능하기 때문에 실제로 존재하 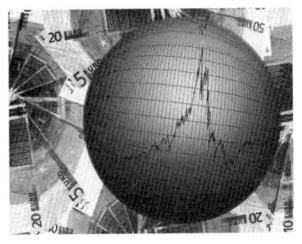 는 농산물·금속·통화·채권·주식 등 현물을 대상으로 하는 선물거래와 다르게 주가지수선물거래는 최종 결제 시에 현물을 인수하지 않고 현금결제 되는 특징이 있습니다. 우리나라의 주가지수선물거래제도는 주가변동성의 증대와 주식투자의 기관화 현상 심화 등으로 인해 주가 위험을 회피할 수단을 제공할 필요성이 날로 커짐에 따라, 1995년 5월부터 주가지수선물거래시장이 공식적으로 개설되었습니다. 선물거래 대상은 삼성전자, SK텔레콤 등 200개 우량 종목 주가를 기준으로 산출한 코스피200이며, 결제 시점에 따라 3개월 단위로 3월물·6월물·9월물·12월물 4종류가 거래됩니다. 각 상품은 해당 월의 두 번째 목요일에 최종 결제됩니다.

주가지수 옵션(stock index option)

옵션거래에서 주가지수를 대상으로 하여 이루어지는 옵션을 말합니다. 주가지수 옵션에는 주가지수를 매수할 수 있는 권리인 주가지수 콜 옵션과 매도할 수 있는 권리인 주가지수 풋 옵션이 있습니다. 주가지수는 단지 주식집단의 가격수준을 나타내는 추상적인 무형의 수치이므로 매매대상물이 실제로 존재하지 않기 때문에 만기 시에 해당 지수에 상응하는 가치를 현금으로 결제합니다. 우리나라는 1997년 7월 7일 증권거래소에 세계에서 25번째로 **코스피 200** 지수를 대상으로 한 주가지수 옵션시장이 개장되었습니다. 따라서 현재 우리나라에서 옵션거래의 대상이 되는 주가지수는 증권거래소의 우량 상장종목 200개로 구성된 **코스피 200**입니다.

주가지수 연동예금(Equity-Linked Deposit, ELD)

주가지수의 변동과 연계하여 수익이 결정되는 은행판매 예금을 말합니다. 투자 원금을 정기예금 등의 안전 자산에 운용하고 발생하는 이자의 일부 혹은 전부를 주가지수 움직임에 연동한 파생상품에 투자하는 구조입니다. 주가지수연계증권(ELS)과 비슷하지만 정기예금이므로 「예금자보호법」에 따라 최대 5,000만 원까지 원금이 보장됩니다. 중도해지가 가능하지만 해지 시 원금 손실을 입을 수 있습니다. 원금이 보장되지 않는 증권사의 주가연계증권(ELS)에 비해 수익률은 다소 낮지만 안정성이 높은 편입니다.

주가지수선물 필수용어

- **결제월**: 일반적으로 3, 6, 9, 12월 등 3개월 단위로 설정돼 있는 매매계약의 이행월을 말합니다. 각 결제월물은 최종거래일이 경과하면 상장폐지되고 거래기간이 가장 긴 새로운 결제월물

이 신규상장돼 반복적으로 순환됩니다.
- **거래단위** : 주가지수 선물시장에서 거래되는 상품의 기본단위로 선물 1계약의 양 또는 금액을 말합니다. 우리나라 주가진수선물거래의 거래단위는 KOSPI200지수 × 50만 원입니다.
- **일일정산** : 선물거래의 미결제 약정수량을 매일 그날의 종가로 재평가해 선물가격 변화에 따른 손익을 고객의 증거금에서 차감하는 것을 말합니다.
- **전매** : 매수 미결제 약정을 최종거래일 이전에 매도해 손익을 확정하는 매매거래를 말합니다.
- **환매** : 매도 미결제 약정을 최종거래일 이전에 매수해 손익을 확정하는 매매거래입니다.
- **미결제약정수량** : 장 종료 이후에도 반대매매되거나 결제되지 않고 있는 특정 결제월의 선물계약총수로 매도 또는 매수 일방만으로 계산·발표됩니다.
- **최종결제** : 최종거래일까지 전매나 환매되지 않은 약정에 대해 최종결제가격을 평가해차액을 수수하는 것을 말합니다.
- **베이시스**(basis) : 현물가격과 선물가격과의 차이를 말하는데, 이론적 베이시스는 선물이론 가격에서 현물가격을 차감해 산출합니다.
- **포지션**(position) **보유 한도** : 미결제 상태로 보유할 수 있는 선물계약고의 최대 한도. 시장의 과열을 막기 위해 설정됩니다.
- **위탁증거금** : 가격이 불리하게 변동됐을 경우에도 결제를 성실

히 이행할 것을 보증키 위해 고객이 중개회사에 납부하는 금액을 말합니다. 개시증거금·유지증거금·추가증거금이 있습니다.
- **매매증거금**: 회원이 고객의 미결제 약정 및 자신의 미결제 약정에 대해 결제이행을 보증키 위해 거래소에 납부하는 증거금.
- **스프레드**(spread)**거래**: 동일 대상물 결제월이 다른 종목이거나 대상물은 다르지만, 가격 움직임은 유사한 건물계약 간의 가격차가 확대 또는 축소될 것을 예상하고 선물 계약을 동시에 매매해 이익을 얻으려는 거래를 말합니다.
- **헤지**(hedge)**비율**: 헤지의 대상이 되는 기본자산(현물 또는 선물 등)의 가치가 일정한 값만큼 변동할 때 헤지를 위해 이용하는 파생상품(선물 또는 옵션)의 가치가 변동하는 정도를 말합니다.

주가지수선물거래(stock index futures trading)

눈에 보이는 상품이나 주식과 같은 실물이 아닌 '주가지수'를 사고파는 것으로 미래의 특정 시점의 '주가지수'를 사고파는 시장입니다. 증권시장에서 주식 등 실물유가증권이 거래되는 것과 달리 주가지수 선물시장에서는 대표적인 2백 개 주식의 주가를 기준으로 산출한 한국주가지수(KOSPI 200)의 **3월물**, **6월물**, **9월물**, **12월물** 등 4개 상품이 거래대상입니다.

각 상품은 해당월(6월물의 경우 6월)의 두 번째 목요일 최종결제가 이루어집니다. 이들 지수선물상품의 하루 가격변동폭은 **5%**(정률

제)입니다. 투자자는 사려는 상품가격의 15%를 위탁증거금으로 내놓으면 됩니다. 1천 5백만 원으로 1억 원어치를 살 수 있습니다. 증권거래소는 선물시장에 투자할 수 있는 최소 증거금을 3천만 원으로 제한했습니다.

현재의 주식투자자 중 3천만 원 미만의 소액투자자가 95%인데 투자위험이 커 소액투자자 등의 투자를 막기도 하며 또 깡통계좌가 발생할 우려가 있어 유지증거금 제도를 도입했습니다. 이 제도는 주가변동리스크를 관리하기 위한 수단으로 1982년 미국에서 최초로 도입했습니다.

주가지수선물거래유형

- **헤지거래**: 현재 보유포지션 또는 장래 보유할 포지션에 대한 가격변동리스크(투자리스크)를 회피시키기 위한 거래로 현물가격과 선물가격이 양의 상관관계를 갖고 있다는 가정하에 현재(또는 장래) 현물시장에서 포지션을 보유하고 있는 자가 선물시장에서 반대의 포지션을 취함으로써 현물시장의 손실을 선물시장의 이익으로 상쇄하려는 거래입니다.
- **차익거래**: 추가적인 비용이나 위험의 부담 없이 이익을 획득하고자 하는 거래이자 두 상품 간의 가격이 상대적으로 할증 또는 할인되고자 하는 거래로, 두 상품간의 가격이 상대적으로 할증 또는 할인되어 있는 상품을 매도 또는 매입함으로써 일시적인

가격차를 이용하여 이익을 추구하는 거래입니다. 주가지수선물의 경우 현물과 선물을 이용한 차익거래는 시장에서 상대적으로 높게 평가되어 있는 것을 매도하고 낮게 평가되어 있는 것을 매입하여 장래 각각 균형가격에 접근할 때 반대매매를 통해 이익을 취할 수 있습니다.

- **투기거래**: 선물은 현물과 달리 약정가격의 몇 퍼센트밖에 되지 않는 적은 증거금으로 몇 배나 되는 거액의 거래가 가능한 거래다. 따라서 현물의 포지션을 가지지 않고 선물가격 변동만을 주목하여 선물거래를 함으로써 이익을 취하고자 하는 거래 행위가 투기거래입니다.

주가지수연동 정기예금

주가지수연동정기예금은 일반적인 정기예금처럼 사전에 예금금리가 확정되는 상품이 아니라 주가지수(주로 KOSPI 200지수) 상승률에 따라 이자율이 결정되는 상품입니다. 주가지수연동정기예금의 금리는 가입 때 주가지수와 비교해 만기 때 주가지수가 얼마나 변동되었느냐에 따라 지급이자율이 적용됩니다. 예컨대 예금기간동안 주가지수가 50% 상승 시 확정금리 00%, 그렇지 못하면(주가지수 상승률×0.5)의 이자율을 지급하는 상품의 경우 가입일의 KOSPI 200지수가 70이고 만기일의 KOSPI 200지수가 80.5라면 연 7.5%의 금리가 적용됩니다. 정기예금이므로 주가지수가 하락하더라도 원금은 보장되며「예금자보호법」에 의해 보호됩니다.

주가지수옵션(stock index warrants)

옵션(Option)이란 특정 대상물을 사전에 정한 시점(거래최종일)에 정한 가격(권리행사가격)으로 사거나 팔 수 있는 권리를 말합니다. 거래되는 대상물이 주가지수이면 주가지수옵션, 개별주식이면 주식옵션이 됩니다. 살 수 있는 권리는 **콜옵션**(주식매도청구권, Call Option), 팔 수 있는 권리는 **풋옵션**(Put Option)이라 합니다.

옵션을 사려는 사람(매수자)은 파는 사람(매도자)에게 거래대금(프리미엄)을 주고 옵션을 취득하게 된다. 옵션은 권리라는 측면에서 선물이나 현물과 근본적으로 성격이 다릅니다. 자신에게 유리하면 행사하고 불리하면 프리미엄만큼 손해를 보고 행사하지 않으면 됩니다. 예컨대 주가지수 콜옵션 매수자는 현재 가격이 권리행사가격보다 높을 경우엔 권리를 행사해 시가보다 낮은 가격으로 지수를 사들여 현재 가격으로 팔 수 있게 됩니다. 시가가 권리행사가격보다 낮으면 살 권리를 행사하지 않아도 됩니다.

주가 지표

주식시장에는 통상 많은 종목의 주식이 거래되며 이들 거래의 결과 성립되는 주가는 종목별로 천차만별이고 그 등락폭 및 등락률도 갖가지입니다. 그래서 시장 전체의 평균적 주가 수준을 표현하고 그 변동의 측정을 가능하게 하기 위하여 2개 이상의 주가를 종합하여 1개의 지표를 작성하게 되는데 이를 **주가 지표**라고 합니다.

주가 지표는 목적에 따라 몇 가지 종류로 나누어집니다. 첫째, 대상 시장에 의한 분류로 1부·2부 시장의 주가지수와 같은 것입니다. 둘째, 제도상으로 별도의 시장이 구분되어 있는 것은 아니나 어떤 관점에서 볼 때 동종이라고 생각되는 주식을 모아 의제적으로 부분 시장을 설정하여 그 각각에 대해 주가지표를 작성하는 경우가 있습니다. 업종별 주가지수라든가 자본금 규모별 주가평균이라든가 하는 것입니다. 셋째로는 지표의 형식 또는 계산 방법의 특성에 의한 분류로 주가평균과 주가지수, 단순평균과 가중평균 등을 들 수 있습니다.

주가현금흐름비율(price cashflow ratio, PCR)

주식회사의 대차대조표에 나타난 사내 유보금과 사외로 유출되지 않는 비용인 감가상각비의 합계를 그 회사의 현금흐름이라 합니다(cashflow). 이를 발행된 주식수로 나눈 것을 주당현금흐름이라 하고 특정 시점의 주가를 주당 현금흐름으로 나누어 백분율로 표시한 것이 주가현금흐름비율이라 합니다. 그 값이 작을수록 주가가 상대적으로 저평가되었다는 것을 의미합니다.

    PCR은 개별기업의 최대 자금 동원 능력 등 위기 상황에 대한 대처 능력을 내포하고 있어 경기침체 또는 시중자금난이 심화되었을 때 기업의 안정성을 나타내는 투자 지표로 활용됩니다.

주권상장법인

주권상장법인이란 주식회사 중 「자본시장과 금융투자업에 관한 법률」 제9조제15항제3호에 따른 주권상장법인을 말합니다. 대형 비상장주식회사는 주식회사 중 주권상장법인이 아닌 회사로서 직전 사업연도 말의 자산총액이 대통령령으로 정하는 금액 이상인 회사를 말합니다.

주당순이익(Earnings Per Share, EPS)

주당순이익(Earnings Per Share, EPS) 혹은 주당순익은 기업의 당기순이익을 유통 주식수로 나눈 수치를 말합니다. 즉, 1주당 얼마의 이익을 창출하였느냐를 나타내는 지표로 보통 1년 단위로 1주당 수익 지표라 할 수 있습니다. EPS라는 지표는 자본 규모에 상관없이 1주당 얼마의 이익을 창출했냐의 지표기에 기업의 수익성을 비교해 보기에 좋은 지표기도 합니다.

일반적으로 주당순이익이 높을수록 배당 여력이 크다는 것을 의미하므로 주가에 좋은 영향을 줍니다. 단, EPS가 크다고 배당을 잘 해주는 게 아니기에 배당액에 대한 완전한 정보는 아닙니다. 사실 대한민국의 경우 배당성향이 낮은 편이고 주식투자자들도 배당보다는 주가를 높여주기를 기대하는 경우가 많습니다.

의미를 보면,

- 당기순이익 규모가 늘면 높아지고, 전환사채의 주식 전환이나 증자 또는 분할로 인하여 주식 수가 많아지면 낮아지게 됩니다.
- 분할이나 증자를 하지 않았는데 주당순이익이 시간이 지나며 계속 낮아지면 문제 있는 기업이라 할 수 있습니다.
- 일반적으로 주당순이익은 주가수익비율 계산의 기초가 됩니다.
- 예상 EPS 와 예상 PER 을 곱하면 해당 기업의 예상 주가를 구할 수 있습니다.
- 부동산투자회사(REITs) 및 인프라투자회사(InvITs)에는 순이익 대신에 FFO(Funds From Operations) 또는 AFFO(Adjusted Funds From Operations)가 쓰입니다.

FFO는 리츠의 영업 성과를 측정하는 지표입니다. 당기순이익에서 감가상각비와 일회성 손익을 제외하여 반복적으로 발생하는 이익만을 나타냅니다. 리츠의 안정적인 배당 지급 능력을 평가하기 위해 사용되며, 1주당 FFO는 리츠가 주당 벌어들인 영업이익을 의미합니다. P/FFO 배수는 리츠의 이익 대비 주가 수준을 평가하는 데 사용됩니다.

AFFO는 부동산투자신탁(REITs)의 재무 성과를 측정하는 데 사용되는 지표 중 하나입니다.

주당순자산(BPS, Book Value Of Equity Per Share)

주당순자산(BPS, Book Value Of Equity Per Share)은 주식 한 주당 순자산이 얼마인지를 나타냅니다. 아래와 같이 총자산에서 총부채를 뺀 순자산을 주식수로 나누면 됩니다. 조금 더 보수적으로 계산하자면 순자산에서 무형자산을 뺀 금액을 주식수로 나누면 됩니다. 대개 무형자산의 비중이 얼마 되지 않으므로 순자산을 주식수로 나누어도 무방하나, 무형자산의 비중이 큰 경우는 빼주는 것이 투자자 입장에서 안전할 수 있습니다.

> 주당순자산 = 순자산 / 주식수
> 혹은, 주당순자산 = (순자산 - 무형자산) / 주식수

주당순자산은 주가와 비교하여 주가의 저평가 정도를 판단하는 가장 보수적인 방법입니다. 즉, 지금 당장 기업을 청산할 경우 총자산에서 채권자에게 모든 부채를 지급하고 난 후 주주들이 회수할 수 있는 총금액의 주당 가치를 의미합니다.

다만, 주당순자산 자체로는 순자산의 질을 파악할 수 없습니다. 자본이익률이 얼마나 되는 자산인지, 적자는 나지 않는지, 주당순자산의 증가추이가 양호한지 등의 여부를 판단할 수 없다는 것입니다. 따라서 주당순자산 한 가지 지표만을 보고 투자하는 것은 곤란합니다.

> 한 기업의 총자산이 800억 원이고 총부채가 400억 원, 무형자산이 50억 원이라고 가정합니다. 해당 기업의 주식 수가 100만 주라고 한다면 주당순자산은 얼마일까요?
> 답은 (800억-400억-50억) / 100만=35,000원이 됩니다.

주당순자산가치

만약 회사가 여러 사유로 청산하게 된다면 회사 자산을 현금화하여 채권자와 주주에게 반환하게 됩니다. 이때 분배 금액은 채권자, 우선주 주주, 보통주 주주 순서로 배분됩니다. 이처럼 회사가 청산되어 회사의 재산을 1주당 얼마씩 분배하느냐 하는 것이 주당 장부가치 또는 주당 순자산가치입니다. 현재 우리나라의 우선주는 대개 비참가적·비누적적·무기한부 우선주로 그 성격이 보통주와 거의 비슷하기 때문에 주당 순자산가치를 계산할 때 우선주와 보통주를 구분하지 않고 포괄적으로 계산하고 있는 것이 현실입니다.

> 주당순자산가치=자산총계+부채총계-무형고정자산-이연자산+이연부채-배당금/보통주발행주식수+우선주 발행주식수

주도주(Market Leadership)

증권 거래소에서 항상 많은 매매가 이루어지고, 그 주식의 시세가 주가 동향에 큰 영향을 미치는 주식을 말합니다. **대장주**라는 명칭으로도 자주 쓰입니다.

주도주로 등장하는 종목은 우선 그 시대의 명제에 부합하는 업

종이나 성격을 지니고 있어야 합니다. 강세장에서는 주로 시가 총액 상위의 대형주가, 약세장에서는 개별 종목을 보유한 종목이나 경기방어적 성격의 종목이 이 역할을 하게 됩니다.

존 메이너드 케인스

존 메이너드 케인스는 주식시장을 미인대회에 비유했는데 대중의 인기투표에 따라 결정되는 미인대회처럼 대중의 인기에 의해 주가가 결정된다고 본 것입니다. 즉 어느 누군가의 눈에는 1등으로 생각되어도 다른 사람들이 주목하지 않는다면 1등이 될 수 없다는 것입니다.

주식시장에 적용하자면 특정 시점에 가장 인기 있는 업종이 주식시장을 주도하는 주도주로 부상하니, 이 업종을 잘 따라가라는 것입니다. 주도주에 속하지 못하면 실적이 아무리 좋아도 주가가 강세를 보이지 못하는 경향이 있습니다. 반대의 경우도 같습니다.

주도주는 종합주가지수보다 더 높은 주가상승률을 기록합니다. 주도주의 저점은 지수의 저점보다 이른 경우가 많으며 고점은 지수의 고점보다 늦은 경우가 많습니다. 랠리를 펼치던 주도주들이 신고가를 갱신하지 못하기 시작하면 불마켓이 끝났다고 보는 것이 일반적입니다.

2020년 증시 슈퍼스타 노릇을 한 'BBIG'(배터리·바이오·인터넷·게임)는 플랫폼·IT 업종과 함께 여전히 비교적 강세입니다.

주말효과(Weekend Effect)

주식시장에서 월요일의 수익률이 직전 금요일의 수익률보다 낮거나 금요일 종가와 대비해서 월요일 시장의 시가가 낮게 시작하는 효과를 말합니다. 기업들은 나쁜 정보가 있을 때 주말 폐장

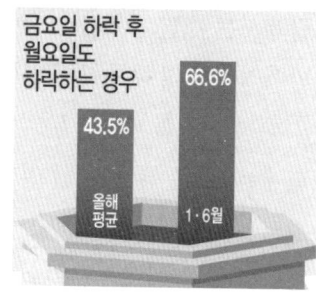

이후에 발표하여 투자자들의 충동적인 반응을 회피하고자 한다는 것입니다. 즉, 기업은 나쁜 정보가 주중에 발표되면 투자자들이 주식을 즉각적으로 매도할 것이므로 불리한 정보는 주로 한주의 폐장 이후에 발표하기 때문에 월요일의 수익률이 특히 낮아지게 됩니다.

주식(stock)

주식(stock)은 분산 출자를 바탕으로 성립한 회사의 자본을 이루는 단위 및 그것을 나타내는 유가증권을 말합니다. 주식회사는 이것을 발행해서 자본을 분산 투자 받은 회사를 말합니다.

개인이나 단체가 특정 회사에 일정 금액을 투자 해주고 그 대가로 정해진 기간마다 투자금에 걸맞은 이득, 예를 들면 투자금에 비례하는 이익을 배당받거나 회사 경영권을 행사할 수 있게 하는 제도입니다. 즉, A회사에 100만 원을 투자했다면 A회사에 100만 원

에 해당하는 경영권을 행사할 수 있게 된다. 회사 규모에 따라 그 100만 원이 0.1%일 수도 있고, 1%일 수도 있다. 다른 말로 하면 자신이 가진 주식의 비율대로 A 회사를 소유합니다.

주식을 가진 주주는 그 개수 만큼에 비례해서 이윤을 배당받을 권리가 있습니다. 즉 회삿돈으로 돈을 불리고 그 불린 돈을 회삿돈 주인들(주주)에게 되돌려준다는 약속을 위한 증서로써의 가치가 주식의 기본입니다.

주식이 전산화되기 이전엔 주식 증권은 그대로 종이였고 그 종이를 주권이라고 불렀으며 거래소에선 이 주권을 손에 들고 직접 거래를 했습니다. 그러나 요즘은 전자증권제도 시행으로 상장 주식 전부 전자증권화되어 종이 주식이 사라졌고 비상장 기업의 종이 주식 대부분이 특정 기관(한국의 예를 들면 한국예탁결제원)에 일괄 예치된 상태에서 거래되므로 처음 발행하거나 증권 계좌에서 일부러 출고하지 않는 한 직접 볼 일은 없습니다. 현재 가정에 있을 만한 것은 **한국전력공사·포항제철** 등 **국민주** 정도입니다.

주식공개

일부의 대주주에게 보유되어 있는 주식을 일반에게 개방하는 것을 말합니다. 발행 주식의 전부를 특정 소수의 주주가 보유하고 있어 그 범위 안에서 매우 드물게 양도가 이루어지는 주식회사를 비공개회사라고 하며 비공개회사였던 것이 일정한 시기에 이미 발행된 주식의 전부 또는 대부분을 불특정 다수 투자자의 투자 대상으로 하는 것을 주식공개라고 합니다. 공개의 구체적인 방법에는 장외등록과 증권거래소에의 상장이 있습니다. 공식 공개에 있어서는 통상 대주주의 보유주를 일정한 가격(추정가격)으로 불특정 다수의 투자자에게 매출하는데 이것을 공개 매출이라고 하며 이 주식을 **공개주**라고 합니다.

주식공개매수(take over bid, TOB)

주식 공개 매수(Take Over Bid)란 주식 인수자가 불특정 다수인을 상대로 인수조건을 신문 등 매체에 공고하고 거래소가 개설하는 증권시장 밖에서 주권 등을 대량으로 매수하는 행위를 말합니다. 대량의 주식을 단기간에 매입해 대상 기업의 경영권을 얻고 싶을 때나, 경영진에게 주식을 보유시켜 경영권을 주는 MBO(Management Buy Out)을 목표로 할 때 사용합니다.

주식 교차증여

상대방 자녀에게 서로 주식을 물려주는 행위를 말합니다. 교차증여는 증여세 누진세율 적용을 피하려는 **꼼수**로 활용되기도 했습니다. 세무당국은 교차 증여를 증여세 회피 목

적의 **꼼수**라고 보고 회피한 부분에 대한 증여세를 과세했으며 이에 대해 2017년 3월 1일 대법원은 교차 증여의 목적이 합산과세로 인한 누진세율 적용을 회피하기 위함이라며 교차증여에 제동을 걸었습니다.

> 대주주 2명이 서로 상대방 후손에게 주식 교차 증여 했다면 같은 회사 대주주 2명이 주식을 자녀 등 직계 후손에게 증여하면서 같은 양의 주식을 서로 상대방 후손에게 교차 증여했다면 이는 합산과세로 인한 증여세 누진세율 등을 회피하기 위한 행위로 봐야 한다는 대법원 판결이 나왔습니다.

주식매수청구권

주주총회에서 특정의 결의가 다수결로 성립한 경우 그 결의에 반대한 주주가 회사에 대하여 자기가 보유한 주식을 이런 결의가 문제로 되지 않았다면 갖게 되었을 공정한 가격으로 매수할 것을 청구하는 권리를 말합니다. 이 권리가 인정되는 경우로는 주총의 특별결의로써 영업 전부 또는 일부의 양도를 말합니다. 양수·영업 전부의 임대·경영위임·합병 등이 의결된 경우에 이에 대한 이사회의 결의가 있을 때에 주총 전에 서면에 의한 반대 의사를 통지하여야 합니다.

주식배당(stock dividend)

이익 배당의 전부 또는 일부를 주식으로 하는 것을 말합니다. 이익을 금전으로 배당하지 않고 자본으로 전입함으로써 신주를 발행하여 주주에게 지분비율에 따라 무상으로 분배하는 제도를 말합니다. 회사는 배당으로 인한 현금유출을 방지하는 장점이 있고 주주는 무상주식취득이라는 장점이 있습니다.

주식보유조합(증시안정기금)

증시안정기금은 주식을 사들여 주가 하락을 막기 위한 목적으로 설립된 「민법」상의 조합을 말합니다. 증권업협회는 90년 4월 이 사회에서 위기 상황에 빠진 증시를 회복시키기 위한 자구책으로 **주식보유조합**설립을 결의했습니다. 증권사가 2조 원의 자금을 조성해 주식을 사들이기로 하고 5월 4일 창립총회에서 공식 명칭을 **증시안정기금**으로 정했습니다.

주식분할(stock split)

1주의 주식을 n주로 분할하거나 ○○주의 주식과 교환하는 것을 말합니다. 예를 들면 1주를 2주로 분할한다든가 1주를 1.25주로 교환하는 것을 말합니다. 반드시 현실적으로 주권을 교환할 필요는 없고 명의개서가 인정되고 있습니다. 어느 쪽이든 간에 각 주주에게 있어서 자신의 지분의 크기는 전혀 변하지 않고 보다 많은 주식으로 세분화될 뿐입니다. 다만 1주당 이익·배당·순자산 등이 적어지고 이에 따라 주가도 통상 낮아지므로 시장에서의 거래도 원활해집니다. 이와 같은 시장성 중대의 효과를 반영하여 분할에 의한 주가는 1/n로 하락하지 않고 약간 높게 형성되는 것이 일반적입니다. 주식분할은 액면가가 정해져 있는 경우보다는 무액면주

의 경우나 최저 액면의 규정이 없는 경우에 주로 행해집니다.

주식소각(retirement(cancellation) of shares)

회사가 자사의 주식을 취득하여 이것을 소각하는 것으로 자사주의 취득은 원칙적으로 금지되어 있으나 소각의 경우는 별도로 인정되고 있습니다. 소각은 분

류 방법에 따라 감자 규정에 따른 것과 정관 규정에 따라 배당하여야 할 이익으로 행하는 것을 말합니다. **무상소각**과 **유상소각**·**강제소각**과 **임의소각**으로 구분됩니다. **유상소각**은 주주에게 대가를 지불하는 것으로 주주와의 매매 계약에 따라 매입소각하는 것이 보통입니다. **강제소각**은 개별 주주의 의사에 관계 없이 회사가 일방적으로 강행하는 것으로 주주에게 보상을 지불한다 하더라도 주주 평등의 원칙을 지키기 위하여 추첨이나 지분 비례 방법 등에 의하여 이루어집니다.

주식 소수점거래(fractional share trading)

주식을 1주 단위 이하인 **소수점 단위**로 매매하는 방식을 말합니다. 주식을 거래할 때 1주나 2주가 아닌 0.1주나 0.4주 등으로 쪼개서 매매하는 것을 말합
니다. 단주端株 또는 소수점 주식(fractional share)은 법적으로 특정 기준 단위(1주) 미만의 불완전한 주식이 규정되는 경우를 가리킵니다. 이때 기준 단위의 완전한 주식은 온주(穩株, Complete Share)라고 부릅니다. 증권사 등 계좌관리기관이 주식을 예탁결제원에 신탁한 후 1주당 수익증권 10개 구좌를 발행해 이를 투자자에게 판매하는 방식으로 거래가 이루어집니다.

소수점 주식에는 배당소득세와 양도소득세를 모두 물리지 않습니다. 기획재정부는 "국내 소수단위 주식 투자자가 취득한 수익증권을 매도할 때 발생하는 소득은 비과세 대상"이며 소수점 주식의 거래에서 발생하는 소득은 배당소득이 아니라고 판단했습니다. 기획재정부는 "소수 단위 수익증권 발행에 활용된 신탁은 투자자의 매도 주문에 따라 신탁재산인 주식이 처분되는 등 주식을 단순 관리하는 신탁"이라며 "투자자로부터 일상적 운용지시 없이 자산을 운용하는 집합투자기구와 유사하다고 보기 어렵다."고 했습니다.

소수점 주식을 팔아 얻은 소득은 양도소득으로 분류됩니다. 하지만 양도세도 내지 않습니다. 기재부는 금융위가 소수점 주식을 양도세 비과세 대상인「자본시장법」110조에 따른 수익증권에 해당한다고 판단했기 때문에 양도세를 부과하지 않는다고 밝혔습니다. 다만 소수점 주식 보유량이 1주를 넘으면 주식으로 전환해 보유 주식을 소수점으로 쪼개 대주주 양도세를 회피하는 행위를 차단하기로 했습니다. 예컨대 주식 3.5주에 해당하는 소수점 주식 35좌를 구매할 경우, 주식 3주와 수익증권 5좌로 전환됩니다. 이렇게 전환된 주식을 포함해 대주주에 해당할 경우 주식 양도세를 내야 합니다.

주식 스와프(stock swap)

금리와 주가지수를 교환하는 기법을 말합니다. 주식 스와프(stock swap)은 기업 재무에서 하나의 주식 기반 자산을 다른 자산으로 교환하는 것으로, 인수 또는 합병 중에 스왑을 통해 현금보다는 주식으로 지불할 수 있는 기회를 제공합니다. 주식에 투자한 기관이나 기업들이 주가가 떨어질 것으로 예상될 때 활용할 수 있습니다. 1억 달러를 투자한 기관이 주가 하락이 예상될 경우 1억 달러분의 금리를 변동금리 조건으로 지급하고 주가 하락분을 받는 계약을 맺을 수 있습니다.

예상대로 주가지수가 20% 떨어졌다고 가정할 때 이 기관은 설정한 기간분의 금리를 지급합니다. 반면 보유주식 1억 달러에 주가 하락률 20%를 곱한 2천만 달러를 받습니다. 값이 떨어진 주식을 팔 수도 있지만 보유할 필요성이 있는 경우 주가 하락에 따른 손실을 일정한 이자를 지급하고 피할 수 있게 됩니다. 변동 폭이 상대적으로 큰 주식 가치를 현 수준으로 유지하는 대가로 적정 이자를 지급한다는 개념입니다. 거래 대상 금리는 국제금리의 대표 격인 리보가 주로 활용됩니다. 거래 대상은 증권회사나 은행이 되는 경우가 많습니다. 주식 스와프는 정형화된 형태의 거래소가 아닌 장외에서 거래되고 거래 기간 및 교환 대상 주식 또는 금리 등을 상대방과 협의해 자유롭게 설정할 수 있습니다.

주식 파킹(stock parking)

기업을 인수하려는 회사가 우호적인 관계에 있는 제3자에게 인수 목표 회사의 주식을 매입해서 일정 기간 보유토록 하는 것을 말합니다. 인수하기 전 믿을 만한 제3자와 구두나 문서로 인수 대상 기업의 주식매매에 대해 일종의 이면계약을 맺어 두는 것입니다. 파킹을 하는 이유는 기업을 인수하기 위해 공개적으로 주식을 매입할 경우 주가가 높아져 많은 비용이 들기 때문입니다. 주식 파킹을 해두면 인수기업은 본격적인 지분확보에 나서면서 이 주식을 미리 약속된 가격에 사들여 목적을 달성하게 됩니다. 그만큼 인수 대상 기업의 주식을 미리 안전하고 쉽게 확보할 수 있는 장점이 있습니다. 하지만 은밀하게 이뤄지기 때문에 잘 드러나지 않아 불법 시비를 불러일으킬 소지가 많습니다.

주식거래 자동중단시스템(circuit breaker system)

하루 사이에 다우존스 지수가 50, 100, 350, 550포인트 떨어지거나 폭등할 때마다 자동적으로 주식 거래를 제한하거나 아예 중단시키는 방식입니다. 일명 **컴퓨터 회로차단**으로도 불립니다.

예컨대 다우지수가 50포인트 하락 또는 상승할 경우 뉴욕증시의 컴퓨터회로가 이를 자동적으로 감지해 하락장세일 때는 주식의 하한가 매도를, 상승시에는 상한가 매수를 금지시킵니다. 다우지수가 100 이상 변동할 때는 5분간 주식 거래가 자동 중단됩니다. 다우지수가 350포인트 등락할 경우에는 30분 동안, 550포인트 이상 변동할 때는 1시간 동안 각각 거래가 중단됩니다. 1997년 10월 27일 뉴욕증시는 1987년의 '1차 블랙먼데이' 직후 도입된 주식거래 자동 중단 시스템에 의해 더 이상의 붕락을 모면했다는 지적을 받고 있습니다.

주식거래량과 거래대금

주식 유통시장에서 매매된 주식의 수량을 나타낸 것이 거래량이며 이를 금액으로 표시한 것이 거래대금을 말합니다. 거래량과 거래대금은 주식시장의 장세를 나타내는 지표로서 주가지수와 함께 주식시장의 경기를 판단하는 중요한 자료로 활용되고 있습니다. 실제로 주식의 거래량과 주가는 서로 밀접한 관계를 가지고 움직이고 있음을 볼 수 있습니다.

즉, 주가가 상승하는 시점에서는 주가가 계속 오를 것이라고 예상하는 매수 세력과 이를 기다리고 있던 매도 세력이 서로 집중함으로써 거래량은 늘게 되고 반면 주가가 하락하는 시점에서 반대로 거래량이 감소하는 추세를 보이는 것이 일반적입니다.

주식 등의 대량보유상황보고서

특수관계인을 포함한 개인이나 법인이 상장회사 지분을 5%이상 보유하게 될 경우에 5일 이내 발표하는 지분공시입니다. 일명 "5%룰"이라고도 불리며, 주식을 추가로 매입하거나, 매각해 1% 이상의 지분 변동이 생겨도 5일 이내에 공시해야 합니다.

주식매수청구권(claims for stock purchase)

합병·영업양수도 등 주주총회의 특별 결의사항에 대해 반대 의견을 갖고 있는 주주가 보유 주식을 공정한 가격으로 매수할 것을 회사에 청구할 수 있는 권리를 말합니다.

상장법인이 특별 결의사항에 대해 이사회 결의를 했을 경우 반대 주주는 주총 전에 서면으로 반대 의견을 통지해야 하며 총회 결의일로부터 20일 내에 주식매수를 청구할 수 있습니다. 주식매수청구권을 행사할 수 있는 특별 결의 사항은 합병, 영업의 중요한 일부 또는 전부 양도, 다른 회사의 영업 양수 또는 임대, 경영위탁 등입니다. 회사 내 중요한 결정 과정에 참여할 수 없는 소액주주의 권리를 보호하기 위한 수단이 **주식매수청구권**입니다. 매수 가격은 주주와 법인간 협의를 통해 결정됩니다. 협의가 성립되지 않을 경우에는 이사회 결의일 전 60일간의 가중 산술 평균 가격으로 정해집니다. 매수 청구를 받은 법인은 2개월 내 매수해야 합니다.

주식발행 방식

주식의 발행 방식은 주식의 수요자를 선정하는 방법에 따라 공모발행과 비공모발행이 있습니다. 그리고 발행에 따르는 위험 부담과 사무절차를 담당하는 방법에 따라 직접발행과 간접발행으로 각각 구분해 볼 수 있는데 통상 공모발행의 경우에는 간접발행, 비공모발행의 경우에는 직접발행의 형식을 취하고 있습니다.

공모발행은 발행회사가 불특정 다수인을 상대로 균일한 조건으로 주식을 모집하는 방식이며 비공모발행은 발행자가 개별적으로 협약을 맺은 특정 기관투자가 및 개인에 대해서만 주식을 매도하는 방법으로서 사모 발행이라고도 합니다.

신주발행은 신주를 누구에게 배정하는가(인수할 권리를 주는가)에 따라 1) 주주에게 배정하는 **주주배정 증자** 2) 불특정 다수에게 공모하는 **공모 증자** 3) 특정한 제3자에게 배정하는 **제3자 배정 증자**로 나눌 수 있습니다.

주식발행초과금(premium on common stock)

주식발행 초과금이란 유상증자 시에 발행가가 액면가를 초과하여 발생되는 차액으로 **자본준비금**에 속합니다. 즉 유상증자 시 주가 상승으로 액면가에 대비하여 할증발행을 하기 때문에 발생되는 금액입니다. **자본잉여금**에 속합니다.

> 액면 1,000원의 주식을 1,000주 발행해 100만 원 자본금으로 회사를 설립하고, 이후에 투자받는 상황을 가정해보자. 투자자는 일반적으로 이 주식을 1,000원에 투자하지는 않는다. 만약 이 주식의 가치를 액면 대비 20배로 보아 주당 2만 원에 1,000주 투자하는 경우엔 어떻게 될까. 이때 자본금은 액면가액에 주식 수를 곱하는 것이므로 액면 1,000원에 발행 주식수 1,000주를 곱하여 100만 원이 늘어난다. 주당 액면금액을 초과하는 1만 9,000원(주당 발행가액 2만 원에서 액면가 1,000원을 제외)에 1,000주를 곱한 1,900만 원은 주식발행초과금이라는 자본잉여금이 된다.

주식발행초과금은 기업의 재무구조가 양호하고 미래의 수익에 대한 전망이 좋아 기업에 대한 투자자의 기대가 높거나, 주가의 상승이 기대되어 투자자가 액면 가액 이외에 주식발행초과금을 추가하여 주식을 매입해도 좋다고 평가할 경우에 발생하게 됩니다.

주식 배당(stock dividend)

회사가 주주들에게 배당을 실시함에 있어서 현금 대신 주식을 나누어 주는 것을 말합니다. 주주의 입장에서 본다면 주금의 납입없이 주식수가 증가하므로 무상증자와 유사하지만, 무상증자가 자본준비금이나 이익준비금과 같은 법정준비금을 자본 전입하는 것임에 비하여 주식배당은 배당  가능성이익, 즉 미처분이익잉여금을 자본금으로 전환하는 방식이라는 점에서 차이가 있습니다. 따라서 이익잉여금은 감소하고 자본금은 증가하지만, 자기 자본에는 변동이 없게 됩니다.

주식배당은 회사자금을 사내에 유보하는 효과를 가져오고 장부상 이익은 발생하였지만, 신규 투자 등으로 현금이 부족한 경우에도 주주들에게 배당을 줄 수 있는 장점이 있다. 상법에서는 이익배당총액의 50%를 초과하지 않는 범위 내에서만 주식배당을 허용하고 있으나 상장법인은 자본시장 육성에 관한 법률에 의거하여 이익 배당 총액의 100%까지 주식배당이 가능합니다.

우리나라는 배당률을 표기함에 있어서 주식의 시가가 아닌 액면가 기준을 적용하고 있는바 현재 대부분의 주식들의 주식들이 액면가를 크게 상회하고 있기 때문에 비록 배당률이 같더라도 주식배당을 한 회사가 현금 배당만을 실시한 회사에 비하여 배당락의 폭이 크게 나타납니다. 즉, 현금 배당이 액면 기준 배당임에 비하여 주식 배당은 시가기준의 배당 효과가 있는 것입니다.

주식백지신탁제(blind trust)

고위공직자가 직무 관련 주식을 보유한 경우 직무수행 과정에서 발생할 수 있는 공·사적 이해 충돌 가능성을 사전에 방지 및 직무수행의 공정성과 중립성 확보를 하기 위하여 실시하는 제도를 말합니다. 공직자들 중에 주식백지신탁 대상자가 되면 당해 주식을 2개월 내에 팔거나 수탁회사와 백지신탁계약을 체결해야 합니다.

쉽게 말하자면 공직에 종사하고 있는 동안에는 쓸 데 없는 생각을 하지 말고, 가진 주식을 모조리 직접 또는 위탁으로 판매하고 공직자로서 본연의 임무를 충실히 다하라는 의미입니다. 또한 공직자가 직무상 알게 되는 정보를 통해 주식 거래를 하거나 주식이 오르도록 영향을 끼치려는 도덕적 해이 문제를 방지하기 위한 목적도 있습니다.

국회의원과 같은 정무직공무원의 경우 기업 오너와 같은 기업인 출신 인사가 기존 관료 조직과 무관하게 새롭게 선출·임명될 수 있는데 이 경우에도 당연히 백지 신탁제도가 적용됩니다. 가령 국방 분야와 매우 밀접한 방위산업체 기업 대주주가 선거를 통해 국회의원이 된 후, 국방위원회와 같은 국방 분야에서 활동하려면 그 방위산업체 기업 주식을 백지 신탁으로 처분해야 합니다. 아니면 다른 분야를 선택해서 활동해야 합니다.

그러나 이 제도에 대한 비판도 상당합니다. 공직자에게도 재산권이 있는데 내놓으라는 것 자체가 재산권 침해로 받아들여질 수 있기 때문입니다. 이로 인해 기업인들의 정무직 기용을 막는 제도로 받아들여지기도 한다. 또한 주식 매도를 못해 재산상 손해를 보거나 경영권 행사가 어려워 질 수도 있다. 도입에 영향을 끼친 미국에서는 주식 백지신탁이 의무가 아니며, 신탁한 재산을 매각하지 않아도 되고 다른 선택권도 있습니다.

재산 공개 대상자 또는 금융위원회·기획재정부(금융사무관광국) 소속 4급 이상 공무원으로서 본인 및 이해관계자(배우자 및 본인의 직계존비속) 보유 주식 총가액이 3,000만 원 이상 보유할 수 없게 하는 제도를 말합니다.

미국의 경우 대통령의 주식백지신탁을 강제하는 규정이 없습니다. 1789년 초대 대통령을 선출할 때 그런 규정을 제정하지 않았습니다. 조지 워싱턴 등 상당수 지도자가 노예를 거느리는 농장을 운영하던 상황이 반영됐다. 대신 대통령과 부통령을 제외한 고위 공직자에게는 백지신탁이 엄격하게 적용됩니다.

프랭클린 D. 루스벨트·존 F. 케네디·조지 W 부시 전 대통령이 직·간접적으로 기업 운영에 연관된 전직 대통령은 취임 전 보유하고 있던 주식을 모두 매각하는 방법으로 이해 상충 문제를 해소했습니다.

주식병합(reverse stock split)

주식병합은 여러 개의 주식을 1개로 합하여 주식의 액면가를 높이는 것을 말합니다. 액면병합으로도 부릅니다. 기업 주식의 주식을 효과적으로 병합하여 비례적으로 더 가치 있는 더 적은 수의 주식을 형성하는 프로세스이다. 자본금의 증가나 감소 없이 주식 액면을 높이고 유통 주식수를 감소시키는 것으로 주식분할과 정반대의 경우입니다.

주식분할(stock split-up)

주식 분할은 기업이 유동성을 높이고 가격을 낮추기 위해 기존 주식을 다수의 주식으로 나누는 기업 행위입니다. 기업 가치는 근본적으로  변하지 않지만, 소액 투자자들에게 적당한 가격의 주식으로 보이도록 하는 것이 주된 동기입니다.

이런 경우 발행 주식수는 늘어나지만 회사의 자산이나 자본, 그리고 주주의 지위에는 아무런 변동이 없습니다. 주식분할은 주로 가격이 높을 때 행해지므로 유동성이 높아진다는 장점이 있습니다.

주식시세표

모든 거래소 상장기업과 코스닥 등록기업의 거래 현황이 담겨 있는 표를 말합니다. 시작가와 종가·최고가격과 최저가격·종목별 거래량 등을 파악할 수 있습니다. 월간 등락률이나 권리락이 이루어졌는지도 한눈에 알 수 있습니다. 증권시장의 거래 현황을 보여주는 현황판이자 내일의 투자를 위한 작전지도라고 할 수 있습니다.

주식시장(stock market)

일반적으로 증권이라 하면 주식과 채권을 의미하는데, 증권시장은 이러한 증권이 정부나 공공단체 또는 기업으로부터 일반투자자에게 공급되고 다시 많은 투자자 사이에 매매되는 시장을 말합니다.  증권시장을 넓은 의미로 보면 증권의 수요와 공급이 조절되는 추상적 시장을 의미하며 좁은 의미로는 일정한 시간에 일정한 장소에서 다수 매매 관계자들이 모여 증권을 팔고 사는 구체적 시장 즉 증권거래소를 뜻하기도 합니다.

증권시장은 그 기능에 따라 발행 시장과 유통시장으로 구분된다. 발행시장과 유통시장은 상호 보완관계에 있는데, 즉 유통시장에서 형성되는 증권의 시장가격과 유통 상태는 발행 시장에서 새로이 발행되는 증권의 발행 규모·조건·시기 등을 결정하는 주요한 요인이 되며 반대로 증권의 발행 방법이 증권의 시장가격과 유통 상태에 영향을 미치게 됩니다.

주식양도(transfer of stock)

주주의 권리인 주식을 다른 사람에게 넘기는 것으로 인해 주식을 넘겨받은 사람은 회사에 대해 갖는 법률적 권리를 일괄적으로 승계하게 되고 주주의 지위를 나타내는 주권을 교부받습니다. 주식양도는 주주로 하여금 주식회사에 투하한 자본을 쉽게 회수할 수 있도록 하기 위해 자유롭게 허용하고 있습니다.

주식양도소득세

주식 거래에서 얻은 수익에 대해 물리는 세금을 말합니다. 소액 투자자는 주식을 사고파는 데서 생긴 차익에 대해 세금을 물지 않습니다. 다만 대주주는 **양도소득세**를 납부해야 합니다.

특정 종목을 지분율 1% 이상 보유하거나(코스닥의 경우 2%) 보유액이 10억 원을 넘으면 '대주주'로 분류됩니다. 여기에는 본인 주식뿐만 아니라 배우자와 직계 존비속의 보유액까지 합산해 대주주 여부를 가립니다.

대주주는 양도가액 - 취득가액 - 필요경비 - 기본공제(250만 원)를 과세표준으로 22%(지방세 포함)를 과세해 납부해야 합니다.

주식예탁증서(depository receipt, DR)

국내 기업이 외국 투자자를 대상으로 유상증자를 할 때 유통 편의를 위해 발행주식을 예탁 기관에 맡기고 예탁기관이 발행 주식(원주)을 근거로 발행·

유통하는 예탁증서를 말합니다. DR의 발행 절차는 발행회사가 원주를 발행하면 외국예탁기관은 국내 보관 은행에 이것을 예탁 기관의 명의로 보관하고 대신 현지에서 DR을 발행해 유통시킵니다. 주간사·증권사를 포함한 인수단은 이 DR을 외국의 투자자들에게 판매하는 업무를 맡습니다.

보관 은행은 국내 측 대리인으로 원주의 보관, 예탁증권 해약 시 원주식의 수도·배당송금·주총통지 전달 등의 업무를 합니다. 보관 은행은 상임대리인(증권회사)을 정해 이같은 업무를 대행시키기도 합니다. 환율 문제와 대금결제방법 등의 차이 때문에 외국에서 주식을 유통시킬 때 발생하는 문제점을 해소, 유통의 편의를 도모하기 위해 도입된 것입니다.

DR(DepositaryReceipts)은 보관된 주식과 동일한 권리를 가지고 있습니다. 미국에서 발행되는 ADR(American DR), 유럽에서 발행되는 EDR(European DR), 미국과 유럽 등 복수지역에서 발행되는 GDR(Global DR) 등이 있습니다.

주식옵션(stock option)

주식옵션(Stock Options)은 투자자가 미래에 정해진 날짜(만기일)와 정해진 가격(행사가격)에 주식을 사거나 팔 수 있는 권리(Right)를 사는 것을 말합니다. 주식과  다르게 주식옵션을 보유한 투자자는 배당금을 지급받지는 않습니다. 옵션은 투자의 매개체로서 다른 증권에 대한 포지션을 해지하거나 적은 투자로서 주식에 대한 투기를 할 수 있는 기회를 제공합니다. 또한 옵션은 다양한 옵션 전략을 통해서 시장에서의 옵션 가치변화를 이용할 수 있게 합니다. 노동자들에게 동기부여나 보상을 하기 위해서 사용하는 형태입니다. 노동자들에게 특정 기간에 특정한 가격(선택권이 허용된 기간에는 일반적으로 시장가격보다 낮다)에 회사의 주식을 구입할 수 있는 선택권을 주는 것이 이에 속합니다.

주식옵션부 상환채(equity option redemption bond)

옵션부사채란 사채발행 시 제시된 일정 조건이 성립되면 만기 전이라도 발행회사가 사채권자에게 매도 청구를, 사채권자가 발행회사에 매수(상환)청구를 할 수 있는 권리 즉, **콜옵션**(Call Option)과 **풋옵션**(Put Option)이 부여되는 사채입니다. 전환사채와 보통 사채의 중간 형태로서 채권 만기 시 발행자가 주식으로 전환해주거나 현금으로 상환할 수 있는 권리를 갖는 채권입니다.

주식워런트증권(equity-linked warrant, ELW)

특정 주식이나 주가지수 등 기초 자산을 미리 정한 조건에 따라 미래에 사거나 팔 수 있는 권리가 붙은 증권(상품)을 말합니다. 옵션과 비슷한 파생상품이지만 증시에 상장돼 거래되는 점이 다릅니다. 살 권리인 **콜 워런트**는 기초자산 가격이 오를 때, 팔 권리인 **풋 워런트**는 주가가 내릴 때 각각 수익이 납니다. 국내에선 ELW의 기초자산으로 개별 종목 주가와 코스피 200지수가 활용됩니다.

> 예를 들어 A회사의 주식을 기초자산으로 하는 주식워런트증권이라고 한다면 만기가 되어 A사의 주식을 미리 정한 가격에 거래할 수 있다. 예를 들어 현재 5만 원인 A사 주식을 1년 뒤에 5만 5,000원에 살 수 있는 ELW를 2,000원에 샀을 때 1년 후 A사 주가가 6만 원으로 올랐다면 ELW를 산 사람은 권리를 행사해 5만 5,000원에 주식을 사서 6만 원에 팔 수 있다.

따라서 기초자산의 가격이 상승할 거라고 믿는다면 콜 워런트를, 하락할 거라고 예측하면 풋 워런트를 사면 됩니다. ELW의 유동성공급자(LP)를 맡은 증권사는 발행사로부터 사들인 ELW를 일반 투자자와 매매해 환금성을 높이는 역할을 합니다.

주식 일임 매매(discretionary transaction)

일반적으로는 투자자 스스로가 증권사 직원에게 종목 선정과 매매를 전부 맡기는 경우를 말합니다. 「증권거래법」제107조는 "증권사가 고객으로부터 수량·가격 및 매매시기에 한해 그 결정을 일임받은 매매거래"로 정의하고 있습니다.

그러나 막상 일임 매매를 하려면 매우 까다롭습니다. 거래법 시행규칙에 따르자면 1년 이내의 기간 동안 고객이 명시한 5종목 이내에서 일임매매 약정이 가능합니다. 증권사는 일임매매를 할 때마다 고객에게 통보하고, 매월 현황을 집계해 증권감독원과 증권거래소에 보고하게 돼 있습니다. 이 같은 "정식 일임 매매"는 1987년 이후 단 한 건도 없다. 그래서 "종목수 제한 등이 현실성을 잃었다."는 평가가 많습니다.

다만 법원 판례를 보면 "고객의 동의를 받지 않고 증권사 직원이 마음대로 하는 매매"를 일임매매로 간주하는 경향이 있습니다. 결국 증권사와 고객간에 **매매위탁의 진실성**을 둘러싼 분쟁이 일어날 경우 처벌의 근거조항으로 활용되고 있는 실정입니다.

주식편입비율

주식형 펀드 자산 가운데 주식투자 비중이 현재 얼마인가를 나타내는 비율을 말합니다. 주식형 펀드라고 펀드 자산을 모두 주식에 투자하는 것은 아닙니다. 채권이나 CP(기업어음)·CD(양도성예금증서)·콜론 등에도 투자합니다. 가령 1백 억 원짜리 펀드에서 주식에 50억 원을 투자하고 있다면 주식편입비율은 50%가 됩니다.

주식형 펀드는 주식편입비율에 따라 **안정형**(주식편입비율 30% 이하)·**안정성장형**(31~69% 이하)·**성장형**(70% 이상)으로 분류됩니다. 주식은 가격 변동성이 크기 때문에 주식편입비율이 높을수록 고위험·고수익 펀드에 가깝습니다. 펀드매니저들은 주가 상승기에 편입 비율을 높이고 하락기에는 편입 비율을 낮추는 방식으로 투자 위험을 관리하고 있습니다. 따라서 주식편입비율은 항상 고정되어 있는 것이 아니라 수시로 변합니다. 단 상품 약관에서 규정한 주식편입비율의 한도 내에서만 그 비율을 조정할 수 있습니다.

주식할인발행차액(discounts on stock issued)

주식발행차액은 주식회사가 신주를 액면가 이하로 발행할 때 액면에서 납입액을 차감한 잔액을 말하며 자본의 장부에는 차감 항목으로 기재하고 3년 이내의 기간에 매기 정액법으로 상각하되 주식할인발행차액 상각은 이익잉여금 처분으로 계상합니다.

주식형 연금저축펀드

집합투자 재산의 60% 이상을 주식에 투자하는 연금저축펀드는 은퇴 후 여유로운 노후생활 준비를 위한 상품으로 소득세법에 따라 가입 기간 중에는 세액 공제를 받을 수 있고 연금으로 수령하는 경우 저율의 연금소득세가 과세되는 세제 혜택 상품입니다.

주식형수익증권

일반 투자자가 맡긴 자금을 투자신탁회사가 주로 우량주식에 분산투자하여 운용하는 신탁을 말하는데, 신탁재산에 편입되는 주식의 성격에 따라 **성장형·안정형·안정성장형**으로 분류할 수 있습니다. 주식편입비율은 80, 60, 30, 10%로 대략 구분됩니다. 주식형 투자신탁은 증권투자와 비슷한 성격을 띠고 있어 주가의 등락에 수익률이 좌우되기는 하나 우량주식에 분산 투자하여 운용하기 때문에 위험을 극소화할 수 있고 일반 투자자의 증권투자를 용이하게 할 수 있다는 장점이 있습니다. 고객의 입장으로 보면 주식형수익증권이라 말합니다.

주식형 펀드

주식형 펀드는 펀드 자산의 60-70% 이상을 주식에 투자하고 나머지는 다른 금융자산에 투자하는 펀드를 말합니다. 주식형 펀드로 주로 투자하는 주식은 시세가 잘 움직이는 속성이 있습니다. 그래서 주가가 뛰면 주식형 펀드는 단기간에도 높은 투자수익을 올릴 수 있습니다. 한편 자산의 50~60%를 투자하는 펀드는 **주식혼합형**, 50% 미만 투자하는 펀드는 **채권혼합형**이라 합니다. 채권형 펀드는 채권에 60% 이상 투자하는 것으로 채권형 펀드가 안정적인 수익을 지향하는 상품인 반면, 주식형 펀드는 보다 공격적인 상품이라고 할 수 있습니다.

주식형펀드 수수료

은행이나 증권사들이 주식형 펀드를 판매·운용하는 대가로 챙기는 수수료를 말합니다. 보수율이라고도 합니다. 판매만 전담하는 은행·증권사가 투자전략을 세우고 직접 수익을 내야 하는 자산운용사보다 3배 많은 수수료를 받습니다. 일반적으로 국내주식형 펀드의 전체 수수료는 2.5% 내외(2021년 기준)이고, 혼합형(주식/채권 혼합형)펀드는 1.5% 내외, 채권형 펀드는 1% 내외의 수수료율이 적용됩니다.

주식회사(stock company, company limited by shares)

주식회사는 사원, 즉 주주의 권리·의무에 관해서 세분화된 비율적 단위라고도 할 주식을 발행해서 각 주주는 그가 갖는 주식의 인수가액을 한도로 출자의무를 지는 회사입니다.

조그마한 회사(예 : 구멍가게)는 그냥 자기 돈으로 이것저것 해도 되지만, 회사 규모가 커지고 직원 수도 많아지고 하면 자본금을 개인 돈으로 대는 것  에는 한계가 있게 되고 이 한계를 돌파하기 위해 타인의 돈을 가져다 쓰고 그 대가를 주게 됩니다. 그런데 이 타인의 돈을 끌어다 쓰는 것도 여러 제약과 한계가 있고 회사가 잘못될 경우 타인까지 덤터기 써서 같이 망하는 수가 있으므로 자기가 낸 돈만큼만 책임지는 유한책임 제도가 생겨났고, 이 시스템을 바탕으로 생겨난 것이 주식회사입니다. 간단하게 주식회사의 자본 투자자(주주)는 회사가 망하면 주식에 부은 돈만큼만 손해를 보면 그만입니다. 합명회사나 합자회사처럼 어설프게 투자했다가 이사로서 무한책임을 지는 것보단 훨씬 낫습니다. 이런 이유로 주식의 가격은 절대로 마이너스가 될 수 없습니다.

법적으로 투자자가 손해를 제일 적게 보고 자본 확보가 쉬운 데다 회사 경영권의 명확화 등등의 장점 때문에 한국에 있는 회사 중 95% 이상이 주식회사의 형태를 띠고 있습니다. 대부분의 회사가 주식회사이기 때문에, 여러 사회 제도가 주식회사 위주로 돌아가는 경향이 있습니다. 상법적으로 보면, 의사결정 기구는 이사들로 구성되는 이사회이며, 이사회에서 대표이사를 선출합니다.

주식회사의 3요소는 **자본 · 주식 · 주주의 유한책임**입니다.

주주(shareholder, stockholder)

주주는 기업의 이해관계자(stakeholder) 가운데 주식을 가지고 직접 또는 간접으로 회사 경영에 참여하고 있는 개인이나 법인을 말합니다. 주식을 일정 기
준 이상 많이 소유하고 있다면 **대주주**(majority shareholder)가 됩니다.

단지 주식을 소유한다고 해서 주주가 되는 것은 아닙니다. 그 회사의 주주명부에 성명·주소 등을 기재하여 명의개서를 함으로써 주주가 될 수 있으며 주주로서 각종의 권리를 행사할 수 있습니다. 주주라는 말은 그 성격 및 상태에 따라서 법인주주·개인주주·외국인 주주·대주주·소액주주·안정주주 등으로 구별하여 사용하고 있습니다.

주주 자본주의(shareholder capitalism)

주주자본주의(shareholder capitalism)는 자본주의의 발전 형태의 한가지로서 자본 활동의 모든 것이 주주의 이익을 옹호하는 방향으로 이루어지는 형태의 모든 움직임을 통칭한다고 할 수 있습니다. 원래 주식과 주식
시장은 산업활동의 활성화를 위해 만들어졌지만, 현재는 주식시장의 이익을 위해 산업활동이 부차적인 지위를 차지하고 있는 현재의 상황을 표현한 것이라고 할 있습니다.

자본주의의 한 형태로 주주가치 극대화를 경영의 중심에 두는 방향으로 움직이는 형태를 말합니다. 보통 영국과 미국의 방식이 대표적입니다.

주주가치

주주들이 주식을 갖고 있음으로 해서 얻을 수 있는 대가를 말합니다. 쉽게 말해 주식을 가지고 있으면 어느 정도의 이익이 있는지를 뜻하는 말입니다. 회사의 내실이 튼튼해지고 이익 규모가 크게 증가하면서 배당을 대폭 늘릴 수 있게 된다면 주주가치가 증대됐다고 이야기할 수 있습니다.

주주가치극대화(maximizing shareholder value)

주주가치 극대화라는 말이 뉴스에 자주 등장합니다. 주주가치 극대화는 일반적으로 자유 시장 자본주의와 관련된 생각으로 기업의 주된 경영 목적은 주주가치 창출을 극대화

해야 한다는 것입니다. 논쟁의 여지가 없는 것처럼 보일지 모르지만, 이런 사고방식을 가진 기업이 경영진에게 과도한 보상을 하거나, 스탁옵션 기반 보상을 하거나, 자사주를 매입하거나, 잠재적인 투자와 혁신을 포기하거나, 노동자의 임금을 너무 적게 지불하는 등 나쁜 일을 한다고 많은 이가 주장합니다.

주주권(stockholder's rights)

주주가 주식회사의 구성원, 즉 주주로서의 자격으로 가지는 권리의무를 말합니다. 주주는 이익배당청구권·이자배당청구권·잔여재산분배청구권·신주인수권·전환사채인수권·신주인수권·부사채의인수권·주식의 자유양도권·명의개서청구권·주권의 불소지 신고권·주권발행청구권 등의 자익권이 있으며 단독주주권과 소수주주권 등의 공익권이 있고 주권교부청구권 같은 고유권이 있습니다.

주주대표소송

현실적으로 기업경영에 참여할 수 없는 소액주주들이 일정 지분 이상의 의결권을 모아 집단으로 내는 소송으로 대주주나 경영진의 전횡을 견제하기 위한 법적 수단입니다.

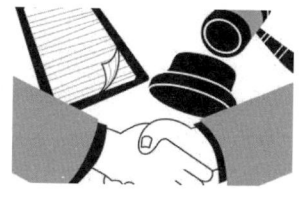

원래 주주대표소송은 영미법에서 인정한 법리인데, 우리나라는 1962년 상법을 제정하면서 영미식 주주대표소송 제도를 도입하였습니다. 영국과 미국의 경우 단 1주의 주식을 보유한 주주에 대하여도 주주대표소송을 제기할 수 있도록 허용하고 있습니다. 반면 우리나라의 경우에는 비상장회사의 경우 발행 주식의 총수의 100분의 1 이상, 상장회사의 경우 6개월 전부터 계속하여 상장회사 발행주식총수의 1만분의 1 이상에 해당하는 주식을 보유한 주주에게만 소를 제기할 수 있도록 하고 있습니다.

주주 마진콜

마진콜이란 은행이 기존 주식담보대출에 추가 증거금을 요구하는 것을 말합니다. 은행·증권사 등에 주식담보제출을 받으면서 주가가 일정 수준 이하로 하락할 경우, 추가 증거금을 내는 것을 말합니다. 금융회사에 부실 징후가 있을 때 주주들이 자본확충을 요구하는 제도입니다.

주주배정

상장회사가 신주를 발행하여 이를 기존 주주들의 지분 비율에 따라 배정하는 방법을 말합니다. 기존 주주들의 권리에서 가장 대표적인 것 중 하나가 바로 '신주 인수에 대한 권리'인데 이러한 기존 주주의 신주인수권을 가장 잘 보장해주는 방법이 바로 '주주배정' 방법입니다. 주주배정을 한 후, 실권된 주식은 다시 공모할 수 있습니다. 일단은 신주 인수에 대한 권리를 행사할 수 있도록 기존 주주에게 기회를 주었기 때문에 남은 주식(실권주)은 기존 주주를 포함한 일반인을 대상으로 공모를 하게 됩니다.

주주우대제도

주식시장에 상장된 주식회사가 주주들에게 배당 이외에 자사의 물건이나 현물 등 혜택을 지급하는 주주친화정책을 말합니다. 대주주들에게는 별 도움이 되지 않는 제도이나 소액주주들에게 혜택을  주는 제도이자 기업가치 상승의 목적을 두고 시행하고 있습니다.

1997년 일본의 주주우대제도가 알려지면서 국내에서도 몇몇 기업들이 주주우대 제도를 실시하였습니다. 기아자동차의 경우 1997년 자사주식 1,000주를 보유하고 있을 경우 자사 차량을 할인해 주기도 했고, 2000년 교보증권의 경우에는 주주 전용 펀드를 개설하는 등의 시도가 있었습니다. 다만, 실질적으로 주주우대 제도를 실시해 본 경험이 있는 기업은 손가락으로 꼽을 수 있을 정도로 수 자체도 매우 적었고, 주주우대 제도 자체도 지속적으로 유지되지 않고 있습니다. 국내 주식시장을 실질적으로 끌어올리는 기관이나 외국인과 대형 투자자에게는 이러한 주주우대 제도가 전혀 매력적이지 않기도 하고, 주주우대 제도로 유입되는 소액주주 수가 유의미하지 않아서라는 주장이 있습니다. 현재 한국에서 주주우대 제도가 유일하게 돌아가고 있는 기업이라면 강원랜드 정도에 그치고 있습니다.

주주우선공모

주주 우선 공모는 주주 배정후 실권주 일반공모와 마찬가지로 기존 주주에게 지분율대로 우선적으로 신주를 청약할 수 있는 권리를 주고 구주주 청약 이후 미청약분을 대상으로 일반 공모를 진행합니다.

상장회사가 기존 주주를 대상으로 신주를 발행하는 것까지는 주주배정과 비슷하지만, 이를 지분 비율대로 배정하는 것이 아니라 기존 주주를 대상으로 공모를 한다는 차이가 있습니다. 다시 말해 기존 주주들은 자신이 기존 지분 비율보다 더 많이 청약을 할 수도 있고 더 적게 또는 전혀 청약을 하지 않아도 된다. 이때는 기존 주주가 아닌 다른 사람들이 공모에 참여할 수는 없습니다.

다른 일반인에 대항하여 기존 주주들의 대표적 권리인 신주인수권을 보장해 준다는 점은 주주배정과 같지만 100% 보장해 주는 것은 아닙니다. 왜냐하면 기존 주주들의 지분 비율대로 부여된 신주 인수에 대한 권리를 무시하고 공모를 통해 기존 주주들을 경쟁시키기 때문이다.

주주의 공익권

주주는 회사에 대하여 공익권과 자익권을 가집니다. 공익권이란 주주의 공동이익을 위하여 회사의 경영에 참여하는 권리로서 일반적으로 주주총회 참석, 위법상황에 대한 유지청구·주주총회의 소집청구권·회사 장부의 열람권 등이 있습니다. 그러나 공익권 중 위법 사항에 대한 유지청구·주주총회의 소집·장부 열람 등을 개별 주주의 권리로 철저히 인정하면 회사 경영과정이 지나치게 복잡해질 수 있습니다. 이에 따라 이를 제한하는 조치도 있습니다. 최근 장부열람권 등을 허용하는 주주 수를 대폭 낮춘 것은 소액주주들의 공익권을 확보해 주기 위한 조치로 볼 수 있습니다.

주주의 지위

주주는 출자한 지분만큼 회사에 대해 의결권 배당청구권 등을 갖습니다. 이는 사업 실패 위험을 감수하고 자신의 돈을 투자한 주주(주인)로서 고유한 권리입니다. 출자 대가로 얻는 일종의 재산권이라고 할 수 있으며 주주는 이러한 지위로 인해 자신의 의사에 반해 주주권을 침해당하지 않습니다. 다만 자본이 완전 잠식된 법정관리 회사에 대해서는 법원이 기존 주주의 주식을 소각하고 신주를 제3자에게 발행해 회사의 새 주인을 찾아줄 수 있습니다. 회사 순재산이 마이너스일 경우 주주의 권리를 보호할 가치가 없다고 보는 것입니다.

주주제안

일반 주주들이 주주총회에 의안을 직접 제시하는 것을 말합니다. 주주총회 6주 전까지 요구사항을 회사에 제출하면 주총에서 해당 의제를 다루게 됩니다. 배당 확대과 이사 및 감사 선임 등이 주주제안의 단골 메뉴입니다. 상장사에 주주제안을 하려면 의결권이 있는 지분 1% 이상을 6개월 이상 보유해야 합니다.

2019년 들어 스튜어드십 코드(수탁자 책임원칙)를 도입한 국민연금 등 기관투자가들이 주주권 행사 수위를 높이고 있는 데다 외국계 행동주의 펀드도 줄줄이 상륙하면서 주주제안이 급격히 늘고 있습니다.

주주제안권(shareholder proposal right)

의결권 없는 주식을 제외한 발행주식총수의 100분의 3 이상에 해당하는 주식을 가진 주주는 이사에 대하여 회일의 6주 전에 서면으로 일정한 사항을 주주총회의 목적 사항으로 할 것을 제안할 수 있습니다. 주주에게 주총에서 논의될 의안을 제출할 수 있는 권리를 부여하는 것입니다. 경영진 중심으로 주총 안건이 마련되는 관행을 개선하고 소액주주들의 경영 참여를 보장하기 위한 방안입니다.

소액주주가 자본금 1천억 원 이하인 경우에는 발행 주식 총수의 1% 이상, 1천 억원 이상인 경우에는 0.5% 이상의 지분을 가지고 있을 경우 이사선임과 액면분할 등의 안건을 주총에서 논의하도록 회사측에 제안할 수 있습니다. 회사 측은 이 제안이 법령과 정관에 위반되지 않으면 이사회 결의를 거쳐 주총 안건으로 올려야 합니다. 주주 제안자는 주총에서 제안한 안건을 설명할 수 있습니다.

주주총회(general meeting of stock-holders)

주주총회는 주주 전원에 의하여 구성되고 회사의 기본조직과 경영에 관한 중요한 사항을 의결하는 필요적 기관입니다. 주주총회는 형식상으로는 주식회사의 최고기관이며, 그 결의는 이사회를 구속하는 것이나, 총회가 결의할 수 있는 사항은 법령 또는 정관에 정하는 바에 한정됩니다. 정기주총은 결산기가 종료되고 3개월 이내에 개최합니다. 12월 결산법인의 경우 그 다음해 3월 말까지 정기주총을 열어야 합니다. 주총 결의가 필요한 긴급한 일이 생기면 언제든지 임시주총을 열 수 있습니다.

또 발행 주식수의 5% 이상을 소유한 주주도 이사회에 임시주주총회 소집을 요구할 수 있습니다. 주주총회를 소집할 때는 2주

전에 회의 목적 등을 기재한 통지서를 발송해야 하며 정관변경 등 일정 사항에 대해서는 그 내용도 같이 밝혀야 합니다. 상장법인의 경우 소액주주에게는 주총 소집을 개별적  으로 통보하지 않고 2개 이상의 일간신문에 2회 이상 공고하는 것으로 대신할 수도 있습니다.

주주는 1주당 1개의 의결권을 가지며 의결권 행사는 직접 참석은 물론 위임장을 작성해 대리인을 통해서도 가능합니다. 2개 이상의 주식을 가진 주주는 서로 다르게 의결권을 행사할 수도 있습니다. 의결권이 없는 주식을 가진 주주 등 경우에 따라서는 의결권이 제한되기도 합니다. 주주 총회는 대부분 보통결의(과반수 출석, 출석주주 과반수 찬성)가 적용되지만 정관변경·자본감소(감자)·영업양도·이사해임 등은 특별결의(과반수 출석, 출석주주의 3분의 2 이상의 찬성)가 필요합니다.

주주 친화 경영

주주 친화 경영이란 주주의 이익을 최우선으로 생각하는 경영방식입니다. 여기에는 수익성·투명성·배당금 지급 및 다양한 이해 관계자의 요구 균형에 중점을 둡니다. 이러

한 원칙을 채택함으로써 회사는 장기적인 성공을 위한 강력한 기반을 구축하고 주주를 위한 가치를 창출할 수 있습니다. 주주가치를 높이는 경영 활동을 말합니다. **주주가치**는 주주들이 주식을 갖고 있음으로 해서 얻을 수 있는 대가입니다. 자사주 매입이나 소각·배당 확대·소액주주의 경영 참여기회 확대 등을 주주 친화 경영으로 볼 수 있습니다.

주주행동주의(shareholder activism)

주주들이 기업의 의사결정에 적극적으로 영향력을 행사하여 자신들의 이익을 추구하는 행위를 말합니다. 배당금이나 시세차익에만 주력하던 관행에서 벗어나 부실 책임 추궁·구조조정·경영투명성 제고 등 경영에 적극 개입해 주주가치를 높이는 행위 등이 이에 속합니다. 한편, 주주행동주의자(shareholder activist)들은 이를 실천하는 사람들을 말합니다.

최근 주주행동주의 펀드가 다시 관심을 끄는 건 2017년 스튜어드십코드(국민연금기금 의결권 행사 지침)가 도입되면서입니다. 기관투자가의 의결권 행사 지침을 의미하는 스튜어드십코드는 단순한 의결권 행사를 넘어 기업과의 적극적인 대화를 통해 고객 수익률을 극대화하는 게 목적입니다.

주주행동주의자

주주들이 기업의 의사결정에 적극적으로 영향력을 행사하여 자신들의 이익을 추구하는 행위를 말합니다. 배당금이나 시세 차익에만 주력하던  관행에서 벗어나 부실 책임 추궁·구조조정·경영투명성 제고 등 경영에 적극 개입해 주주가치를 높이는 행위 등이 이에 속합니다. 투자 이익을 극대화하기 위해 임원 선임이나 교체 등 기업의 지배 구조나 경영까지 개입하는 투자자를 말합니다. **기업사냥꾼**으로 불리기도 합니다. 기업의 장기 이익보다는 단기 이익을 겨냥합니다.

주주환원정책

주주환원 정책은 기업이 벌어들인 이익을 주주들에게 돌려주는 다양한 방법을 의미합니다. 내가 투자한 회사가 돈을 벌었을 때 그 이익  의 일부를 나에게 나눠주는 것입니다. 대표적인 주주환원 방법으로는 배당금 지급과 자사주 매입이 있습니다. 배당을 늘리면 주주에게 돌아가는 돈이 많아지고, 자사주를 매입하면 시중에 유통하는 주식 수가 줄어 주가가 올라가는 효과가 있습니다.

주추세(major or primary trends)

1년 이상 수년간에 걸쳐 형성된 장기추세를 말합니다. 다우이론에서 강세시장 또는 약세시장이라 함은 주추세의 상승 또는 하락과 관련지어 언급되는 것입니다. 즉 강세시장이라 함은 주추세선이 상승을 보이고 중기추세선이 이전의 수준보다 높은 수준에서 등락을 지속하는 경우이며, 약세시장이라 함은 주추세선이 하락을 보이고 중기추세선이 이전의 수준보다 낮은 수준에서 등락을 지속하는 경우를 말합니다.

중간배당(interim dividend)

회사가 결산 후가 아닌 사업연도 중에 하는 배당을 말합니다. 회사채의 경우 1년에 4번 이자를 지급하듯 주주들에게도 수시로 배당할 수 있게 한 제도입니다. 중간배당은 기중期中의 영업실적과 이후 추정 실적을 감안하여 배당률이 정해집니다. 일반적으로 배당은 결산기가 끝난 후 주주총회에서 배당률을 정해 결산기말을 기준으로 주주에게 1년에 한 번 실시하고 있으나 1997년 12월 13일 개정된 증권거래법에 중간배당제가 신설됐습니다. 즉, 상장법인이나 협회등록법인은 정관이 정한 바에 따라 사업연도 중 1회에 한해 일정한 날을 정해 이익배당을 할 수 있다는 것입니다.

결산 배당은 주총 결의 사항이지만 중간배당은 이사회의 결의로 정해지며 현금배당만 가능합니다. 중간 배당제도가 자리잡힌 미국에서는 분기마다 사업보고서를 작성해야 하기 때문에 분기별 배당도 가능합니다.

중간배당제는 매매차익 위주의 투자 관행을 배당 위주의 투자로 개선하는 데 도움을 줍니다. 기업들도 배당에 대한 신경을 쓸 수밖에 없기 때문에 외형성장 위주의 경영보다는 수익성 위주의 경영을 하게 됨으로써 경영체질을 강화하는 순기능을 할 수 있습니다. 중간배당을 받으려면 배당 기준일(6월30일) 2거래일 전까지 매수해야 합니다. 배당금 규모는 7월 이사회를 열어 결정하고 배당금 지급은 이사회 결의일 20일 이내에 이뤄집니다.

중간지주회사

기존 지주회사의 지배를 받는 동시에 다른 사업자 회사를 자회사로 거느리는 지주사를 말합니다. 이를 통해 펀드 판매회사인 증권사의 자회사로 자산운용사가 있을 경우의 이해 상충 소지를 없애는 한편 지주사가 증손회사를 소유하지 못하도록 하는 현행법의 규제에서 벗어날 수 있습니다. 한국투자금융지주의 경우 중간 운용 지주사를 통해 해외 운용사 등을 추가 설립하기 위한 제도적 발판을 마련했습니다.

SK이노베이션이 대표적이다. SK이노베이션은 SK㈜ 지배를 받으면서 SK에너지·SK종합화학·SK루브리컨츠·SK아이테크놀로지 등을 자회사로 두고 있습니다.

중학개미

중국 및 홍콩기업 주식에 투자하는 개인 투자자를 말합니다. 미국을 필두로 한 해외 주식에 투자하는 개인 투자자를 일컫는 서학개미에 빗대어 만든 용어입니다.

2021년 7월 들어 중국 기업들에 대한 중국 정부의 규제가 강화됨에 따라 이들 주식에 투자한 중학개미의 손실이 크게 불어나고 있습니다.

중형주

증권시장에서 대·중·소형주의 구분은 자본금에 따라 정해집니다. 자본금이 500억 원을 넘으면 **대형주**, 350억 원 이상 500억 원 미만은 **중형주**, 350억 원 미만은 **소형주**로 분류됩니다. 대형주는 자본금이 큰 만큼 발행 주식수가 많고 증권시장에서 거래되는 유통주식수도 상대적으로 많습니다. 종목수는 소형주가 가장 많고 그 다음이 대형주, 중형수 순입니다.

거액을 투자하는 외국인과 기관투자가는 대형주를 선호하고 개인 투자자는 중·소형주를 많이 가지고 있습니다. 외국인과 기관이 대형주를 선호하는 이유는 언제든지 사고 팔 수 있으며 시세에 미치는 영향이 적기 때문입니다. 대형주는 시가총액이 많으므로 종합주가지수에 미치는 영향력도 큽니다.

증거금(margin)

주식시장이나 여타 시장(원자재, 지수(Index), 외환 등)에서 주식이나 상품을 거래할 때 약정 대금의 일정 비율에 해당하는 금액을 미리 예탁해야 하는 보증금을 의미합니다.

1) **주식거래**: 주식거래에 있어서 투자자는 보유 금액보다 2.5~2.8배 많은 금액의 주문이 가능합니다. 이를 증거금 제도라고 합니

다. 반면, 100% 증거금률인 경우엔 리스크가 높은 종목에 적용되며 보유금액 이상으로 살 수 없습니다.
2) **선물거래** : 선물거래계약의 이행보증을 담보하기 위한 장치입니다. 선물거래는 미래결제의 약속이기 때문에 만기일까지 심한 가격변동이 있을 수 있습니다. 가격변동에 따른 참여자들의 이익과 손해가 동시에 일어나기 때문에 그 변동 폭이 결제 불이행까지 이르면 시장이 혼란에 빠지게 됩니다. 이러한 위험을 방지하기 위해 선물거래소는 시장참여자들로부터 일정한 금액을 계약이행을 위한 증거금으로 받아놓습니다.

증거금률(margin requirement)

고객이 신용거래로 주식을 매매할 경우 약정 대금의 일정 비율에 해당하는 위탁보증금이 필요합니다. 이와 같이 약정 금액에 대해서 필요로 하는 최저위탁보증금의 비율을 증거금률이라 합니다. 증시의 규제 또는 부양조치로 증권관리위원회에서 위탁증거금률을 조정합니다.

모든 주식에는 증거금률이 써 있는데, 이는 예수금을 증거금률로 계산하여 증권사에게 돈을 빌려 매수할 수 있다는 말입니다. 만일 주식 계좌에 예수금 100만 원이 있는데, 해당 주식이 40%의 증거금률을 가지고 있을 경우, 250만 원까지도 구매가 가능하다는 것을 말합니다.

증권(securities)

재산상의 권리와 의무에 관한 사항을 기재한 서면을 의미하는 것으로 일상적으로 유가증권을 증권이라고 표현하기도 합니다. 그러나 엄밀하게 둘은 다릅다. 흔히 생각하는 증권과 증권사의 증권은 유가증권을 의미합니다. 유가증권도 증권의 일종이기에 증권의 개념에 대해 알아야 유가증권도 이해할 수 있습니다.

법률상의 효력에 따라 **유가증권·증거증권·면책증권**(자격증권)·**금**(액)**권** 등으로 나뉩니다.

증권거래법(Securities and Exchange Law)

증권시장에서의 유가증권의 거래에 관한 기본법으로 1962년 1월 15일 법률 제972호로 제정되어 1962년 4월 1일부터 시행되었다. 「증권거래법」은 유가증권의 공정한 거래와 원활한 유통 및 거래과정에서의 투자자 보호를 기본적 지도 이념으로 합니다. 그 주요 내용은 유가증권의 발행 및 그 유통에 관한 기본적 장치, 증권 행정에 관한 감독체계, 증권관계기관 및 증권 회사에 대한 업무감독, 상장법인 및 등록법인의 관리, 그리고 기타 공정거래 질서유지를 위한 규제 및 단속 등으로 되어 있습니다.

증권거래세(securities transaction tax)

「증권거래세법」에 근거하여 주권이나 지분의 양도에 대하여 부과되는 세금을 말한다. 국세·간접세에 해당합니다. 과세표준은 주권 등의 양도가액이며 양도 시기는 매매 거래가 확정되는 때로 봅니다.

- **「증권거래세법」 제8조**(세율) ① 증권거래세의 세율은 1만분의 35로 한다. 다만, 2021년 1월 1일부터 2022년 12월 31일까지는 1만분의 43으로 한다. ② 제1항의 세율은 자본시장 육성을 위하여 긴급히 필요하다고 인정될 때에는 증권시장에서 거래되는 주권에 한정하여 종목별로 대통령령으로 정하는 바에 따라 낮추거나 영(零)으로 할 수 있다.
- **「증권거래세법 시행령」 제5조**(탄력세율) 법 제8조제2항을 적용받는 주권과 그 세율은 다음 각 호와 같다.
- **유가증권시장**(「자본시장과 금융투자업에 관한 법률 시행령」 제176조의9제1항에 따른 유가증권시장을 말한다)**에서 양도되는 주권**: 영(零). 다만, 2021년 1월 1일부터 2022년 12월 31일까지는 1만분의 8로 하고, 2023년 1월 1일부터 2023년 12월 31일까지는 1만분의 5로 하며, 2024년 1월 1일부터 2024년 12월 31일까지는 1만분의 3으로 한다.
- **코넥스시장**(「자본시장과 금융투자업에 관한 법률 시행령」 제11조제2항에 따른 코넥스시장을 말한다)에서 양도되는 주권: 1만분의 10

다음 각 목의 어느 하나에 해당하는 주권의 경우: 1만분의 15. 다만, 2021년 1월 1일부터 2022년 12월 31일까지는 1만분의 23으로 하고, 2023년 1월 1일부터 2023년 12월 31일까지는 1만분의 20으로 하며, 2024년 1월 1일부터 2024년 12월 31일까지는 1만분의 18로 한다.

가. 코스닥시장(대통령령 제24697호 자본시장과 금융투자업에 관한 법률 시행령 일부개정령 부칙 제8조에 따른 코스닥시장을 말한다)에서 양도되는 주권을 말합니다.

나.「자본시장과 금융투자업에 관한 법률 시행령」제178조제1항에 따른 기준에 따라 금융투자협회를 통하여 양도되는 주권을 말한다.

증권금융회사(Securities Financing Company)

일반적으로 유가증권의 발행 촉진 및 원활한 유통을 도모하기 위해 주로 증권회사와 일반투자자를 상대로 증권의 취득·보유·유통과 관련한 자금을 공급하거나 증권을 대여해주는 업무를 영위하는 기관을 말합니다. 미국이나 유럽에서는 일반금융기관이 증권금융을 취급하는 데 비해 우리나라와 일본에서는 증권금융 전담 기관을 두고 있습니다.

증권담보기간대출(Term Securities Loan Facility, TSLF)

2008년 3월 미국 연방준비제도이사회(FRB)가 서브프라임 사태로 야기된 신용경색을 해소하기 위해 도입한 유동성 공급방식을 말합니다. 채권시장 프라이머리 딜러들에게 상업용 모기지 담보증권(CMBS)과 주거용 모기지 담보증권(RMBS)을 담보로 제공받고 현금이나 다름 없는 국채를 빌려주는 조치입니다.

증권대부(securities loan)

일반적으로 고객의 공매를 위하여 한 중개인이 다른 중개인에게 증권을 대부하는 것을 말합니다. 대여중개인은 매각하여 얻는 현금수익을 보증받습니다. 더 일반적 의미에서 시장성 증권에 의해 담보된 대부입니다.

증권대체결제회사

증권회사 및 상장회사로부터 유가증권의 예탁을 받고 예탁받은 유가증권을 반환하고 계좌 상호간의 대체업무를 수행하기 위하여 설립된 회사를 말합니다. 우리나라에서는 한국증권대체결제주식회사가 1974년 설립되어 이 업무를 담당하고 있습니다. 구체적인 업무로는 유가증권의 보호 예수·예치증 발행·주식명의 개서대행·유가증권발행대행 등이 있습니다.

증권등급평정(security rating)

무디스나 스탠더드 앤드 푸어스사 같은 신용평가기관에서 발표하는 증권의 신용평가와 투자 위험평가를 말합니다.

증권분석(securities analysis)

유가증권에 관한 모든 사실을 찾아내고 투자의사결정에 필요한 자료들을 수집하여 정확하고 손쉬운 형태로 정리·요약하는 작업을 말합니다. 일반적으로 증권분석은 투자를 위하여 투자상의 위험을 덜어주고 합리적인 투자를 해나가기 위하여 개별증권에 대한 수익성·안정성·성장성 등과 관련된 모든 요인들을 분석하는 것을 말하며 일종의 투자분석이라고 할 수 있습니다.

증권시장안정펀드

증시 안정을 위해 금융당국이 금융기관 등에서 기금 출연을 받아 조성하는 펀드를 말합니다. 증권사·은행·보험·상장사 등에서 공동출자를 받아 증시 폭락 시 주식을 매입해 증시 안정 기능을 담당합니다.

1990년 선보인 증시안정기금(증안기금)이 그 출발로 4.85조 원 규모로 조성됐습니다. 이후 2003년 신용카드 대출 부실 사태로 인해 4,000억 원의 증권시장안정펀드(증안펀드)가 조성됐고, 2008년에는 리먼브라더스 글로벌 금융위기로 인한 5천억 규모의 증안펀드가 조성됐습니다.

2020년 3월에는 코로나19로 인해 10.7조 규모의 증안펀드가 조성됐습니다. 당시 5대 금융지주와 18개 금융사 및 한국거래소 등이 10조 7,000억 원을 조성해 설립했습니다. 코스피가 1,480대까지 주저앉은 상황에서 나온 조치였지만 이후 유동성이 대거 공급되면서 증권시장안정펀드가 실제 집행되지는 않았습니다.

2022년 10월 미국의 금리인상과 러시아-우크라이나 전쟁, 미국의 공급망 재편 등으로 코스피가 52주 최저치인 2200을 하회하는 등 바닥을 확인하는 등 불안정한 모습을 보이자 금융당국은 증안펀드 재가동을 검토하고 있습니다.

증권업(securities business)

증권업은 위탁매매업무인 유가증권의 위탁매매, 유가증권의 중개 또는 대리, 유가증권 시장에서의 매매거래에 관한 위탁의 중개, 주선 또는 대리와 자가매매업무인 유가증권의 모집 또는 매출의 주선행위를 하는 영업을 말합니다. 증권업을 하기 위해서는 재경부 장관의 허가를 받아야 하며, 「증권거래법」상 증권업을 할 수 있는 자는 증권 회사입니다. 하지만 금융기관도 재경부 장관의 증권업 겸영 허가를 받으면 그 범위 내에서 증권업을 할 수 있습니다.

증권인수 자금대출

한국증권금융이 유가증권의 발행과 인수 및 매출을 촉진하고 건전한 발행시장을 육성하기 위하여 주식 및 공사채의 인수인과 매입청약자에게 행하는 대출하는 것을 말합니다.

그 종류로는 ① 주식 또는 채권을 모집·매출함에 있어서 미소

화분을 인수인이 취득하게 될 경우 이에 필요한 자금을 대출해주는 주식 또는 채권인수 자금 대출 ② 모집·매출한 주식의 가격이 상장된 후 일정 기간 내(6개월)에 모집, 매출한 가격보다 하락하여 거래가 원활하지 못한 경우 인수회사가 증권시장에서 시장조성을 위해 당해 주식을 매입하고자 할 때 필요한 자금을 대출해주는 시장조성 자금대출 ③ 일반투자자들에게 모집·매출되는 주식으로 국공채 및 회사채의 청약에 필요한 자금을 대출해주는 일반인 청약자금대출 등의 3종이 있습니다.

증권저축

증권저축은 증권회사가 자금 여력이 부족해 증권투자를 하기 어려운 소액 투자자(저축자)로부터 돈을 받아 증권을 사서 보관해 주는 제도입니다. 또 위탁자 계좌를 이용한 일반 증권투자와 달리 공모주 배정에서 우대받아 증권투자를 처음 시작하는 사람이나 봉급생활자가 증권에 대한 상식을 넓히면서 자산을 불려갈 수 있는 저축 수단으로 손꼽힙니다.

   증권저축은 정기 또는 수시로 일정 금액씩 저축금을 내는 적립식이 대부분입니다. 실명이면 누구나 가입할 수 있고 5천만 원으로 돼 있던 저축 한도는 1992년 11월 없어져 얼마든지 저축할 수 있습니다. 증권 회사에서 증권 매입 대금의 일부를 빌려 일정 기간 동안(6개월 또는 1년) 매월 원금과 이자를 분할 상환하는 할부식도 있으나 가입 규모는 미미합니다. 증권저축은 위탁자 계좌처럼 자유롭게 주식을 투자할 수 있을 뿐만 아니라 공모주를 우선 배정받을 수 있는 것이 장점입니다.

단, 주식 거래에서 신용거래는 안 됩니다. 근로자의 재산형성을 지원하기 위해 특별히 마련된 근로자증권저축과 근로자장기증권저축도 있습니다.

증권화(securitization)

증권화란 자금이 증권이라는 금융수단에 의해 시장을 통해서 거래되는 현상을 말합니다. 아울러 금융기관 등이 자산, 부채를 유동화하는 현상도 포괄적으로 표현한 것을 말합니다. 이러한 정의에 의하면 증권화는 예금은행 및 투자은행 등을 통한 전통적인 금융중개로부터 기업어음이나 채권발행을 통하여 직접 자금을 조달하는 방법으로 옮겨가는 과정을 말합니다.

증권회사(securities companies)

「증권거래법」에 의거하여 기획재정부 장관의 허가를 받아 증권업을 주업무로 하는 주식회사를 말합니다.

주요 업무로는 발행시장 업무로서 유가증권의 인수·매출·모집 또는 매출의 주선 업무가 있고 유통시장 업무로는 자기매매업무 및 브로커로서의 위탁매매업무 등이 있습니다. 또한 증권업 부수 업무로서의 증권저축업무, 환매조건부 채권매매업무 및 고객에 대한 신용공여업무 등이 있습니다.

그밖에 회사채 지급보증업무, 해외에서의 유가증권인수 및 매출업무, 사채모집의 수탁업무, BMF 판매업무 등을 취급합니다. 1995년부터는 외국 투자가들의 투자를 유치하기 위해 관련 업무 내에서의 환전업무도 추가로 허용되었습니다.

증금 공모주청약예금

증금 공모주청약예금은 공모주를 청약할 수 있는 자격이 주어지는 저축 상품을 말한다. 한국증권금융(주)이 취급하는 상품이지만 증권사 지점에서도 이를 대행하고 있다. 이 상품의 가입자들에게는 공개기업 공모주식수의 55%가 별도 배정된다. 이같은 이점 때문에 이자는 1년 미만 2%, 1년 이상 5% 등으로 다른 금융 상품보다 낮다. 예치 금액에는 제한이 없으며 공모주 청약 자격은 가입 후 3개월이 지나면 주어진다. 증금의 공모주 청약예금은 투신사에 연리 6%로 국고자금 상환용으로 대출되고 있다.

증시민감도

종합주가지수가 1% 움직일 때마다 개별 종목의 주가가 얼마나 변동하는가를 나타내는 용어입니다. 1이 넘으면 전체 주가변동에 민감하다고 봅니다. 증시민감도가 높을수록 투자 위험도가 커짐니다. 이들 기업에 투자하면 단단히 한몫 잡을 수 있지만 나쁘면 큰 손해를 입을 수 있습니다. 약세장 속에서도 별다른 주가 하락을 겪지 않고 있는 기업들은 증시 민감도가 낮기 때문입니다.

증자(capital increase)

일정한 절차를 밟음으로써 자본금액을 증가시키는 것을 말합니다. 여기에는 전환사채의 전환과 준비금의 자본 전입(무상증자)과 같이 명의상의 증자가 생기는 데 지나지 않는 경우와 신주 발생(유상증자)과 같이 실질상의 증자가 생기는 경우가 있는데 보통 증자라고 할 때는 유상증자를 말합니다.

증자압박

금융 압박기에는 회사의 자금 회전이 어려워짐으로써 증자가 빈번해지는데 이때에는 그 증자에 응하게 되는 법인이나 개인도 역시 자금조달에 어려움을 겪게 됩니다. 따라서 증자납입금을 조달하기 위하여 보유주식의 일부를 매각하게 되는 경우가 있는데 이때는 매물이 늘게 되어 증자를 실시하는 종목이나 그밖의 종목 모두 주가가 압박을 받게 되는데 이것을 증자압박이라고 합니다.

지분증권

회사·조합 또는 기금 등의 순자산에 대한 소유 지분을 나타내는 유가증권(예 : 보통주·우선주·수익증권 또는 자산유동화출자증권)을 말합니다. 또한 일정 금액으로 소유 지분을 취득할 수 있는 권리(예 : 신주인수권 또는 콜옵션) 또는 소유 지분을 처분할 수 있는 권리(예 : 풋옵션)를 나타내는 유가증권도 지분증권에 포함됩니다.

지분증권은 기업의 자본에 투자를 하는 것을 말합니다. 기업을 소유하거나 지배하는 것이 아니라 일시적으로 소유하여 주식매매에 의한 주가차익이나 분배금을 얻기 위해 투자하는 것입니다. 그렇기 때문에 지분증권은 원금보다 많이 받을 수도 있고 적게 받을 수도 있습니다.

지수옵션(index number option)

주가지수옵션이란 이런 옵션의 일종으로 KOSPI200지수를 특정 자산으로 하며 만기 시 실물을 직접 거래하지 않고 차액만을 결제합니다. 주식을 직접 거래하는 것보다 적은 금액으로 큰 이득을 볼 수 있으므로 위험 회피(헤지) 및 단기 투자 목적으로 많이 활용됩니다. 즉, 주가지수를 미리 정한 가격으로 미래의 일정 기간에 사거나 팔 수 있는 권리를 말합니다. 주가지수가 상승할 것으로 예측되면 **콜옵션**(살 권리)을 사 시세차익을 얻고 반대의 경우에는 **풋옵션**(팔 권리)을 통해 이익을 얻는다. 코스피200지수를 기초자산으로 하는 **코스피 200옵션**이 대표적입니다.

지주회사(Holding company)

일반적으로 주식을 소유함으로써 다른 회사의 사업활동을 지배 또는 관리하는 회사를 말합니다. 자회사의 지분이나 출자 관리만을 맡는 **순수지주회사**와 자체 사업을 추진하는 **사업지주회사**로 나뉩니다. 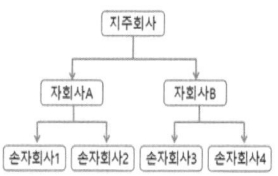 정부는 재벌의 경제력 집중을 막기 위해 지주회사 설립을 금지해 오다 순환출자 등 지배구조가 불투명한 국내 재벌 구조를 개선하기 위해 외환위기 직후인 1999년 허용했습니다.

현행 「공정거래법」은 자산총액 5천억 원 이상으로서 소유한 자회사의 주식가액 합계가 당해 회사 자산총액의 50% 이상인 회사를 지주회사로 규정하고 있습니다.

지지선과 저항선

주가가 일정한 추세선을 따라 변동하다가 추세선의 기울기를 완만하게 조정하려는 의도에서 추세선을 돌파하여 정정추세선을 따라 변동할 때는 미리 대기하고 있던 일정한 가격수준에서 지지나 저항을 받아 다시 본래의 추세 방향으로 변화를 계속한다. 이러한 주가가 어떤 일정한 가격수준까지 하락하면 매입 세력이 등장하여 더 이상의 하락을 막아 주는데 이런 수준을 지지선이라 하고 반대로 일정 수준 이상 주가가 상승하면 매도 세력이 등장하여 더 이상의 상승을 억제해 주는데 이 수준을 저항선이라고 합니다.

직상장

직상장이란 별도의 기업 공개 절차를 거치지 않고 증권거래에 상장하는 것을 말합니다. 규정상으로는 "유가증권 상장규정"에 있는 모집 또는 매출실적 조항을 적용하지 않는다는 것입니다. 유가증권 상장 규정은 주식상장 요건으로 회사설립 후 경과 연수 등 외형적 요건이나 재무구조 등과 함께 모집 및 매출실적을 내세우고 있습니다. "상장 신청일 전 6월 이내에 주식을 모집 또는 매출한 실적이 있고 모집매출한 주식이 총 발행 주식의 30% 이상일 것"이 그것입니다.

그러나 단서조항으로 "장외거래 등록주권을 발행한 법인으로 소액주주의 총소유 주식수와 장외거래실적이 발행주식총액의 30% 이상이고 소액주주 소유비율이 30% 이상, 소액주주 수가 3백 명 이상인 경우에는 그러하지 아니하다."라고 예외를 인정하고 있다. 이전에 주식을 분산해 사실상 그 요건을 갖추고 있으면 최근 6개월 안에 모집·매출한 실적이 없더라도 상장시킬 수 있는 길을 열어두고 있는 셈입니다.

모집이란 새로 발행하는 주식을 일반을 대상으로 공모하는 것이고 매출이란 이미 발행된 주식(구주)을 일반에게 매각하는 것으로 다수의 주주에게 주식이 분산되는 기업공개 방법입니다. 직상장을 하려면 장외시장에 등록한 지 1년 이상이 지나야 한다. 물론 자본금(30억 원)·부채비율(업종평균의 1.5배 미만)·납입자본이익률(최근 3

년간 정기예금금리 이상) 등 상장요건을 반드시 갖춰야 합니다. 해당 요건을 갖춘 기업이 증권거래소에 신청하면 거래소는 이를 심사한 뒤 증권관리위원회의 승인을 얻어 허용합니다. 외환은행은 1994년 4월 직상장한 바 있습니다. 외환은행 상장폐지 이후로는 코스닥 상장사가 코스피 시장으로 이전 상장할 때 추가 공모 없이 이전하는 것, 또는 코스닥을 거치지 않고 코스피에 바로 상장하는 것을 뜻하는 용어로 변질됐습니다.

직접공시(direct disclosure)

기업의 경영 활동이나 사업 내에 영향을 미치는 사실이 발생했을 때 상장법인이 직접 거래소 내의 시황 방송망을 통하여 그 내용을 공시하거나 또는 거래소에 전화로 통보한 내용을 거래소가 녹음하여 시황 방송망을 통하여 공시하는 것을 말합니다.

질적 요인(qualitative factor)

증권분석에 있어서 특히 기업의 실체 요인 분석에 있어서 양적 요인(quantitative factor)과의 대비로 인용되는 개념입니다. 즉 주식의 투자가치를 결정하는 요인에는 발행회사의 매출액·이익·배당·자본구성과 같이 수량적으로 파악할 수 있는 것과 기술력·제품의 성장성·영자 능력·노사관계의 상태 등 계량불가능한 것이 있는데 전자를 양적 요인, 후자를 질적 요인 이라고 합니다. 그러나 후자에 속하는 제요인 가운데서도 어떤 부분은 대리변수(proxy variable)에 의해 어느 정도 수량적으로 파악할 수 있습니다.

집중투자(concentrated investment)

위험 분산을 노리는 분산 투자의 반대되는 개념으로 어느 한 종목을 집중적으로 매입하는 투자 형
태를 말합니다. 이런 식의 투자 행태는 큰 폭의 이익을 실현할 수도 있으나 변화무쌍한 증권시장이라는 세계에서 초보자가 금해야 할 투자 행태입니다.

집합증권투자(Collective Investment Schemes, CIS)

불특정 다수의 투자자로부터 자금을 끌어모아 기금을 조성한 뒤 유가증권에 투자해 이익금을 나눠주는 간접 투자 방식을 말합니다. 영국의 유닛 트러스트와 미국의 뮤추얼펀드가 기원이며 우리나라에서는 증권투자신탁·증권투자사·은행 신탁이 이에 속합니다.

- 자신에게 맞는 시스템과 틀을 찾아내어 그 방법을 계속 지켜라.
- 원칙을 포기하지 마라. 여러분이 믿지 않는 다른 무언가를 시도하지 마라
- 종이 위에 여러분의 초창기 포트폴리오를 적어보라 그것이 여러분이 보유하고 있는 현재의 포트폴리오와 어떻게 다른지 살펴보라.
- 주식을 사기에 가장 좋은 시기는 시장에 피가 낭자할 때다 설령 그 피 중 일부가 당신 것일지라도 마찬가지다. 다른 사람들이 미친 듯이 팔고 있을 때 사라 그리고 다른 사람들이 탐욕스럽게 매입할 때 팔아라
- 우리가 어떤 주식에 투자하고 있는 이유를 우리의 나이 어린 아들 딸도 이해할 수 있을 정도로 쉽게 요약할 수 있어야 한다.

차등배당

차등배당이란 배당결의 당시 주주들이 본인 지분에 대한 배당금을 전부 또는 일부 포기함과 동시에 다른 주주들이 그 배당금을 더 가져가는 것으로써 본인의 지분율을 초과하여 배당금을 수령하는 것을 말합니다. 대주주가 소액주주에게 배당 권리의 일부를 양보하거나 포기함으로써 소액주주가 보다 많은 배당을 받을 수 있도록 하는 것이 대표적입니다. 이는 소액주주들의 이익을 보호하고, 기업의 주주 친화적인 정책을 보여주는 수단으로 활용될 수 있습니다. 기업의 상황과 목적에 따라 적절한 방법을 선택해야 하며 배당이 가능한 이익의 범위 내에서 이루어져야 합니다.

차등의결권 주식(dual class right)

일반 주식보다 의결권이 몇 배 높은 주식으로 최대주주의 경영권 방어를 위한 제도를 말합니다. 창업주나 경영인이 가진 주식 1주에 복수 의결권을 부여하는 권리입니다.

예를 들어 최대 주주가 소유한 보통주는 주당 의결권 1표를 갖는 대신 **2등급 주식**을 일반인에게 발행해 배당은 많이 주되 10주당 의결권 1표를 갖게 해 자금조달을 하면서 경영권은 쉽게 지키는 방식으로 활용할 수 있습니다. 미국에서는 구글이 2004년 공모·상장하면서 창업주들은 보통주보다 의결권이 10배나 많은 주식을 발행해 경영권을 강화하면서도 대규모 자금조달을 한 적이 있습니다. 미국 포드사의 경우에도 대주주는 3.7%의 지분으로 40%의 의결권을 갖고 있습니다.

우리나라에서는 2020년부터 차등의결권 도입을 추진해 왔으며 2021년 3월 쿠팡이 미국에 상장하면서 관련법률 개정을 통한 도입이 급물살을 타고 있습니다.

차등의결권제도(dual class stock system)

최대 주주나 경영진이 실제 보유한 지분보다 많은 의결권을 행사할 수 있도록 하는 것을 말합니다. 이 제도는 한 주만으로도 주주총회 의결사항에 대해 절대적 거부권을 행사할 수 있는 황금주 등을 발행할 수 있습니다. 차등의결권은 창업주가 자신의 지분율을 희석시키지 않고도 외부 자금을 끌어들일 수 있으며 기업이 외부공격을 방어하고 창업자의 장기 비전에 따라 안정적인 성장을 이룰 수 있게 한다는 장점이 있습니다.

그러나 황금주와 마찬가지로 주주들 간의 평등권을 지나치게 해친다는 지적을 받기도 합니다.

현행 「상법」상 1주당 1의결권을 원칙으로 하고 있으나, 각 기업의 정관에 따라 의결권을 0.5에서 1,000 의결권에 이르기까지 차등 부여하며 차등의결권주식을 발행할 경우 지배주주나 경영진은 적은 지분률을 가지고도 회사 지배구조에 막강한 영향력을 행사할 수 있습니다.

차스닥(創業板, Chasdaq)

미국의 나스닥이나 한국의 코스닥과 같은 중국의 IT 기술주 중심의 거래소로 2009년 10월 개장했습니다. 유력민영기업과 자본시장육성을 목적으로 한 차스  닥은 중국에서 **촹예반**創業板이라 부르며 상하이와 광둥성 선전에 있는 기존 거래소는 **주반**主板이라 부릅니다. 차스닥은 성장 가능성이 큰 벤처기업에게 원활하게 자금을 조달하는 데 목적을 두고 있으며 지수 구성은 선전증권거래소 규정에 의해서 운영·관리·감독합니다.

차입형 우리사주제

우리사주조합이 기업이나 금융기관에서 융자를 받아 우리사주를 취득하면 회사가 출연금으로 융자를 갚아주는 제도를 말합니다. 이 제도의 시행으로 우리사주조합은 기업에서 무상으로 출연하는 금액과 우리사주에서 발생한 이익금 등으로 금융기관에서 차입한 대출금을 갚고 차입금의 상환액에 해당하는 주식을 우리사주 조합원에게 동일하게 배분합니다. 이 제도는 근로자의 근로의욕을 고취시키고 부(富)를 분배하는 효과가 있으며, 사회적 통합에 기여한다는 장점이 있습니다. 그러나 일부 기업에서 경영진과 노조를 갈등시킬 수 있고 주가 하락으로 인한 직원들의 지나친 위험 감수 등이 단점으로 작용할 수 있다. 우리나라에서는 2005년 10월에 도입하였습니다.

차입형 자본 개편(Leveraged Recapitalization: LR)

차입형 자본재편(Leveraged Recapitalization : LR)은 부채 발행을 통해 얻은 현금으로 기업의 재무구조를 재조정하는 작업을 말합니다. 경영진의 주도하에 외부 주주에게 대폭적인 현금 배당을 실시하고 내부자는 현금 배당 대신에 신주를 받습니다. 현금 배당의 자금은 대부분 은행 차입금과 후순위 회사채의 발행에 의해 조달됩니다. 이 자본 개편의 결과로 기업의 부채비율은 높아지고 경영자들의 지분도 크게 증가합니다.

채권시장 안정펀드

2008년 11월 리먼 브라더스의 파산에 따른 세계 금융시장의 혼란 속에 채권시장이 경색되어 기업들이 자금난을 겪자 이를 지원하기 위해 설립한 펀드를 말합니다. 국내 은행과 38개 보험사와 36개 증권사 등 총 91개 금융회사가 투자자로 참여 10조 원 규모로 조성됐습니다. 구체적으로 산업은행이 2조 원, 나머지 은행들이 6조 원 등 은행권에서 8조 원을 냈고 보험사가 1조 5천억 원, 증권사가 5천억 원을 부담했습니다.

이 펀드는 자금이 필요할 때마다 돈을 내는 **캐피탈 콜**(Capital Call) 방식으로 운용됐으며 2008년 12월 17일 1차로 5조 원이 조성됐으며, 2011년 12월까지 실제로 집행된 금액은 5조 원이었습니다. 2012년 전액 회수됐고, 4% 중반대의 수익을 기록했습니다. 이 당시 투자 대상은 금융채 회사채 프라이머리CBO(채권담보부증권) 등 모든 채권으로 신용등급 BBB+ 이상이었습니다. 2020년 들어 코로나19 사태로 인해 국내외 금융시장이 격변하자 3월 23일 정부가 20조 원 규모의 채권시장안정펀드를 조성하기로 하고 즉시 가동에 들어갔습니다. 투자 대상은 회사채·우량 기업어음(CP)·금융채 등입니다.

채권형 연금저축펀드

집합투자재산의 60% 이상을 채권에 투자하는 연금저축펀드를 말합니다. 주식에 대한 투자는 하지 않습니다.

채권형 펀드

국고채 회사채 기업어음(CP) 등 이자를 받을 수 있는 채권에 주로 운용하는 투자형 상품을 말합니다. 투자 대상은 채권을 60% 이상 포함해야 하며 전환사채 신주인수권부사채 등 주식관련사채의 운용도 가능하지만  주식에는 투자할 수 없습니다. 채권형 펀드에는 국고 채펀드와 회사채형펀드 MMF(머니마켓펀드) 등이 있습니다. 투자 기간은 제한이 없지만 환매수수료 부과 기간에 따라 단기와 장기로 구분된다.

보통 채권형 펀드 가입 때 6개월제라고 하면 6개월 이내에 해지하면 환매수수료를 부과하겠다는 의미입니다. 물론 환매수수료를 부담하면 언제든지 해약이 가능합니다. 채권형 펀드를 환매받을 때는 시가 평가 방식이 적용되기 때문에 환매 신청일부터 3영업일 이후에 출금을 할 수 있습니다. 투자형 상품이므로 원리금이 보장되지 않는다는 점에 유의해야 합니다.

체계적위험(systematic risk)

체계적 위험이란 시장의 변동에 의해 설명될 수 있는 위험으로 분산투자에 의해 제거될 수 없는 위험을 의미합니다. 이에 대비하여 비체계적 위험이란 시장의 변동이 아닌 자산 그 자체의 고유한 성격에 의해 발생하는 가격 변동의 위험을 의미한다고 볼 수 있습니다. 체계적 위험은 시장 전체의 변동 위험으로서 이에 영향을 미치는 요인은 경기변동·인플레이션·경상수지와 사회·정치적 환경 등 거시적 변수들입니다. 일반적으로 분산투자가 가능한 상황하에서는 비체계적 위험보다는 체계적 위험을 투자의사 결정변수로 고려하게 됩니다.

체리피킹(cherry picking)

어떤 회사의 제품이나 서비스 가운데 비용 대비 효율이 뛰어나거나 인기가 있는 특정 요소만을 케이크 위 체리 뽑듯이 골라 자신에게 유리하게 소비하려는 현상을 가리키는 것을 말합니다.

금융계에서는 가치에 비하여 저평가된 기업의 주식이나 상품을 골라 투자하거나 특정 펀드에 우량 자산만 골라서 편입하는 행위를 말합니다. 논리학에서는 자신에게 유리한 근거만을 취사선택하고 불리한 근거를 은닉함으로서 주장을 고수하려는 오류(아전인수식 해석)를 의미하는데 이는 일반적으로 불완전한 증거의 오류 (fallacy of incomplete evidence)라고 합니다.

원래는 고객이 기업의 특정 서비스나 제품만을 골라 구매한다는 마케팅 용어였으나 최근에는 가치에 비해 과도하게 떨어진 기업의 주식이나 상품을 골라 투자하는 행위를 일컫는 말로도 사용됩니다. 주가 같은 가격변수가 경제 여건에 비해 크게 떨어지면 언젠가는 반드시 제자리(균형가격)를 찾는 속성을 감안해 주가가 떨어진 국면을 오히려 투자 관점에서 체리가 무르익은 상황에 빗대 나온 것을 말합니다.

채권혼합형 펀드

총자산의 60% 또는 70% 이상을 채권에 투자하는 펀드를 말합니다. 주식 비중을 제외한 나머지 부분은 국채·공사채·통화안정채·회사채 등에 투자합니다.  한편 주식에 50% 이상 투자하는 상품은 주식혼합형 펀드라고 합니다. 주로 펀드 내 자산을 주식에 30% 이하로 투자하여 안정적 수익을 추구하는 상품입니다. 주식 및 채권 시장의 변동에 따라 펀드 내 자산을 적절하게 투자할 수 있는 장점이 있습니다.

초과 유보 소득 과세

초과 유보 소득이 발생하더라도 적극적 사업법인이 경영 활동 목적에서 유보한 금액이라면 세금을 매기지 않는 것입니다. 예컨대 당기순이익이 100억 원인 개인 유사 법인의 경우 순이익의 절반인 50억 원을 제외한 나머지 50억 원의 초과 유보 소득에 소득세를 매깁니다. 배당은 기업 주식을 가지고 있는 사람들에게 그 소유 지분에 따라 기업 이윤을 나눠주는 것입니다. 정부는 과세 형평성을 위해 2020년 세법 개정안에 '개인 유사 기업의 초과 유보소득 과세' 조항을 담았습니다. 개인 유사 기업은 최대주주 및 특수관계자가 기업 지분의 80% 이상을 가진 기업을 말합니다. 초과 유보 소득은 기업이 경상적·비경상적 활동으로 얻는 잉여금인 유보 소득 중 적정 유보 소득에 지분 비율을 곱한 것입니다. 적정 유보 소득은 각 사업연도의 소득금액 중 당기순이익의 50% 이상 또는 자본금의 10%에 해당하는 소득 중 큰 금액이다. 따라서 초과 유보 소득은 유보 소득에서 적정 유보 소득보다 큰 금액을 사내 유보금으로 쌓은 금액을 말합니다.

총주주수익률(total shareholder return, TSR)

주주에 대한 가치창출 정도를 측정하는 지표를 말합니다. 일정 기간 동안 한 기업의 주가 변동(주식평가 이익이나 손실)과 배당수익률을 측정한 것입니다. 본질가치 변동·자자 기대에 의한 단기 가치평가 변동·투자자에 대한 잉여현금흐름 배분 변동 등의 3가지 기본 변동 요인이 있습니다. 미국 보스턴컨설팅그룹(BCG)이 개발했습니다. 단순 주가 변동 비교보다 유용해 경영자를 평가하는 수단으로 쓰입니다.

최우선주(prior-preferred stock)

우선주 발행이나 보통주보다 더 우선되는 주로서 배당이나 파산 시 자산 청구권에서 가장 우선됩니다.

추세선

추세라고 하는 것은 주가가 어느 기간 동안 일정한 방향으로 움직이려는 속성을 말합니다. 추세의 방향을 알아 낸다는 것은 바로 주가 예측의 문제이기 때문에 매우 중요합니다. 주가 흐름을 세밀히 관찰해 보면 추세는 일정한 방향의 직선 에 근접하면서 파도처럼 움직입니다. 일정한 범위 내에서 정점과 바닥을 형성하면서 파도처럼 움직이는 두 점을 연결한 것이 바로 추세선입니다. 상승추세선은 상승하고 있는 주가의 바닥을 이은 선이고, 하향추세선은 하락하고 있는 주가의 정점을 이은 선이고, 평행추세선은 주가의 바닥선을 이은 것을 말합니다. 기간에 따라 단기·중기·장기추세로 나눌 수 있습니다.

추세전환

주가는 일정한 방향으로 영구히 진행할 수 없습니다. 상승이 지나치면 하락으로, 또 하락추세에서 언젠가는 상승추세로 그 방향을 바꿀

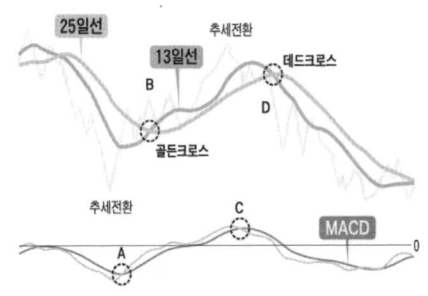

수밖에 없습니다. 지금까지 형성된 추세선을 이탈하여 새로운 추세

로 전환하는 것을 **추세전환**(추세반전)이라고 합니다. 추세전환은 지금까지 형성된 추세선을 3% 이상 이탈했을 경우 의미가 있는 것으로 봅니다. 추세전환에는 거래량이 중요한 요소입니다. 추세선이 상승 전환 하기 위해서는 거래량이 증가하여야 하고 반대로 주가가 추세선을 향하여 하강할 때는 하락 전환 때는 거래량이 감소합니다.

천정(top)

바닥의 반대로 상승을 지속하던 주가가 상승을 멈추고 하락으로 전환하였을 때 주가는 천정을 쳤다라고 하며, 그 최고의 주가 수준을 **천정**이라고 합니다.

침체국면

다우이론에서 주추세의 진행 과정 중 약세 3국면을 말합니다. 이때에는 공포 국면에서 미처 처분하지 못한 일반투자자들의 실망 매물이 출회됨으로써 투매投賣 양상이 나타나는 것이 특징이며 투매 현상이 나타남에 따라 주가는 계속 하락하지만, 시간이 지날수록 주가의 낙폭落幅은 줄어듭니다. 주가는 계속 하락하고 기업의 수익성이 악화되고 있다는 등의 좋지 못한 정보가 주식시장에 퍼져 있기 때문에 이를 침체국면이라고 합니다.

- 전망을 지나치게 고집하지 말되 확신을 완전히 잃어서도 안된다. 확신의 수준을 50% 정도로 유지하는 게 이상적이다. 확신을 유지하되 유연성을 견지하라.
- 나는 내가 투자하는 주식의 목표 가격을 정했던 적이 한 번도 없다.
- 장기적으로 배당은 이익의 영향을 받기 때문에 배당률보다는 수익가치를 더 선호한다. 하지만 주가 하락기를 방어하기 위해서는 배당률이 매우 중요하다.
- 훌륭한 펀드매니저는 민주주의에서 나오지 않는다.
- 성공적인 투자란 독자적으로 생각하는 일과 시장에 귀 기울이는 일이 합쳐질 때 일어난다. 한쪽으로만 기울어 다른 쪽을 무시한다면 성공할 수 없다.

카멜레온 펀드(cameleon fund)

공사채와 주식형 사이의 전환이 자유로운 금융 상품을 말합니다. 주가 변화에 따라 가장 유리한 형태의 상품으로 이리저리 전환할 수 있도록 한 상품입니다. 투신 상품에는 채권에만 투자할 수 있는 공사채형과 일정 비율만큼 주식에 투자하는 주식형이 있습니다. 카멜레온 펀드는 이러한 공사채형과 주식형을 드나들며 안정성과 수익성을 동시에 겨냥하는 상품이나 일반적인 공사채형이나 주식형에 가입했다가 중간에 다른 형태로 바꾸게 되면 중도환매 수수료를 부담해야 하지만 카멜레온 상품은 환매 수수료가 없다는 점이 특징입니다. 카멜레온 펀드 중에는 처음에 공사채형으로 시작했다가 주가가 오를 때 주식형으로 전환하는 것도 있고 주식형으로 출발해 일정한 수익을 내고 나면 공사채형으로 바뀌는 경우도 있습니다.

cameleon fund

캐리 트레이드(Carry Trade)

전통적 방식의 캐리 트레이드(carry trade)는 저금리 국가의 통화로 차입해서 고금리 국가의 통화로 환전한 후 해당 국가에 투자하는 행위 혹은 그러한 투자전략을 뜻한다. 이자가 싼 국가에서 빌린 돈으로 수익이 높은 다른 국가에 투자하는 방식으로 환위험을 가지고 있습니다. 예를 들어 미국에서 돈을 빌려 다른 국가에 투자할 때 조달된 자금은 달  러-캐리 트레이드 자금이라 하고, 일본으로부터 나온 것이면 엔-캐리 트레이드 자금이 된다. 세계 최대의 채권국인 일본은 그간 세계의 대출 금고라 불리며 장기간 제로 수준의 금리를 유지하여 엔-캐리 트레이드 자금이 다른 국가에 투자해 왔습니다. 그러나 일본이 금리를 올리고 엔화 강세까지 겹친다면 투자자들이 일본에서 빌린 돈을 상환하려 할 것이기 때문에 국제 자금의 방향에 큰 변화가 생기게 됩니다. 그렇게 되면 가장 큰 문제는 국제 유동성의 축소다. 지난해 말 기준으로 자그마치 미국 GDP의 7% 정도인 약 9,000억 달러 규모의 엔-캐리 트레이드 자금이 금리 상승의 영향을 받아 세계 유동성을 축소시키게 됐습니다. 이 경우 무엇보다 신흥시장과 상품시장 등에 대한 투자가 감소할 것으로 예상됩니다.

캐쉬 플로우(cash flow)

현금의 흐름을 말합니다. 기업에 투입된 자본은 여러 가지 자산 형태를 취하지만 결국에는 재화와 서비스에 편입되어 판매되고 현금 수입을 수반합니다. 이와 같이 기업의 영업활동은 현금의 유입과 유출과정으로 대별할 수 있으며, 현금의 유입을 **캐쉬 인플로우**(cash-inflow), 현금의 유출을 **캐쉬 아웃플로우**(cash-outflow)라고 합니다. 따라서 캐쉬 플로우 관리는 자금관리의 문제로 기업경영에서 매우 중요시되고 있습니다. 한편 캐쉬 플로우는 한 기업의 일정기간 중 상각 전 이익을 나타내는 경우도 있습니다. 이는 이익유보액과 감가상각액 등 현금지출이 없는 비용의 합계와 같으며 내부자금 조달액을 의미입니다. 또 상각 전 이익에서 현금 배당 이익을 차감하여 **넷 캐쉬플로우**(net cashflow)라고 부르는 경우도 있습니다.

캐피탈 게인(capital gain) - 자본 차익

유가증권이나 기타자산의 매매차익으로 생겨나는 이익을 말합니다. 단기 시세 차익을 노리는 단기투자의 목적은 캐피털 게인에 있습니다.

캐피털 게인(capital gain)은 보유 기간 동안 가치가 증가한 자산을 판매하여 얻은 이익으로 정의되는 경제적 개념입니다. 자산에는 유형 자산, 자동차, 사업체 또는 주식과 같은 무형 자산이 포함될 수 있습니다.

캐비털 게인은 자산의 판매 가격이 원래 구매 가격보다 큰 경우에만 가능합니다. 매입 가격이 매도가격을 초과할 경우 자본 손실이 발생합니다. 캐비털 게인에는 종종 과세 대상이 되며, 세율과 면제는 국가마다 다를 수 있습니다. 캐비털 게인의 역사는 현대 경제 시스템의 탄생에서 시작되었으며 다양한 경제 사상가들은 그 진화를 복잡하고 다차원적인 것으로 묘사했습니다. 캐비털 게인의 개념은 이익 및 수익률과 같은 다른 주요 경제 개념과 비교할 수 있는 것으로 간주될 수 있습니다. 그러나 그 구별되는 특징은 기업뿐만 아니라 개인도 일상적인 자산 취득 및 처분을 통해 캐피털 게인을 얻을 수 있다는 것입니다.

캘린더 효과(calendar effect) - 달력 효과

캘린더 효과(calender effect, 달력 효과)는 시장 이상 현상으로 주식시장의 다른 행동 또는 달력과 관련된 것으로 보이는 경제적 효과(예 : 요일 · 월 중 시간 · 연중 시간 · 시간)를 말하며(미국 대통령 주기 내, 세기 내의 10년 등…), 또한 증시가 특정한 시점에서 일정한 흐름을 보이는 현상을 말합니다. 주식시장이 일찍 발달한 미국에서 생겨난 용어입니다. 대표적인 것이 **1월 효과**를 꼽을 수 있으며 이외에도 **4월 효과 · 서머랠리 · 산타랠리**가 대표적인 캘린더 효과에 속합니다.

커버드 콜 상장지수 펀드(covered call ETF fund)

현물 주식을 매입하는 동시에 해당 주식의 콜옵션을 파는 전략을 구사하는 펀드를 말합니다. 일반 주식형 펀드는 지수가 하락하면 그만큼 손실로 이어지지만, 이 펀드는 콜옵션을 매도해 옵션프리미엄으로 수익을 내 손실폭을 줄여준다.

예를 들어 1만원짜리 A주식을 사놓고 같은 주식을 1만 1,000원에 살 수 있는 권리(콜옵션)를 매도합니다. 이렇게 되면 주가가 1만 1,000원을 넘었을 때의 차익을 포기해야 하지만 1만 1,000원 미만에서 움직일 때는 콜옵션 판매가격만큼 추가 수익을 얻습니다. 박스권 장세에서 수익성이 높아지는 상품입니다. 상승장에서는 주가 상승에 따른 수익을 얻지만 반대로 콜옵션 매도로 손실을 입어 주가 상승률만큼은 수익을 낼 수 없습니다.

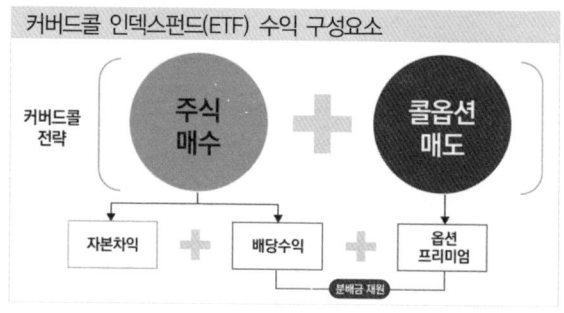

커버드 콜 전략

코스피200에 포함된 주식 현물을 매수하고 그 주식을 기초자산으로 하는 콜옵션을 주식 보유량만큼 매도하는 것으로 시장이 횡보하거나 완만하게 하락할 때 전체 주식시장보다 높은 수익을 얻으려 할 때 차용하는 전략으로 주식을 매수하면서 동시에 콜옵션을 매도해 옵션 프리미엄(옵션 가격)을 안정적으로 얻는 것을 말합니다.

　코스피200에 포함된 주식 현물을 매수하고 그 주식을 기초자산으로 하는 콜옵션을 주식 보유량만큼 매도하는 것으로 시장이 횡보하거나 완만하게 하락할 때 전체 주식시장보다 높은 수익을 얻으려 할 때 차용하는 전략입니다.

　커버드콜ETF는 시장이 횡보할 때 콜옵션 매도 프리미엄으로 수익을 얻습니다. 시장이 하락할 때는 보유 주식에서 손실이 나지만 옵션 프리미엄으로 이를 일부 상쇄합니다. 반대로 주가 상승 시에는 보유 주식에서 이익이 나지만 콜옵션 매도로 인한 손실 때문에 수익이 일정 수준으로 제한됩니다.

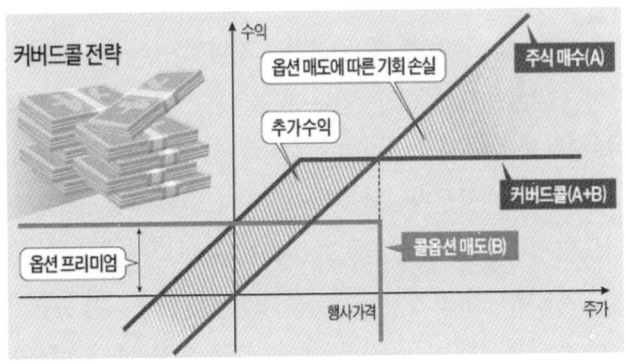

커창반(科學創業板(科创板), Star Market)

중국판 나스닥으로 불리는 기술·창업주 전용 주식시장을 말합니다. 우리나라 말로 **과학혁신판**이라 부릅니다.

커창반은 중국 정부가 자본시장 개혁의 일환으로 추진해온 기술·벤처기업 전문 증시로 상하이증권거래소에 설치됐다. 시진핑 국가주석이 2018년 11월 중국국제수입박람회 기조연설에서 "미국의 나스닥과 같은 기술·창업주 전문 시장을 추가로 개설하겠다."고 밝혔고 8개월 뒤인 2019년 7월 22일 25개 종목으로 출범했습니다.

컨트리 펀드(Country Fund)

컨트리 펀드(country fund)는 특정 국가나 지역의 주식에 집중적으로 투자하는 외국투자신탁을 말합니다. 협의로는 이 중 1개 투자회사로서 뉴욕·런던 등의 증권거래소에 상장되어 외국 주식으로서 매매되는 회사형 외국투자신탁을 가리킵니다. 한국 시장에서는 컨트리 펀드의 상장은 인정되지 않습니다. 인기는 아직 높지 않지만 태국이나 인도네시아 등 아시아 제국을 대상으로 한 펀드가 설립되고 있습니다. 일본·유럽 등 선진국은 물론 중국·인도·멕시코 등의 신흥 국가에 투자하는 컨트리 펀드도 많이 운용되고 있습니다.

코넥스 (Korea New Exchange)

2013년 7월 1일 출범했으며, 한국 주식 시장의 제3시장에 해당한다. 한국거래소에서 운영하며 코스닥 시장의 요건을 충족하지 못하는 중소기업들을 상장해 성장을 도우려는 목적으로 설립되었습니다. 이 시장이 출범하면서 기존의 제3시장으로 평가받던 한국장외시장은 제4시장으로 밀려났습니다.

제1·2시장인 코스피·코스닥과 달리 별도의 주가지수를 발표하지 않습니다. 내부적으로 지수 산출을 하고 있지만 시장 규모가 작고 인지도도 낮으며 거래량도 매우 낮고 매년 10% 가량의 기업들이 코스닥으로 빠져나가기 때문에 지수가 실제 시장 상황을 반영한다고 보기에는 어렵고 파생상품을 만들기도 힘들기에 공개하지 않습니다. 이 비공식 산출 지수는 코스피 지수와 코스닥 지수보다 높은 것으로 알려져 있습니다.

우수한 기술력을 가지고 있는 벤처기업임에도 불구하고 신생기업 등의 이유로 일반적인 자본시장 조달법으로는 자금조달을 하지 못하였습니다. 이에 따라 성장에 제한이 있는 중소 벤처기업들을 강소 벤처기업으로 육성하기 위한 목적의 시장을 따로 만들자는 논의가 나왔습니다. 이 과정에서 K-OTC를 이용하는 방안도 검토가 되었지만, 시장 시스템이나 세금 등의 문제, 시세의 급등락을 방어하기 위한 개미투자자 배척 등에 대한 아이디어가 접수되었습니다. 이에 따라 새로운 시장을 신설하기로 한 것이 바로 코넥스입니다.

원래 2012년 7월 1일 출범시키려 하였으나 제19대 국회의원 선거와 제18대 대통령 선거로 정치적 분쟁이 격화된 대한민국 국회 사정에 따라 관련 법률을 개정하지 못하였습니다. 이에 따라 대선이 끝난 이후인 2013년 자본시장통합법 개정 등의 제도적 장비가 완료됨에 따라 출범하게 되었습니다.

코리아 디스카운트

주로 투자자들이 재무 성과와 순자산 규모가 유사한 외국 기업에 비해 한국 기업에 더 낮은 평가지표를 부여할 때 발생합니다. 이 현상은 한국 증시의 구조적인 문제를 반영하  며 투자에 있어 부정적인 요인으로 작용할 수 있습니다. 주요 원인으로는 남북의 군사적 대치 상황과 긴장 관계가 꼽혔지만, 국가 차원의 다른 문제로 기업이 낮게 평가되는 것도 코리아 디스카운트 현상이라고 합니다.

코리아 밸류업 지수(Korea Value-up Index)

국내 기업의 저평가 문제(코리아 디스카운트 Korea Discount)를 해결하고 기업의 가치 제고를 촉진하기 위해 만든 지수를 말합니다. 2024년 9월 24일 한국거래소가 발표했습니다. 시가 총액과 거래대금 등의 규모 요건 이외에 수익성·주주 환원·시장평가·자본 효율성 등을 고려해 편입 종목을 결정했습니다.

코리아 펀드(Korea Fund)

한국증권시장에서 투자활동을 할 수 있는 외국인들의 수익증권을 말합니다. 1984년 7월에 설립됐으며 초기 자본은 6,000만 달러입니다. 1986년 5월, 4,000만 달러를 증자하여 자본금을 1억 달러로 늘렸습니다. 코리아 펀드는 미국에서 자본을 마련해 설립한 기금으로 한국의 상장기업 주식을 매매하여 차익과 배당소득을 얻어 이를 투자자에게 분배하는 제도입니다. 한국의 투신사에서 외국인 전용의 수익증권의 운용을 맡는 것이 보통이나 코리아 펀드는 미국 측의 관리회사가 직접 운용을 책임지며 추가 설정이나 자금 유출이 자유롭지 않기 때문에 미국보다는 우리나라 측에서 유리한 방식이라고 평가받습니다.

코스닥(Korea Securities Dealers Automated Quotation)

대한민국의 주식시장을 말합니다. 한국거래소 코스닥시장본부가 운영하  는 주식시장의 통칭입니다. 시장 자체를 말하기도 하며 또한 이와 연계된 지수를 가리킵니다. 시장을 감독하는 코스닥시장위원회와 운영을 총괄하는 코스닥시장본부가 있으나 코스닥시장본부장이 코스닥위원장을 겸임했습니다. 2018년부터 금융위원회가 시장의 독립성과 자율성을 확보하기 위해 위원장과 본부장을 분리시키기로 했다. 이름은 미국의 나스닥을 차용한 것으로 한국거래소에서도 인정했습니다.

코스닥의 첫 개념은 기존의 유가증권시장과 분리된 장외거래 주식시장으로서 당시 주식시장에서 쓰이던 증권거래소 건물에서의 중개인을 통한 직접주식거래를 벗어나 장외에서 컴퓨터와 통신망을 이용해서 불특정 다수가 거래에 참여하는 시장으로 시작되었습니다. 이 점도 미국의 나스닥을 모방한 것입니다. 컴퓨터만으로 거래가 이루어지는 것까지 베껴왔을 정도입니다. 외국과는 달리 한국거래소가 유가증권시장과 코스닥시장을 동시에 관할하기에 차별점을 논하기에는 좀 어렵습니다. 나스닥은 뉴욕증권거래소와 완전히 별도의 시장이고 코스닥 역시 처음에는 한국증권업협회 관할로 한국증권거래소와 전혀 별개의 시장이었습니다. 그래서 코스닥 시장을 초기에 장외거래 주식시장으로 불렀습니다. 물론 현재는 코스피시장도 컴퓨터만으로 거래가 이루어지지만 코스닥 출범 시에는 1996년 증권업협회와 증권회사들이 공동출자한 (주)코스닥증권시장으로 시작했으나 2004년 법률로 한국증권선물거래소로 통합작업이 이루어지면서 증권업협회 관리에서 벗어났다. 이후 2009년 상호를 다시 한국거래소(KRX)로 바꿔었습니다.

코스닥 벤처펀드

코스닥 시장활성화 방안의 일환으로 도입이 결정된 펀드로 펀드 투자금의 절반을 혁신·벤처기업에 투자하는 상품이다. 2018년 3월 5일 첫 선을 보였습니다. 유망 벤처기업에 자금이 흘러들도록 유도하기 위해서입니다. 코스닥 벤처펀드는 전체 자산의 15%를 벤처기업이 새로 발행하는 주식에 투자해야 합니다. 비상장 기업 주식이나 상장사가 유상증자로 발행한 신주와 신규 상장기업의 공모주 및 벤처기업의 전환사채(CB)와 신주인수권부사채(BW)가 여기에 포함됩니다. 여기서 말하는 벤처기업은 「벤처기업 육성에 관한 특별조치법」 2조2항에 따라 기술성과 성장성이 높아 정부가 지원할 필요가 있다고 인정받은 기업입니다.

나머지 자산 중 35%는 벤처기업이나 벤처기업 지정이 해제된 후 7년 이내인 코스닥 상장 기업 주식에 투자해야 합니다. 코스닥 시장에서 이 기준을 만족하는 종목은 577개입니다. 이들 종목의 시가총액을 합하면 128조 원으로 코스닥시장의 46%를 차지합니다. 코스닥 벤처펀드는 벤처기업 투자 비중을 강제하는 '채찍'과 소득공제, 공모주 우선 배정이라는 '당근'을 함께 갖췄습니다. 이 펀드에 가입하는 투자자는 투자금 10%에 대해 300만 원까지 소득공제 혜택을 받을 수 있습니다.

코스닥 벤처펀드에는 공모형과 사모형 펀드가 있습니다. 각각 운용 방식에 차이가 있으며 공모형 펀드는 CB BW 등 메자닌 투자에서 제약이 있습니다. 공모형 펀드는 등급을 받지 않은 채권은 담을 수 없기 때문에 상대적으로 쉽게 편입할 수 있는 메자닌 투자가 제한적입니다. 메자닌 발행 기업은 통상적으로 비용 등의 이유로 신용평가사로부터 등급을 받지 않기 때문입니다. 사모형 펀드는 이런 제약에서 자유롭습니다. 일부 헤지펀드 운용사는 사모형으로만 코스닥 벤처펀드를 내놓고 있습니다.

시장 변동성 위험에 대처하는 방식도 다릅니다. 사모형 펀드는 코스닥시장 급등락 리스크를 선물거래 등으로 헤지하면서 운용하는 반면 공모형 펀드는 특별한 요인이 없다면 시장 방향성을 그대로 추종하는 전략을 씁니다.

사모형 펀드는 투자 금액이 크기 때문에 원금을 지키는 방향으로 운용할 수밖에 없는 반면, 공모형 펀드는 기본적으로 시장 변동성을 안고 가는 전략을 폅니다. 코스닥시장이 활황세를 보이면 공모형 수익률이 사모형보다 좋게 나타날 것으로 보입니다.

코스닥 시장(KOSDAQ)

1996년 7월 미국 나스닥(NASDAQ)을 본떠 만든 국내 주식 장외시장을 말합니다. 최근 벤처기업들이 시장을 주도하면서 코스닥이 활기를 띠고 있고 투자자와 기업한테 새로운 보물창고로 각광  받고 있습니다. 벤처기업을 중심으로 코스닥을 육성하려는 정부 의지에 따라 벤처기업은 일반기업과 달리 코스닥에 등록되면 많은 혜택을 받을 수 있습니다.

코스닥 지수(KOSDAQ Index)

코스닥시장 전체의 주가 동향을 파악할 수 있는 투자분석지표를 말합니다. 코스닥 종합지수는 주가에 등록주식수를 곱한 시가총액방식을 택하고 있으며 기준지수는 1996년 7월 1일 "100"으로 하여 시작되었습니다. 2004년 1월 25일부터 코스닥 종합지수의 기준 단위가 10배 높였습니다. 이는 코스닥 종합지수의 절대값이 지나치게 낮아 시장 움직임에 대한 체감도가 낮고 지수변별력이 떨어지는 점 등을 개선하기위한 것으로 코스닥 기준지수를 100에서 1,000으로 10배 상향해 1996년 7월 1일부터 소급 적용했습니다.

코스피 지수(Korea Composite Stock Price Index, KOSPI)

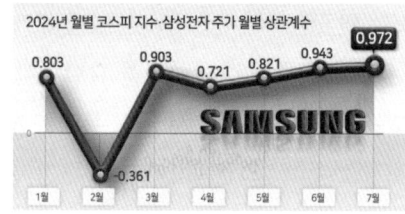

한국증권거래소에 상장되어 거래되는 모든 주식을 대상으로 산출해 전체 장세의 흐름을 나타내는 지수를 말합니다. 한국증권거래소가 1972년 1월 4일부터 35개 회사를 선정하여 다우존스 방식으로 산출하였으나 더욱 합리적인 주가지수의 산출을 위하여 1983년 1월 4일부터는 다우존스식에서 시가총액식으로 개편하여 작성·발표하고 있습니다. 코스피 지수의 기준시점은 1980년 1월 4일로서 당일의 주가지수를 100으로 하고 있으며 상장된 보통주 전 종목을 대상으로 산출하고 있습니다.

코스피200 변동성지수(Volatility index of KOSPI200, VKOSPI)

한국 증시의 변동성을 나타내는 지수로 '코스피 공포지수'로도 불립니다. 코스피200 옵션 가격에 반영된 향후 시장의 기대 변동성을 측정하는 지수로 지수가 오른다는 건 증시의 움직임이 커질 것으로 예상하는 투자자들이 많아졌다는 것을 뜻합니다.

코스피200 지수(Korea Stock Price Index 200, KOSPI 200)

코스피200지수는 한국을 대표하는 200개 기업의 시가총액을 지수화한 것을 말합니다. 주가지수 선물거래와 옵션거래를 위해 한국거래소가 발표합니다. 유가증권시장의 전 종목 가운데 시장 대표성·유동성·업종 대표성(9개 업종)을 선정 기준으로 시가총액이 상위군에 속하고 거래량이 많은 종목을 선정합니다. 상장종목수의 20%밖에 되지 않으나 전종목 시가총액의 70%를 차지하여 종합주가지수의 움직임과 일치합니다. 이들의 시가총액이 1990년 1월3일 기준으로 얼마나 변했는지를 나타내는 것으로 1994년 6월부터 발표하고 있습니다.

코코본드(조건부자본증권, CoCo Bond)

금융회사가 발행하는 채권의 한 종류로, 조건부자본증권(Contingent Convertible Bond)의 영문 약자입니다. 채권 발행 때 미리 명시한 조건(금융회사 재무건전성 부실)이 발생하면 금융회사가 채권자에게 원금을 갚지 않아도 되는 채권입니다. 금융회사가 "빚을 못 갚겠다"고 선언하면 채권자가 보유한 코코본드가 주식으로 바뀌거나(주식전환형), 채권자에게 원금을 갚지 않을 수 있습니다(상각형). 코코본드는 평상시에는 재무제표상 부채가 아닌 자본으로 표시되기 때문에 금융회사의 재무건전성을 튼튼하게 하는 역할을 합니다.

이처럼 금융회사에 여러 면에서 유리한 채권이 나오게 된 배경은 2008년 세계 금융위기입니다. 당시 미국·유럽의 대형 금융회사에서 생긴 자금난이 실물 경제로 옮아가 세계 경제가 어려워졌

죠. 이후 국제결제은행(BIS)은 금융위기 재발을 막기 위해 금융회사의 코코본드를 자본으로 인정해 주겠다고 결정했습니다. 위기가 발생하면 코코본드를 발행해 투자자에게 팔아 자본을 조달하라는 취지였죠. 대신 투자자에게는 시장금리보다 높은 금리를 주도록 했습니다.

한국에서는 2014년 JB금융지주의 3,000억 원 규모 코코본드가 첫 발행입니다. 2014년에 새로 제정된 「자본시장법」과 「은행법」·「금융회사지주법」 개정안에 「코코본드 발행에 관한 규정」이 생겼기 때문입니다.

콜금리(call rate)

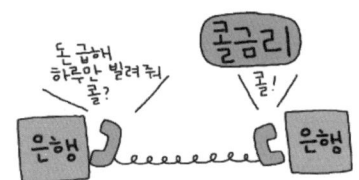

금융기관 간 영업활동 과정에서 남거나 모자라는 자금을 30일 이내의 초단기로 빌려주고 받는 것을 '콜'이라 하며, 이때 은행·보험·증권업자 간에 이루어지는 초단기 대차貸借에 적용되는 금리를 말합니다. 콜금리 중개업무는 한국자금중개주식회사와 서울외국환중개주식회사 2개 중개회사가 담당하며, 은행 간 직거래도 이루어지고 있습니다. 최장 만기는 30일이나 실물거래에서는 1일물이 대부분을 차지하고 있습니다. 그러므로 통상 콜금리는 1일물(Overnight) 금리를 의미하여 단기자금의 수요와 공급에 따라 결정됩니다. 콜금리에 영향을 미치는 요인으로는 은행권의 지준 사정, 채권의 발행 및 상환, 기업체 등의 단기자금 수요, 기관의 단기자금 운용 형태 등이 있고, CP(기업어음)금리·CD(양도성예금증서)금리 등 여타 단기금리와도 밀접한 관련이 있습니다. 콜시장은 금융시장 전체의 자금흐름을 비교적 민감하게 반영하는 곳이기 때문에 이곳에서 결정되는 콜금리는 회사채 유통수익률이나 CD 유통수익률 등과 함께 시중의 자금사정을 반영하는 지표로 이용됩니다.

콜 프리미엄(call premium)

특정 날에 특정 가격으로 주식이나 주가지수를 구입할 수 있는 권리를 위해 콜 옵션의 구매자가 판매자에게 지불하는 가격을 말합니다. 사채 우선주에서 액면 가액 이상으로 발행자가 발행하는 경우입니다.

콜 ELW(call ELW)

특정 주식이나 주가지수를 미리 정해진 조건에 살 수 있는 권리(콜 워런트)가 부여된 유가증권을 말합니다. 가격 상·하한 폭이 없고 증거금 15%만으로 매입할 수 있어 기초자산이 조금만 변해도 ELW는 큰 폭으로 움직이기 때문에 고수익 고위험이 특징입니다. 행사기간은 일반적으로 3개월~3년으로 거래소에 상장되어 있습니다.

쿼드러플위칭데이

9월 10일이 쿼드러플위칭데이(네 마녀의 날)입니다. 쿼드러플위칭데이란 주가지수 선물과 옵션, 개별 주식 선물과 옵션 등 네 가지 파생상품 만기일이 겹치는 날을 말합니다. 네 마녀가 돌아다녀 혼란스러운 것처럼 변화를 예측할 수 없어 네 마녀의 날이라고도 부릅니다. 우리나라는 3·6·9·12월 둘째 주 목요일이 쿼드러플위칭데이입니다. 2008년 4월까지는 트리플위칭데이였습니다. 그러나 그해 5월 개별주식선물을 도입해 2008년 6월 12일은 우리나라 최초 쿼드러플위칭데이였습니다. 미국은 3·6·9·12월 셋째 주 금요일이 쿼드러플위칭데이입니다.

퀀트 투자

오로지 **숫자**에만 기반해 투자 결정을 내리는 방식입니다. 저低주가수익비율(PER · 주가/주당 순이익)과 저주가순자산비율(PBR · 주가/주당 순자산), 주가매출액비율(PSR · 주가/주당 매출), 주가현금흐름비율(PCR · 주가/주당 영업현금흐름) 등 숫자로된 모든 것이 퀀트의 분석 대상입니다.

미국 자산운용사 블랙록의 퀀트 투자 자회사인 SAE는 직장 평가 사이트인 '글라스도어'의 기업 평판 점수도 주가 전망에 활용합니다.

퀀텀펀드(Quantum Fund)

대표적인 헤지펀드 중의 하나입니다. 짐 로저스가 미국 예일대와 영국 옥스퍼드대를 졸업한 뒤 1969년 조지 소로스와 함께 퀀텀펀드를 공동 설립했습니다. 퀀텀펀드는 설립 후 10여 년간 무려 4,200%가 넘는 수익률을 기록했습니다. 로저스는 일찌감치 '월가의 전설적 인물' 중 한 사람으로 등극했습니다. 1992년 이 펀드는 영국 파운드화를 집중 투매해 단숨에 10억 달러를 번 사건으로 널리 알려졌습니다. 당시 이 펀드와 정면 승부를 택한 영국 중앙은행이 '백기'를 들게 한 사건으로 유명합니다.

퀄리티주(quality stock)

퀄리티주는 단기 주가 동향과 관계없이 자기자본이익률(ROE)과 순이익증가율 등이 오랫동안 높게 유지돼 온 종목을 말합니다.

크라우드 펀딩(crowd funding)

'대중으로부터 자금을 모은다'는 뜻으로 소셜미디어나 인터넷 등의 매체를 활용해 자금을 모으는 투자 방식을 말합니다. 자금이 없는 예술가나 사회활동가 등이 자신의 창작 프로젝트나 사회공익 프로젝트를 인터넷에 공개하고 익명의 다수에게 투자를 받는 방식을 말합니다. 목표액과 모금기간이 정해져 있고 기간 내에 목표액을 달성하지 못하면 후원금이 전달되지 않기 때문에 창작자는 물론 후원자들도 적극 나서 프로젝트 홍보를 돕습니다. 투자자 입장에서는 수만원 내지 수십 만원 등 적은 금액으로 투자할 수 있기 때문에 부담이 없습니다. 트위터·페이스북 같은 소
셜네트워크서비스(SNS)를 적극 활용하기 때문에 '소셜펀딩'이라고도 불립니다. 주로 영화·음악 등 문화상품이나 정보기술(IT) 신제품 분야에서 활발히 이용되고 있으며, 아이디어 창업 등 그 응용 범위는 제한이 없습니다. 보통 후원에 대한 보상은 현금이 아닌 CD나 공연티켓 등 프로젝트 결과물로 많이 이뤄집니다.

큰 손(operators)

거액 투자자로서 증권시장에서 주식을 매도 또는 매수하여 시황에 커다란 영향을 미치는 개인이나 기관투자가를 말합니다.

클라이맥스지표(climax indicatior)

1961년 그랜빌이 창출하여 최근까지 단기적인 주가 예측을 위하여 OBV와 함께 가장 중요시되고 있는 단기지표 중의 하나를 말합니다. 이 지표에 대한 개념은 시세가 지나친 매도 혹은 매수지배의 상태인가를 보기 위해 만들어집니다. 이 지표는 OBV를 발전시킨 것으로서 매일의 클라이맥스지표를 계산하기 위해서는 종합주가지수 채용 전 종목에 대한 매일의 OBV를 산출하고 이것을 OBV가 UP신호를 나타내는 종목수와 DOWN 신호를 나타내는 종목수로 나누어서 그 차수를 계산한 것입니다. 이 지표는 단독의 수치만으로는 별 의미가 없으며 매일의 종합주가 지수와 비교함으로써 분석이 가능합니다. 어제의 종합주가지수가 2포인트 상승했지만 클라이맥스지표가 +20에서 +10으로 하락했다면 어제의 2포인트 상승은 기술적인 강세를 상실함으로써 앞으로 종합주가지수는 하락이 예상된다는 것입니다. 이 지표는 다이나믹한 거래량지표라고 합니다. 거래량은 항상 주가에 선행한다고 보면 종합주가지수 이상으로 진실한 주가의 흐름을 먼저 알려주는 지표이다. 종합주가지수의 움직임을 예측하기 위해서는 이에 선행하는 채용 전종목의 거래량의 움직임을 파악해야 하고 그러므로 거래량의 선행성을 강조한 OBV의 상향 및 하향돌파 종목수를 기준으로 한 클라이맥스지필 연구 함으로써 가장 다이나믹한 단기지표를 구사할 수 있습니다.

- ♣ 위험은 자신이 무엇을 하는지 모르는 데서 온다.
- ♣ 주식은 돌고 돈다.
- ♣ 전고점과 전저점을 이용하라.
- ♣ 뛰어난 기업의 주식을 보유 했다면 시간은 당신 편이다.
- ♣ 상황을 비관적으로 봐서 얻을 것은 아무것도 없다.
- ♣ 대박은 꾸준한 수익률을 얻고자 하는 가운데 탄생 한다.
- ♣ 시작은 작게하라.

- 가격은 그 자체로 투자자의 행동에 영향을 미친다. 떨어지는 주가는 불확실성과 우려를 창출하고 오르는 주가는 자신감과 확신을 가져다준다. 이런 경향을 이해나는 것이 투자에 있어 정말 중요한 부분이다. 훌륭한 투자자는 이런 경향에 스스로 저항해야 한다.
- 주식시장의 심장부에는 인간의 두 가지 기본 정서가 놓여 있는데, 바로 공포와 탐욕이다. 이 위에서 투자자들을 삼켜버리는 주기적인 방식이 오랫동안 작동해 왔다. 여러분이 이런 요소에서 비켜서 있을 수 있다면, 이런 것들을 알고 적절히 이용하되 거기 휘말리지 않을 수 있다면, 그 실체가 무엇인지를 언제나 알고 있다면, 성공 투자자가 되기 위한 기본을 갖춘 셈이다.

타이거 펀드(Tiger Fund)

단기 투자를 겨냥하는 대표적 헤지펀드 중 하나입니다. 1986년 주당 10달러에 설립된 개방형 펀드입니다. 한국·홍콩·태국·싱가포르 등 아시아지역을 포함해 전 세계의 선물과 현물에 투자하고 있습니다. 단기 투자 펀드이기 때문에 시장 상황에 따라 일시적으로 투자 자금을 빼내 가 각국 금융시장을 교란하기도 합니다. 주로 국내 투신사의 외국인전용수익증권(외수펀드)을 통해 선물과 현물 매매 주문을 내고 있습니다.

탄소공개 프로젝트(Carbon Disclosure Project, CDP)

세계 주요 상장 혹은 비상장기업의 이산화탄소감축·기후변화·물안정성·생물다양성 등 환경 관련 경영정보공개를 요청하는 비영리 글로벌 ESG(환경·사회·지배구조) 평가 기관입니다.

영국에 본사를 두고 있으며 2000년 35개 유럽권 기관투자가들의 후원으로 출발했습니다. 2003년부터 세계 주요 기업의 기후변화 관련된 기업의 위험 및 사업 기회와 탄소배출 저감을 위한 방법과 연도별 감축 계획 등을 조사해 그 결과를 발표합니다.

90여 개 이상 국가가 공개하는 환경 정보 글로벌 플랫폼으로 MSCI·DJSI 등 주요 ESG 평가 기관의 환경관련 데이터 소스로 활용되고 있습니다.

탄소배출권 상장지수펀드(ETF)

탄소 배출권 선물가격으로 구성된 기초지수를 따라 수익을 내는 상장지수펀드를 말합니다. 주로 미국이나 유럽 혹은 두 시장의 선물을 투자 대상으로 합니다.

 탄소배출권 ETF에 투자한다면 연금계좌와 ISA계좌 등을 이용하는 것이 좋습니다. 절세 효과를 누릴 수 있으며 두 계좌 모두 국내 ETF 4종에 투자할 수 있습니다. 다만 개인형퇴직연금(IRP)은 합성 2종만 투자할 수 있다. 연금계좌·퇴직연금계좌에서의 매매차익은 연금으로 수령할 때 연금 소득세로 납부해 과세이연 효과를 누릴 수 있어 세전수익으로 운용을 지속하면 복리효과를 극대화할 수 있습니다. ISA계좌는 200만 원까지 비과세 혜택을 제공합니다.

 탄소배출권 ETF 투자 시 가격 변동성이 크다는 점은 주의해야 합니다. 탄소배출권 가격은 세계 주요국의 정책 강화·경기 회복 등에 따라 상승하지만, 천연가스 가격과 석탄 수요 급락 시 가격이 떨어지는 등 변동성이 큽니다.

테마주(themed stock)

테마주(themed stock)는 주식시장에 상장된 주식으로서 하나의 주제를 가진 사건에 의해 같은 방향으로 주가가 움직이는 종목군을 말합니다. 정치·연예·레저·과학기술·부동산·질병·자원개발 등 다양한 종류의 테마주가 있습니다.

일반적으로 같은 테마에 속한 종목들은 주가가 동반 상승하거나 동반 하락하는 유사한 움직임을 보입니다. 예를 들면 정부가 특정 분야의 과학기술을 지원할 계획을 발표하면 관련 기업의 주가가 오르고, 특정 질병이 유행하면 그 질병의 백신을 개발하는 기업의 주가가 오르는 식입니다. 다만, 환율이나 유가와 같이 매우 광범위한 종목에 영향을 끼치는 것은 일반적으로 테마라 부르지 않습니다.

테마주는 주로 급등을 기대하고 투자자들이 모여드는 것이 특징으로, 기업의 펀더멘털보다는 수급에 의해 2배에서 10배 넘게 급등하는 경우도 빈번하다. 또한 주로 테마주가 되는 것은 대형주보다는 소형주, 특히 천원 미만의 동전주가 많은 편입니다.

테마주의 기원은 주식 시장의 역사와 함께 하며, 역사상 유명한 테마주로는 18세기 영국의 공기업 **남해회사**(South Sea Company)를 들 수 있습니다. 대한민국에서는 북방외교가 한창이었던 1987년 말 중국 정부가 만리장성에 바람막이를 설치하기로 한 계획이 알려지며 관련주들이 급등한 소위 **만리장성 테마주**가 테마주의 효시로 꼽힙니다. 그 후 2007년 대선에서 4대강 사업 테마주가 폭등하여 큰 수익을 가져다준 이후로 대한민국에서는 정치테마주를 비롯한 각종 테마주가 크게 유행하게 되었습니다. 테마주는 증시가 선진화된 선진국들에 비해 대한민국에 많은 편으로

18세기 영국을 휩쓴 투자 광풍인 남해회사거품 사건을 묘사한 그림(Edward Matthew Ward 작)

특히 정부 정책에 따라 테마주가 급등락 하는 일이 많습니다.

텐 배거(ten bagger)

10루타를 의미하는 것으로 실제 야구 경기에서 쓰이는 용어가 아니라 투자자들이 원하는 10배 수익률 대박 종목을 말합니다. 이 용어를 사용한 피터 린치는 1977년부터 1990년까지 13여 년간 마젤란 펀드를 운영하면서 누적수

피터 린치

익률 2,703%를 기록했고 이는 연 29.3%에 달합니다. 이로 인해 텐 배거(10루타)란 대박 종목을 뜻하는 증권가의 용어가 되었습니다.

토큰 증권(STO; Security Token Offering)

디지털 생태계에 익숙한 MZ 세대를 중심으로 다양한 투자 형태

가 관심을 받기 시작하면서 진입장벽이 낮고, 소액으로도 투자가 가능하고 여러 자산에 투자가 가능한 조각 투자에 대한 수요가 증가하고 있습니다. 예를 들면 100만 원 소액으로 60억짜리 부동산에 투자할 수 있는 부동산 조각 투자 펀블·음악 저작수익권에 투자할 수 있는 뮤직카우 서비스 등입니다.

토큰 증권(STO ; Security Token Offering)은 분산원장 기술(Distributed ledger)을 활용하여 기존의 금융 자산을 디지털 토큰 형태로 발행하고, 이를 거래하는 새로운 형태의 증권입니다. 예컨대 수익증권·주식·채권 등의 다양한 자산을 기반으로 분산원장 기술을 활용하여 가상자산 형태로 발행하는 것을 말합니다.

2024년 2월 금융당국이 '토큰 증권 발행 및 유통 규율 체계'를 발표한 후 발의된 관련 법안은 21대 국회 종료로 폐기되어 관련 사업

의 진전을 더디게 하였으나 2024년 9월 국회에서 토큰 증권 발행 법제화 논의가 재점화되면서 해당 법안의 통과에 대한 시장 기대감이 커지고 있습니다. 이에 토큰 증권 플랫폼을 구축 중이거나, 준비 중인 증권사들의 토큰 증권 시장 선점 경쟁이 더욱 치열해질 것이란 관측이 우세합니다. 일부 증권사는 토큰 증권 발행 플랫폼 구축을 진행 중이며 그 외 여러 증권사도 다양한 협의체를 구성하여 컨설팅과 플랫폼 구축을 검토하고 있습니다.

토큰증권발행(security token offering, STO)

회사 부동산·미술품·주식 등 전통 자산을 기반으로 가상화폐를 발행하는 것을 의미합니다. 가상화폐를 보유한 이들은 실제 주주처럼 권리를 행사할 수 있다. STO가 '가장 이상적인 ICO'란 평가를 듣는 이유입니다. STO는 미국·독일 등 주요국에서 허용되고 있습니다. 미국의 우버와 에어비앤비도 STO 형태의 가상화폐 발행을 검토 중인 것으로 알려졌습니다.

하지만 국내에선 부동산 조각 투자 플랫폼인 '카사' 등 일부 상품만 금융규제 샌드박스를 통해 제한적으로 허용되고 있습니다. STO가 제도권에 편입돼 발행이 본격화하면 이와 관련한 대체불가능토큰(NFT) 시장이 커질 것이란 기대가 높습니다.

STO가 제도권으로 들어오면 NFT 거래 시장뿐만 아니라 관련 콘텐츠 창작도 더욱 활성화될 전망입니다. 가장 기대가 큰 분야는

디지털 미술작품을 기반으로 한 NFT입니다. 기존 미술 시장에선 1차 시장에서 작품이 팔리면 이후로는 거래 추적이 안 됐지만 NFT는 저작권이 기록되기 때문에 2, 3, 4차 거래에서 수익이 발생하면 창작자에게 혜택이 돌아갈 수 있습니다.

통안사채(通安社債)

국채 조기상환(buy-back) 계획에 따라 통화정책 운용 수단으로 사용해 왔던 미 재무부 증권 규모가 갈수록 줄어듦에 따라 이를 대신할 새로운 통화정책 운용 수단으로 구상 중인 회사채를 말합니다. 최근 미 연방준비제도이사회(FRB)가 통화정책 운용 수단으로 민간기업이 발행한 회사채를 채택하는 방안을 추진하는 과정에서 "통안사채通安社債"라는 새로운 용어입니다. 앞으로 FRB가 통화정책 운용 수단으로 회사채를 사용할 경우 우량채권과 불량채권과의 구별이 보다 명확해지고 또 기업들의 자금조달에 **빈익빈-부익부** 현상이 심화되는 등 미국을 포함한 국제금융시장에 적지 않은 파장이 예상됩니다.

통정매매(Matching Transaction)

통정거래 혹은 통정매매는 사전에 정해진 시간과 가격에 서로 짜고 특정 주식을 주거니 받거니 거래하여 해당 종목의 거래량이 증가하고 주가가 오르는 것처럼 보이게 만들어 다른 투자자들이 조작된 가격에 주식을 사도록 유도하고 이를 통하여 이익을 얻는 방식입니다. 즉, 복수의 거래 주체가 미리 증권의 가격과 물량을 짜고 치는 거래를 하는 방식입니다.

통정매매 도식화

주식을 매수할 사람과 매도할 사람이 사전에 약속을 하고 일정 시간에 일정 가격으로 주식을 매수·매도해야 되므로 정확한 시간에 빠른 속도로 거래하기 때문에 다른 개미가 이 거래에 끼어들 시간은 사실상 없습니다. 채권시장에서는 자전거래를 이것과 동일한 의미로 이해하고 있습니다.

당연히 적은 돈으로는 주가 조작이 불가능하기 때문에 작전 세력은 돈이 있는 집단을 대상으로 자금을 끌어 모읍니다. 이와 같은 통정매매는 상장유가증권의 매매거래에 관하여 타인을 오인시키거나 시세조종의 수단으로 이용되기 때문에 증권거래법에서는 이를 금지하고 있습니다.

통화안정증권(monetary stabilization bond, 통안채)

통화안정증권은 일종의 약속 증서로 일정 기간 돈을 빌리는 대신 만기 때 이자와 원금을 갚겠다는 증서로 액면 금액과 이자율·만기일이 기재되어 있습니다. 한국은행은 정부가 보증하는 국공채 이외에 통화안정증권을 제한적으로 발행하여 공개시장에서 매매 함으로써 시중의 통화량을 조절합니다. 시중에 풀린 돈을 흡수하기 위해 한국은행이 금융기관과 일반인을 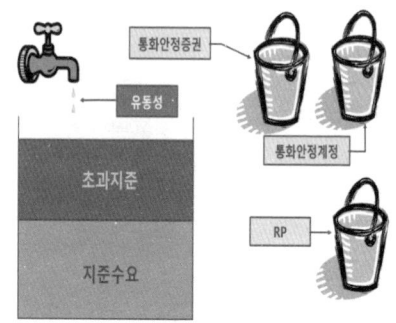 대상으로 발행하는 증권을 뜻하는 것으로 흔히 줄여서 통안증권이라 합니다.

중앙은행이 통화정책의 일환으로 사용하는 유동성 조절수단 중 공개시장(주식, 채권시장)에서 직접 증권을 사고 팔아서 유동성(통화량)을 조작하는 것을 공개시장조작이라 합니다.

우리나라의 경우 국공채의 발행 및 유통시장이 선진국 정도로 발전하지 않았기 때문에 공개시장조작을 통한 유동성 조절을 위해 한국은행이 특별 유가증권을 발행하고 있는데 이것이 통화안정증권입니다. 한국은행은 「한국은행법」에 근거하여 이 증권을 매각 또는 매입함으로써 통화량을 조절합니다.

투매(panic selling, dumping)

주가 하락이 예상될 때 이로 인한 손실을 최소화하기 위해 대량으로 파는 것을 말합니다. 이러한 투매는 주가가 급락할 조짐이 보일 때 투자자들의 대량 매물이 쏟아져 나와 가격 하락을 더욱 부채질하는 것을 말합니다. 그러나 투매는 발 빠른 투자자에게 저가 물량을 확보하는 호기로 이용될 때가 많습니다. 과거 극도의 투자심리 불안으로 일반 투자자가 저마다 팔자고 나설 때가 바닥시세였다는 점은 투자자들이 되씹어 볼 가치가 있습니다.

투자(investment)

투자란 특정한 이득을 얻기 위하여 시간을 투입하거나, 자본을 제공하는 것을 말한다. 투자는 미래의 이익을 기대하며 돈(때로는 시간과 같은 자원)을 할당하는 것이다.

금융 분야에서는 투자 이익을 수익이라고 합니다. 수익은 배당·이자·임대 소득 등을 포함한 자본 이득(capital investment) 또는 투자 소득(investment income)으로 구성될 수 있습니다. 예상 경제 수익은 미래 수익의 적절하게 할인된 가치이다. 수익은 일정 기간 동안의 실제 자본 이득(혹은 손실) 또는 소득으로 구성되어 있습니다.

투자는 일반적으로 자산을 얻는 것이다. 만약 자산을 투자 가치가 있는 가격으로 구매한다면 일반적으로 그 가치가 높아짐에 따라 더 높은 가격에 판매되어 수입을 창출할 수 있습니다.

    일반적으로 투자자들은 투자가 위험할수록 높은 투자수익을 기대합니다. 금융자산은 안전한 국채와 같은 저 위험·저 수익투자에서 신흥시장 주식 투자와 같은 높은 위험과 높은 수익에 이르기까지 범위가 다양합니다. 특히 초보 투자자는 일반적인 투자전략 그리고 분산 포트폴리오를 적용하는 것이 좋습니다. 분산투자는 전반적인 위험을 낮추는 통계적 효과가 있기 때문입니다.

투자 분석(investment analysis)

경영참가 등의 특수한 투자 동기를 갖지 않는 투자자가 양호한 투자 성과를 획득하기 위하여 행하는

작업을 총칭하는 것입니다. 투자분석의 실무는 투자의사가 형성된 후 고려되어야 하는 정보의 작성 작업과 어떤 특정한 투자자에 대해서 투자의 내용을 결정하기 위한 분석 작업으로 나눠집니다. 전자는 경제정세의 분석·산업동향의 분석·개별기업 및 개별증권 분석 등이 있는데 이 가운데에서도 증권분석이 전통적으로 가장 중시되어 왔습니다. 후자의 영역은 투자 방침 책정을 위한 방침·

포트폴리오 편성을 위한 분석·포트폴리오 투자 성과의 측정과 평가를 위한 분석·포트폴리오개편을 위한 분석으로 이루어집니다. 투자 분석은 단일투자자 자신에 의해 수행되는 경우도 있으나 기관투자가의 경우에는 내부 관계자의 분업에 의해 수행되는 것이 보통입니다.

투자신탁(securities investment trust)

투자신탁은 여러 투자자의 자금을 모아 펀드를 만들어 투자를 행하는 소위 집합투자조직(Collective Investment Scheme)입니다. 국제투자신탁은 투자신탁이 국제간에 이루어지는 것을 말한다.

펀드(Fund)는 투자신탁의 신탁재산으로 조성된 기금을 가리키는 말이었으나 요즈음은 자산 보유자 대신에 투자를 대행해 주는 투자신탁 금융상품을 일컫는 말로서 자산관리전문가가 국내 또는 해외의 자산(채권·주식·부동산 등)에 분산 투자하여 발생된 이익금을 되돌려주는 상품입니다. 대표적인 상품으로는 단기금융상품에 투자하고 그 수익을 고객에게 돌려주는 펀드인 MMF(Money Market Fund)와 주식시장에 투자한 후 그 수익을 배분하는 뮤추얼 펀드(Mutual Fund) 등이 대표적입니다. 대한민국의 법률 용어로는 「간접투자자산운용업법」상 **간접투자**라고 합니다.

신탁회사가 일반으로부터 투자자금을 모아 증권투자의 전문가인 증권 업자에게 위탁하여 유가증권에 투자하고 이에 따른 이익을 투자인에게 배분하는(원금도 반환) 제도를 말합니다. 그러나 투자한 원금의 보증은 없다. 어느 주식에 투자할 것인가, 어느 사채를 구입할 것인가는 증권업자가 이를 담당하게 된다. 투자할 때는 분산투자가 되므로 일반의 투자인이 개개의 특정주에 투자하는 데에 비하여 주가가 오른 경우의 이익은 적어지지만 주가의 하락에 따른 위험도 적어집니다. 수익증권은 무기명이므로 증권회사가 언제나 이것을 인수하게 되어 있습니다. 투자신탁은 주식 투자 신탁과 공사채 투자신탁이 있습니다. 주식 투자는 주로 주식으로 운용하고, 공사채 투자는 채권을 중심으로 운용하는 것입니다.

투자심리선(psychological line)

12일이라는 한정된 기간을 이용하여 시장과열 및 침체를 파악하고자 하는 기법이다. 투자심리선을 구하려면 12일간의 기간을 설정해서 최근 12일 동안의

전일대비 상승일수를 누계하여 이를 다시 백분비로 나타내면 됩니다. 매일의 계산에 있어서는 13일 전의 주가 변화가 제외되고 새로운 주가 변화가 새로 첨가됨으로써 12일간의 상승 일수가 계산

된다. 투자심리선의 지수가 75% 이상일 때는 투자 환경이 매우 밝고 매입 세력이 지나치게 왕성해 과열 상태로 판단하여 매도 시점이 되며 반대로 25% 이하일 때는 투자 환경이 매우 어둡고 매도 물량이 많은 경우이므로 침체 상태로 판단하여 매입 시점이 됩니다. 이때 정확한 매도·매입 시점은 동 지표가 75% 이상 수준에서 하락하여 75% 이하로 진입하는 시점과 25% 이하에서 25% 이상 수준으로 진입하는 시점이 됩니다. 그러나 투자심리선은 단순히 12일 중의 상승일수만 표시하는 것으로서 장기적인 매매 시점의 포착보다는 단기적인 매매 시점의 포착에 보다 유리합니다. 따라서 동 지표는 정확한 매매 시점을 포착하기 위한 지표라기보다는 시장의 과열 및 침체 상태를 알려주는 지표로 활용하는 것이 바람직하다고 할 수 있습니다.

투자전략(investment strategy)

투자 방침을 구체화하기 위한 시책을 말합니다. 증권 투자에 있어서의 전략이란 장기와 단기 구별 없이 일정한 방침에 따라 취해지는 일련의 매매 수순을 모두 투자전략이라고 합니다. 성장주 장기투자전략·배당금 재투자전략·단기매매전략 등이 모두 투자전략에 속합니다.

트래킹주(tracking stock)

모기업에서 분리된 별도 사업 부문의 주식을 말합니다. 특별히 경영권과 조직 형태를 따로 분리하지 않고 특정 사업 부문의 실적을 기준으로 발행하는 새로운 형태의 주식입니다. 이 주식의 발행이 허용되면 회사의 특정 사업 부문만을 대상으로 자금조달을 할 수 있게 되어 회사의 자금 조달 폭이 한층 넓어지게 됩니다. 또 굳이 분사와 같은 조직 형태의 변화를 줄 필요가 없고 급성장 부서를 특화해 과소평가된 기존의 구(舊)경제 부문 주식의 가치를 높일 수도 있습니다. 트래킹 주가 모기업 주가보다 빠른 속도로 상승하면서 정보통신 및 바이오테크 부분을 트래킹하는 대기업들이 미국을 중심으로 크게 늘어나는 추세입니다.

트로이카주(troica stock)

장기간에 걸쳐 상승세를 이끄는 금융·건설·무역 관련 선도 3개 업종의 주식을 말하며 1980년대 증시를 주도했던 금융(은행·증권)·건설·무역(종합상사) 관련 업종의 주식을 말합니다.

어느 하나가 강세를 보이면 다른 두 업종의 주식도 동반 강세를 보이는 경향이 있기 때문에 주가의 상승·하강곡선이 거의 비슷하게 나타납니다. 또 다른 업종에 비해 거래 비중 증가에 따라 주가  가 민감하게 반응하는데 연구 결과에 따르면 이 세 업종의 주가 수익률이 거래 비중 증가의 영향을 가장 많이 받는 것으로 나타났습니다.

이 가운데서도 주가 수익률에 대한 거래 비중 증가율의 영향력 정도를 나타내는 수치, 즉 민감도는 증권업종·건설업종·도매업종 순으로 나타났습니다. 트로이카주는 대부분 대형주이기 때문에 주식시장에 미치는 영향력이 큽니다. 1980년대 말 주식시장을 주도하다가 1990년대 말부터는 정보기술(IT) 관련 주식에 주도주 자리를 내주었습니다. 러시아의 3두 마차인 Troika에서 유래된 용어입니다.

트리플 강세

주가가 오르면서 환율과 금리가 동시에 하락하는 현상을 말합니다. 트리플 강세가 나타나는 이유는 우리나라의 경우 특히 주가와 환율이 밀접한 관계를 보입니다. 외국인 투자자가 한국 주식을 많이 매수하면 주가가 상승할 가능성이 많아집니다. 외국인의 투자 증가로 달러화가 외환 시장에 많이 들어오면 원화 가치는 상승(원달러 환율은 하락)하게 되고 이로 인해 풍부해진 유동성 때문에, 또는 다른 요인으로 시장에 채권 수요가 늘어난 경우 채권 가격까지 상승(금리는 하락)하게 됩니다. 이와 반대로 주식시장과 채권시장에서 빠져나온 자금이 해외로 유출돼 환율·주가·채권 가격이 동시에 하락하는 현상을 **트리플 약세**라고 합니다. 트리플 약세는 주가 하락·환율 상승(원화 가치 하락)·금리 상승(채권 가격 하락)이 맞물린 경우입니다.

트리플 위칭 데이(triple witching day)

주식시장에서 선물·옵션·개별옵션 만기일이 겹치는 날을 말합니다. 미국 월가에서 만들어진 용어로 주가지수선물과 주가지수옵션·개별주식옵션의 세 가지 파생금융상품의 만기가 3개월마다  한 번씩 겹치는 날을 말합니다. 이날이 되면 마치 세 명의 마녀(witch)에게 혼을 빼앗기듯 주가가 들락날락하는 경우가 많아 이런 이름이 붙여졌습니다. 파생금융상품은 외환·예금·채권·주식 등과 같은 기초자산으로부터 파생된 금융상품으로 경제 여건 변화에 민감한 금리·환율·주가 등의 장래 가격을 예상하여 만든 것입니다. 우리나라는 2002년 개별주식옵션 시장이 개설되면서 '트리플 위칭데이'를 맞게 되었습니다. 즉, 2002년 개별주식옵션 시장이 개설됨에 따라 3·6·9·12월의 두 번째 목요일에 트리플 위칭 데이가 찾아왔습니다. 2008년 5월에는 개별주식선물이 도입돼 파생상품 만기가 네 개가 됐습니다. 이때부터는 트리플(triple) 위칭 데이에서 쿼드러플(quadruple)로 바뀌었습니다. 미국 시장은 옵션 만기일이 세 번째 금요일이어서 매 분기별 3·6·9·12월 셋째 주 금요일이 쿼드러플 위칭 데이입니다.

MEMO

- 최고의 투자자들은 절대 수익을 목표로 삼지 않는다. 우선 위험에 집중하고, 그리고 나서야 위험을 감수할 만한 수익률이 기대되는지 여부를 결정하게 된다.
- 자산가치라는 허리띠가 이익이라는 멜빵의 보호를 받을 때 가장 큰 편안함을 느낀다.
- 돈을 빨리 벌고자 하는 유혹이 너무 커서 많은 투자자들이 대중에 역하는 것을 어려워한다.
- 투자자들은 가격이 하락할 때 공포를 이기는 법을 배워야 하며, 가격이 상승할 때 너무 열광하거나 욕심부리지 않는 법을 깨달아야 한다.
- 주식을 평가하는 최선의 방법은 해당 기업의 현금 흐름을 분석하는 것이다.
- 단기적으로는 수요와 공급에 의해서 시장 가격이 결정된다. 하지만 시간의 지평이 길어질수록 수요와 공급에 영향을 주는 근본적 요소가 시장 가격을 지배한다.
- 일관성과 인내심을 가지는 것이 중요하다. 참으면 참을수록 복리라는 놈은 더더욱 당신 편이 될 것이다.

파생결합증권(derivatives-linked securities, DLS)

기초자산인 금리·원자재·환율 등의 가격에 연동돼 투자수익이 결정되는 유가증권을 말합니다. 유가증권과 파생금융상품이 결합한 형태입니다. 기초자산에는 금리·주가지수·통화(환율)뿐 아니라 금·원유·구리·철강·곡물·부동산 등의 실물 자산도 기초자산의 대상이 됩니다. 자산의 가치 변동에 따라 일정 수익을 얻을 수 있게 설계한 상품으로 자산 가격에 큰 변동이 없으면 약속한 수익률을 보장받지만 미리 정해둔 원금 손실 구간(knock-in)에 들어가면 원금 전액을 손실입을 수도 있습니다. 일부 금리 연계 DLS는 금리가 설정된 구간 안에서 움직이면 연 환산 수익률 4~5%를 보장하고 구간 밖으로 금리가 움직이면 큰 손실을 보는 구조로 설계돼 있습니다. DLS는 원래 넓은 의미로 주가연계증권(ELS)을 포함하는 포괄적인 개념이다. 그러나 대개 주가 및 주가지수만을 기반으로 하는 ELS를 제외한 나머지 자산을 기초자산으로 삼고 있는 파생증권을 가리키는 용어로 쓰이고 있습니다. 기본 구조는 ELS와 동일하며 펀드로 따지면 자산운용사들이 설정하는 실물 펀드와 흡사합니다. 좁은 의미의 DLS는 2005년 3월 이후 국내 시장에서 발행하였으며 그동안 주로 국내 증권사들이 외국계 증권사나 투자은행으로부터 만들어진 상품을 들여와 일반 투자자나 법인에 판매해 왔습니다. 무보증 회사채의 성격을 가지고 있으며 원금 및 수익은 사전에 발행증권사가 결정해 조건에 따라 명시합니다.

파생금융상품(financial derivatives)

환율이나 금리·주가 등의 시세 변동에 따른 손실 위험을 줄이기 위해 일정 시점에 일정한 가격으로 주식과 채권 같은 전통적인 금융상품을 기초자산으로 하여 새로운 현금흐름을 가져다주는 증권을 말합니다. 대표적인 파생금융상품으로 선물·선물환·옵션·스왑 등이 있습니다. 파생금융상품은 금융시장 참가자에게 폭넓은 위험 헤지(Hedge) 기회를 제공함으로써 자신의 위험 선호도에 따라 자산 구성을 쉽게 하는 기능을 지닙니다. 파생금융상품시장은 장내시장과 장외시장으로 구분할 수 있는데 장내시장은 가격 이외의 모든 거래 요소가 표준화되어 있는 파생금융상품 거래시장으로서 거래소시장이라고도 합니다. 장외시장은 표준화되어 있지 않은 파생금융상품이 거래소를 통하지 않고 시장참가자 간에 직접 거래되는 시장입니다. 우리나라의 경우 장내시장으로는 한국증권선물거래소가 있다. 장외 파생금융상품시장에서는 선물환·스왑·옵션·선도금리계약 등이 거래되고 있습니다.

파행장세

시장 전체가 같은 방향으로 움직이는 것이 아니라 시장의 일부분이 상승하고 있는데 다른 부분은 하락하고 있는 불균형한 움직임을 보이고 있을 때 파행장세라고 합니다. 1970년대 미국 주식시장에서 기관투자자가 일부 성장주를 집중적으로 매입하므로써 그 이외 종목과의 사이에 격차가 생겼는데 이것을 양극 장세(two-tier market)라고 했습니다.

패시브 펀드(Passive Fund)

패시브 펀드란 초과 수익 보다는 안정적인 기준치만큼의 수익을 추구하는 펀드로 특정 지수를 따라 가도록 설정된 인덱스펀드를 말합니다. 지수만큼의 수익률을 목표로 하기 때문에 적극적으로 운용할 필요가 없으므로 보수가 상대적으로 낮은 게 특징입니다. 액티브 펀드는 높은 수익률을 노리고 공격적으로 투자하기 때문에 일반적으로 패시브 펀드보다 주가 변동성과 투자 위험이 큰 것으로 평가됩니다.

패시브 투자(passive investment)

패시브 투자는 시장이 효율적이라는 생각에 기반합니다. 단기적인 변동은 있을지라도 기업 주식 또는 국채와 같은 자산의 가격이 결국은 공정 가치로 수렴할 것이라는 뜻입니다.

다우존스산업평균지수·S&P500 지수·항셍지수와 같은 지수들은 엄격한 조건을 충족하는 기업들로 구성됩니다. 따라서 수천 개의 기업을 조사 및 분석할 필요 없이 지수가 투자자의 일을 대신합니다. 논리적으로 투자자는 이들을 장기적인 전망이 양호한 우량 기업이라 확신할 수 있습니다. 주요 선진국 정부가 발행하는 채권의 경우에도 마찬가지입니다.

> ■ **패시브 투자의 장점**
> - **장기 성장**: 역사적으로 패시브 펀드는 장기적인 수익을 창출했습니다.
> - **저렴한 비용**: 잦은 매매로 인한 수수료를 지불할 필요가 없으므로 상대적으로 저렴합니다.
> - **단순함**: 어디에 투자했으며 어떻게 되었는지를 추적하기가 쉽습니다.
> - **분산 효과**: 특정 지수를 구성하는 광범위한 자산에 포트폴리오를 투자합니다.

펀드(fund)

펀드(fund)란 여러 투자자가 함께 돈을 모아 만드는 투자용 뭉칫돈이다. 주식·채권·부동산이나 금·석유·곡물·광물 같은 상품은 수시로 시세가 변하므로 거액을 모아 투자하면 유리한데 그런 투자 용도로 조성합니다. 펀드 투자는 펀드를 만들어 투자하는 투자

방식입니다. 위험(리스크)을 분산하면서 수익을 올려 그 결과를 투자자에게 배분하는 금융상품입니다. 펀드가 가진 장점은 전문가들이 자금

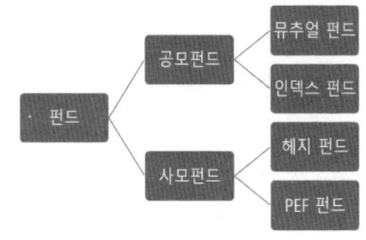

을 굴리는 까닭에 안정적인 수익을 추구할 수 있으며 소액의 자금으로도 위험을 최소화할 수 있는 분산투자 효과를 거둘 수 있고 필요할 때 현금화가 쉽다는 것입니다. 물론 전문가들이 대신 자금을 운용해 주는 대가로 일정한 비용(보수와 수수료)을 지급해야 합니다. 펀드의 종류는 설립 형태에 따라 공모 펀드와 사모 펀드(PEF)로 나눌 수 있습니다.

펀드 50%룰

2013년 투자자에게 계열 금융회사의 부실에 따른 위험이 전가되는 것을 방지하고 펀드 판매회사의 건전한 영업행위 정착시키기 위해 이 제도를 한시적으로 시행했습니다. 증권사·은행·보험사 등 금융회사들이 계열 자산운용사와의 거래 비중을 50% 이하로 유지하도록 제한하는 금융투자업규정상 규제를 말합니다. 대형 판매사들이 계열사 상품을 집중적으로 판매해 펀드 시장을 왜곡시킨다는 지적에 따라 도입됐습니다.

펀드 결산

신탁 회계 기간 동안에 운영 성과와 순이익을 확정하고 발생한 이익분배금을 펀드 계좌 원장에서 차감하는 일련의 절차를 말합니다. 신탁 회계기간(보통 1년)의 종료일이나 신탁계약의 해지(상환)시에 결산을 진행합니다. 펀드 회계기간(통상 1년) 동안에 발행하는 펀드의 원본 이외의 이익 분배금을 지급하는 것을 말합니다. 이때 투자수익금을 '이익분배금'이라고 합니다. 이익분배금은 대개 다시 펀드에 투자돼 투자자의 펀드 좌수가 늘어나게 됩니다. 이런 결산 과정을 거치면 펀드 기준가는 설정 당시 기준가격인 1,000원으로 다시 시작합니다. 이 같은 펀드의 결산을 재설정이라고 하는데 재설정이 이뤄질 경우 복잡하게 수익률 계산을 할 필요 없이 당초 자신이 구입한 펀드의 좌수가 얼마나 늘어났는지 살펴보면 수익률을 알 수 있습니다.

> 예를 들면 지난해 3월에 어떤 펀드 1,000만 좌(1,000만 원)를 구입했는데 12월 재설정 당시 자신의 계좌수가 1,120만 개로 늘어났다면 각종 운용 보수와 비용을 제하고 12%의 수익을 얻었다는 것이 됩니다. 만일 펀드 수익률이 마이너스를 기록했다면 당연히 자신이 구매한 펀드의 계좌수도 줄어들게 됩니다.

펀드 런(Fund run)

주식형 펀드 투자자들이 수익률이 떨어질 것을 우려해 일시에 펀드 환매를 요청하는 현상을 가리킨다. 주식의 급락이 거듭되면서 펀드 투자자들이 투자금을 모두 잃을 수도 있다는 극도의 공황 상태에 빠져 환매가 환매를 부르는 악순환이 반복되는 금융  시장 불안정상태를 나타낸 말입니다. 2008년 글로벌 경제위기로 주가가 갑자기 폭락해 큰 손실을 보면서도 손을 쓰지 못했던 세계 각국의 펀드 투자자들은 지난해 증시가 회복흐름을 보이고 손실이 회수되면서 바로 펀드 환매에 나섰습니다. 한국에서도 코스피 지수가 회복되자 환매 규모가 커졌습니다. 한편 펀드 런은 은행의 예금 지급 불능 사태를 우려해 가입자들이 일시에 은행으로 달려가 예금을 인출하는 뱅크 런(Bank Run)에서 유래됐습니다.

펀드 슈퍼마켓(Fund-Supermarket)

다양한 회사의 펀드를 온라인상에 모아놓고 판매하는 것을 말합니다. '펀드 플랫폼(Fund Platform)'이라고도 불린다. 미국의 찰스 슈워브가 제시한  아이디어로 다양한 회사의 펀드를 온라인상에 모아 투자자가 사고 싶은 펀드를 골라 사도록 하는 것입니다.

펀드 자동 재배분

펀드 자동 재배분은 원래 비율로 되돌아가는 기능입니다. 변액보험을 계약할 때 자기 돈을 운용할 펀드를 선택합니다. 하나만 선택할 수도 있고 다수의 펀드로 나눠서 선택할 수도 있습니다. 펀드 자동 재배분 기능은 다수의 펀드로 나눠서 운용할 때 활용할 수 있는 기능입니다. 펀드 종류는 바뀌지 않고 구성 비율만 변동됩니다. 반면 일임형 자산 배분인 변액보험은 보험사가 수익성 악화가 예상되는 펀드를 제외하고 수익률이 좋은 펀드를 편입시키는 등 훨씬 더 적극적으로 자산을 운용합니다.

펀드 판매 수수료

펀드 투자자가 판매사나 운용사로부터 받는 각종 서비스의 대가로 지불하는 비용입니다. 펀드 수수료는 투자자가 지불하는  판매비용으로 펀드를 환매(매도)할 때 내는 환매수수료와 펀드에 가입할 때 내는 선취수수료가 있습니다. 펀드 보수는 펀드를 운용하거나 관리하는 운용사·판매회사·수탁회사 등에 지급하는 비용으로 매년 펀드 잔액에 대해 일정 비율을 지불해야 합니다. 판매보수·운용보수·수탁보수·사무보수·평가보수 등이 있으며 이를 합해 총보수라고 합니다. 수수료와 보수 모두 투자자의 실질 수익률을 깎아 먹는 요인이 됩니다.

펀드담보부증권(collateralised fund obligation)

CFO는 사모 펀드 운용사가 소유한 기업의 지분을 모아 신용등급에 따라 재분류한 뒤 이를 담보로 발행한 자산담보부증권(ABS)의 일종입니다. 펀드 운용사가 포트폴리오 기업의 지분을 완전히 매각하지 않은 채 지분 일부를 유동화함으로써 자금 경색을 해소할 수 있게 해줍니다. 2000년대 중반 처음 등장한 CFO는 2022년 발행이 급증했습니다. 2022년 초부터 시작된 미 중앙은행(Fed)의 고강도 긴축(금리 인상)으로 시중 유동성이 급격히 줄어들었기 때문입니다. 그동안 CFO의 신용등급을 평가해 온 기관들은 피치·KBRA·S&P글로벌 등입니다.

2023년 1월 16일 파이낸셜타임스(FT)는 "CFO의 구조는 2008년 세계적인 금융위기를 불러온 미 월가의 부채담보부증권(CDO)과 비슷하다."고 했습니다. 당시 미국에서는 부동산시장 호황에 힘입어 주택담보대출이 무분별하게 늘어났습니다. 월가에서는 우량 모기지와 비우량 모기지를 한데 섞은 CDO를 만들어 발행을 대폭 늘렸으며 투자자들은 안전자산으로 포장된 CDO를 대거 사들였다가 모기지 디폴트(채무불이행)와 부실로 직격탄을 맞았습니다.

문제는 CFO의 발행 규모 등을 당국이 정확히 관리하지 못하고 있다는 점입니다. 사모시장에서 거래되는 비상장기업들은 지분에 대한 공개적인 가치평가 절차를 거치지 않았다는 점도 문제입니다. 부실이 터지면 미국 경제의 또 다른 뇌관이 될 수 있다는 우려가 나옵니다.

펀드매니저(fund manager)

펀드매니저는 은행·증권사·투자 신탁 회사·보험사·투자자문사 등 금융기관에서 대규모 투자 자금을 굴리는 전문 투자자들을 말합니다. 펀드는 보통 손실의 위험을 피하기 위해 주식·채권·파생금융상품·현금 등으로 나누어 운용되고 있습니다. 펀드 운용은 기본적으로 포트폴리오 구성에 대한 관리이므로 **포트폴리오 매니저**(portfolio manager)라고도 합니다. 투자결정의 실질적 권한과 책임을 가지고 있으며 운용 성과가 펀드 매니저 개인의 능력에 따라 크게 좌우되기 때문에 투자 수익률이 그에 의해 결정되는 등 중요한 기능을 갖고 있습니다.

펀드자본주의(Fund Capitalism)

특정 주식 등에 집중적으로 투자함으로써 높은 주식 지분을 확보하고 주주권을 행사함으로써 증권시장은 물론이고 기업 경영에도 큰 영향력을 행사하는 새로운 경제 세력으로 등장한 20세기 후

반 이후의 특징적인 주식자본주의체제를 말합니다. 주주총회에서 기관의 의결권 행사가 영향을 미치기 때문에 새로운 권력으로 간주되고 있다. 이는 기업의 주요 경영사항을 결정합니다. 미국의 경우 1974년 제정된 퇴직소득보장법(ERISA)이 연기금 관리자에게 수탁자로의 선관善管의무를 부여해 기업을 감시하고 직접 의결권을 행사하도록 요구하면서 빠르게 확산됐습니다. 이 용어는 미국의 고든 레슬리 클라크(Gordon Leslie Clark) 옥스퍼드대 교수가 처음으로 사용했습니다. 그는 피터 드러커 클레이몬트대 교수의 "연기금 사회주의(pension fund socialism)"는 자본주의 발전의 4번째 단계에 해당한다고 지적하고 21세기는 자본주의의 5번째 단계를 경험할 것이라고 예측한 바 있습니다.

고든 레슬리 클라크

펀드출자자(limited partner, LP)

사모 펀드(PEF)에 자금을 위탁하는 투자자를 말한다. 투자한 금액만큼 책임을 진다고 해서 유한책임사원이라고도 부릅니다. MBK파트너스 등 사모 펀드 운용사가 투자 펀드를 조성할 때 해당 펀드에 자금을 출자하는 연기금·공제회·금융기관이 주요 LP입니다.

일반 기업들이 펀드 출자자(LP)로 참여하는 경우도 늘어나고 있는데 이는 기업들이 펀드 출자자로서 피합병 기업의 정보나 인수과정을 면밀히 들여다볼 수 있기 때문입니다.

펀드 판매 50%룰

은행·증권·보험사 등의 금융사가 계열 운용사 펀드를 연간 신규 펀드 판매액의 50% 이내로만 판매할 수 있도록 한 규정을 말합니다. 금융위원회가 금융투자업 규정 일부를 개정함에 따라 2013년 4월 23일부터 적용되었습니다. 다만 단기금융상품인 머니마켓펀드(MMF)와 전문투자자가 운용하는 사모 펀드는 비율 규제 대상에서 제외합니다. 자산운용사가 계열사인 증권회사에 펀드의 매매주문을 위탁할 수 있는 한도도 연간 총 위탁금액의 50%로 설정했습니다. 이는 펀드 판매와 매매위탁 주문 및 변액보험 운용위탁 등에서 계열사 간 거래가 집중되는 것을 막기 위한 것입니다.

편차지수(deviation index)

편차지수란 전체주가 동향에 대해 업종별 주가가 어떻게 변하고 있는가를 알아보는 지표를 말합니다. 어떤 업종의 주가가 상승해도 그 상승률이 전체주가 상승률보다 낮으면 편차지수는 "−"로 표시합니다. 반면 어떤 업종의 주가 하락률이 전체에 비해 적으면 편차지수는 "+"로 표시합니다.

포괄적 주식교환

주식의 포괄적 교환(포괄적 주식교환)이란 회사 간에 주식을 포괄적으로 상호 교환함으로써 완전모회사 - 완전  자회사 구조를 형성하는 상법상 기업 조직재편 제도를 뜻합니다 (상법 제360조의2). 비상장기업 주주들이 상장기업에 지분을 모두 넘겨주고 그 대가로 상장기업의 신주를 받는 것입니다. 이 방식은 겉으로는 비상장기업이 상장기업의 완전자회사가 되는 것이지만 비상장기업이 우회상장을 하는 방법으로도 사용됩니다.

포뮬러 플랜(formula plan)

어설픈 예측에 따른 타이밍 선택을 처음부터 포기하고 미리 정해놓은 공식에 맞추어 주가가 떨어지 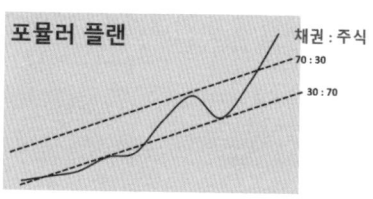 면 사서 오를 때 파는 행위를 기계적으로 반복함으로써 위험을 제거하는 기법을 말합니다.

- **정액법**(투자액 고정법) : 자금 1천만 원으로 투자를 했을 때 주식에 700만 원을 투자해서 일정 기간 경과 후 주식을 시가 환산해 보니 800만 원이 됐다면 100만 원을 팔아 채권에 돌리고 반면 600만 원

이 됐을 때 채권 100만 원을 팔아 주식을 사서 시가총액 700만 원을 고수하는 방법입니다. 즉, 시세에 따라서 주식 수만 변할 뿐 투자된 총액은 늘 일정합니다. 일반 투자자의 상투 매수와 바닥 매도라는 우를 어느 정도 회피해 줍니다.

- **정율법**(투자율 고정법) : 주식과 채권 투자율을 7:3으로 정했다면 1천만 원 투자 후 일정 기간 후에 시가총액을 계산해 보니 1,200만 원이 되어 있었다면 애초에 7:3으로 정해 놓았기 때문에 840만 원은 주식에, 360만 원은 채권에 하는 식으로 정해진 7:3의 비율을 고수하는 방법입니다.
- **변동비율법**(투자율 변화법) : 주가의 움직임에 따라 구성 비율을 변화시킵니다. 시장 상황에 따라 주식을 팔아 채권을 사고 채권을 팔아 주식을 사는 등 상황에 따라 비율이 일정치 않습니다. 변동비율법에 따른 주식투자를 할 때는 주가지수의 추세선에 그어 놓은 중심선을 기준합니다. 중심선상이 주식이고 채권의 비율이 5:5입니다. 이렇게 하고 주가가 이 선 아래로 가면 채권을 팔고 주식을 사고 반대로 주가가 이 선 위로 올라가면 주식을 팔고 채권을 사서 주가 상투 시점에는 주식 보유 비율이 아주 낮아지는 안전 투자법입니다.
- **달러코스트 평균법**(평균투자법) : 그때그때의 주가나 시장 상황 등을 전혀 고려치 않고 일정액을 정기적으로 정해진 주식에 투자하는 법과 상여금등을 이용하는 방법으로 권장할 만한 투자법입니다.

포이즌 필(poison pill)

경영권 침해 시도가 발생할 때 기존 주주들이 시가보다 훨씬 싼 가격으로 신주를 매입할 수 있는 권리를 주는 제도를 말합니다. 포이즌 필(Poison pill)은 독약 조항 또는 주주권리계획(shareholder rights plan)은 일종의 경영권 방어수  단으로서 적대적 M&A공격을 받는 기업이 경영권이전과 같은 일정한 조건이 성취되었을 때 발행사의 보통주 1주에 대해 헐값에 한 개 또는 다수의 주식을 매입하거나 또는 다수의 주식으로 전환될 수 있는 권리 또는 회사에 비싼 값에 주식을 팔 수 있는 권리를 하나씩 부여하기로 하는 계획을 말합니다.

이러한 권리가 매수기업의 입장에서는 매수시도를 좌절시키는 치명적인 독약이 될 수 있어 "독"이라는 말을 사용한 것입니다. "적"에게 잡혀 먹히기 전에 독약을 한 알 꿀꺽 삼킴으로써 공격하려는 상대의 의지를 꺾어버리는 전략입니다. 물론 평상 시에는 이런 장치들이 작동하지 않지만, 적대적 M&A가 진행되면 작동하도록 해 놓는 것입니다. 그런데 이러한 포이즌 필은 나중에는 주식 혹은 사채를 발행함에 있어 특정 계기가 있으면 고율 배당을 하게 하거나 강제적 상환을 하게 하는 등의 조건을 발행할 수 있게 정관에 근거 조항을 마련하는 것으로 확장되었습니다. 포이즌 필 제도를 시행하면 경영자는 지분을 보다 수월하게 확보할 수 있고 적대적 M&A를 노리는 기업들은 매수 자금에서 큰 부담을 갖게 되어 적대적 M&A공격으로부터 우위에서 경영권을 지킬 수 있습니다. 포이즌 필은 경영진의 사적 이익 추구를 위한 경영권 방어장치가 아니며 주주 전체의 경제적 이익을 위해 활용되어야 하는 도구라는 원칙과 그러나 실제로는 경영진의 사적 이익 추구를 위해 남용될 수 있는 도구라는 시각이 대립합니다.

포이즌 필은 용어가 주는 인상과는 달리 한 건의 계약서입니다. 경영권 방어의 필요를 가지고 있는 회사와 신주 발행 등에 필요한 업무를 대리하는 대행 회사 간에 체결되는 문서입니다. 미국의 판례는 포이즌 필을 원칙적으로 유효하다고 봅니다. 그러나 포이즌 필은 도입되지 않은 대한민국에서는 물론이나, 미국에서조차도 그 난공불락의 이미지로 인해 많은 경영자들이 원칙적으로 위법한 것으로 잘못 알고 있습니다. 이 전략은 단기적으로는 M&A를 방어할 수 있지만, 장기적으로는 기업의 가치를 떨어뜨리는 결과를 초래할 수 있기 때문에 "독약"이라는 의미를 갖고 있다.

포지션(position)

선물 거래나 주식 거래에서 개별 투자자가 거래 결과로 보유 중인 재산 상태를 말합니다. 크게 매도포지션과 매수포지션으로 나눌 수 있습니다. 매도포지션은 매도한 뒤 대상 자산이 부족해져 채무를 지닌 상태라는 점에서 **쇼트포지션**(short position)이라고도 부릅니다. 반면 매수포지션은 **롱포지션**(long position)이라 합니다.

- **매도(숏) 포지션** : 자산 가격의 하락을 기대하는 포지션을 의미합니다. 이 상황에서 딸려 오는 대표적인 전략이 공매도입니다.
- **매수(롱) 포지션** : 자산 가격의 상승을 기대하는 포지션을 의미합니다. 상승을 기대하고 공매수를 하는 경우도 없지는 않지만, 일반적으로 롱 포지션은 상승을 기대하며 장기 보유하는 것을 말합니다.
- **중립 포지션** : 자산 매입하지 않고 자산 가격의 하락과 상승을 기대하지 않고 지켜보는 것 또는 자산을 보유하면서 위험을 대비하여 반대되는 자산을 매입하는 것을 말합니다.

포트폴리오(portfolio)

주식 투자를 할 때 위험을 줄이고 투자수익을 극대화하기 위한 일환으로 여러 종목에 분산 투자하는 방법을 말합니다.

해리 마코위츠

해리 마코위츠(Harry Max Markowitz)가 1952년 발표한 재무관리 이론입니다. High Risk, High Return이란 말이 의미하듯이 어떤 자산으로 높은 수익을 얻고 싶다면 높은 리스크를 감수해야 하고 낮은 리스크를 원한다면 낮은 수익밖에 얻지 못합니다. 즉 일반적으로 리스크와 수익은 비례한다. 하지만 여러 가지 자산을 섞어서 투자하게 되면 동일한 수익률을 유지하면서도 리스크를 특정 하한선까지 줄이는 것이 가능합니다.

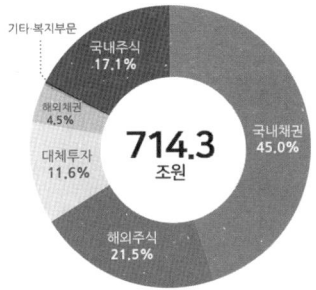

폰지 사기(Ponzi Scheme)

신규 투자자의 돈으로 기존 투자자에게 이자나 배당금을 지급하는 방식의 다단계 금융사기를 말합니다. 1920년대 막대한 투자배당을 약속한 찰스 폰지(Charles Ponzi)가 벌인 사기 행각에서 유래됐습니다. 실제로

찰스 폰지는 아무런 사업도 벌이지 않은 상태에서 신규 투자 금액을 기존 투자자들에게 배당하는 금융피라미드 형식의 사기 행각을 벌였습니다. 폰지가 단기간에 시중금리보다 더 높은 이자를 보장해 주겠다는 광고를 내자 이를 믿고 많은 사람이 거액의 돈을 맡겼습니다. 이 거액의 돈은 폰지가 가졌고 이후 폰지는 처음에 제시한 이자보다 더 높은 이자를 보장해 주겠다는 두 번째 광고를 냈습니다. 여기서 조달한 자금으로 처음 맡긴 사람들에게 원금과 이자를 지불했지만, 이와 같은 방식을 계속 반복하던 중 결국엔 투자자들

에게 원금과 이자를 지불할 수 없는 상황이 됐으며, 이 같은 상황을 가리켜 폰지 현상이라 부르게 됐습니다. 한편, 2008년 12월 11일 폰지 사기로 FBI에 체포된 버나드 매도프 전 나스닥 증권거래소 위원장의 사기 수법에 미 유명 인사와 전 세계 금융기관·재단 등이 휘말린 것으로 드러나 충격을 주었습니다. 당시 피해 규모는 최소 500억 달러(한화 약 70조 원)로 역대 최악의 월가 사기극으로 떠올랐으며 국내 금융기관도 10여 곳 이상 피해를 본 것으로 알려졌습니다.

풋백옵션(put-back option)

풋백옵션(Put-Back Option)제도란 일반청약자가 공모주 배정 주식을 신규 매매개시일 이후 1개월 동안 대표 주관회사 및 인수회사에 공모가  의 90%로 매도 청구할 수 있는 권리로 본 화면에서 풋백옵션의 신청 및 정정·취소가 가능합니다. 주식 거래에 이용될 경우에는 주식매도청구권으로도 불립니다. 인수 시점에 자산가치가 불명확하거나 추후에 자산가치 하락이 예상될 경우 투자자에게 손실 보전을 약속하는 계약으로 M&A를 주도하는 기업이 자금이 모자라는 경우 투자자에게 풋백옵션을 부여하기도 합니다.

프라이빗 뱅커(private banker)

고액 자산가의 자산 관리를 도와주는 금융회사 직원을 말합니다.

이들은 거액 자산가를 대상으로 예금·주식·부동산 등의 자산을 종합 관리하는 것 뿐 아니라 세무·법률·상속 등 비금융 업무에 대한 서비스도 제공합니다. 비슷한 의미로 웰스 매니저(wealth manager ; WM)란 용어도 사용하며 일부에선 이 둘을 합친 **프라이빗 웰스 매니저**(private wealth manager ; PWM)란 용어도 사용합니다.

프라이빗 뱅킹(private banking)

금융기관이 고객을 상대로 예금관리·세무·법률 상담·증권정보 제공·부동산투자 상담 등 종합적인 재테크를 위해 자산을 특별 관리해 주는 서비스를 말합니다. 대부분 장기예금으로 수익성이 높기 때문에 새롭게 주목받고 있는 자산관리 방법입니다. 선진국에서는 이미 널리 통용되고 있는 제도로 우리나라에서도 많은 금융기관이 시행하고 있습니다. 자산관리 전담직원인 프라이빗 뱅커(Private Banker)가 거액 예금자의 예금·주식·부동산 등을 1대 1로 종합 관리하면서 투

자 상담을 합니다. 그러나 프라이빗 뱅커가 금리 전망을 잘못해 고객들이 손해를 보는 경우도 있습니다. 전체 고객 중 거액 예금자의 숫자는 매우 적지만 수신고 측면에서 볼 때 이들이 차지하는 비중은 매우 크기 때문에 갈수록 프라이빗 뱅킹은 늘어날 전망입니다.

프로그램 매매(Program Trading)

주식을 대량으로 거래하는 기관 투자가들이 일정한 전산 프로그램에 따라 수십 종목씩 주식을 묶어서 거래하는 것을 말합니다. 매도나 매수에 대한  의사결정은 매매자가 하지만, 나머지 모든 과정은 시스템이 알아서 하는 방식입니다. 프로그램 매매는 지수차익 거래와 지수비차익 거래로 구분할 수 있습니다. 지수차익 거래는 현물과 선물을 다른 방향으로 동시에 매매함으로써 현물과 선물 종목 간에 일시적인 가격 차이가 발생할 경우 위험을 줄이고 안정적인 수익을 추구하는 거래이며 지수비차익 거래는 선물과 연계하지 않고 현물 바스켓을 매매하는 거래입니다. 기관 투자가들은 흔히 지수 영향력이 큰 20~30개의 주식집단을 대량으로 매매하므로 프로그램 매매는 종합주가지수에 큰 영향을 끼칩니다. 특히, 지수차익 거래에서 선물을 매도하고 현물을 매수해 놓은 상황에서 일정 시점 이후 이익 실현을 위해 선물을 매수하고 현물을 매도할 경우, 집중적인 현물 매도에 의해 종합주가지수가 급락(반대 경우는 급등)하는 경우가 종종 발생합니다. 선물거래의 만기 도래로 인해 일시적으로 나타나는 현상입니다. 지수비차익 거래도 종전에 매수(매도)해 두었던 프로그램 매수(매도) 물량이 일시에 증권시장으로 쏟아질 때 주가지수 하락(상승)을 초래할 수 있습니다.

프리미엄(premium)

주식 프리미엄이란 주식의 가격이 액면 가액을 상회하고 있을 때 이의 초과분을 말한다. 예를 들어 액면 5,000원,

주가 10,000원이 된 경우, 그 초과분 5,000원을 말하게 된다. 또 새로운 주식을 발행할 때 발행 회사가 액면 이상으로 매출하면 발행가격과 액면의 차이가 생기는데 그것도 주식 프리미엄이라 합니다. 후자는 주식 발행차금이라고도 합니다. 프리미엄은 자본준비금으로 적립되어 과세 대상에서 제외되고 있습니다. 프리미엄부 발행의 경우는 무상주 교부 형태로 할증금을 주주에게 환원하는 것이 보통인데 이것을 프리미엄 환원이라고 합니다. 전환사채를 발행할 때 전환가격을 결정하기 위해 기준가격에 일정 비율을 가산하는데 이 부분을 프리미엄이라 합니다. 한편 장외프리미엄(OTC premium)이라는 용어는 외국인들 간에 한도가 소진된 종목을 장내 가격에 얼마를 얹어서 매매할 때 적용되는 것입니다.

프리미엄부 발행(premium issue, issuing at premium)

주식·사채·공채 등 증권의 발행에 있어 액면보다 높은 가격으로 발행되는 것을 말합니다. 이것은 유통되고 있는 구주가 액면금액보다 높은 가격을 이룰 때에 가능합니다. 즉, 신주를 액면금액보다 높고 시가보다는 다소 낮은 수준으로 발행하거나 시가와 액면금액의 중간 수준으로 발행하는 것을 말합니다. 이에 비해 발행가격이 액면가격과 같을 때를 액면발행이라 합니다.

프리보드(Free Board)

유가증권시장과 코스닥시장에 상장되지 않았거나 시장에서 퇴출된 종목을 모아 거래하는 비상장기업주식매매 시장으로 2005년 7월 13일 출범했습니다. 그 이전에는 제3시장으로 불렸지만, 비상장 중소 벤처기업에 자금 조달 기회와 투자자에게 투자 기회를 각각 제공한다는 취지로 프리보드로 새롭게 출범됐습니다. 이후 2009년 2월에 자본시장통합법의 시행으로 한국증권업협회·자산운용협회·한국선물협회가 한국금융투자협회로 통합되면서 한국금융투자협회가 프리보드를 운영합니다.

프리보드의 특징은 주권 유통에 필요한 최소한의 형식적 요건만 갖추면 진입이 가능할 정도로 규제가 최소화된 시장이며 지정기업에 대하여 신규지정비용 및 지정유지비용을 부과하지도 않고 정기 공시 및 주요 경영 사항 신고 등을 최소로 운영하여 회계비용 및 공시 비용이 저렴한 저비용 시장이라는 점입니다. 따라서 프리보드 주식에 대한 투자는 투자자의 철저한 자기 판단과 책임이 중요합니다.

프리본드(FreeBond)

채권거래 브로커·딜러·트레이더 등 채권거래자들의 전용 시스템으로 한국금융투자협회가 2010년 4월 1일부터 운영 중이다. 프리본드는 트레이딩보드와 전용메신저로 구성돼 있다. 트레이딩보드는 장외 채권시장의 상대매매 거래방식을 시스템 형식으로 정형화한 거래 플랫폼이다. 실시간 호가정보·발행정보·단가계산·관심종목 조회화면 등 다양한 시장 정보 화면을 제공합니다. 거래가 빈번하지 않은 경과물이나 회사채를 위한 거래 전용 게시판을 제공한다는 점이 특징입니다. 전용 메신저는 현재 장외시장에서 채권거래 시 주로 이용되는 메신저 기능과 대화방 기능을 탑재하고 있습니다.

프리어닝 시즌(pre-earning season)

기업들이 실적을 발표하는 어닝 시즌(earning season) 직전의 기간을 말한다. 이 기간에 애널리스트들은 이전의 실적 전망치를 조정하며 이에 맞춰 수정전망치를 발표한다. 대개 분기 말인 3·6·9·12월 중순께부터 시작된다.

피라미딩(pyramiding)

상승 추세가 확인되면서 수익이 나게 되면 추가로 매수하는 기법을 말합니다. 주식을 살 때마다 투자금액을 동일하게 유지해 주가가 올라갈수록 피라미드처럼 매입주식수를 적게 가져가는 정액 분할 투자법을 말합니다. 한편, 시기에 따른 주가가 낮을 때는 주식을 많이 매입하고 주가가 높을 때는 적게 매입하여 매입 단가를 낮추는 행위를 코스트 에버리징(cost averaging)이라고 부릅니다.

핀볼 효과(Pinball Effect)

제임스 버크(James Burke)가 그의 저서 『핀볼 효과(The Pinball Effect)』에서 처음으로 사용한 용어로 사소한 사건이나 물건 하나가 도미노처럼 연결되고 점점 증폭되면서 세상을 움직일 수 있는 역사적인 사건을 만들어 내는 현상을 뜻합니다. 얼핏

제임스 버크

생각하면 독립적으로 벌어지는 사건이나 행동이 서로 인과관계를 형성하지 않을 것 같지만 결국에는 모든 것이 상호 연관을 맺고 있다는 것입니다. 주식시장에서는 주가를 결정하는 경제성장률

· 유동성· 금리· 기업실적· 투자심리 등의 요인이 복합적인 연쇄작용을 통해 주가를 예상보다 크게 오르도록 만드는 것을 말합니다.

핀테크(FinTech)

금융을 뜻하는 파이낸셜(financial)과 기술을 뜻하는 테크놀러지(technology)의 합성어입니다. 모바일· 소셜네트워크서비스(SNS)· 빅데이터 등의 첨단 기술을 활용해 기존 금융 기법과 차별화된 새로운 형태의 금융기술을 의미합니다. 즉, 점포 중심의 전통적 금융 서비스에서 벗어나 소비자 접근성이 높은 인터넷과 모바일 기반 플랫폼의 장점을 활용하는 송금· 결제· 자산관리· 펀딩 등 다양한 분야의 대안적인 금융 서비스입니다.

전통적인 금융기관들은 오프라인 점포를 통한 고객 상담 및 강력한 보안 시스템과 제도권 기관들과의 데이터베이스 연계에 기반을 둔 신용평가 등을 통해 금융 서비스에 필수적인 접근성과 신뢰성을 확보해 왔습니다. 반면 핀테크 기업들은 기본적으로 혁신적 아이디어와 첨단 기술을 결합해 기존의 금융 거래 방식과는 차별화 된 새로운 형태의 금융 비즈니스모델을 표방하고 있습니다.

핀테크 비즈니스 모델과 사업 영역을 분류하는 기준은 크게 은행업 및 금융 데이터 분석(Banking & Data Analytics)· 지급 결제(Payment)· 자본시장 관련 기술(Capital Market Tech)· 금융자산 관리(Finance

Management) 등 4가지 영역으로 정리됩니다.

핀테크의 등장은 기존의 금융 질서를 파괴하며 창의와 혁신에 바탕을 둔 비즈니스 모델들을 쏟아내고 있습니다. 통화의 종류와 결제 시스템 같은 기존의 장벽을 허물고 보다 간편하고 보안 이슈까지 잡은 기술들이 속속 등장하기 때문입니다. 최근 들어서는 단순한 결제나 송금 서비스뿐만 아니라 고객의 개인정보·신용도·금융사고 여부 등을 빅 데이터 분석으로 정확하게 파악하는 알고리즘 기술까지 등장해 개인 자산 관리 서비스까지 그 영역을 확대 중입니다.

삼성전자의 모바일 결제서비스 삼성페이를 비롯해 알리페이(알리바바)·애플페이(애플)·구글월렛(구글) 등이 핀테크 시장을 선점하기 위해 경쟁 중입니다.

핀테크 로보어드바이저(FinTech Robo Advisor)

은행 증권사가 아니라 앱을 통해 자산 관리를 받는 서비스를 말합니다. 에임·파운트·핀트 등이 대표적입니다. 연결계좌를 개설해 금액을 넣어놓으면 AI가 투자자의 성향에 맞는 자산 배분·상품 설계 등을 추천해 주거나 돈을 직접 굴려줍니다.

핀테크 로보어드바이저 시장은 2020년 폭발적으로 성장했습

니다. 특히 2030세대에서 큰 인기를 끌고 있습니다. 소액으로도 은행·증권사의 프라이빗뱅킹(PB) 서비스를 누릴 수 있기 때문입니다. 은행의 PB 서비스를 받기 위해선 최소 10억 원 이상의 금융자산을 가지고 있어야 합니다. 반면 핀테크 로보어드바이저의 최소 가입 금액은 업체에 따라 10만~300만 원 선입니다.

로보어드바이저의 서비스 형태는 투자 자문형과 투자 일임형으로 구분됩니다. 투자 자문형인 에임과 파운트는 말 그대로 자문만 해주고 최종 투자 결정은 본인이 직접 내려야 합니다. 반면 핀트와 같은 투자일임형은 AI가 알아서 투자 대상까지 결정하고 돈을 직접 굴려줍니다.

필터 이론

주식의 투자 가치에 영향을 주는 재료인 성장 가능성·배당정책·수익성·증자와 감자·주가 상승 등의 재료별 필터를 채택하여 주식을 사고파는 이론을 말합니다. 일정기간 동안 주가의 최저점에서 일정비율 올랐을 때 매입하고 일정 비율 내렸을 때 매각하는 투자 이론입니다. 예를 들어 어떤 주식의 매매를 결정하는 변동비율(필터)을 8%로 정했다면 그 주식이 최저점에서 8% 올랐을 때 매입하고 최고점에서 8% 내리면 매각하는 방법입니다. 그러나 이 방법은 필터크기의 객관화 문제와 최고점과 최저점의 파악문제 때문에 문제가 있는 이론입니다.

MEMO

- 돈이란 헛된 기대에 부풀어 있는 도박꾼으로부터 나와 정확한 확률이 어디에 있는지 아는 사람에게로 흘러들어가게 마련이다.
- 시장의 타이밍을 맞추려고 애쓰는 것은 스스로를 불안과 초조의 깊은 늪으로 빠트리는 지름길이다.
- 주식 시장에서는 모두가 흥분해서 달려드는 주식에 프리미엄을 붙인다. 일종의 오락세라고 할 수 있다. 반면 아무도 쳐다보지 않는 따분한 주식은 할인해준다. 이렇게 할인된 가격으로 거래되는 주식을 많이 사두라.
- 주식 분석이란 거의 재미없고, 아주 사소한 것들까지 챙겨야 하는 어려운 작업이다. 따라서 기업을 제대로 평가하고 주식의 적정한 가치를 매기는 훈련을 충분히 쌓지 않는다면, 주식 투자가 패가망신의 지름길이 될 것이다.

하계주(summer stock)

계절적으로 여름과 관련이 깊은 회사의 주식을 말합니다. 여름철에 잘 팔리는 냉장고·선풍기·에어컨 등의 가정용 전기제품이나 맥주·청량음료·빙과·아이스크림 등 여름용 음식료제품회사의 주식이 이해당됩니다. 이들은 주로 봄부터 여름에 걸쳐 구입되는 일이 많으며 더위가 기승을 부릴수록 인기가 좋습니다.

하락 국면(downturn)

경제적 또는 증권시장 주기가 상승에서 하락으로 옮겨가는 것을 말합니다. 경제는 팽창에서 후퇴로 갈 때 하락 국면이 나타나고 주식시장은 강세시장에서 약세시장으로 전환할 때 하락 국면에 있게 됩니다.

하락장악형(bearish engulfing)

주가의 상승추세에서 형성되는 패턴으로 전일 양의 몸통을 다음 날의 긴 음의 몸통이 감싸 안는 형태로 이전까지의 상승 추세를 하락으로 반전시킬 가능성이 매우 높습니다. 첫 번째 봉의 크기가 작고 두 번째 봉의 크기가 클수록, 거래 범위가 두 번째 봉에 의해 완전히 감싸일수록 신뢰도는 증가합니다. 만일 두 번째 봉에 대량거래가 수반되었다면 더욱 의미가 있습니다.

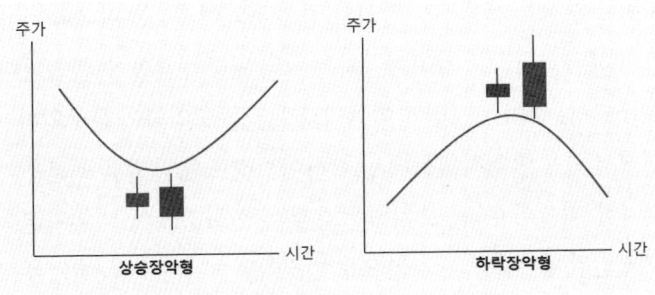

하이브리드 채권(hybrid bond) - 신종자본채권

주식과 부채의 중간 성격으로 만기가 없고 은행이 청산될 때까지 상환 의무가 없는 은행의 자본조달 수단을 말합니다. 채권과 주식의 특성을 동시에 가지고 있는 증권으로서 신종자본증권이라고도 합니다. 채권처럼 매년 확정 이자를 받을 수 있고 주식처럼 만기가 없으면서도 매매가 가능한 신종자본증권으로, 주식과 채권의 중간적 성격을 띱니다. 일정한 수준의 이자를 지급하는 점에서는 채권과 유사하고, 만기와 상환 의무가 없으며 매매가 가능한 점은 주식과 유사합니다. 발행금리가 은행 정기예금보다 높고, 분리과세 선택이 가능해 고액의 금융소득자는 금융소득종합과세 대상에서 제외시킬 수 있습니다. 그러나 은행이 파산하면 채권 소지자는 원리금을 돌려받는 순서가 가장 뒤로 밀리고, 중간 해약이 불가능한 경우가 많으며 해약하더라도 정기예금과는 달리 원금을 찾을 수 없습니다. 한국에서는 2003년 4월 하이브리드 채권을 도입하여 한국외환은행에서 처음 발행하였는데 당초 하이브리드 채권 발행 조건은 기본자본 비율이 4%를 초과하는 은행에 한하였으며, 기본자본의 15% 범위에서만 기본 자본으로 인정하였습니다. 처음에는 주로 은행들이 자본 확충을 목적으로 발행하였으나 상법 개정과 IFRS (국제회계기준) 도입 등 제도가 변화함에 따라 일반 기업에서도 발행할 수 있습니다.

하이일드 펀드(high yield fund)

신용등급이 낮은 투기 등급 채권에 집중 투자하는 고수익·고위험 펀드를 말합니다. 잘만하면 고수익을 얻을 수 있다고 해서 '하이일드(High yield)'라고 부릅니다. 투기 등급 채권은 부도 위험성이 높은 만큼 채권수익률이 높기 때문입니다. 만기까지 중도환매가 불가능한 폐쇄형이어서 겉으로는 뮤추얼펀드와 비슷합니다. 투자 대상은 신용등급 BB+ 이하인 투기 등급 채권 및 B+ 이하인 기업어음(CP)에 펀드 자산의 50% 이상을 투자하고 나머지는 국채 등 투자적격 채권 및 주식과 유동성자산 등입니다. 주식 투자 비중은 펀드 자산의 30% 이하에서 자율적으로 정할 수 있습니다. 대우채 환매 자금 등을 유치하기 위해 1999년 11월 선보인 이후 꾸준히 판매되고 있습니다. 주식을 30%까지 편입할 수 있어 주식형으로 분류되지만, 투신사들이 공모주를 위주로 주식편입 비중을 매우 낮게 운용하고 있어 사실상 공사채형 펀드로 간주됩니다.

한국거래소(Korea Exchange)

한국증권거래소를 비롯하여 코스닥·한국선물거래소·코스닥위원회가 합병된 통합거래소를 말합니다. 2009년 2월 4일 모든 금융투자상품을 다루도록 한다는 「자본시장통합법」의 시행에 따라 한국거래소(KRX)로 명칭이 변경됐습니다. 한국자본시장의 세계화 및 금융시장 발전을 목적으로 설립됐으며 유가증권시장과 코스닥시장 및 선물·옵션시장의 운영 및 감시 등이 주요 업무입니다. 본사는 부산에 있습니다.

웅비(熊飛) 　　 황비(黃飛)

한국형 헤지펀드

주식·채권·파생상품 등 다양한 자산에 투자해 시황에 관계없이 절대수익을 추구하는 공모 펀드는 한 종목에 자산의 10% 이상 투자할  수 없지만 헤지펀드는 이런 투자 비중 제한이 없습니다. 전통적인 주식 롱쇼트(저평가 주식 매수, 고평가 주식 매도) 외에 기업공개(IPO)와 메자닌 등 다양한 투자전략을 활용합니다.

금융당국이 2011년 12월 기존 사모 펀드보다 운용 관련 규제를 완화하며 내세운 명칭입니다. 펀드당 49명 이하만 가입할 수 있고 최소 투자 금액은 1억 원 이상씩 투자하도록 했습니다. 그러나 2015년 말 기준 헤지펀드 설정액은 3조 4천여억 원에 불과했습니다.

그러나 한국형 헤지펀드는 2015년 10월 금융당국이 운용사 설립 요건을 인가제에서 등록제로 낮추고 2017년에는 최소 투자 금액을 500만 원으로 낮추는 등 규제를 완화하면서 본격적인 성장기로 진입했습니다.

한국형 헤지펀드의 전체 순자산 규모는 2015년 말 3조 4천여억 원에서 2018년 말 24조 원을 상회할 정도로 폭발적으로 성장했습니다.

하지만 2019년 들어 증시 조정에다가 10월 9일 국내 헤지펀드 1위 업체인 라임자산운용이 펀드 환매를 중단하는 사태까지 발생하면서 전체 응용업계에 대한 신뢰 위기로 번질 가능성도 대두되었습니다.

해산가치

기업이 해산할 때 주식에 우선하는 모든 채무를 변제하고 남은 자산(잔여자산액)을 말합니다. 대차대조표상의 자산과 부채는 시가에 비해 과소 또는 과대로 표시되는  것이 보통이므로 실제로는 해산가치가 얼마인지 파악하기 어렵습니다. 1주당 순자산액을 기준으로 하여 주식 투자를 하는 것은 해산가치를 사는 의미가 되지만 실제로 회사가 해산되는 경우는 업적이 부진하고 부채가 자산을 상회하는 경우가 대부분이므로 해산가치는 반드시 현실적인 투자 가치라고는 할 수 없습니다.

해상선하증권(marine bills of lading, ocean bills of lading)

해상선하증권은 운송인 또는 그 대리인이 해상운송을 위하여 물품의 본선 적재 또는 수취를 증명하는 유가증권을 말합니다. 여기서 운송인이란 선박을 소유하고 해상운송계약을 자기 스스로 이행할 책임을 부담하는 자를 말하며 대리인이란 운송인을 대신해서 해상운송계약을 체결할 수 있는 자를 말합니다.

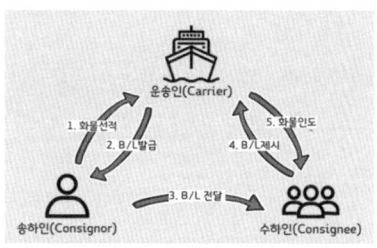

해상선하증권은 화물이 본선 적재 또는 수취되었음을 증명하는 서류이기 때문에 화물이 본선 적재된 상태에서도 발행될 수 있고 화물이 수취된 상태에서도 발행될 수 있습니다. 선하증권은 화물에 대한 권리를 갖고 있는 증권이므로 반드시 선하증권을 제시해야 물품을 인도받을 수 있습니다. 해상선하증권의 종류로는 선적선하증권·수취선하증권·본선적재 선하증권·운송중개인 선하증권·용선계약 선하증권·통과선하증권 등이 있다.

해외전환사채(convertible bond)

전환사채(CB)는 사채로 발행되나 일정 기간이 지난 후 사채권자의 청구가 있을 때 미리 결정된 조건대로 발행회사의 주식으로 전환할 수 있는 특별한

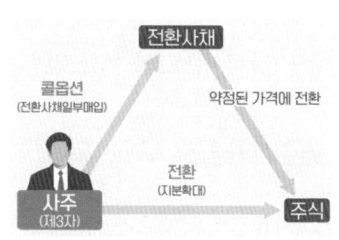

약속이 있는 사채를 말합니다. 이러한 전환사채 중 외국인의 직접투자를 허용하되 주식 소유를 일정 기간 뒤로 미루기 위한 목적으

로 발행된 것을 해외전환사채라고 합니다. 전환사채는 주식과 마찬가지로 가격이 변동하므로 사채권자는 이자 외에 가격상승으로 인한 이익을 얻을 수 있습니다. 해외전환사채의 경우 외국인은 일정 기간이 지나면 주식으로의 전환이 가능하며 거래의 불편 및 주권의 운송 등과 관련된 문제점 때문에 주식예탁증서(DR)로도 전환할 수 있습니다. 애초의 발행 목적은 우리 증시에 외국인의 직접투자를 허용하되 일정 기간 주식 소유를 뒤로 미루기 위한 목적으로 발행되었습니다.

해외주식 세테크

해외주식에 투자하는 투자자들이라면 연말에 일부 종목 매도를 고려해볼 필요가 있다. 대주주에게만 양도세를 부과하는 국내주식과 달리 해외주식은 기본 공제 양도차익인 250만 원을 초과하는 수익에 대해서는 22%의 양도소득세를 부과하기 때문이다. 이외에도 거래수수료나 시장별 거래제도 차이 등 해외주식 투자자가 유의할 점이 많다.

해외주식은 1월 1일부터 12월 31일까지 발생한 이익과 손실을 합산한 금액이 양도세 부과 대상 과세표준이 됩니다. 과세표준에서 증권사 매매수수료 등을 제외하고 남은 금액이 250만 원을 넘는다면 초과분에 대해 22%의 양도소득세를 내야 합니다. 가령 올해 테슬라 투자로 1,000만 원의 수익을 실현했고 다른 종목에서

500만 원의 손실을 보고 있다면 손실이 난 종목을 연말 전에 잠시라도 매도하는 것이 절세에 유리합니다. 1,000만 원 차익에 대한 양도소득세로는 약 165만 원을 내야 하지만 500만 원의 손실이 합산되면 55만 원으로 줄기 때문입니다.

다만 국가별로 매도 결제일이 다르다는 점을 유의해야 합니다. 해외주식에 대한 과세는 결제일 기준입니다. 미국은 3영업일, 중국은 1영업일 뒤에 결제가 이뤄집니다. 배당소득세도 있습니다. 해외주식에 대한 배당금은 현지에서 배당소득세를 원천징수한 뒤 국내투자자에게 지급됩니다. 중국(10%)처럼 국내(15.4%)보다 배당소득세율이 낮은 경우엔 차액만큼 추가 부과됩니다.

거래수수료도 해외주식 투자 시 고려할 점은 수수료율이 0.01% 내외인 국내 주식 거래에 비해 해외주식 거래는 수수료율이 높기 때문입니다. 해외주식 거래수수료는 온라인 0.2~0.5%, 오프라인 0.4~1.0% 정도입니다. 환전수수료도 있습니다. 0.2~1.0% 수준으로 매수·매도 시 모두 붙습니다. 환율에 따른 리스크도 고려해야 합니다. 달러화 가치가 하락하는 만큼 수익률이 훼손될 수 있습니다.

거래 시간도 기억해야 합니다. 미국 정규장은 한국시간으로 오후 11시 30분부터 오전 6시까지지만 서머타임(3월 둘째 주 일요일부터 11월 첫째 주 일요일)에는 한 시간씩 앞당겨집니다. 중국은 한국시간으로 오전 10시 30분부터 오후 4시까지 개장하지만, 오후 12시 30분부터 2시까지는 점심시간으로 휴장합니다.

해외증권

국내 기업이 자금조달을 위해 해외에서 발행한 증권을 말합니다. 해외증권은 크게 주식연계증권과 주식비연계증권으로 나눕니다. 주식연계증권은 말 그대로 주식과 관련된  증권으로 일정 기간 후 주식으로 전환이 가능한 전환사채(CB), 신주를 받을 수 있는 신주인수권부채권(BW) 등이 있습니다. 주식예탁증서(DR) 역시 주식연계증권의 일종입니다. 주식비연계증권은 'straight bond'라고 불리는 데 국내기업이 국내에서 발행하는 회사채와 그 성격이 같습니다. 따라서 발행기업의 신용도에 따라 금리가 차등화됩니다. 양키 본드, 사무라이 본드 등이 국제금융시장에서 발행되는 대표적인 주식비연계증권입니다.

한 나라의 기업이 해외에서 증권을 발행할 수 있다는 것은 그만큼 대외 신인도가 높아졌다는 것을 의미합니다. 우리나라 기업들이 1980년대 초반까지만 해도 해외증권을 발행하지 못한 것도 이런 이유 때문입니다. 해외증권을 발행하면 국내에서 자금을 조달할 때보다 금리(연 5% 안팎)가 싸기 때문에 해마다 발행 규모가 늘어나고 있습니다.

해외증권대리인

국내기업이 해외에서 전환사채(CB)·신주인수권부사채(BW)·교환사채(EB) 등을 발행할 때 투자자의 권리행사 신청 시 발행회사를 대신해 주권 발행과 대금 지급 업무를 맡는 회사를 말합니다. 통상적으로 해외증권을 발행하려는 회사는 인수단의 인수와 채권자의 권리행사 편의를 위해 해외증권대리인을 선임합니다.

해외투자펀드(international investment fund, onshore fund)

국내 자산운용사가 설계해 국내에서 모금한 돈으로 직접 외국의 금융상품·부동산·실물 등의 자산에 투자하는 상품을 말합니다. 특정 지역에 투자하는 펀드와 여러 지역에 분산 투자하는 글로벌 펀드가 있습니다. 개방형·추가형 펀드가 대부분입니다. 수익에 대해 비과세 혜택이 주어집니다.

해외 펀드 손실 상계

해외펀드 비과세 시기였던 2007년 6월부터 2009년 말까지 해외펀드로 손실을 본 투자자들의 세금 부담을 덜어주기 위해 2010년부터 발생한 이익과 상계 처리해 순수익이 났을 때만 소득세를 내는 제도를 말합니다.

당초 2010년에 1년간 한시적으로 시행 예정이었지만, 해외주식형펀드의 수익률이 빠르게 회복되지 못하는 점을 고려하여 매년 연장돼 2013년 세법 개정에서 올해 말까지 시행키로 결정됐었습니다. 그러나 2014년 8월 6일 정부는 '2015년 세법개정안'을 통해 해외 펀드 손실 상계 조항의 일몰기한 연장 조치를 2014년 말로 종료하기로 결정했고 이에 따라 2015년부터 발생하는 소득분에 대해서는 손실 상계 조치가 적용되지 않습니다.

핵심설명서 제도

대출·펀드 등 금융상품의 주요 내용을 쉽게 파악할 수 있도록 설명서를 만들고 이를 제공하는 제도로 금융상품의 부실 판매를 막기 위한 것입니다. 핵심설명서는 상품의 중요 내용을 수익성보다는 투자 위험 등 불리한 쪽에 중점을 둬 쉬운 용어를 써 A4용지 두 장 이내로 각 상품이 동일하게 빨간색 바탕의 열쇠 모양 로고와 노란색 용지를 사용하게 됩니다. 은행의 주택담보대출·주가연계예금(ELD)·증권사의 주가연계증권(ELS)·파생결합증권(DLS)·종합자산관리계좌(WRAP)·보험사의 종신·치명적질병(CI)·자동차·어린이 보험 등 자산운용사의 펀드 상품·비은행의 계약금액 내 대출·종합통장대출·자동차 할부금융 등에 적용됩니다.

행동주의 펀드

행동주의 펀드는 회사의 주인인 투자자가 기업의 다양한 경영 현안에 대한 의사결정에 적극적으로 '행동'해 이익을 추구하는 집단을 의미합니다. 기관 전용 사모 펀드의 일종으로 보통 특정 기업의 주식을 매수하고 지배구조 개선이나 배당금 확대  와 같은 주주 환원책 강화를 적극적으로 요구합니다.

이 때문에 행동주의 펀드가 한 회사의 주식을 매수한 것이 알려지면 투자자들이 대거 몰려 주가가 상승하는 효과가 나타나는 것이 일반적입니다. 이렇게 주가가 오르면 행동주의 펀드는 갖고 있던 주식을 되팔아 차익을 냅니다.

행동주의 헤지펀드(activist hedge fund)

특정 기업 지분을 매입한 뒤 배당 확대나 자사주 매입, 인수합병(M&A), 재무구조 개선, 지배구조 개편 등 주주가치를 높이는 방안을 적극적으로 요구해 주식 가치를 끌어올리는 헤지펀드. 소송이나 주총 표 대결도 마다하지 않는다.

이들은 2000년대 초반만 해도 자본력이 취약한 기업을 목표로 했습니다. 하지만 2017년에는 돈이 몰려들자 글로벌 대기업을 타

깃으로 삼고 있습니다. 다우듀폰의 합병이 이들의 영향력을 보여주는 대표적 사례입니다. 유기농 식료품 유통체인 홀푸드가 2017년 6월 아마존에 팔린 것도 행동주의 펀드 자나파트너스가 홀푸드 경영진에 주가 상승 방법을 찾으라고 계속 압력을 넣으면서 비롯됐습니다.

행동주의 펀드가 마음에 안 드는 기업 경영진을 갈아치우는 일도 비일비재합니다. 2017년에만해도 헤지펀드 요구로 제프리 이멜트 제너럴일렉트릭(GE) CEO를 포함해 포드자동차·US스틸·CSX·AIG·야후·에이본 등 10여 개 기업 CEO가 교체됐습니다. P&G·네슬레·BHP빌리턴 등 글로벌 기업 여러 곳이 헤지펀드와 전쟁 중입니다.

행동주의 펀드 영향력이 커지면서 우려의 목소리도 나옵니다. 이들이 주주가치를 높인다는 찬성론이 있지만, 단기 차익을 위해 기업의 장기 경쟁력을 저해한다는 반대 목소리도 많습니다. 이 때문에 '기업 사냥꾼'으로 불리기도 합니다.

헤지 전용계좌

소액투자자가 기본예탁금 없이 보유한 현물자산 범위 내에서 헤지 목적으로 파생상품을 거래할 수 있는 계좌를 말합니다. 이 계좌에서 시장 헤지 목적으로 투자자가 보유한 개별주식 주가지수 등 현물 주식 규모만큼 파생상품을 거래할 수 있습니다. 이때 기본 예탁금은 내지 않아도 됩니다.

헤지펀드(hedge fund)

주식·채권·파생상품·실물자산 등 다양한 상품에 투자해 목표 수익을 달성하는 것을 목적으로 하는 펀드입니다. 불특정 다수로부터 자금을 유치하는 공모 펀드보다는 대규모 자금을 굴리는 100명 미만의 투자자로부터 자금을 모아 파트너십을 결성한 뒤 조세피난처에 거점을 마련해 활동하는 사모 펀드 형태가 일반적입니다.

현물과 선물을 결합한 다양한 투자전략을 사용하며 목표 이상의 수익을 내면 펀드 운용사는 높은 수준의 성과급을 챙깁니다. 전형적인 단기 투자 자본으로 투자 내용도 공개하지 않습니다. 헤지펀드는 일반 공모 펀드와 달리 거액의 차입도 가능합니다.

이 때문에 손실이 커질 경우 금융시장 불안 요인으로 작용하기도 합니다. 세계 금융계를 좌지우지하는 대표적 헤지펀드로는 미국의 조지 소로스가 운영하는 퀀텀펀드를 들 수 있습니다. 한편 사모 펀드(Private Equity Fund)는 투자 대상 기업의 경영권 참여와 구조조정 등을 통해 기업가치를 높이고 수익을 투자자에 나눠주는 것으로 위험회피(헤지) 기법으로 투자하는 헤지펀드와 차이가 있습니다.

한국은 2011년 12월에 한국형 헤지펀드를 도입했습니다. 한국형이라고 하는 이유는 기존 사모 펀드보다 운용 관련 규제는 완화하면서도 국내 금융환경과 글로벌 규제 논의 추세 등을 반영했기 때문입니다.

한국형 헤지펀드는 최저 가입 기준이 기존 5억 원 이상에서 1억 원 이상(레버리지 200% 이상인 펀드는 3억 원 이상)으로 문턱이 낮아지면서 2015년 말부터 폭발적으로 성장하기 시작했습니다.

헤지펀드와 공매도와 롱쇼트전략

헤지펀드가 자주 사용하는 투자기법이 공매도와 롱쇼트 전략입니다. 공매도는 주식이나 채권·외환 가격이 하락할 것으로 예상되는 경우 해당 금융상품을 가지고 있지 않은데도 팔고 나중에 되사 갚는 것입니다. 롱쇼트전략은 본질가치보다 싼 주식은 사고, 동시에 비싼 주식은 팔아 수익을 추구하는 것입니다.

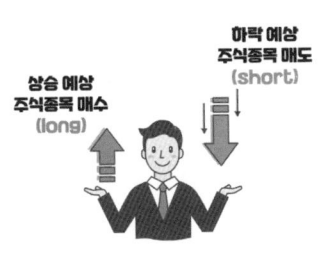

헤징(hedging)

환율·금리 또는 주가지수의 변동에 따른 위험을 배제하기 위해 취하는 모든 행동을 말합니다. 현물가격 변동에 따라 발생할 수 있는 손해를 최대한 줄이기 위해 선물시장에서 현물과 반대되는 선물 포지션을 설정하는 것입니다. 헤징을 하면 상품(주가환율금리금) 가격이 오르거나 내리더라도 현물·선물 동시 거래를 통해 정반대의 손익이 나타나므로 어느 한쪽의 손익이 다른 쪽의 이익으로 서로 상쇄됩니다. 따라서 가격 변동에 대한 위험을 최소화할 수 있습니다. 헤징은 매입 헤지(long hedge)와 매도 헤지(short hedge)로 구분됩니다. 매입 헤지는 가격 상승 위험을 없애기 위해 선물을 매입하는 것과 반대로 매도 헤지는 가격 하락 위험을 피하기 위해 선물을 매도하는 것입니다. 헤징은 선물 계약을 통한 위험 노출의 헤지 정도에 따라 완전 헤지와 불완전 헤지로 구분됩니다. 현물가격과 선물가격의 변화 방향과 그 크기에 따라 헤징 결과가 상이하게 나타나는데, 완전 헤지는 현물가격과 선물가격이 동일한 방향으로 동일한 크기만큼 변하여 현물시장에서 생긴 손실(이득)이 선물시장에서 생긴 이득(손실)에 의하여 완전히 상쇄되는 것을 말합니다.

호가(quotation)

매매시장에서 매매하고자 하는 유가증권의 종목·가격·수량 등을 경쟁자에게 제시하여 상대자를 구하는 수단입니다. 따라서 호가 단위는 시장에서의 가격 표시의 최소 단위를 말하는 동시에 시세 변동의 측정에 관한 기준 역할을 합니다. 우리나라의 경우  호가의 방법은 전산호가와 문서호가로 구분되며 호가를 할 경우에는 위탁매매와 자기매매를 구분하도록 하고 있습니다.

호재와 악재

증권가격은 합리적인 증권 분석에 의하여 시세가 형성되는 경우도 있지만 대부분 그때그때의 시장내부의 복합적인 요인에 영향받아 결정됩니다. 이때 시세를 높여주는 요인 및 정보를 **호재**(favorable  factors)라고 하고 반대로 시세를 떨어뜨리는 요인이나 정보를 **악재**(infavorable factors)라고 합니다.

혼수주(watered stock)

현물출자에 있어서 납입 대가인 자산을 과대평가하여 과대 평가된 대가에 상당하는 주식을 발행하는 것을 의미하기도 하고 주가가 액면 가액에 미달한 상태인 과대자본화를 의미하기도 합니다. 즉, 자산가치를 훨씬 초과하는 가격으로 발행된 주식을 말합니다. 혼수주란 용어는 소를 팔기 직전 중량을 늘릴 목적으로 소금을 먹여 대량의 물을 마시게 하는 데서 유래되었습니다. 따라서 매입자는 실제로 지불해야 될 가격보다 더 많은 금액을 지불하게 되는 것입니다.

혼합형 연금저축펀드

주식형 또는 채권형에 속하지 않는 연금저축펀드. 주식혼합형과 채권혼합형으로 나뉩니다. 주식혼합형은 자산의 50% 이상을 주식에 투자하고 나머지를 채권에 투자하면 채권혼합형은 자산의 50% 미만을 주식에 나머지를 및 채권에 투자합니다.

혼합형 펀드

혼합형 펀드는 채권형 또는 주식형이 아닌 상품으로 채권 또는 주식에의 투자비율이 60% 미만인 펀드를 말합니다. 혼합형 펀드는 주식과 채권의 효율적 배분을 통해 수익성과 안정성을 동시에 추구합니다. 유형은 채권혼합형(약관상 주식에 50% 미만 투자되어 일반적으로 채권 투자

비중이 높은 펀드)펀드와 주식혼합형(약관상 주식에 50% 이상 투자되어 주식투자 비중이 높은 펀드)로 구분됩니다. 우리나라 펀드의 대부분이 혼합형으로 상품의 유형과 특성이 매우 다양(ELS 펀드, 원금보존추구형 펀드 등도 혼합형 펀드)합니다.

황금 낙하산(golden parachute)

인수 대상 기업의 이사가 임기 전에 물러나게 될 경우 일반적인 퇴직금 외에 거액의 특별 퇴직금이나 보너스·스톡옵션 등을 주도록 하는 제도입니다. 피인수 회사와의 우호적인 합의에 의해 진행되는 우호적 인수·합병(M&A)이 아닌 적대적 M&A의 경우 기업 인수 비용을 높게 함으로써 사실상 M&A를 어렵게 만들어 경영권을 지키기 위한 수단으로 도입됐습니다. 기업을 인수하려면 비싼 낙하산을 투입해야 한다는 뜻을 담고 있습니다. 경영자가 아닌 일반 직원에게 고액의 퇴직금을 주도록 한 것은 주석朱錫 낙하산이라 합니다. 황금 낙하산은 몇 년 전까지만 해도 국내에서는 생소한 제도였지만, 경영진의 소신 경영을 지원하기 위해 도입된 이 제도가 부실 경영으로 경영권이 넘어간 금융기관 CEO들에게 엄청난 돈을 안겨주거나 무능한 경영진을 보호해 주는 수단으로 전락할 수 있다는 점은 부작용으로 지적되고 있습니다.

황금주(golden share)

1주 이상의 소수지분으로 회사의 주요 의사결정에 거부권을 행사할 수 있는 권리가 부여된 특별주식을 말합니다. 광의의 의미로는 법적으로 주어진 의결권 이상의 특별한 권리가 부여된 주식을 보통주와 구별하여 분류합니다. 80년대 유럽 국가들이 전략적으로 중요한 공기업을 민영화하면서 외국자본으로부터 경영권을 보호하기 위해 도입한 제도로 민영화 이후에도 이사회 결정을 뒤집을 수 있는 권한을 갖고 있는 특별주식을 말합니다. 아시아·아프리카 등 개발도상국들의 경우 최근 도입 확대 추세인 반면 유럽에서는 황금주 제도가 점차 쇠퇴하고 있습니다.

회사형 뮤추얼펀드

고객들로부터 자금을 모아 하나의 회사를 설립하여 고객들에게 주식을 나눠주고 주식 보유 비율에 따라 자금 운용수익을 지급하는 제도를 말합니다. 현행 투신사는 고객들이 맡긴 돈을 회사 펀드에서 운용하여 수익금을 나눠주는 형태인 계약형 펀드로 고객의 관심도가 낮아 책임성 있는 투자가 이뤄지지 않고 있습니다.

회전율(turnover ratio)

특정 기간 주식이 얼마나 활발히 거래됐는지를 나타내는 지표입니다. 주식 거래량에 개장 일수를 곱한 수치를 상장 주식 총수로 나눠 백분율로 표시합니다. 특정 개별 종목의 회전율이 높을수록 그만큼 매매가 활발하다는 의미입니다.

후순위담보채 펀드

대우채 환매에 대비해 나온 새 상품으로 채권담보부증권(CBO)의 후순위채권에 25% 이상을 집중투자하는 상품을 말합니다. 신용등급이 높은 선순위채권이 아니고 신용등급이 낮은 후순위채권에 투자하는 만큼 위험부담이 큽니다. 그러나 채권 발행 회사의 부도라는 최악의 사태만 비켜가면 고수익이 보장됩니다.

후순위 채권(subordinated bonds)

발행기업의 파산 시 다른 일반채권·예금채권 등 선순위 채권자에 대한 원리금을 전액 지급한 후에야 원리금 지급이 가능한 채권을 말합니다. 보통주나 우선주 등의 주식을 보유하고 있는 주주보다는 변제 순위가 앞섭니다. 변제 순위가 낮은 대신 선순위 채권에 비해 금리가 높다는 장점이 있습니다.

혼합투자신탁

주식과 채권에 동시 투자하는 펀드를 말합니다. 투신 상품의 새로운 분류를 위해서 2000년 6월 1일부터 개정 시행되는 「투자신탁업법」 감독규정에 새로 명기된 용어입니다. 이전까지 투신사 상품은 주식형과 채권형의 두 가지로 크게 구분되었으나 새로운 분류체계의 도입으로 주식편입률이 60% 미만인 펀드는 모두 "○○○혼합투자신탁"으로 상품명을 쓸 수 있습니다. 주식편입률이 60%를 초과하는 펀드만 "○○○주식투자신탁"이라는 상품명이 부여됩니다.

환매 수수료

수익증권에 돈을 입금한 뒤 다시 꺼내는 것을 환매라고 합니다. 만기 때 찾는 만기환매와 만기 전에 찾는 중도환매가 있습니다. 환매는 대부분 만기 전에 돈을 찾는 중도환매를 가리킨다. 환매 수수료 역시 중도환매수수료를 의미합니다. 중도환매수수료란 처음 계약했던 만기가 되기 전에 고객들이 돈을 찾을 때 벌칙금처럼 부과하는 것을 말합니다. 수수료는 가입 후 중도환매할 때까지 발생한 이익금에 대해서만 부과합니다. 따라서 원금 손실이 발생했을 땐 만기 전에 찾더라도 별도의 환매 수수료를 매기지 않습니다. 수수료율은 1년 만기 상품일 경우 보통 가입 후 90일 전에 중도환매하면 이익금의 70% 가량을 환매수수료로 뗍니다. 각 회사별·품별로 수수료율이 조금씩 다릅니다.

후강퉁(Shanghai-Hong Kong Stock Connect)

홍콩 및 해외 투자자가 홍콩거래소 통해 상하이 주식을 매매할 수 있는 제도를 말합니다. 즉 상하이증
권거래소와 홍콩 증권거래소 간의 교차 매매를 허용한 것으로 상하이를 뜻하는 '후(氺+戶/邑)'와 홍콩을 뜻하는 '강(港)'을 조합해 만든 용어입니다. 2014년 10월 말 시행 예정이었으나 중국당국이 구체적인 일정을 제시하지 않고 있다가 11월 1일에서야 시험 운영을 실시했으며 11월 17일부터 시행되고 있습니다. 외국인 투자자 중엔 적격외국인기관투자가(QFII) 자격을 얻은 기관투자가들만 중국 본토 A주 투자가 가능했습니다. 후강퉁의 도입으로 일반 개인 투자자들도 홍콩을 통해 개별 본토 A주 투자가 가능합니다. 중국 투자자 역시 홍콩 주식을 자유롭게 살 수 있습니다. 후강퉁 제도는 중국과 홍콩 증시에 큰 유동성 효과를 불러올 것으로 보입니다. 홍콩에만 상장된 세계적 기업이나 강력한 상표 인지도를 가진 종목도 긍정적인 영향을 받을 전망입니다. 홍콩에만 상장된 중국 최대 정보기술(IT)업체 텐센트 등은 그간 중국 개인 투자자의 직접투자가 불가능했었습니다. 또 투자자들은 중국 본토와 홍콩에 동시 상장된 종목 중 두 거래소에서의 가격 차이가 심한 종목을 통해 차익거래 기회도 노릴 수 있게 됐습니다.

희석화(dilution)

주식의 가치가 낮아지는 것을 말합니다. 신주를 발행하는 경우 주식 수가 늘어나는 만큼 발행기업의 자산이나 이익이 늘어나지 않으면 1주당 순자산이나 순이익이 감소하게 됩니다. 특히 유상증자로 신주를 공모하면 구주주의 입장은 경영참가권의 희석화 현상이 발생하게 됩니다.

ADR(advance decline ratio)

일반적으로 종합주가지수는 가격의 변동을 나타내고 등락주선의 변동은 등락 종목수의 변동을 나타냅니다. 등락비율은 이 2가지를 대비함으로써 시세가 어느 정도 강력한 것인가를 알고자 하는 것입니다. 등락주선의 결점은 이것이 시세의 상승 국면에서는 특히 투자 대상이 집중화하는 경향이 있고 또 권리락과 배당락 등에도 수정되지 않는다는 것입니다. 이런 결점의 보완으로 등락종목의 비율로써 시장을 분석하고자 하는 것이 등락비율입니다. 등락비율은 천정권을 예측하는 기능보다 저가권을 발견하는 기능이 뛰어난 것으로 알려지고 있다.

(1) **작성법** : 일정 기간 동안 매일의 상승 종목수를 하락 종목수로 나누어 백분비를 구하고 그것을 이동 평균하여 도표화합니다.

(2) **등락비율의 해석** : 등락비율이 100%라면 상승 종목수와 하락 종목수가 같다는 것이고 110%라면 상승종목이 10% 더 많다는 뜻입니다. 등락비율의 상승은 시장 인기의 확대를 뜻하고 등락비율의 하락은 시장 인기의 저하를 뜻합니다.

① 등락비율이 120% 이상일 때는 경계를 요하는 시점이고 시세는 그 후 반락하는 경우가 많습니다.

② 등락비율이 70% 이하일 때는 시세는 바닥권을 의미하고 시장은 그 후 상승으로 전환합니다.

③ 등락비율의 피크는 주가의 피크 보다 선행하는 경우가 많습

니다.

등락주선은 시장의 내부 세력을 측정하는 데 가장 널리 이용되는 중요한 분석 수단으로 주가가 전체적으로 상승 추세에 있는가 아니면 하락 추세에 있는가를 판단하는 데 있어 다른 어떤 지표보다 먼저 나타나게 됩니다. 이는 전일의 종가에 비해 오른 종목 수에서 내린 종목 수를 뺀 것을 매일 누계해서 그것을 선으로 이어서 작성한 것입니다. 이 등락주선과 주가와는 다음의 관계가 있습니다.

첫째, 종합주가지수가 상승하고 있는 중이라도 등락주선이 하락하고 있다면 시장은 곧 하락세로 전환하게 됩니다. 둘째, 종합주가지수가 하락하고 있을지라도 등락주선이 상승하고 있다면 시장은 곧 상승세로 전환하게 됩니다. 그러나 등락주선으로 상승 또는 하락의 정확한 타이밍을 맞출 수는 없고 단지 가까운 장래의 상승 또는 하락을 예상할 수 있습니다.

ADX(Average Directional Movement Indicator)

오늘의 주가 움직임의 범위가 전일의 범위를 위로 벗어났는지, 아니면 아래로 벗어났는지를 관찰함으로써 시장 참여자들이 매수측에 가담하고 있는지, 매도측에 참여하고 있는지를 파악하는 지표입니다. 오늘의 고가가 전일의 고가 위에 있다면 이것은 투자자들이 좀더 많이 매수측에 가담하고 있음을 나타냅니다.

CAC 40 주가지수(CAC 40 stock index)

프랑스의 대표적인 주가지수로 파리증권거래소에서 가장 활발하게 거래되는 40개 우량종목을 대상으로 발표합니다. 프랑스 증권거래소 협회(SBF)에서 1988년 6월 15일부터 산출·발표하기 시작했고 기준은 1987년 12월 31일을 1000으로 합니다.

ELS(equity-linked securities)

주가연계증권을 말합니다. 통상 투자금의 대부분을 채권 투자 등으로 원금 보장이 가능하도록 설정한 후 나머지 소액으로 코스피 200 같은 주가지수나 개별종목에 투자합니다.

이때 주가지수 옵션은 상승형과 하락형 등으로 다양하게 설정할 수 있습니다. 옵션 투자에는 실패하더라도 채권 투자에서는 손실을 보전할 수 있는 구조입니다. 사전에 정한 2~3개 기초자산 가격이 만기 때까지 계약 시점보다 40~50%가량 떨어지지 않으면 약속된 수익을 지급하는 형식이 일반적입니다.

또 은행의 ELD와는 달리 원금 보존 비율을 낮추면 수익률을 높일 수 있는 장점이 있습니다. 물론 반대로 ELD보다 원금 손실의 가능성도 큽니다.

주가연계증권(ELS)은 증권회사가 발행하는데 법적으로는 무보증 회사채와 비슷합니다. 다른 채권과 마찬가지로 증권사가 부도나거나 파산하면 투자자는 원금을 제대로 건질 수 없습니다.

ELS는 상품마다 상환 조건이 다양하지만, 만기 3년에 6개월마다 조기상환 기회가 있는 게 일반적입니다. 수익이 발생해서 조기상환 또는 만기상환되거나 손실을 본 채로 만기 상환됩니다. ELS는 기초자산이 무엇인지에 따라 지수형(코스피지수, 유로스톡스50, 홍콩H지수 등)·종목형(삼성전자, SK텔레콤 등)·혼합형(지수 및 종목) 등으로 나뉩니다.

ELS지수펀드

수익 구조가 비슷한 13~20개 ELS의 성과(수익률)를 모아 만든 ELS지수에 투자해 수익을 내는 상품입니다. ELS 보다 환매 비용이 적고 만기가 없어 이익 실현 시기를 조절할 수 있는 게 장점입니다.

ELS펀드

개별 ELS를 여러 개 담은 뒤 이들의 일별 평가가격을 평균해 펀드로 만든 상품입니다. 삼성ELS인덱스펀드는 홍콩H지수 및 유로스톡스50을 기초로 하는 ELS상품 13개를, 한국투자ELS지수연계솔루션펀드는 홍콩H지수와 유로스톡스50, 코스피200 중 2개 지수를 각각 기초자산으로 삼는 ELS상품 20개를 편입하고 있습니다.

EMP펀드(ETF managed portfolio fund, EMP fund)

전체 자산의 절반 이상을 상장지수펀드(ETF)나 상장지수증권(ETN)

에 분산투자하는 펀드를 말합니다. ETF자체가 특정 국가의 증시나 업종을 대상으로 분산 투자하는 펀드인데, EMP 펀드는 다시 여러 ETF에 분산투자를 하는 특성 때문에 '초분산 펀드'라고도 합니다.

다른 랩어카운트 등 자산관리 서비스와 달리 시장 상황에 따라 빠르게 보유 종목을 매일 리밸런싱(변경)하기도 합니다. 시장 변동성에 휩쓸리지 않고 안정적인 수익률을 기록할 수 있습니다.

EMP펀드는 단기 수익률도 중요하지만 통상 연 8% 내외의 중수익을 안정적으로 추구하는 게 특징입니다. 운용사 입장에선 설정액이 커야 지속적인 리밸런싱 등으로 효과적인 운용을 추구할 수 있습니다

EV/EBITDA

기업의 총가치로 기업매수자가 기업을 매수할 때 지불해야 하는 금액 주식의 시가총액과 순부채의 합으로 산출됩니다. EBITDA는 기업이 영업활동으로 벌어들인 현금 창출 능력을 나타내는 지표를 말합니다. 이론적으로는 이자 비용 및 법인세 공제 전 이익에서 감가상각비와 무형자산상각비를 가산해 산출하지만, 편의상 영업이익과 감가상각비의 합으로 계산한다. 즉, EV/EBITDA는 기업이 자기자본과 타인자본을 이용해 어느 정도의 현금흐름을 창출할 수있는가를 나타내는 것으로 비율이 낮을수록 영업활동으로부터 창출해내는 현금흐름에 비해기업가치가 저평가되었다고 할 수 있습니다.

GDR(Global Depositary Receipts)

세계 주요 금융시장에서 동시에 발행·유통되는 주식예탁증서(DR)를 말합니다. 국내 기업이 외국 투자자를 대상으로 유상증자할 때 발행주식을 예탁기관에 맡기고 예탁기관이 발행주식(원주)을 근거로 DR을 발행합니다. 해외에서 국내 주식을 유통시킬 때 발생하는 문제점을 해소하고 원활한 유통을 돕기 위해 도입됐습니다. DR은 원주와 똑같은 가치를 갖습니다.

KODEX200선물 인버스2X

코스피200 선물 지수인 F-KOSPI200을 -2배로 추종하는 삼성자산운용의 인버스 펀드 레버리지 ETF다. 2016년 9월 22일 처음 설정되었다. 국내 ETF를 통틀어서 부동의 거래량 1위를 기록하고 있으며 동종 업계에서 가장 큰 규모를 자랑합니다. 투자자들 사이에서 흔히 곱버스라고 부릅니다.

코로나바이러스감염증-19 발발 때 동학개미들의 많은 주목을 받았습니다. 2020년 2월경 5,700원 대였던 주가가 2020년 주가 대폭락의 영향으로 3월 19일(최고점) 12,815원까지 찍으며 인버스 투자자들에게 많은 수익을 안겨다 주었습니다. 이 영향으로 이 상품은 곱(2배 레버리지)과 인버스가 합쳐진 말인 곱버스라 불리게 되었으며, 곱버스에 투자하는 행위를 일컫는 버스 탑승으로 지수가 하락하여 인버스가 돈을 벌 때 버스 승차감 좋다 등의 말이 유행하게 되었습니다.

KODEX레버리지

KOSPI200 지수는 한국 증권시장의 전체 상장종목에서 시장대표성, 업종대표성 및 유동성을 감안한 200개 종목을 선정하여 1990년 1월 3일(100 포인트) 기준으로 산출하는 지수입니다. 주가 상승에 베팅하는 ETF로 지수가 오르면 지수 상승률의 두 배 가량의 수익을 거둘 수 있습니다. 주가 하락에 베팅하는 '인버스 ETF'의 반대인 셈입니다.

레버리지·인버스 ETF는 설계 구조상 장기 투자엔 적합하지 않아 투자에 유의할 필요가 있다는 게 전문가들 조언입니다. 기초자산에 해당하는 지수가 등락을 거듭해 제자리로 복귀해도 수익률은 오히려 떨어지는 구조 때문입니다. 레버리지 ETF는 기초지수가 방향성을 갖고 오르거나 떨어질 때 투자하면 유리하며 일반 ETF는 기초지수의 등락 폭에 비례해 수익률이 결정되지만 레버리지 ETF는 등락 폭의 두 배만큼 수익을 낼 수 있기 때문입니다. 하지만 기초지수가 횡보하거나 박스권에 빠질 땐 일반 ETF보다도 못한 성적을 낼 수 있습니다.

예를 들어 기초지수와 ETF 가격을 모두 100이라고 가정했을 때 기초지수가 첫날 10% 오르고 둘째 날 10% 떨어지면 일반 ETF의 누적수익률은 -1%가 됩니다. 100→110→99 순으로 ETF 가격이 바

뛰기 때문입니다. 레버리지 ETF의 누적수익률은 -4%로 손실 폭이 커집니다. 20% 올랐다가 20% 떨어지면 100 → 120 → 96 순으로 ETF 가격이 바뀐다. '음의 복리효과'가 생기기 때문입니다.

일반 ETF보다 수수료도 더 많이 내야 합니다. 코스피200지수를 추종하는 'KODEX200' 수수료는 연 0.15%지만 같은 지수를 추종하는 레버리지 ETF인 'KODEX 레버리지' 수수료는 연 0.64%로 네 배 이상 높습니다. 선물 거래를 동반하기 때문에 관련 거래 비용 부담이 커지기 때문입니다.

금융투자업계 관계자는 "레버리지 ETF가 기초지수 기간 수익률의 두 배가 아니라 일간 수익률의 두 배를 추종한다는 점에 주의해야 한다"며 "레버리지·인버스 상품은 주가가 오를 것이란 확신이 있는 기간에만 짧게 투자하는 전략을 짜는 것이 유리하다."고 조언합니다.

KOSDAQ50(Korea Securites Dealers Automated Quotation 50)

KOSDAQ50지수는 코스닥시장을 대표하는 종목을 대상으로 산출된 시가총액식 지수입니다. 이 지수는 코스닥시장에 등록된 기업중 시장의 대표성이나 유동성 등을 감안해 선정된 50개 종목의 시가총액 변동을 나타냅니다. KOSDAQ50은 선물 등 파생금융상품의 기초자산이 되며 기관투자자의 벤치마크 지수로도 활용되고 있습니다. 지수는 기준시점인 1999년 1월 4일 50개 종목의 상장시가총액을 1백 포인트로 하고 비교시점의 50개 종목의 상장시가총액을 비교하는 방식으로 계산됩니다. KOSDAQ은 한국 협회 중개시장(Korea Securities Dealers Automated Quotation)의 약자입니다.

50은 주가지수를 산정할 때 포함되는 종목수가 50개라는 것을 의미합니다. KOSDAQ50 구성종목에는 시가총액 1위인 KTF를 비롯 국민카드·LG텔레콤·하나로통신·휴맥스·SBS·엔씨소프트·LG홈쇼핑·아시아나항공·다음·국순당·옥션·현대정보기술·한국기술투자 등 코스닥 시장의 업종 대표주들이 모두 망라돼있습니다. KOSDAQ50의 구성종목은 매년 3월과 9월 두 번째 목요일의 다음 거래일에 정기적으로 변경됩니다. 종목선정은 전체 코스닥종목중 하루 평균거래대금 상위 3백위 이내에 속하는 종목을 먼저 선정한 다음 이들중 시가총액 순으로 50종목을 뽑는 과정으로 이뤄집니다.

단 6개월간 월평균 시가총액회전율이 2.5% 미만인 종목은 제외합니다. 정기 변경과는 별도로 매년 6월과 12월의 두 번째 목요일의 다음 거래일에는 소폭의 구성 종목 중간 변경을 하게됩니다. 중간 변경 때 새로 편입되는 종목은 평균 시가총액이 현행 KOSDAQ50 구성 종목의 평균 시가 총액 상위 10위권에 들고 하루 평균거래대금이 구성 종목 및 예비 종목의 하루 평균 거래대금 상위 1백위권이며 월평균 시가총액회전율이 2.5% 이상이라는 요건을 모두 갖춰야 합니다. 이와함께 현행 KOSDAQ50 구성 종목 중 평균 시가 총액이 가장 낮은 종목부터 순차적으로 제외합니다. 지수의 변경은 코스닥지수위원회에서 결정됩니다.

KOSPI

한국증권거래소에 상장되어 거래되는 모든 주식을 대상으로 산출해 전체 장세의 흐름을 나타내는 지수를 말합니다. 한국증권거래소가 1972년 1월 4일부터 35개 회사를 선정하여 다우존스 방식으로 산출하였으나 더욱 합리적인 주가지수의 산출을 위하여 1983년 1월 4일부터는 다우존스식에서 시가총액식으로 개편하여 작성, 발표하고 있다. 한국종합주가지수의 기준 시점은 1980년 1월 4일로서 당일의 주가지수를 100으로 하고 있으며 상장된 보통주 전종목을 대상으로 산출하고 있습니다.

KOSPI 200 지수

대한민국 주가지수 중 하나입니다. 한국거래소(KRX)에서 1초 단위로 발표하고 있습니다. 2005년까지는 현행 코스피 지수 및 대부분의 다른 지수들과 마찬가지로 10초마다 발표되었으며, 2020년 12월 6일까지는 2초 단위로 발표되었습니다. 주가지수 선물이나 옵션을 만들려고 하는데 코스피 지수는 구성 종목이 너무 많아서 시장의 대표성을 갖기 어렵다고 판단, 대형주 위주의 새 지수를 만든 것입니다. 다만 코스피 지수에 비해서 지수값이 참 낮은데(약 7.4배) 코스피 지수가 900P선이었을 때 산출을 시작했기 때문입니다.

　코스피 지수와 마찬가지로 시가총액식 주가지수의 일종입니다. 매년 7월 1일에 구성 종목이 변경되었었으나, 현재는 코스피 200 선물 6월물의 만기일 다음 날(6월 2번째 금요일)에 변경합니다. 물론 그 이전에도 거래정지나 상장 폐지나 합병 그외의 지수의 공정성을 해칠 만한 상황이 발생하면 예비 종목으로 대체합니다. 대한민국 주식시장의 산업별 최우량 200개 기업을 모아놨기 때문에 신뢰도가 굉장히 높습니다. 다만 거래량이 상대적으로 적거나 재무구조가 불안정한 종목이 편입되어 있었거나 삼성전자 단일 종목의 지나친 시가총액 비중으로 인한 지수 흔들림 현상 등의 논란이 있어 왔습니다. 그래서 예비 종목을 또 지정하고 있으며, 2006년부터 구성 종목의 시가총액을 100% 반영하는 것이 아니라 거래량에 따라 일정 비율만을 피제수에 산입합니다. 2011년부터는 시가총액과 거래량의 영향력을 최대한 중립화한 가중평균 지수가 따로 발표되고 있습니다.

KRX BBIG 뉴딜지수

한국거래소(KRX)가 한국판 뉴딜 선도기업으로 구성한 주가 지수로 2020년 9월 7일 발표됐습니다. 배터리·바이오·인터넷·게임(BBIG) 업종을 기반으로 합니다. 이들 업종은 K-뉴딜정책의 핵심 분야로서 관련 10개 주요 종목의 시가총액 합계는 2020년 8월 말 기준 322조 원으로 코스피의 20.4%에 이른다.

구성 종목은 2차전지 업종(LG화학·삼성SDI·SK이노베이션)·바이오

업종(삼성바이오로직스·셀트리온·SK바이오팜)·인터넷업종(네이버·카카오·더존비즈온)·게임업종(엔씨소프트·넷마블·펄어비스) 등이며 비중은 모두 12분의 1로 같습니다.

또 업종별 10개 주요 종목으로 구성된 KRX 2차전지 K-뉴딜지수·KRX 바이오 K-뉴딜지수·KRX 인터넷 K-뉴딜지수·KRX 게임 K-뉴딜지수 등 업종별 지수 4개도 출시됐습니다.

증권가에선 K-뉴딜지수 기반 ETF가 상장되면 지수 편입 종목에 패시브 자금이 유입되는 효과가 있을 것으로 기대합니다.

KRX300

2018년 2월 5일부터 출범한 코스피·코스닥시장 신 통합지수를 말합니다. 코스피 및 코스닥 종목을 통합하여 시가총액 700위 이내, 거래대금 순위 85% 이내인 종목을 심사 대상으로 선정해 코스피 231종목과 코스닥 69종목 등 총 305종목을 KRX300 구성 종목으로 선정했습니다.

2017년 12월 정기 변경 기준으로 300종목을 선정했으나 지수 내 5종목이 분할·재상장함에 따라 당초 발표보다 늘어난 총 305종목으로 구성했으나 2018년 6월 정기 변경 때 300종목으로 조정했습니다.

시장별 구성 종목 비율은 코스피가 종목수 기준 77.7%, 시가총액 기준 91.1%를 차지했으며 코스닥이 종목수 기준 23.3%, 시가총액 기준 8.9%를 차지했습니다.

MSCI 선진국지수(MSCI All Country World Index Free, MSCI ACWI)

미국의 금융지수 정보제공 회사인 모건스탠리 캐피털 인터내셔널(Morgan Stanley Capital International Inc.)가 제공하는 여러 지수 중 선진국 주식시장에 상장된 종목으로 구성된 주가지수를 말합니다. MSCI 선진국지수에 편입된 국가는 명실상부한 '선진 주식시장'으로 인정받습니다. 글로벌 펀드들이 이 지수를 참고해 투자하기 때문에 MSCI 선진국지수에 편입이 되면 글로벌 자금 유입액도 훨씬 많아집니다.

2022년 2월 현재 한국은 현재 브라질·체코·그리스·중국·인도·대만 등과 함께 신흥국지수에 속해 있습니다.

한국은 2008년 MSCI 선진국 지수 관찰대상국에 이름을 올렸으나 2014년에 빠졌습니다. 2015년부터 선진국 지수 편입을 노려왔으나 번번이 고배를 마시면서 사람들의 관심권 밖으로 밀려났습니다.

2021년 11월 1일 홍남기 부총리 겸 기획재정부 장관이 영국 런던에서 열린 한국경제 설명회(IR) 자리에서 "MSCI 선진국지수 편입을 본격적으로 재추진하겠다."고 밝히면서 상황이 급변했습니다.

대부분의 증시 전문가는 한국 증시가 MSCI 선진국지수에 편입돼야 한다고 본다. 이유는 다양하다. 우선 증시 규모와 위상 면에서 한국은 이미 일부 선진국을 능가하고 있습니다. 한국 증시의 시가총액(세계 13위·2020년 말 기준)과 거래대금(세계 4위·2019년 기준) 규모는 선진시장에 속하는 싱가포르·벨기에·오스트리아 등보다 월등히 크다. 경제의 펀더멘털도 마찬가지입니다. 한국의 수출·교역·국내총생산 규모는 각각 세계 7·9·10위(2020년 기준)에 올랐다. 1인당 국민소득(GNI)은 3만 2,115달러(2019년 기준)로 세계은행 고소득 국가 기준(1만 2,376달러)의 2.6배 규모입니다. 국가신용등급은 'Aa2 등급'(무디스 기준)으로 일본(A1등급)보다 높습니다.

주가 상승에도 선진국지수 편입이 적잖은 효과를 낼 수 있다고 봅니다. 선진국 시장과 신흥국 시장의 밸류에이션(실적 대비 주가 수준)이 다르기 때문입니다. 삼성증권 분석에 따르면 지난 20년간(2001~2020년) MSCI 선진국지수에 포함된 증시의 평균 주가수익비율(PER·12개월 예상 순이익 기준)은 20배였습니다. 같은 기간 신흥국지수 포함 증시의 평균 PER은 14배였습니다. PER이 높다는 건 똑같은 이익을 내더라도 시가총액 규모는 더 커진다는 것입니다.

NASDAQ (National Association of Securities Dealers Automated Quotations)

미국 장외시장의 자동호가 시스템. 세계 최대 규모인 나스닥 시스템은 뉴욕 증권거래소와는 달리 시세 결정 과정이 컴퓨터에 의해 자동으로 처리됩니다. 즉 복수의 시장 조성자가 제시하는 여러 가지 매도·매입 가격 가운데 가장 낮은 매도가격과 가장 높은 매입가격을 자동으로 선별하고 이 가격에 거래를 일괄 체결하는 방식입니다. 연간 거래액은 뉴욕 증권거래소(3조 1천억 달러)에 이어 세계 2위입니다. 넷스케이프·야후 등 벤처기업들은 미미한 자본에도 불구하고 첨단기술을 내세워 나스닥에 상장하여 막대한 주식평가 시세차익을 올리기도 했습니다.

PB(Private Banker)

은행이나 증권사에서 부자 고객을 대상으로 개별 자산 관리(WM) 컨설팅을 해주는 금융전문가를 말합니다.

PCR(price to cah ratio)

주식회사의 대차대조표에 나타난 사내 유보금과 사외로 유출되지 않는 비용인 감가상각비의 합계를 그 회사의 현금흐름이라 합니다(cashflow). 이를 발행된 주식수로 나눈 것을 1주당 현금흐름이라 하고 특정 시점의 주가를 주당 현금흐름으로 나누어 백분율로 표시한 것이 주가현금흐름비율입니다. 대규모 감가상각을 하는 업체들의 저PCR 주는 성장성이 잠재되어 있으며 장치산업에 속하는 업체들 중에 많습니다.

P2P 대출

개인이 개인에게(peer to peer · P2P) 해주는 대출이라는 뜻입니다. 돈을 빌리려는 사람이 중개 업체를 통해 대출을 신청하면 불특정 다수인 투자자가 십시일반으로 돈을 빌려주는 금융 방식입니다. 대출형 크라우드펀딩이라고도 불립니다. 은행에서 돈 빌리기 어려운 사람들이 이 대출을 신청하는 일이 많습니다. 투자자는 이자를 받아 수익을 올립니다.

PDR(price to dream ratio)

주식의 밸류에이션을 평가하는 전통적 수단인 주가수익비율(PER) 주가순자산비율(PBR)로는 설명할 수 없는 높은 주가를 정당화하는 데 사용된다. 꿈과 희망을 비교한 주가 정도로 표현할 수 있습니다.

전기자동차회사 테슬라가 세계 자동차업계 시가총액 1위에 올랐습니다. 2020년 7월 1일 현재 테슬라는 시총 2,072억 달러(약 248조 원)로 일본 도요타를 2위로 밀어냈습니다. 차 한 대 판 적 없는 수소차업체 니콜라의 시총은 포드에 육박하고 있습니다. 주가수익비율(PER) 등 기존 지표로는 설명할 수 없는 일이 벌어지고 있으며 '꿈의 기업'들이 랠리를 시작했다는 분석입니다.

한국 기업도 이 랠리에 합류하고 있습니다. 2020년 7월 2일 상장된 SK바이오팜은 장이 열리자마자 상한가로 직행했습니다. 시총은 10조 원에 육박하며 아모레퍼시픽 등을 제쳤고 SK바이오팜은 작년 매출 1,239억 원에 이익도 내지 못했습니다. 바이오 선두주자 삼성바이오로직스 시총은 50조 원이 넘습니다. 주가수익비율(PER)은 167배에 달합니다. 세계 1위 제약사인 화이자의 PER은 11배에 불과하며 SK바이오팜과 삼성바이오 주가에는 신약 개발과 새로운 산업에 대한 꿈이 담겨 있다는 평가입니다.

PDR(price to dream ratio)는 이런 주식들의 랠리를 설명하기 위해 만들어 진것입니다. 테슬라 주가에는 전기차, 자율주행, 우주 탐험 시대에 대한 사람들의 '꿈'이 반영돼 있다는 것입니다.

국내에서는 바이오 전기차배터리와 인터넷 게임 업종의 7개 대형주 'BBIG7'이 그런 주식들입니다. 삼성바이오 셀트리온 삼성SDI LG화학 네이버 카카오 엔씨소프트 등입니다. 신종 코로나바이러스 감염증(코로나19) 이후 7개 종목 주가는 급등했습니다.

참고자료

한국경제신문
매일경제신문
서울경제신문
조선일보
동아일보

중앙일보
한국일보
위키피디아
나무위키